発展途上国の
困難な状況にある
子どもの教育

難民・障害・貧困をめぐるフィールド研究

Education of Children Facing Difficult Circumstances in Developing Countries
Insights from Field Studies on Refugees, Disabilities and Poverty

澤村信英 編著
SAWAMURA Nobuhide

明石書店

はじめに

　表題にある「困難な状況にある」は、英語の修飾語で考えれば vulnerable, marginalized, disadvantaged, excluded など、多種多様な困難さを想定したものである。「脆弱な」という用語を使用しなかった理由は、子ども自身は必ずしもそのような存在ではなく、子どもを取り巻く厳しい環境、それを緩和することができない社会こそが問題と考えるからである。本書の各章から共通して読み取れる内容は、学校を構成する子ども、教師、保護者が、そのような苦境と対峙し、しなやかな強さを備え、立ち向かおうとする能動的な姿である。

　本書は、日本学術振興会科学研究費補助金「発展途上地域における困難な状況にある子どもの教育に関する国際比較フィールド研究」（基盤研究（A）、平成26～29年度）を中心とした研究成果を取りまとめたものである。驚かれるかもしれないが、この大きな研究テーマに沿って、それぞれの国別分担者を決め、あらかじめ設定された枠組みの中で調査研究を行ったわけでは必ずしもない。本書の分筆者である発展途上国の教育に関心を寄せる研究者が、このような困難な状況にある子どもに、ごく自然に寄り添うなかで、それぞれの研究テーマと分析の方法、視角を紡ぎ出したものである。

　発展途上国の教育研究といえば、10年ほど前までは、アジアが中心であり、アフリカや中近東をフィールドとする研究は少なかった。ところが、本書で対象としている国を見てもわかるように、逆にアジアが少数派になり、アフリカが主流化している。また、アフリカでの研究は、日本の国際協力の実践活動に連携した調査研究が少なくなかったが、今では個々の研究者の学術的な関心に基づくものがほとんどである。それとともに、編者自身が齢を重ねてきたこともあるが、修士課程の学生を含め、若手研究者の躍進が目覚ましい。研究テーマの設定や研究の方法にしても、ずいぶん短期間で進展してきたと思う。

本書の特徴は、困難な状況にある子どもの教育のリアリティを当事者である生徒、教師、保護者の視点から捉えなおしている点である。そこには、脆弱というよりは、外部からの支援に依存するのではなく、主体的に行動する人びとの姿が映し出されていると思う。また、執筆者の半数が、大学院の学生、あるいは元学生であることである。現場でのデータ収集から論文の執筆まで、粗削りな面もあるかもしれないが、若者ならではの感性が光る部分もある。恵まれた環境で暮らすわれわれが、研究者としては相手に対して特別な支援や協力ができるわけでもなく、その一方で、苦境にある人びとが丁寧に調査研究に協力してくれるのは、ひとえに被調査者と調査者の関係性にあるのだろう。

　本書は4部16章から構成されている。そして、巻末にはこの分野の先達である方々による解説を4編収録し、重要な基礎情報や本書を読み解くためのカギを提示していただいた。

　第Ⅰ部は「難民の子どもの教育」である。インドのチベット難民（1章）、イランのアフガニスタン難民（2章）、トルコのシリア難民（3章）、ケニアの南スーダン難民など（4章）を対象としている。ケニアでは難民キャンプ内の学校での研究であるが、他の3か国は難民自身が庇護国において自律的に運営する学校を対象としている。このような学校には、さまざまな運営形態があり、外部の支援者・機関とつながりつつ、庇護国政府の「支援」と「介入」の両面と渡り合いながら、不安定な存在を安定化させようとしている。

　第Ⅱ部は「障害のある子どもの教育」である。スーダン（5章）、エチオピア（6章）、ケニア（7章）、マラウイ（8章）の4か国をそれぞれ対象とし、現在の世界的な潮流であるインクルーシブ教育の理念とその導入をめぐって、政策と現場での葛藤が論じられている。包摂を企図した政策が現実には逆に排除を生む結果になっているという研究結果は、4章ともにほぼ一致している。理念先行のインクルーシブ教育の台頭により、従来の特殊教育が衰退し、逆に障害のある子どもが必要な教育を受けられないという状況も起こっているようである。

　第Ⅲ部は「危険にさらされる子どもの教育」である。インドの人身売買（9章）、ブルキナファソのストリート・チルドレン（10章）、ケニアのHIV/

4

AIDS（11章）、マラウイの遺児（12章）を調査の射程としている。ストリート・チルドレンと遺児の場合は、困難な状況の中でも彼らを取り巻く人びとの支援もあり、たくましささえ感じることができる。一方で、インドの事例は、外部の非政府組織による活動があればこそ、その苦境から脱出可能となり、ケニアの事例は、保護機能のある学校であるが、それゆえに逆に卒業後のリスクが高まることを示唆している。

　第Ⅳ部は「貧困家庭の子どもの教育」である。ラオスの少数民族（13章）、ウガンダの農村部貧困世帯（14章）、ケニアのスラム居住者（15章）、マダガスカルの農村住民（16章）を対象としている。貧困家庭といってもさまざまであり、少数民族やスラム居住者、農村住民であるから「貧困」であるという単純な構図ではない。少数民族やスラム居住者に対しては、援助組織にとってはそのラベルに魅力があり、支援を受けやすい環境にある。一方で、ウガンダの事例のような普通の貧困層は支援対象になりにくく、またマダガスカルの米作を中心とする農村は、それほど困窮度は高くないように見受けられる。

　最後に、結語では16編の事例研究の論点を整理し、共働的に研究を行うことの意義と価値を検討した。個別のフィールド研究だけでなく、「共働研究」を行い、相互に比較参照することで新たに何が得られるのだろうか。本書を一体感のある書に高めるためには、不可欠なまとめの部分でもある。しかし、独自性のあるフィールド研究を比較するというのは、難題でもある。その内容にはなはだ不安であり、皆さまからの批判を仰げれば幸いである。

　本書は、発展途上国の教育や開発に関心を持つ大学生、大学院生、国際協力や開発教育に携わる方々に手に取ってもらいたいと願っている。できれば、日本の学校現場で日々働かれている教師の方々にもご一読を賜ることができれば、望外の喜びである。読み始めていただくのは、個々の関心に応じて、どの章からでもよい。まずは本書のどこかの章の扉を開いていただき、他の章をさらに読み進めていただきたい。

　なお、本書の刊行は、日本学術振興会平成30年度科学研究費補助金（研究成果公開促進費、18HP5214）の交付を受けて実現したものである。出版にあたっては、明石書店の大江道雅社長及び秋耕社の小林一郎代表に大変お世話

はじめに　5

になった。また、編集と校正の段階では、小川未空さんとガラーウィンジ山本香さんから丁寧なフィードバックをもらった。ここに記して、感謝の意を表したい。

澤 村 信 英

目 次

はじめに◉澤村信英　3

　本書で対象とする国々、国別基礎情報　14

第Ⅰ部　難民の子どもの教育　17

第1章　インド北部ラダック地方のチベット難民学校の特徴と役割
——歴史的分析と将来展望◉森 五郎・澤村信英　18

はじめに　18

1. チベット難民とインド　20
2. ラダック地方での調査概要　25
3. 調査結果と分析——チベット難民学校の特徴と役割　27
4. 考察——変わりゆくチベット難民学校　32

おわりに　34

第2章　イランにおけるアフガニスタン難民による学校運営
——長期化した難民状態にある人びとの「居場所」としての役割
◉朝隈芽生　37

はじめに　37

1. 研究の背景と目的——長期滞留状態にあるアフガニスタン難民　38
2. 「居場所」の概念整理　42
3. 調査概要——首都テヘラン　44
4. 調査結果と考察——アフガニスタン難民が自主的に運営する学校　47

おわりに　54

7

第3章　シリア難民が運営する学校教育の価値──トルコ政府による「支援」と「介入」をめぐって◉ガラーウィンジ山本 香　58

はじめに　58

1. 難民の文脈における学校教育の役割　59

2. シリアの人びとと教育　62

3. シリア難民が運営する学校における事例調査の概要　65

4. シリア人学校をめぐる環境と人びと　67

5. 難民生活における学校教育の役割　73

おわりに　76

第4章　ケニア・カクマ難民キャンプにおける教育と援助の活用──当事者である生徒に着目して
◉清水彩花・ガラーウィンジ山本 香　80

はじめに　80

1. 難民受入国としてのケニア　82

2. キャンプにおける難民の生活　83

3. カクマ難民キャンプにおける教育と援助　85

4. 調査結果──キャンプでの生活と学校教育　88

5. 難民の教育への希求と将来への投資　94

おわりに　95

第Ⅱ部　障害のある子どもの教育　101

第5章　スーダンの障害児教育における排除と包摂──視覚障害者の経験をもとに◉福地健太郎　102

はじめに　102

1. 障害児の教育への包摂と万人のための教育　103

2. 分析の視点としての潜在能力アプローチ　105

3. 研究方法　　107

4. 分析結果——参加者たちの語りから　　110

5. 考察——参加者の経験から見えてくる教育への包摂と排除　　116

おわりに　　118

第6章　エチオピア・アディスアベバ市における「インクルーシブ教育」政策と実態——関係当事者の認識から探るインクルーシブ教育の検討●利根川佳子　　122

はじめに　　122

1. インクルーシブ教育の国際的な議論　　123

2. 研究の目的と方法　　125

3. エチオピアにおける「インクルーシブ教育」　　127

4. インクルーシブ教育に対する認識　　133

おわりに　　139

第7章　ケニアにおけるインクルーシブ教育の課題——教師の視点を中心として●大塲麻代　　144

はじめに　　144

1. 障害をもつ児童の学校教育に関する世界的取り組み　　145

2. ケニアにおける障害をもつ児童の学校教育に関する取り組み　　150

3. フィールド調査の方法　　152

4. 通常学校における障害をもつ児童の教育　　153

5. 理念と実践の狭間で　　159

おわりに　　160

第8章　マラウイの障害児教育政策の現地適合性——インクルーシブ教育の導入過程を中心に●川口　純　　164

はじめに　　164

1. 初等教育と障害児教育の概要　　165

目　次　9

2. 障害児教育政策の変遷　　168

3. 障害児教育を取り巻く環境　　170

4. 現地調査結果——教員の障害児教育に対する考え　　173

5. マラウイにおける障害児教育の今後の展望　　178

おわりに　　180

第Ⅲ部　危険にさらされる子どもの教育　　183

第9章　インドにおける茶園労働者子弟の人身売買問題とノンフォーマル教育の役割——西ベンガル州シリグリの事例から

◉日下部達哉　　184

はじめに　　184

1. 課題設定と事例対象地域　　185

2. 茶園閉鎖の原因　　191

3. 青少年や子どもたちが人身売買に陥る理由　　193

4. レイルウェイ・チルドレンの構造的位置づけ　　197

5. ノンフォーマル教育の役割　　197

おわりに——茶園労働者は二度騙される　　200

第10章　ブルキナファソの「ストリート・チルドレン」と教育——近代化とイスラーム文化のはざまに生きる子どもたち

◉清水貴夫　　204

はじめに　　204

1. ブルキナファソのイスラーム化と教育の概況　　205

2. ブルキナファソの地域的文脈の中の「ストリート・チルドレン」　　209

3. 「ストリート・チルドレン」と近代教育　　213

4. イスラームの文脈における「ストリート・チルドレン」　　215

おわりに　　220

第 11 章　ケニアにおける HIV/AIDS と若年女性——学校教育の役割と限界◉小川未空　223

はじめに　223

1. 学校と HIV/AIDS の関係をめぐる紛議　224
2. 研究方法と調査概要　227
3. 調査結果——若年女性が直面するリスクと学校　231
4. 考察——若年女性の予防行動をめぐる困難と学校　236

おわりに　238

第 12 章　マラウイにおける遺児の生活と就学——中等教育の就学継続にかかる事例◉日下部 光　243

はじめに　243

1. アフリカにおける遺児の就学に関する先行研究の検討　244
2. 遺児を取り巻く社会状況　248
3. 現地調査——南部のゾンバ県　249
4. 遺児の生活と就学を支える基盤　258

おわりに　260

第Ⅳ部　貧困家庭の子どもの教育　265

第 13 章　ラオス山岳地帯における少数民族の子どもの就学と自律的な学校運営の試み——3 村の比較調査から成功要因を探る◉乾 美紀　266

はじめに　266

1. 山岳地帯における調査の展開　267
2. 山岳地帯における教育格差　269
3. 先行研究と本研究の独自性　272
4. ラオスの海外調査から見えてきたもの　274
5. 自律的運営学校の成功とは——国内調査による結果　279

おわりに 282

第14章 ウガンダにおいて無償化政策下も学費徴収に苦しむ農村部貧困層の子ども——家計パネルデータを用いた実証分析
●坂上勝基 286

はじめに 286

1. ウガンダの学校教育と初等教育無償化20年の現状 288
2. 無償化政策下における公立学校の学費徴収と低学費私立学校の台頭 289
3. 実証分析の方法と家計パネルデータの概要 291
4. 農村部貧困層にとっての学校選択と公立学校における高額学費徴収の影響 295

おわりに 300

第15章 ケニアの非正規市街地における無認可私立学校の運営実態とその特質——ナイロビ・キベラスラムの初等学校を事例として
●澤村信英 305

はじめに 305

1. 無認可私立学校の存在 307
2. 調査の対象と方法 310
3. 調査結果——無認可私立学校の設立経緯と運営実態 311
4. 考察——無認可私立学校の特質 319

おわりに 322

第16章 マダガスカル農村部における子どもの就学から就業への軌跡——生徒の志望と就職の機会に着目して
●ファナンテナナ リアナスア アンドリアリニアイナ・澤村信英 326

はじめに 326

1. 不安定な教育制度と教員雇用 327
2. 先行研究のレビュー——教育と仕事との関係 329

12

3. 研究の対象と方法——首都近郊の農村部における調査　　333

4. 結果と考察——就学から就業への軌跡　　337

おわりに　　344

結語　研究の意義と価値●澤村信英　　348

解説　1. 教育開発課題の変遷にみる困難な状況におかれた子どもの教育
　　　　　●吉田和浩　　358

　　　2. 困難な状況にある子どものためのインクルーシブ教育の可能性と
　　　　　課題●黒田一雄　　364

　　　3. 難民の子どもの教育と国際的な支援●内海成治　　371

　　　4. 難民をめぐる教育を読み解く●小野由美子・志賀 圭　　377

索引　　385

初出一覧　　388

執筆者紹介　　390

⦿本書で対象とする国々

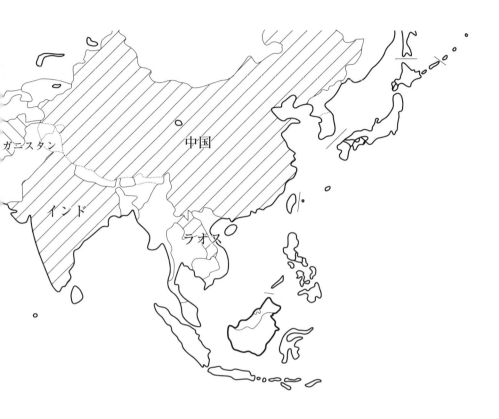

国別基礎情報

(2015 ～ 2017 年)

国名	人口 (万人)	人口 増加率 (%)	国土面積 (万 km²)	一人あたり 国民総所得 (ドル)	出生時 平均余命 (歳)	初等教育 総就学率 (%)	中等教育 総就学率 (%)
日本	12,679	− 0.2	37.80	38,550	84	99	102
ラオス	686	1.5	23.68	2,270	67	111	67
中国	138,640	0.6	956.29	8,690	76	101	*88
インド	133,918	1.1	328.73	1,820	69	115	75
アフガニスタン	3,553	2.5	65.29	570	64	105	55
イラン	8,116	1.1	174.52	5,400	76	109	89
シリア	1,827	− 0.9	18.52	*1,840	70	*119	*72
トルコ	8,075	1.5	78.54	10,930	76	103	103
ブルキナファソ	1,919	2.9	27.42	610	60	91	36
スーダン	4,053	2.4	187.94	2,380	64	74	46
エチオピア	10,496	2.5	110.43	740	65	102	35
南スーダン	1,258	2.8	64.43	390	57	67	10
ウガンダ	4,286	3.3	24.16	600	60	100	*24
ケニア	4,970	2.5	58.04	1,440	67	105	*58
マラウイ	1,862	2.9	11.85	320	63	139	37
マダガスカル	2,557	2.7	58.73	400	66	144	38

(注) * 最新 (2007 ～ 2010 年) の有効データ。
(出所) World Development Indicators database

第 I 部

難民の子どもの
教育

第1章

インド北部ラダック地方のチベット難民学校の特徴と役割——歴史的分析と将来展望

森　五郎
澤村信英

はじめに

　紛争や迫害などさまざまな要因によって国外に逃れた難民 [1] の数は、2015年末に1,610万人（UNHCR 2016a, p.13）となり、過去20年で最多となった。そのうち、「長期化難民 [2] （Protracted Refugee）」とされる人びとの数は、難民全体の41％にあたる670万人に達し、その滞在国は27か国にまで拡大している（ibid., p.20）。

　長期化する紛争や難民キャンプにおいて、将来を見通すには教育が重要であること、人間の安全保障にとって教育はミニマムスタンダードであることは広く認識されてきた（内海 2005）。久保（2010）は、教育を受けて得た知識を難民キャンプ外で活用することで現金収入獲得につなげられるなど、難民にとって教育こそが自力で現状を打破しうる唯一の手段であると述べている。また、シンクレア（2014）は、紛争や災害後などの危機的状況に対する教育が、栄養、居住、健康と並んで効果的な介入の一つだと指摘している。

　チベット難民は、「難民」の中でも特殊性が高い。現在のチベット亡命政府（Central Tibetan Administration: CTA）は、もともとチベットにおいて政府として機能しており、それが1959年4月にインド北部のムスーリー（Mussoorie）に、さらに1960年5月に現在のダラムサラ（Dharamshala）に移っている。亡命政府となってからも、すでに60年近くが経過しているのである。同政府

において、教育は最優先課題として掲げられ、庇護国政府や教育支援団体の支援を受けながら取り組まれてきた。1960年にインドのムスーリーに最初のチベット難民学校が設立されて以降、その数はインド、ネパールを合わせて73校にまで増加している（Department of Education 2016）。これらの学校の多くが、バイラクッペ（Bylakuppe）、ムンゴッド（Mungod）、ダラムサラ、ラダック（Ladakh）といったチベット人居留地（Settlement）に沿って設置されてきた。

　チベット難民の教育に関する研究は、これまでの多くがアイデンティティやナショナリティの形成を視点にして蓄積されてきた。それらの先行研究では、教育はチベット難民社会においてチベット人のアイデンティティ形成を担う重要な場であるとされている（榎井 2014; Mishra 2014; Maslak 2008）。しかし、チベット難民学校を運営する主体は多様であり、各居留地の文脈と合わせてどのような教育が提供されているのか、その特徴を明らかにしたものは少ない。

　また、チベット難民学校にはチベット人生徒の他に、現地人生徒も在籍していることがいくつかの先行研究で明らかにされている（榎井 2014; Mishra 2014）。今回の研究対象校においても、聞き取りをした生徒160名のうち37名（23％）が現地インド人生徒であった。対象校全体では、約3割の現地インド人生徒が在籍しているという（対象校校長）。したがって、チベット難民学校はチベット人のための学校という側面だけでは捉えられず、その役割を明らかにするには多様な生徒の視点からも捉え直す必要がある。

　本研究の目的は、チベット難民コミュニティの中でも比較的規模の大きいインド北部ラダック地方にあるチベット難民学校を対象にして、その特徴と役割について、特に多様な生徒の視点から考察することである。そのために二つの問いを立てる。

・チベット難民学校に通う生徒を取り巻く状況はどのようなものか。
・チベット人生徒と現地インド人生徒にとってチベット難民学校はどのような役割を担っているのか。

1. チベット難民とインド

1-1 チベット難民発生の歴史

チベットはヒマラヤ山脈とカラコルム山脈に囲まれており、世界の中でも標高の高い地域である。1949 年の中国による侵攻以前までは、これらの自然地形により他国と国境を隔てられていた。チベット族はチベット・ビルマ語系諸言語に含まれるチベット語を話す。彼らの大多数はチベット仏教徒であるが、イスラーム教やシャーマニズム的自然崇拝をもとにしたボン教を信仰する者もいる（ギャルポ 1987）。

1949 年 10 月に中華人民共和国が成立後、中国側はチベットが中国の一部であることを認めるよう求めた。しかし、チベット政府がその提案を拒否したことにより、中国軍によるチベット侵攻が開始された。1950 年 10 月には東チベットの州都チャムド（Qamdo）に攻撃を加え、わずか 2 日で陥落させた（チベット亡命政府情報・国際関係省 1999, 73 頁）。大井（2008）は中国がチベットに執着する背景として、広大な土地や多くの資源があること、軍事拠点として重要な場所であること、既に莫大な投資をしていたこと、共産党に第一党独裁政権を死守するねらいがあることを挙げている。

チベット政府は、他国や国連の力を借りて不当な侵略を平和的に解決しようと試みたが、状況が変わることはなかった。このままではラサ（Lhasa）の陥落も時間の問題であったことから、1951 年 5 月に北京へ代表団を派遣し、中国との交渉の場を設けた（チベット亡命政府情報・国際関係省 1999, 76 頁）。そして、代表団は中国側の強い圧力の下で「中央人民政府とチベット地方政府のチベット平和解放に関する協定」に署名することになった。榎井（2007）は、この協定が「チベットが中国の主権のもとに事実上組み込まれることを示すものであると同時に、中国の新しいチベット統治体制の開始を示すものとなった」（49 頁）と指摘している。

最大のチベット難民集団が発生したのは、1959 年 3 月のチベット人による民族蜂起とダライ・ラマ 14 世によるインド亡命の時期である。ダライ・

ラマ 14 世を追って何千ものチベット人がインドやネパールへ一気に押し寄せた。その他にも、1989 年や 2008 年に起きる大規模な民族蜂起や、1966 年以降中国政府によって開始された文化大革命[3]などによって、亡命を余儀なくされるチベット人の数は増していった。

写真 1-1　チベット難民学校前にあるインドに感謝する看板

そして、インド政府はこれまでに 11 万人以上（UNHCR 2016b）のチベット人を迎え入れ、支援してきた（写真 1-1）。

このような中国にとって政治的にデリケートなチベット政府を、なぜインド政府は受け入れたのだろうか。第一に、インドとチベットが築き上げてきた文化や政治における密接な関係[4]が大きく影響している。ダライ・ラマ 14 世は、インド政府が自分たちに救いの手を差し伸べてくれるのは、「仏教が他の諸々の重要な文化とともにインドからチベットへもたらされたものだから」（ダライ・ラマ 1990, 237 頁）と述べている。第二に、政治的・人道的側面として、インド初代首相のジャワハール・ネルーの存在が大きい。ダライ・ラマ 14 世による自伝には、1959 年にインドに亡命した後に設けられたネルーとの交渉について詳細に記述されている。その中で、難民の雇用計画や土地提供、そして教育問題についての解決策が提示された。ネルーは、特にチベット難民の子どもの将来を心配し、十分な教育を提供し、チベット文化を保持していくための学校を作ることを提案したという（ダライ・ラマ 1990, 236 頁）。

1-2　インドにおけるチベット難民の法的地位と課題

難民の定義について定める国際条約は、「難民の地位に関する条約」及び「難民の地位に関する議定書」である。インドはどちらも批准しておらず、外国人法と外国人登録法により、難民を外国人として扱っている（三谷 2015,

118 頁)。

インド政府が発給する身分証明書として、インド政府登録証明書（RC: Indian Registration Certificate）がある。16 歳以上のすべてのチベット人は RC を所持する必要があり、16 歳未満の子どもは親の RC に登録されることになっている（Federal Office for Migration 2013, p.16）。ただし RC に特別な効力があるわけではなく、RC を持っていてもチベット人はインドや国外へ自由に旅行したり、自分の名前で財産を所有したり、公的な職に就いたり、インドの選挙で投票したりすることができない（Tibet Justice Center 2011, p.107）。従来は毎年更新しなければならず、もし更新し忘れると公的な警告と罰金を科せられてしまうが、2012 年にインド政府は RC の延長に関する法律を修正している。この修正により、インドで生まれたチベット人、または少なくとも 20 年以上インドに住んでいるチベット人は、1 年ごとの更新から 5 年ごとに変わった。しかし、いまだにこの移行作業は終了していないという（山本 2013, 77 頁)。

その一方で、有効な在留資格を持ち、インド政府から市民権を得たチベット人に対しては、ノン・ルフールマン原則 [5] により、教育、労働、居住、移動などの権利と自由を付与し、パスポートの役割を持つ身分証明書（IC: Identity Certificate）での国外移動も可能にしている（三谷 2015, 118 頁）。つまり、チベット人の間で法的地位の格差が存在するということである。インド政府からの RC はほとんどのチベット人が持っているが [6]、市民権を持つチベット人は極めて少ない現状がある。

法的地位がなければ、さまざまな問題に直面することになる。例えば、失業問題はチベット難民社会が直面する大きな問題の一つである。インド在住のチベット人の約 17％が失業状態、もしくは不完全雇用である（Federal Office for Migration 2013, p.24）。これは、市民権を持っていないことで雇用を拒否されることが日常的になっているためである（Tibet Justice Center 2011, p.83）。また、チベット人の一般的な収入源は、居留地内での衣類販売や農業、教師や公共医療サービス等に偏っている傾向にある。

1-3 インドにおけるチベット難民の教育状況

20世紀の中頃まで、チベットでの教育の中心は寺院であった。しかし、岡本（2008）によれば、チベットが中国により併合されて以降は、「チベット文化とかけ離れた授業内容」や「漢語重視のカリキュラム」が開発され、取り組まれてきた。チベット自治区に限ったデータではあるが、学齢児童の総就学率は1980年代末から1990年代初めで約50％強にとどまっており、中途退学率も高い値となっている（岡本2008, 470–472頁）。したがって中国では、チベット族は学校教育に熱心ではなく、就学率も低いという評価が存在する。しかし榎井（2014）は、彼らの生活にかけ離れた内容の教科書が使用されていたり、親が子どもを学校に行かせる動機が低かったりすることが背景にあると指摘している。

チベット独自の教育を満足に受けられない状況にある現在のチベットとは対照的に、インドではチベット難民の子どものための学校施設が全国に建設されていった。インドにおけるチベット難民学校の主な運営主体として、インド政府人的資源開発省（MHRD: Ministry of Human Resource Development）内に設置された中央チベット学校管理局（CTSA: Central Tibetan Schools Administration）のほかに、チベット子ども村（TCV: Tibetan Children's Village）、チベット・ホーム財団（THF: Tibetan Homes Foundation）、サンボタ・チベット学校協会（STSS: Sambhota Tibetan Schools Society）の三つが挙げられる（表1–1）。この他にチベット難民の子どもの就学先として、インドの公立学校や宗教団体等が運営する私立学校、また、チベット文化圏において発達してきた僧院学校などがある。

チベット難民学校は、中央中等教育委員会（CBSE: Central Board of Secondary Education）の傘下にあり、庇護国の教育システムに則って運営されている（榎井2014, 60頁）。したがって、インドのほとんどの州で採用されている義務教育期間（前期初等教育・後期初等教育）の8年、前期中等教育の2年、後期中等教育の2年を経た後、高等教育機関に接続する仕組みをチベット難民学校も採用している。高等教育機関へ進学するためには、CBSEが実施する中等教育修了試験に合格しなければならない。また、カリキュラムや教科書におい

表1-1　インドにおけるチベット難民学校の主な形態と概要

運営主体	概　　要
CTSA	・1961 年にインド政府の人材開発省直轄の学校として設立 ・2013 年からはチベット亡命政府に管理権を移譲 ・チベット人居留地を中心にインド国内に 28 校あり、そのうち 6 校が寄宿舎を併設
TCV	・1960 年に設立された自治学校 ・孤児や貧しい子どもを対象にした養護施設から始まり、学校教育や職業訓練のための施設を運営するまでに規模を拡大 ・現在はインド国内に 18 校
THF	・1962 年に設立された自治学校 ・孤児や貧しい子どもを保護し教育を受けさせるため、リンチェン・ドルマ・タリンにより設立された ・現在はインド国内に 3 校
STSS	・当初はチベット亡命政府教育省が管轄する学校として設立され、1999 年に STSS へと移管された ・現在はインド国内に 12 校

（出所）榎井（2014）；Lobsang（2013）；Mishra（2014）をもとに筆者作成

　てもインド政府の管理がある。チベット難民学校は絶えず滞在国の干渉を受け、カリキュラムも縛られている一方で、それによって庇護国の公教育として認められ、庇護国の生徒と同じ学歴を獲得できるというメリットがある（榎井 2014）。

　1990 年代以降、チベット難民の若者のチベット語やチベット文化、アイデンティティの喪失が問題視される（Mishra 2014, p.569）など、チベット難民学校における新たな課題が指摘され始めた。チベット亡命政府はそれらの課題に対応するため、教育の意義や目的、各教科の目標、教師の働き等について定めた「亡命チベット人基礎教育政策（BEP: Basic Education Policy for Tibetans in Exile）」を 2004 年に策定した（Department of Education 2013）。各学校がそれぞれの教育目標の下で運営を図ってきたこれまでの流れから、チベット難民学校全体が大きな教育目標の枠組みの中で、新たな課題に向け解決を図っていく流れへと変化することとなった。

2. ラダック地方での調査概要

　現地調査は、インド北部のジャンムー・カシミール州ラダック地方レー県（Leh district）において、2016年8月23日〜9月14日の3週間にわたって実施した。国勢調査（2011）によると、ジャンムー・カシミール州は、宗教別人口でムスリム（68％）が過半数を占めるインド唯一の州である。レー県のみに限定すれば仏教徒（66％）が過半数を占めており（Office of the Registrar General & Census Commissioner 2015）、ラダック地方がイスラーム圏と仏教圏の境界にあることがわかる。チベット語の方言の一つとされるラダック語を母語とするインド人[7]が多い。ラダック地方は標高2,500mから5,500mの高地であり、気候は寒冷で乾燥している（写真1-2）。人びとは灌漑農業を軸としながら、農耕と牧畜、交易を組み合わせた生業により生活を維持してきた（山口ほか 2013、58頁）。ラダック地方には、ソナムリン（Sonamling）とジャンタン（Jhangthang）の2か所に居留地があり、合わせて約7,000人のチベット難民が暮らしている（Department of Home 2015）。これはインドにあるすべての居留地の中で、バイラクッペ、ムンゴッド、ダラムサラに次ぐ規模である。

　調査は、就学前から前期中等教育段階（9、10年生）までを対象とするTCVスクール（以下、A校）においてインタビューを中心に実施した[8]。ラダック

写真1-2　高地にあるラダック地方の風景

写真1-3 休憩時間に中庭に集まる生徒

地方において、チベット難民学校はTCVスクールのみである。ラダック地方のTCVスクール7校全体では、約1,500名の生徒が在籍している。TCVスクールは寄宿舎を持つ学校と持たない学校に分かれており、ラダック地方ではA校を含む4校が寄宿舎を持っている。A校はレー県の中心部にあるメインバザールから7kmほど南に位置している。ブランチスクールと呼ばれるA校以外の6校には、就学前から初等教育段階程度のクラスまでしかないため、A校が中心的役割を担っている（写真1-3）。

主な調査対象は、第7学年から第10学年までにあたるシニアセクションの生徒41名である（表1-2、1-3）。まず、中等教育修了試験の受験が間近に迫り、卒業後の進路を考え始める9年生もしくは10年生の生徒を対象にしようと考えた。8クラスある第9学年のうち、学力上位の選抜クラスでない1クラス全生徒25名（男子19名、女子6名）に聞き取りを行った。しかし、男女比に偏りがあったことから、シニアセクションの生徒に対象を広げて聞き取りを追加した。その際にスノーボール方式で対象者を増やした。なお、現地インド人の男子1名がムスリムであり、その生徒以外は仏教徒である。

表1-2 A校のシニアセクション生徒数

学年	7年生	8年生	9年生	10年生	合計
クラス数	4	4	8	4	20
男子	59	62	104	55	280
女子	47	65	102	62	276
合計	106	127	206	117	556

表 1-3　調査対象生徒の属性

	チベット人	現地インド人	合計
男子	16	10	26
女子	12	3	15
計	28	13	41

　調査方法としては、主に英語による生徒へのインタビューを行い、補助的に授業や行事への参加など学校生活に対する参与観察、校長やチベット語の教員へのインタビューも取り入れた。A 校生徒への主な質問内容は、被インタビュー者の基本的な属性（出身地、年齢、家族構成など）に加え、学校選択の理由、希望する進路などである。あらかじめ決めておいた質問をもとに生徒に直接聞き取りを行い、さらに詳細な情報が必要と思われる場合には、その都度質問を加えていった。

3.　調査結果と分析——チベット難民学校の特徴と役割

3-1　学校生活と学習環境

　TCV が発表している 2013 年のデータにおいて、A 校とその周辺校 3 校の全生徒のうち約 7 割が寄宿生であることから（Tibetan Children's Villages 2014）、対象者においても同様の結果が予想された。全対象者のうち、68％にあたる 28 名が寄宿生であり、これは全体の傾向と大きな差異はみられなかった。しかし、チベット人生徒よりはむしろ、現地インド人生徒のほとんどが寄宿舎で生活をしていた。これは、学校周辺にはチベット人のための居留地が存在していることや、現地インド人生徒に対しても経済状況に応じて授業料が免除される制度があることと大きく関係している。

　寄宿舎や周辺のキャンプに住む生徒が多いことは、TCV スクールが教科教育だけではない包括的な教育を提供することを可能にする要因ともなっている。シニアセクションの基本的な一日の流れとして 9 時から 15 時 20 分ま

写真1-4 教室で自習中の生徒

でが授業時間であるが、TCVスクールは授業科目以外の課外活動にも多くの時間を割いている。朝6時50分から祈りの時間が始まり、その後、自習と朝礼の時間が毎日確保されている（写真1-4）。放課後には、CTAの祝日やTCVの記念日行事等に向けたチベット舞踊や劇の練習を行う課外活動の時間が入ることもある。

　クラス人数は1クラス当たり20〜30名程度であり、各学年には成績の優秀な生徒が集まる選抜クラスが1クラスずつ置かれている。第9学年のみは8クラスで、生徒数も他学年より多い。その大きな理由は、第10学年で受けなければならない中等教育修了試験への対応であり、その準備のために留年したり他校から編入したりする生徒が多いからである。インドにおいて、中等教育修了試験を実施・運営する委員会は多様であり（小原2014、30頁）、連邦レベルや州レベル、学校の形態ごとに存在している。TCVはCBSEの管轄である。生徒は第10学年と第12学年時に行われる試験において、受講している5科目すべてにおいて各33点以上を取る必要があり（南部・渡辺2012、25頁）、彼らにとって高等教育に進学するための重要な試験となっている。

　TCVを含むインドすべてのチベット難民学校では前期初等教育段階（〜第5学年）までチベット語が教授言語であり、教科書はTCVの設立した教育開発リソースセンター（EDRC: Education Development and Resource Center）が作成したものを使用している（TCV Dharamshala 2010）。チベット難民学校が建設され始めた当時は、英語が教授言語であった。しかし、チベット難民社会の間ではチベット文化が失われていくことへの危機感が強く共有されてきた背景から、前期初等教育段階でのチベット語化・教科書プログラム[9]が、1985年以降全国のチベット難民学校に広がっていった。「国も土地もないチベット人にとって、文化を守っていくことはとても難しい」（チベット語教員、男性）

という語りからもわかるように、チベット難民にとって文化継承の重要性は大きい。

　第6学年からはチベット語や仏教の時間などを除き教授言語は英語に変わり、英語で書かれた教科書を用いて学習している。チベット語、数学、社会、理科、英語が主要教科で、一週間のうちの授業数はほぼ同じである。その他の教科として、ヒンディー語（第6〜8学年）、コンピューター、体育、音楽（第7〜9学年）、チベット史（第6〜8学年）がある。

　次に、多様な背景を持つ生徒の言語状況を調べるため、家族と話すときと友達と話すときに使用している言語を尋ねた。調査対象すべてのチベット人生徒が家庭や学校においてチベット語を使用していた。また、1〜2割のチベット人生徒にとっては英語もチベット語と同様によく使用する言語であった。その一方で、現地インド人生徒にとってはラダック語が主な使用言語となっていた。現地インド人生徒がチベット語を習得することについては、「彼らの多くが就学前もしくは初等教育段階初めからチベット語を学習するため難しくない」（チベット語教師、男性）という。

3-2　生徒にとって TCV スクールの持つ意味

　生徒にとって TCV スクールがどのような役割を果たしているのかを明らかにするため、「なぜこの学校を選んだのか」を尋ねた。学校を選択したのは生徒ではなく両親や親族などの可能性も考えられるが、この質問を通して生徒にとってこの学校が持つ意味を明らかにすることを試みた。表1-4にチベット人生徒と現地インド人生徒それぞれの理由をまとめた。

　チベット人生徒は、「すべての先生が良い」や「生徒の素行が良い」等、学校の質に関する理由、「良い仕事を得る」等、教育や就業に関する理由、「チベット人のための学校だから」等、自分のアイデンティティに関するものを挙げた。また、「チベット人だから選択肢はなかった」という理由は、チベット人だからこの学校を選ぶのは当たり前という側面に加え、学校選択の幅が限られているというマイナスの側面として捉えることもできる。その一方で、仏教徒の現地インド人生徒にとっては、宗教や言語面でチベット

写真 1-5　学校図書館の内部

と共通の文化を持っていることがTCVスクールを選択する理由になっていた。ムスリムの現地インド人生徒にとっては、ダライ・ラマ14世がTCVスクールに直接誘ってくれたことがTCVスクールを選ぶきっかけとなっていた。民族・宗教を超えて困難を抱えている子どもを受け入れようというダライ・ラマ14世の思いやTCVの方針によって、生徒の多様性が生み出されていることが分かる。その他に、「質の良いチベット教育」[10]を期待している生徒もいた（写真1-5）。ラダック地方では、1947年のインド独立後から学校教育の普及が図られていった（山田 2009, 169頁）。そのため、「TCVスクールがラダックにできた当時は先進的な学校であり、モデルスクールだった」（TCV生徒の保護者）という。現在はチベット仏教系の私立学校がいくつも設立されている中で、ラダック語ではなくチベット語を学び、チベット文化をチベット人教師から吸収できることはTCVの特長といえるかもしれない。

表 1-4　TCVスクールを選んだ理由

チベット人生徒	現地インド人生徒
・すべての先生が良いから	・宗教（仏教）や使う文字が同じだから
・生徒の素行が良いから	・良いチベット教育が受けられるから
・良い人になるため	・先生が良いから
・良い仕事を得るため	・両親が決めたから
・母親が決めたから	・ダライ・ラマ14世に直接会った時に来なさいと言われたから
・授業料を払わなくていいから	
・チベット人だから選択肢はなかった	
・チベット人のための学校だから	
・ブランチスクールを修了したから	

（注）相対的に答えた人数の多い順番に列挙している。

3-3　生徒の進学と就職に対する希望

　次に、TCV に通う生徒がどのような夢を持ち、どのような進路を希望しているかを尋ねた。まず、全体的に男子学生は「軍隊」や「警察官」を志望する傾向にあった。山田（2009, 171 頁）によると、インド・パキスタン分離独立後、中央アジア、チベットの国境が閉鎖され、かつて盛んであったこれらの地域との交易活動が途絶されたのを補うように、ラダックの男性にはインド・チベット国境警備隊での雇用により現金収入獲得への道が開かれた。これは、チベット人にとっても同様である。国境警備隊は SFF（Special Frontier Force）と呼ばれ、インド政府によって資金援助され運営されている。連邦レベルや州レベルの公務員の職を得るのはチベット人にとって難しいが、SFF への就職は可能である。「勉強に興味のない生徒は早い段階から軍隊へ行く」（周辺校校長、男性）といった発言からも分かるように、ラダック地方のチベット人にとっても SFF は安定した就職先の一つになっている。全チベット人生徒 28 名のうち、実際に親の職業が軍人であるチベット人生徒は 4 名いた。また、チベット人女子生徒 12 名のうち 6 名が「医者」になることを挙げている。これは高等教育への進学を希望する女子の選択として珍しいものではないかもしれない。一方で、男子の中には「仏僧」や「チベット開放」を挙げる生徒もいた。さらに、留学を希望する生徒もいた。留学は「長期化難民で無国籍状態の恒久的解決に繋がる」（三谷 2015, 120 頁）、一つの解決策という見方があり、チベット難民の留学を支援する奨学金制度が数多く設けられている。1988 年から開始されたフルブライト奨学プログラムもその一つである（Mishra 2014）。

　生徒の進学希望を尋ねると、8 割を超える 34 人が後期中等教育修了以上を希望しており、A 校卒業後も学業継続を希望する生徒が多い。また、後期中等教育修了以上を希望している生徒のうち、スージャ（Suja）やダラムサラという TCV スクールの名前を答える生徒がいた。これは、各学校によって特色があり、自分の興味・関心などと照らし合わせてどの学校へ行くかを既に決めている生徒がいるからである。後期中等教育段階までを担う TCV スクールは、インド国内にダラムサラ、ゴバルプル（Gopalpur）、スージャ、

第 1 章　インド北部ラダック地方のチベット難民学校の特徴と役割　　31

バイラクッペ、セラクイ（Selakui）の5か所に設置されている。生徒は後期中等教育段階において、理系（Science）、文系（Arts）、商業系（Commerce）の三つのコースから一つを選択することになる。各学校によってコースの偏りがあったり、成績の良い生徒を集める選抜学校があったりとそれぞれに特徴をもっている。また、チベット亡命政府は毎年、各後期中等教育学校のCBSE試験における成績を公表しており（CTA 2016）、各学校の成績にも違いが出ている。

4. 考察——変わりゆくチベット難民学校

チベット難民はインド政府による保護の対象ではあるが、明確な法的地位を与えられていない。よって彼らのほとんどが無国籍状態にあり、外国人として扱われることで、雇用、財産、選挙などさまざまな面で制限を受ける立場にある。加えて、彼ら自身の国や土地を持たず、本「国」帰還の目途も立っていない。したがって、外国人として扱われる一般的な留学生とは将来的な見通しという点で大きく異なる。このような脆弱な立場にあるチベット難民、とりわけその子どもたちに対して、チベット難民学校がどのような役割を担っているのだろうか。

まず、ラダック地方には七つのTCVスクールが開設されており、レー郊外のソナムリン居留地とその周辺地域のチベット人を対象にする学校と、主に遠隔地に住む遊牧民のチベット人生徒を対象とするジャンタン地域の学校に分かれていた。40年以上の歴史を積み重ねながら、ラダック地方において包括的なチベット教育を提供するチベット人のための学校として、また、先進的な私立学校のモデルスクールとしての地位を獲得してきた。そして、亡命三世の子どもが主となった現在、TCVスクールは脆弱な難民というステータスの子どもへ教育を提供する役割から、高等教育への接続をはじめ庇護国政府との連携強化などへと重きを置く必要に迫られている。

TCVは庇護国の教育システムに則って運営を行うことにより、多くのチベット人生徒が望む高等教育へのアクセスを可能にしていた。しかし、ラ

ダック地方には前期中等教育段階までのチベット難民学校しか存在しないため、後期中等教育段階からは別の都市へ移動する必要性があること、そしてそもそもチベット難民学校は教育段階が上がるにつれ選択肢が狭くなることが進学の壁になっているという一面もある。

　チベット問題が長期化するにつれて湧きあがった、若者のチベット語、チベット文化、アイデンティティの喪失に関する議論は、チベット亡命政府の基礎教育政策（BEP）やTCVのチベット化の動きへとつながっていった。亡命三世が主となった現在のチベット人生徒にとって、TCVスクールの存在やチベット教育に関するさまざまな取り組みが自己のアイデンティティを確認できる機会となっていた。一方で、英語が必須であるインドの高等教育への進学を考えると、英語を教授言語とする私立学校が増えているインドの現状の中で、どのように生徒の学力を保障するかがこれからの課題だといえる。

　チベット人生徒にとって、TCVスクールはアイデンティティを自覚する場所になっている。中国とネパールが国境を厳しく取り締まるようになって以来、亡命してくるチベット人は減少していることから、チベット人生徒の数も減少していくと考えられる。チベット難民社会がさまざまな変化を遂げていく中で、チベット難民学校もまた近代教育とチベット教育との折り合いをつけていくのだろう。

　現地インド人生徒がTCVスクールに包摂されてきた背景には、経済的に貧窮した状況にあるインド人の子どもたちの存在や、彼らに対しても同様の教育を提供しようというTCVの運営方針が大きく関わっていた。仏教徒の現地インド人生徒にとっては、宗教や文字などの面で共通性があることがTCVスクールを選択する理由になっていた。また、ダライ・ラマ14世との出会いもTCVスクールを選ぶきっかけとなっていた。ラダック地方にはチベット仏教系の私立学校がいくつも存在している。それらの中で、ラダック語ではなくチベット語で、チベット人教師からチベット文化を学べることは、TCVスクールの特長となっている。現地インド人生徒にとって、チベット語や仏教を学ぶことができ、経済的な支援も受けられる低学費の私立学校の一つとして認識されている。

第1章　インド北部ラダック地方のチベット難民学校の特徴と役割　　33

おわりに

　本章は二つの設問に沿いながら、インド北部ラダック地方におけるチベット難民学校の特徴及びチベット人や現地インド人に果たすチベット難民学校の役割・課題を明らかにしてきた。そして、多様な主体である生徒たちのミクロな視点からチベット難民学校を捉えようと試みた。インド政府は、中華人民共和国とチベットとの問題に直接的には干渉しないものの、チベット難民の受け入れを積極的に行うことで大きく関与してきた。特に、チベット難民に対する教育アクセス拡大に貢献してきたのは事実である。

　ラダック地方におけるチベット難民学校の役割は、設立当初の孤児や貧しいチベット難民の子どもを保護し教育を提供する役割から、大きく変わり始めている。チベット人生徒へは、チベット教育を通してチベットの社会文化的背景を維持させつつも、庇護国や第三国において多様な進路を保障するための役割が期待されている。現地インド人生徒にとっては、チベット教育の質や経済的支援が確保されていることが TCV スクールの魅力であった。課題としては、教育段階が上がるごとに選択できる学校の数が少なくなることや初等教育段階から十分な英語教育に親しめないこと、高等教育へのアクセスはいまだ十分でないことが挙げられる。

　今回の調査では、生徒へは主に構造化インタビューを実施し、生徒の語りから学校の役割を深く検討することに限界があった。また、教師や寄宿舎の寮母、家族など、学校に関わる多様な人びとの視点を取り入れることができなかった。さらに、複数の学校を対象とし、それぞれの学校の特徴や比較検討から、チベット難民学校全体の特質を探ることも重要である。今後はより多様な視点に立った調査・分析を行う必要があり、将来の課題としたい。

[注]
(1) 難民条約を受けて UNHCR（国連難民高等弁務官事務所：Office of the United Nations High Commissioner for Refugees）が定めた難民、いわゆる「マンデート難民」を指す。
(2) 同じ国籍を持つ 25,000 人以上の難民で、庇護国に 5 年以上在留する集団を指す。
(3) 文化大革命は、1966 年に中国兵がラサへ派遣されてきたことによって始まる。中国

兵たちは「四旧」を打破し、「四新」を建設しようというスローガンの名のもとに、チベットの宗教・文化・伝統・風俗・習慣などを次々に血祭りにあげた（ギャルポ 1987, 148頁）。宗教に至っては、封建的な迷信、妖怪変化といわれ、一切の宗教活動を禁じ、寺院や聖地は破壊された（岡本 2008, 469頁）。

(4) しかし一方で、中国との関係を考慮したインドは、チベット亡命政府の樹立を承認せず、ダライ・ラマ14世に対しては強く干渉しないという二つの顔を持っていた。

(5) 難民条約33条1項に明記されている難民の強制送還を禁止する義務。人権保護の観点から、国際慣習法になっているとする見方もある。

(6) 別所（2013）は、中国籍もなくRCを更新できずに不法滞在者として収監されるリスクをもつチベット難民の存在について詳しく述べている。

(7) ラダーキーと呼ばれている。

(8) 今回調査を実施したTCVは、オーストリアのSOS協会（SOS Association）という教育支援団体から多くの援助を受けて運営されていた。TCVの財源の25％は、SOS協会から拠出されており、その他の非政府組織（49％）、チベット人の寄付（14％）、その他個人（12％）と続く（TCV Dharamshala 2010, p.88）。

(9) チベット化プログラム（Tibetanisation Programme）と呼ばれる。

(10) 「伝統的なチベット教育」には、チベット仏教の教義、言語、医学、芸術などが含まれる。ここでの「チベット教育」は、チベットの歴史や文化、言語の教育を指す。

[参考文献]

内海成治（2005）「紛争後の国への教育協力の課題」『比較教育学研究』31巻、15-27頁。

榎井克明（2007）「難民への教育支援——インド・ネパールにおけるチベット難民の教育」山内乾史編『開発と教育協力の社会学』ミネルヴァ書房、46-57頁。

榎井克明（2014）「学校教育とアイデンティティ形成に関する研究——亡命チベット人共同体を事例として」神戸大学博士論文。

大井功（2008）『「チベット問題」を読み解く』祥伝社。

岡本雅享（2008）『中国の少数民族教育と言語政策』社会評論社。

小原優貴（2014）『インドの無認可学校研究——公教育を支える「影の制度」』東信堂。

ギャルポ、ペマ（1987）『チベット入門』日中出版。

久保忠行（2010）「依存から「自律」へ——難民の自助的活動に関する人類学的考察」『Kyoto Working Papers on Area Studies: G-COE series』京都大学東南アジア研究所、89巻、1-20頁。

シンクレア、マーガレット（小松太郎訳）（2014）『紛争・災害後の教育支援』東信堂。

ダライ・ラマ（山際素男訳）（1990）『ダライ・ラマ自伝』文藝春秋。

チベット亡命政府情報・国際関係省（南野善三郎訳）（1999）『チベット入門』鳥影社。

南部広孝・渡辺雅幸（2012）「インドと中国における大学入学者選抜制度——現状と改革動向の比較的分析」『京都大学大学院教育学研究科紀要』58巻、19-43頁。

別所裕介（2013）『ヒマラヤの越境者たち——南アジアの亡命チベット人社会』デザイン

エッグ。

三谷純子（2015）「事実上の長期化無国籍難民にとっての、もう1つの解決法としての留学——インドの亡命チベット人社会から来日した留学生の事例」『難民研究ジャーナル』5巻、109-126頁。

山口哲由・野瀬光弘・竹田晋也（2013）「チベットの村落を考察する比較対照としてのインド北部村落における調査報告」『ICCS現代中国学ジャーナル』5巻2号、56-67頁。

山田孝子（2009）『ラダック——西チベットにおける病いと治療の民族誌』京都大学学術出版会。

山本達也（2013）『舞台の上の難民——チベット難民芸能集団の民族誌』法蔵館。

CTA (Central Tibetan Administration) (2016) 2016 Class X Results of Tibetan Schools. [http://tibet.net/2016/06/2016-class-x-result-of-tibetan-schools/#] (accessed on January 9, 2017).

Department of Education, CTA (2013) Basic Education Policy for Tibetans in Exile. [http://sherig.org/en/education-policy-4/] (accessed on December 22, 2016).

Department of Education, CTA (2016) Introduction. [http://sherig.org/en/about-us-3/introduction/] (accessed on December 25, 2016).

Department of Home, CTA (2015) Sonamling Tibetan Settlment, Ladakh. [http://www.centraltibetanreliefcommittee.org/doh/doh.html] (accessed on December 12, 2016).

Federal Office for Migration (2013) *The Tibetan Community in India.* Bern: Federal Department of Justice and Police.

Lobsang, W. (2013) CTSA schools transfer to CTA: Interview with DoE Secretary. *Tibet Sun,* 6 April. [https://www.tibetsun.com/interviews/2013/04/06/] (accessed on December 23, 2016).

Maslak, M. A. (2008) School as a site of Tibetan ethnic identity construction in India? Results from a content analysis of textbooks and Delphi study of teachers' perceptions. *Educational Review,* 60(1), 85-106.

Mishra, M. (2014) *Tibetan Refugees in India: Education, Culture and Growing Up in Exile.* Hyderabad: Orient Blackswan.

Office of the Registrar General & Census Commissioner (2015) 2011 Census Data. [http://www.census2011.co.in/] (accessed on January 2, 2017).

Tibetan Children's Villages (2014) TCV Ladakh. [http://www.tcv.org.in/content/tcv-ladakh] (accessed on July 8, 2016).

Tibet Justice Center (2011) *Tibet's Stateless Nationals II: Tibetan Refugees in India.* Oakland: Tibet Justice Center.

TCV Dharamshala (2010) *50 years in the service of Tibetan children in exile.* Dharamshala: Tibetan Children's Villages.

UNHCR (2016a) *Global Trends: Forced Displacement in 2015.* Geneva: UNHCR.

UNHCR (2016b) India Factsheet. [http://www.unhcr.org/protection/operations/50001ec69/india-fact-sheet.html] (accessed on July 8, 2016).

第 2 章

イランにおけるアフガニスタン難民による学校運営——長期化した難民状態にある人びとの「居場所」としての役割

朝隈芽生

はじめに

　現在紛争をはじめとするさまざまな要因から、2,250万人[1]（2016年末現在）の人びとが国外避難を余儀なくされている（UNHCR 2017, p.2）。シリア難民をはじめ、祖国を追われ劣悪な環境下で苦境を強いられる人びとの生活が取り沙汰される一方で、アジア・アフリカ地域には存在が顕在化しない「長期化する難民状態（Protracted Refugee Situations: PRS）」とよばれる人びとが多数存在する。国連高等難民弁務官事務所（以下、UNHCR）によると、PRS は「同じ国籍を持つ2万5千人以上の難民が母国を追われ、一時庇護国における難民生活が5年以上にわたって継続する状態」と定義されており、全世界の難民人口（1,720万人）のうち約3分の2にあたる1,160万人が国外避難から長期間を経た今もなお、避難先での生活を送っている（ibid., p.22）。

　しかし、こうした PRS に関する問題は発現しにくい。一般的に紛争や内戦が勃発し、大量難民が発生する緊急時には国際社会の関心が高まり、支援も集まるが、長期滞留難民のように切迫した危険や緊急事態でない問題の場合には、国際社会の関心もドナーからの支援も低下するのが現状である。それゆえ PRS は「忘れられた難民（refugees trapped in forgotten situations）」と形容されることも多い（Loescher & Milner 2008, p.20）。また、長期滞留難民の増加は、その恒久的解決策の限界やホスト国の庇護疲れといった種々の問題を噴出さ

37

せている。

　PRS にある人びとの中には難民の収容施設を離れ、都市部において自律的に生活を営む人びとが多く存在することも、問題が顕在化しない要因として挙げられる。このような自活できる生活基盤を持ち、キャンプをはじめとする管理された場所を離れて独立して暮らす都市難民は、一般に想起される難民像とはほど遠い。しかし、都市難民はしばしば警察のいやがらせや恣意的な逮捕や拘禁、強制送還の対象となり、脆弱な立場にある（杉木 2014）。

　長期滞留難民の増加に代表されるように、難民条約では包括しきれない強制的な移動を強いられている人びとが多数存在する。これまでの緊急的もしくは一時的な存在としての難民像の瓦解により、難民の定義はより一層複雑化し、国際レジームをはじめとする外部からの難民という名づけだけではとらえきれない実情が立ち現れている。このような難民という外部からの名づけと、難民当事者の実態との離齬は、これまでの難民研究が法的枠組みや政治的体制からの議論に終始しており、当事者の視点に基づいた事例研究が不足しているため起こるものと考えられる。

1.　研究の背景と目的
——長期滞留状態にあるアフガニスタン難民

1-1　恒久的解決策の限界と難民の社会的包摂

　難民状態の長期化の背景には、難民出身国の人権侵害や紛争の継続、庇護国の難民政策、難民支援に不可欠な諸アクターの消極性が複合的に絡み合っている（杉木 2014）。さらに、難民の長期化状態を打破する具体的な策がないことも一因である。これまで難民は、UNHCR の提唱する三つの恒久的解決策、すなわち（1）自発的帰還、（2）庇護国定住、（3）第三国定住のいずれかによって、難民状態から脱却すると想定されてきた（Strang & Ager 2010）。なかでも、自発的帰還は長らく、難民の状況に対する最も望ましい恒久的解決であるとされ、多くの国で難民政策として、自発的帰還が採用、推進されてきた（Loescher & Milner 2008）。しかし、世界の自発的帰還者数は年々減少し、

難民の長期化状態が常態化している。その要因として挙げられるのが、第二世代、第三世代といった「生まれながらの難民」の誕生である。彼らは強制移動の記憶を持たず、国籍国からの排除という第一世代が経験した歴史を共有していない。こうした二世、三世の難民は、故国への帰還を望まない傾向が顕著であるといわれている（Moravej 2014）。また、他の解決策である第三国定住の機会に恵まれる難民は、制度や金銭面から非常に限定的であり、いずれの恒久的解決策も限界を迎えている。

　そこで、自発的帰還と第三国定住に代わる解決策として、難民の地域統合が新たな関心を集めている。難民の地域統合とは、キャンプに代表される一次庇護国内の収容施設が設置された地域に、難民の人びとを定住させる試みであるが、制度上の障害や地域社会に対するさまざまな弊害を伴うと考えられ、これまで積極的に採用されてこなかった（中山 2014）。

　恒久的解決策は、難民を国家に「社会統合（social integration）」することを想定し、提唱されている。しかし社会統合の視点のみでは、難民認定や制度面からの表面的な議論に終始し、実際に地域社会において難民が直面する差別や制限のような「排除」の過程は描出されない。社会統合の不足を補い、より広範な議論の中で社会における難民の位相を問うことを可能にするのが「社会的排除／包摂」の概念である。「社会的排除（social exclusion）」とは労働市場の不安定化やインフォーマル化に起因する「新たな貧困」を理解するための概念として生まれたもので、特定のグループに属する人びとが社会の中で経済的にだけでなく、政治的、文化的にも排除される構造を浮き彫りにした（Bhalla & Lapeyre 1999）。一方で社会的排除と対をなす形で誕生した概念が「社会的包摂（social inclusion）」である。社会的包摂の可能性として提示されるのは、経済的、政策的といった難民の外延からの視点のみではない。個人の繋がりや帰属といった、コミュニティレベルの関係性から包摂の在り方を探ることができる点に、社会統合とは異なる視点がある。また、帰属や繋がりを考察するにあたり、有効と考えられるのが「居場所」概念からの検討である。社会的包摂は、排除によって「社会紐帯（social bond）」を失った人びとを再び社会のなかに戻していく、すなわち「居場所」づくりの実践であるとされる（阿部 2011）。

難民を対象とした社会的排除／包摂の議論をめぐっては、主にオースト
ラリアやイギリスといった先進諸国で、移民と併せて研究が蓄積されてき
た（Taylor 2004; Colic-Peisker 2005）。これらの研究は、市民権または労働問題を
取り巻く政策的観点からの検討が中心であり、個人の繋がりや帰属に焦点を
当てた研究は少ない。また、発展途上国における文脈では、キャンプをはじ
めとする難民収容施設を研究対象として、そこに生きる人びとの営みや、難
民を取り巻くアクターの存在から排除／包摂の原理が考察されてきた（例え
ば、内藤 2014）。これまで難民の包摂や排除の主体として想定されてきたのは
国民国家であり、対象も先進諸国の難民や、難民の集住地に居住する人びと
に限定されていた。しかし、世界の難民すべてが、キャンプに居住している
わけではない。前述のとおり、長期滞留難民の増加により、都市難民に代表
される第三者機関の管理下にない難民が増加している。だが、都市難民に関
しては社会的包摂の議論の俎上にさえ載せられていない。また、本来、社会
的包摂の主体は国家のみに限定されるものではない。新たな包摂主体として
の地域社会やコミュニティを構想し、帰属の視点から難民の包摂について再
考する必要がある。

1-2　イランにおけるアフガニスタン難民

　アフガニスタン難民はシリア難民に続く最大規模の難民人口であり、2013
年現在、PRS としては最大数の 260 万人である（UNHCR 2014a）。これは、
PRS 全体数の約 40％を占めている。アフガニスタン難民の大規模な国外
避難の歴史は、1979 年のソ連軍アフガニスタン侵攻にまで遡る。その後も、
ターリバーンの実効支配の影響や、2001 年の米軍によるアフガニスタン空
爆の際にも多数の難民を生んだ。最初の大規模な難民の国外流出から、30
年以上経過した今もなお、アフガニスタン難民は世界各地に散居している。
その半数近くがパキスタンに、続いて約 40％にあたる 85 万人がイランに居
住している（ibid.）。
　イランにおいて政府及び UNHCR は、アフガニスタン難民に対し、一貫し
てアフガニスタンへの自主的帰還を促してきた。しかし、その数は 2008 年

に急激に減少した後、低減の一途を辿り、2010年の帰還者は1,250人に留まっている（Koepke 2011）。現在イランにおけるアフガニスタン難民は一時的な滞在許可を申請することで、居住が可能となる。しかし、近年この一時滞在の許可を得ずにイランに滞在するアフガニスタン人が増加し、その数は150万から200万とも推測されているが、その正確な数は明らかでない（ibid., p.5）。滞在許可を持たない非登録の難民は公的文書に表出しない存在であり、その生活実態などの詳細は不明である。また、イランにおいて、難民の大多数はテヘランのような都市に居住しており、今なおキャンプに住む難民はおよそ3％に留まる（UNHCR 2014b）。都市に生きる難民は、第三者機関による囲い込みが行われておらず、より不可視な存在である。

　また、難民生活の長期化により、学齢期にあたる二世、三世の難民の子どもが多数存在している。登録難民は、初等課程から大学前教育までの教育機会を有する[2]。一方で、非登録の難民の場合、教育機会を取り巻く環境はより厳しい。現在非登録難民の子どもはイランの公立学校に通うことは原則許可されていない。そこで、1990年頃から、アフガニスタン難民が主体的に運営する学校の存在が確認されるようになった（Catherine Squire Consultant 2000）。これらの学校はイラン政府の無認可で運営されており、常に閉校のリスクを負っている。またこれまでその運営の詳細については明らかにされてこなかった。

1-3　問題の所在と研究目的

　難民生活の長期化に伴い、避難先での人びとの暮らしは、近年より一層複雑な様相を呈している。「誰が難民か」という問いは混迷を極め、移民やディアスポラの定義と併せてさまざまな分野で議論がされているが、未だ解決の糸口は見えていない。また、長期滞留難民の増加は恒久的解決策の限界など種々の問題を噴出させている。そのような難民の多くは、都市難民に代表されるように、第三者機関によって囲われることなく自律的に生活を営む人びとである。従来の難民研究においては、管理されたキャンプに暮らす難民を対象として、人びとの自主的な営みや、難民を取り巻く地域社会の人び

ととの関係について報告されてきた。しかしキャンプを離れ、自律的に生活を営む人びとに焦点を当てた研究の蓄積は少ない。多様化する難民を理解するうえで、難民集住地に住む人びとの姿のみでは捕捉しきれない実情がある。

　また、社会的排除／包摂の議論においては、これまで国家への社会統合に偏った政策的観点からの検討が主であった。難民の包摂に関する視点において、包摂主体としての国家や対象をキャンプ難民に限定した議論は、偏った難民の包摂を誘引しかねない。よって都市難民である当事者の視点から、包摂と排除の諸相を明らかにすることは、難民の社会的包摂の議論に新たな視座を提供できる可能性がある。さらに、個々の繋がりや帰属に着目することで、より重層的な社会的排除／包摂の議論を展開できると考える。

　本章の目的は、都市に生きる難民の主体的な学校運営の役割を、帰属や承認の場としての観点から検討することである。事例としては PRS が最も多いアフガニスタン難民を取り上げる。そこで小目的として以下の三つを設定する。まず、PRS であるアフガニスタン難民の人びとのイランにおける生活状況を明らかにする。次に、難民にとって学校が果たす役割を明らかにし、またその役割を「居場所」としての観点から検討する。最後に「居場所」としての機能が難民にとって持つ意味を考察する。これにより、都市に生きる難民や、難民の営為を新たな側面から捉えなおすことを試みる。

2. 「居場所」の概念整理

2-1　「居場所」の定義

　「居場所」の本来の意味は「人が居るところ。いどころ」と、物理的に人が存在する場を指すものであるが、先行研究においては「安心できる場所」「自己の存在感をえられる場所」というように、心理的側面を多分に含む用語であることが指摘されている（藤原 2010; 杉本・庄司 2006）。しかし、「居場所」は日常的に使用される言葉でありながら、その概念や定義は確立しておらず、一般用語としても、研究の面においても捉え方はさまざまである。こ

れまで多様な研究分野で「居場所」の研究は行われてきたが、その詳細に関してはそれぞれの分析者の視点に依拠しており、明確な定義は存在しなかった（中島・小長井 2007）。

　そこで、藤原（2010）は、これまでの居場所研究において共通の定義が存在しなかったことへの問題意識から、教育学、社会学、心理学、教育心理学において行われていた居場所に関する研究を整理し、以下のように 10 の類型に分類した。

(1) 社会生活の拠点となる物理的な意味での場
(2) 自由な場
　①管理・強制からの自由、②活動・発言の自由、③時間・ペース・選択の自由、④大人や権力からの自由、⑤比較・評価からの自由、⑥自由で開放感のある雰囲気
(3) 居心地がよく、精神的に安心・安定していられる場、もしくは人間関係
(4) 一人で過ごせる場
(5) 休息、癒し、一時的な逃避の場
(6) 役割が与えられる、所属感や満足感が感じられる場
(7) 他者や社会とのつながりがある場
(8) 遊びや活動を行う場、将来のための多様な学び・体験ができる成長の場
(9) 自己の存在感・受容感を感じさせる場
(10) 安全な場
（藤原 2010、171-172 頁）

　着目すべきは、類型 (3) に記載されているように、空間的な場のみならず「人間関係」という関係性の概念も「居場所」にあたるとしている点である。藤原は、この 10 の類型のうち、一つもしくは二つ以上当てはまれば「居場所」といえると述べている。また、これらの類型に使用された研究は世代を限定して行われたものではなく、子どもから大人にまで幅広く適用することが可能だとしている。本章でもこの類型を援用し、議論を進める。

2-2　分析の視点

　これまでの「居場所」研究[3]にあたっては、子どもから高齢者まで、また学校や高齢者介護施設を対象とするものまで、その年代も場所も幅広く行われてきた。その研究分野も多様であり、特に教育学及び社会学の分野においては、心理的側面としての「居場所」に焦点を当てて、論究されてきた（中島・小長井 2007）。なかでも、教育社会学の見地において新谷（2012）は「居場所」の創出が、社会の枠組みやその在り方に問題提起し、多元的な社会への訴えを可能にする点に居場所概念の本質があると指摘する。例えば1980 年代、精神的・物理的に既存の学校に居場所がない不登校の子どもたちを対象として、支援団体がフリースクールなどといった形で学校の外部に「居場所」を提供したが、こうした動きは従来の単一的な学校制度を批判し、学校以外の必要な制度を整える土壌の生成に寄与した（同書、234 頁）。

　本章で取り上げる難民が主体的に運営する学校も、イラン社会において教育を受ける権利を持たない子どもを対象として運営が開始されており、従来「居場所」として分析されてきた学校やフリースクールとの類似点が確認される。難民による主体的な学校運営を対象とすることで、教育の現場としての学校、またイラン社会の既存の学校に対するアンチテーゼとしての学校、双方からの分析が可能であると考える。

3.　調査概要——首都テヘラン

3-1　調査地

　イラン（正式にはイラン・イスラーム共和国）は、およそ 7,000 万人の人口を有する中東の大国である。ペルシャ語を公用語としているが、アゼリーやトルクメンといった複数の民族が国内に居住する多民族国家でもある。1979 年のイスラーム革命以降、イスラーム少数派であるシーア派を国教とし、政教一致の「イスラーム法学者による統治」が行われている。イランに逃れてく

る難民の多くは、シーア派ハザーラやシーア派タジクである。アフガニスタン国内における多数派宗派はスンナ派であるが、ハザーラやタジクはシーア派を信仰している。また、彼らはペルシャ語の方言とされるダリ語やタジク語を話す。スンナ派でパシュトゥー語を話すパシュトゥーンの多くがパキスタンに逃れたのに対し、ハザーラやタジクの大多数が宗教・言語の親和性からイランに逃れた。

　調査はイランの首都であるテヘラン州テヘラン市内にある、難民による自主運営校 A 校において行った。同校の校長によると、テヘランに 15 校ある難民の自主運営校のうち、最も生徒数の多い学校の一つであるという。テヘランはイランでも最も多い難民人口を抱えており、その大半は労働者層が多く住む市内南部に居住している。A 校もテヘラン南部に位置している。テヘランでは概して北部に行くほど富裕層が多くなり、南部に行くほど貧困層が多くなる。

3-2　調査対象と方法

　現地調査は、2014 年 8 月 26 日から 9 月 16 日にかけて約 3 週間実施した。調査手法には半構造化及びナラティブインタビューを用い、アフガニスタン人校長 1 名（男性）と教員 12 名（全員が女性、かつアフガニスタン人）を対象とする質的調査を行った（表2-1）。また、授業中の生徒の様子や教員の職務の様子を把握するため、補助的に参与観察法を用いた。調査対象者である校長 [4] は、1970 年代にアフガニスタンを離れ、イランに逃れてきた。教員の半数以上にあたる 8 名がイランで生まれた二世であり、残りはアフガニスタンから 1 歳前後に移住してきたいわゆる 1.5 世代の難民である。

　インタビュー内容は、年齢や出身地、家族構成をはじめとする基本事項に加え、学校内外における生活の様子や、イランでの生活上の困難、またアフガニスタンへの帰還希望について聞き取った。これにより、彼らが日々感じているイラン社会における「居場所」のなさや、難民として生きる上での排除状態について明らかにすることができると考えた。また、特に校長には、教員や生徒を含めた学校の全体像を把握するため、学校の設立経緯や運営

の詳細について聞き取りを行った。教員に対しては、難民運営校の教員として働く動機や、生徒である子どもたちに対する考えについても質問した。これらの質問を通じて、難民の運営校を構成する教員としての意見のみならず、イランでの生活全般における難民の若者としての彼女たちの語りを得ることで、より詳細に学校の役割について描出可能であると考えたためである。

イランでは8月と9月が長期休暇に該当し、A校においても通常の授業は実施されていなかった。しかし、後述するように休暇中限定の英語の授業や、新年度に向けた補講授業が開講されており、複数の生徒が通学しているほか、教員も指導や事務作業のために学校に集まっていた。インタビューは授業後や就業後の、時間的制約に縛られない時間帯に行い、空いている教室を借りて静かで落ち着いた環境で実施することができた。なおインタビューはすべてペルシャ語で行った。

表2-1　インタビュー対象者の属性

教員	出生地	年齢	性別	教員年数	民族
校長	アフガニスタン	60	男	—	ハザーラ
A	アフガニスタン	32	女	12	ハザーラ
B	イラン	25	女	5	タジク
C	アフガニスタン	20	女	1	ハザーラ
D	アフガニスタン	21	女	1	ハザーラ
E	アフガニスタン	26	女	4	ハザーラ
F	アフガニスタン	21	女	1	ハザーラ
G	イラン	27	女	9	ハザーラ
H	アフガニスタン	27	女	1	タジク
I	イラン	35	女	5	ハザーラ
J	イラン	23	女	2	ハザーラ
K	イラン	22	女	1	ハザーラ
L	イラン	—	女	3	ハザーラ

（注）年齢などは調査当時のもの。—は不明。
（出所）筆者作成

4. 調査結果と考察——アフガニスタン難民が自主的に運営する学校

4-1 学校の特性

A校は1999年より政府の認可を受けずに運営が開始された。無認可ゆえに、これまで二度イラン当局の取り調べを受けており、その度に学校の場所を変えて運営を継続してきた。校長はアフガニスタン人とイラン人の2名体制であり、教員は22名（全員が女性）在籍している。男女別の二部制を採用しており、午前は女子が、午後には男子が通学している（写真2-1）。同校では1年生から5年生までの初等課程、及び6年生から8年生までの中等課程が共に学ぶ。生徒数は約260名で、3分の2を女子が占めている。これは、男子は学年が上がるにつれて、仕事に専業するため退学することに起因する。また学校に通いながら仕事をする生徒もいる。

イランでは難民が主体となって学校を運営することは許可されていないため、実質的な運営はすべてアフガニスタン人校長が担当するものの、当局による取り調べが行われた際に、イラン人校長が対応するということであった。また校舎は、主に図書館や職員室がある平屋の建物であるa校舎、別に徒歩5分程度の場所に生徒が授業を受ける2階建てのb校舎の2校が存在する（写真2-2）。イラン当局などの取り締まりを受けた場合、強制的な閉校の危険性があり、また非登録の難民の子どもはアフガニスタンへ強制送還される可能性もある。そのような危険性に鑑み、二つの校舎を設けることで、普

写真2-1 小学校1年生の女子クラスの様子　　写真2-2 b校舎内部の様子

段校長が勤務する a 校舎で当局の取り締まりを受けた場合であっても、b 校舎で授業を受ける生徒たちの安全を確保し、当局の取り締まりを避けるための策が講じられていた。

　資金面において、アフガニスタン政府やその他の公的機関による援助は行われておらず、主に生徒から徴収する学費、及び個人からの寄付や援助によって運営を存続させている [5]。学費は年間一人 500 万リアル（約 176 US ドル）であるが、生徒の家庭状況によって免除や減額が行われる。

　　お金がないからと学校に来るのを躊躇する子どもたちにも「学校においで」と言っている。例えば父親が怪我をしていたり、亡くなっていたり。厳しい家庭環境の子どもには、親と話したりして、授業料を安くしたりしている。去年はそういう（免除や減額をした）子どもが 25 人ほどいた。（校長）

　A 校は、元来、現アフガニスタン人校長の「教育を受けられない難民の子どものために学校を」という理念の下に創立された。登録の如何や民族に関わらず難民の生徒を受け入れている。金銭的に苦しい家庭状況であっても、経済的理由によって生徒を排除することはなく、アフガニスタン難民であればどの家庭にも入学を許可している。このようにすべての難民に等しく門戸を開いている学校は、不可視状態に陥りがちな非登録、かつ都市に居住する難民を可視化する数少ない機能を持っている。

4-2　難民がイランで感じる「居場所」のなさ

　イラン社会でアフガニスタン人は差別の対象とされている。特に、イラン人と顔立ちの異なるハザーラに顕著である [6]。彼らは電車やバスといった交通機関や生活上で、イラン人から「アフガニスタンへ帰れ」などの罵声を浴びせられることがしばしばあるという。

　イラン人はいい人も多い。でも車の中、バスの中、買い物するとき、道で、

アフガニスタン人だと言われるし、ハザーラは特に差別される。（中略）イランでは誰も助けてくれない。兄が事故をしたとき、車は逃げてしまった。足を折って仕事ができなくなった。それを訴えたけど誰も助けてくれなかった。父もそうして（事故で）亡くなってしまった。つまりアフガニスタン人を助けてくれる人はいない。宗派（シーア派）が一緒なのはいいけど。でもそれだけ。他は全然。（教員A）

イランはいい国だと思う。私はここで生まれたし育った。自分の国のように思う。（中略）でも住むことも難しいし、教育を受けるのも難しい。何を買うのにも制限がある。家、車、SIMカード、携帯電話を買うこともできない。（教員B）

難民が生活上で受ける差別は、大人に限定されるものではない。難民の子どもたちもイランの公立学校でいじめの対象となる。

この前も、（この学校に転校したいという子どもの）両親が来た。その子はイランの公立学校で、アフガニスタン人だといっていじめられて、泣きながらもう学校には行きたくないと言っていると、その子の父親は言っていた。（中略）大きくなるほど、彼ら（難民の子どもたち）は自分がイラン人とは違うということを強く意識するようになる。特にハザーラは顔立ちが違うから。（校長）

A校に通う生徒は、主に3種類に分類することが可能である。まず、非登録難民の家庭の子どもで、彼らはイランの公立学校で教育を受ける権利を持たないため、同校に通学している。次に、正規の学齢期を超えた子どもである。イランに来た当初、学校に通っていなかった難民の子どもたちは、イランの公立学校に中途入学することを避け、A校に通う。最後が、上述のような登録難民でありイラン公立学校へ通学する権利を有しながらも、あえて学費のかかるA校に通学する子どもたちである。彼らは、イランの公立学校で難民であることやアフガニスタン人であることを理由に差別され、いじめ

第2章　イランにおけるアフガニスタン難民による学校運営　　49

を受けたために、公立学校に通うことを拒否している。登録難民でありながらイランの公立学校に通いたがらない子どもたちにとって、Ａ校はオルタナティブとしての役割を果たしているのである。

　以上のように、アフガニスタン難民である彼らは、イランにおいて「居場所」のなさを痛感している。それは、長年イランに居住しながら、基本的な生活の権利に大幅な制限が伴うことへの苛立ちや、イラン人から日常的に受ける差別に依るところが大きい。イランで生まれ育っていても、職業選択や医療保険といったその他の社会的保障など、イラン人と同等の権利を持って暮らせるものではない。さらに、非登録難民であれば、居住の権利さえも持たない。アフガニスタン人が日々の生活で直面せざるを得ない種々の制限は、自分たちがイランにおいては絶対的に「外部者」であるという、厳然たる事実を否応なしに認識させる。難民は常に不安定な状態を余儀なくされており、将来への希望を持てずにいる。彼らがイランで生きる上で認識するのは「アフガニスタン人」もしくは「難民」であるという逃れられないスティグマであり、イラン社会には自分の「居場所」を見出せていない。

4-3　帰還の希望とその障壁

　教員である彼女らにアフガニスタンへの帰還希望について尋ねたところ、一様にして「アフガニスタンに帰りたい」という回答が得られた。高い帰還希望を維持しながらも、帰還に至らない理由として、最も多く挙げられるのは、アフガニスタンの治安の問題である。未だアフガニスタンは危険で紛争状態が長らく続いており、とても帰ることができない状況であるという。また、就業機会がないという理由も多く聞くことができた。イランでは大学を出ても、難民は決して高収入の仕事に就くことはできない。しかし、アフガニスタンに帰っても、長く故郷を離れ難民生活を送っていた彼らが働く場がないことも事実である。彼らは、いわゆる「いい仕事」に恵まれない環境に不満を抱きつつも、故郷に帰ったとしても、就業の機会を得られないことからイランに残っている。

　また以下のように、難民生活の長期化による難民第一世代である両親の高

齢化も要因として聞くことができた。

> アフガニスタンに帰りたい。（中略）でも今は無理。父と母は、私が結婚してたら（帰ることを）許してくれるでしょうけど、（まだ）独身だから。一人で行くのは許してもらえない。（教員 B）

> （アフガニスタンには）帰りたい。すごく。兄の奥さんや子どもはアフガニスタンに住んでいて、別々に暮らしているが、彼らに会いたい。（中略）でも、老いた母親がいるので難しい。父親は亡くなった。そんな母親を連れてアフガニスタンには帰れない。（教員 A）

　教員である女性たちにとって、単身アフガニスタンに帰るという選択は、家族の了解も得られず、現実的ではないという。そのため一家でアフガニスタンに戻ることを希望しているが、高齢で体の自由がきかない両親を連れて、家もなく、知り合いも少ないアフガニスタンに帰る選択には高い障壁が伴う。また、イランでアフガニスタン人と結婚することも容易ではなく、新たな家庭を築くことも難しいと彼女たちは訴えていた。一般に、イラン人と同じくアフガニスタン人の中にも婚資金の文化があるが、イラン国内で低賃金の職にしか就けないアフガニスタン人男性にとって、結婚にまつわる費用が婚姻の障壁となると考えられる。

4-4　女性教員の就業動機

　教員である彼女らの就業動機として最も多く得られた回答が、「同じ祖国の同僚や子どもがいる場所で働きたい」という理由である。インタビューの中で多用された表現が「同じ国、同じ祖国を持つ者」を意味する「ハム・ワタン（Ham waṭan）」という言葉であった。彼女らはイランで生まれ育っていても、アフガニスタンを「祖国、故郷」と表現していた。
　この学校に所属する全教員の半数以上はイランで生まれ育ち、アフガニスタンの地を知らない「生まれながらの難民」である。もしくは幼少期にイラ

ンへと越境し、アフガニスタンの記憶を持たない人びとも多い。しかし、アフガニスタンで過ごした経験をほとんど持たない彼らが表象する「故郷」は、生れ育ったイランではなく、アフガニスタンである。たとえ二世であろうとも、高い帰還希望を維持し、将来的には帰還することを希望している。だが、故郷であるアフガニスタンに「居場所」を求めようとも、いまだ政情は不安定で、また両親の高齢化や資金面といったさまざまな要因から、帰還することは困難である。つまり、イランに住むアフガニスタン難民はイランとアフガニスタンのどちらにも「居場所」を持たないでいる状態である。

次に多く挙げられた就業動機は、教員として働くことが、他の職業と比べ、家族から許可されやすいという理由である。難民の就業機会は限定されている上、特に女性は家族から外で働くことを反対されがちである。しかし、教職は「人のためになる仕事」もしくは「いい仕事」であるという認識が各アフガニスタン人家庭に存在し、彼女たちは例外的に学校で働くことは許されている。また、複数の教員からは、自身が学齢期に難民による運営校で学んだ経験から、自主運営校での教員を志したという理由を聞くことができた。

A校のみならず、自主運営校の教員は大半が女性である。女性教員が多い理由には、往々にして自主運営校の教員給与が低いため、多くの家庭で主たる家計を担う男性の職業として適さないという側面もある。A校における教員の月給は約10万～30万リアル（3.5～10.5 USドル）であった。一方で、学校は女性にとって働きやすい職場であると認識されていることも指摘できる。女性が一人で工場や商店のような職場で働くことは家庭から反対されがちだが、学校で働くことは例外的に許可されていることから、教職が他の職業と差別化されており、難民の女性が働くことのできる数少ない場であるといえる。

4-5　アフガニスタンとの繋がり

A校のカリキュラムは、基本的にはイランのカリキュラムを踏襲し、イランの教科書を使用している。しかし、歴史と地理に関してはアフガニスタンの教科書を使用し、アフガニスタンに関する知識を学んでいる（写真2-3）。

イランとアフガニスタンの折衷的なカリキュラムの使用によって、子どもたちに将来的な学校選択の自由を与えることがねらいだという。

写真2-3　アフガニスタンの歴史教科書

> 子どもたちが望めば、イランの公立学校に編入できるようにイランの教科書を使っている。でも歴史と地理はアフガニスタンのものを使う。(校長)

　また、修了資格に関しては、イランで得ることはできないが、アフガニスタンの大使館に申請後、学力テストを経て、アフガニスタン国内で有効な修了資格を取得可能である。さらに、教科学習の他にも伝統行事や民族衣装を着る機会を設けており、アフガニスタンの文化継承も積極的に行われている。
　A校では異なる民族間の子どもたちや教員が共に学ぶため、校内では授業中のみならず、休憩時間中の私語においても、ペルシャ語テヘラン方言で話すことが義務付けられている。これは、各家庭で使用される各民族語のダリ語やタジク語とは異なる。A校では、アフガニスタンとイランの折衷的なカリキュラムや校則を、採用、規定することによって独自の学校運営をしている。

4-6　難民による学校運営の「居場所」としての役割

　学校がイラン公立学校の代替として機能しており、またイラン人の介入がなく、アフガニスタン人の生徒と教員だけで構成されていることから、自主運営校は難民であることを理由に虐げられることのない空間である。民族や難民登録の有無を問わず同じ境遇である難民の子どもたちが共に学ぶ空間である点から、「居心地がよく、精神的に安心・安定していられる場、もしくは人間関係」、また「自己の存在感・受容感を感じさせる場」としての分類

が可能である。さらに、イラン生まれの生徒とアフガニスタン生まれの生徒の交流があることから、「他者や社会とのつながりがある場」としても機能している。教員という役割の付与から、「役割が与えられる、所属感や満足感が感じられる場」にも該当する。家庭以外に居場所を見出しにくい難民女性にとって、教員として働き、自分と同じ境遇の難民の子どものためになる仕事をしているという自認を獲得できる意味は大きい。

　以上のように、自主運営校は子どもだけでなく教員にとっても「居場所」としての重要な機能を有している。当初は、校長の「教育を受けられない子どものために学校を」という理念から運営が開始されたＡ校は、元来イランでの教育機会を持たない子どものための、補完的な役割を目的として設立された学校であったが、そこで学ぶ子どもたちや教員が相互に関わり合うなかで、徐々にそれぞれの「居場所」としての性格を帯びていった。

おわりに

　本章においては、PRS でありかつ都市に住む難民という、二重の理由により見えにくい状態にある人びとの動態を、イランにおけるアフガニスタン難民の事例を用いて明らかにしてきた。また、今まで存在は認識されつつも、実態が明らかでなかった難民の自主運営校に焦点を当て、その役割を「居場所」としての観点から検討した。難民は祖国で紛争やその他のさまざまな要因により「居場所」をなくす経験をする。1.5 世代または二世難民の若者や子どもは、祖国を追われるという経験がなくとも、イランで疎外感を覚え、居場所のなさを感じている。居場所を失った彼らは、自分たちの「居場所」を創出しようとする。それが、難民の主体的な営為であり、自主運営校の創設と維持である。「居場所」としての学校は、生徒にとってイラン公立学校の代替としての役割や、女性にとっての数少ない職場としての役割としても機能しており、難民にとって帰属と承認の場を提供している。

　また、自主運営校は常に不安定さや曖昧さを内在している。例えば、Ａ校におけるカリキュラムはイランのものを基本としながら、アフガニスタンのカリキュラムを併用している。これは一見、イランへの定住ともアフガニス

タンへの将来的な帰還のどちらの選択でもない、中途半端なあり方に見える。しかし、その不定さや半端さこそが、難民としての証でもあり、イラン社会に同化するのではなく、いつかはアフガニスタンに帰るという滞留状態の保持である。さらに、学校内ではペルシャ語テヘラン方言が話され、それぞれの家庭内で使用される民族語は用いられない。これらは民族を限定することなく、広く難民の子どもたちを受け入れるための策であると同時に、「イランに生きるアフガニスタン人」としての独特なアイデンティティを持つ、学校の在り方であるといえる。アフガニスタンからは排除され、イランに包摂されないことから、彼らは「難民」としての帰属意識を醸成させていると考えられる。難民によって運営される学校は、イラン政府の無認可のために常に閉校のリスクを負っており、不定で脆弱な状況下にある。制度や財政面において、学校運営は決して容易なものではない。しかし、15 年以上、A 校は運営を継続させてきた。困難な状況下での、学校の運営と継続こそが、彼らが「難民」として生きるという強い意志の表出である。

　これまで、難民の排除／包摂の議論をめぐっては、国民国家を主体とする「統合」を中心に議論は行われてきた。しかし、実際にはその包摂と排除の様相は明確に二分されているものではなく、それぞれが交錯し、一枚岩ではない人びとの生活の諸相がある。本章で明らかにした難民の主体的な「居場所」の創出は、難民自身による難民を包摂する一形態であると捉えることが可能である。つまり難民が「難民」としての帰属意識を持ち、難民社会として同じ境遇にある難民を包摂している可能性を示唆している。この難民による包摂機能は、難民の出身国または庇護国におけるそれぞれの社会的包摂を架橋する役割を今後担うのかもしれない。

[注]
(1) パレスチナ難民 530 万人を含み、国連難民高等弁務官事務所（UNHCR）が難民と認めたマンデート難民に限定すると 1,720 万人になる。
(2) イランでは高校卒業後、大学進学を目指す生徒用に 1 年間の大学準備課程（*Pīsh-dānishgāh*）が設けられる。しかし、実際の大学進学にあたってはアフガニスタンのカードを返納し、学生ビザを取得する必要があるため、一時滞在の身分は失う。

(3)「居場所」は非常に日本的な言葉である。外国語では「いる」という身体性だけでなく、心理的側面をも含めた意味での「居場所」という言葉は、その概念自体がない。そのため、海外において「居場所」の言葉を用いた研究は行われていない状態である（杉本・庄司 2006）。

(4) A校校長は結婚しており家族がいるが、妻と二人の子どもたちはノルウェーに第三国定住しており、現在はテヘラン市内に一人で暮らしている。

(5) 学校運営資金としては、生徒たちの学費に加えて、ソーシャル・ネットワーキング・サービス（SNS）のつながりを通して知り合った第三国（オーストラリアなど）に住むイラン人やアフガニスタン人から資金の提供がある。周囲のイラン人から衣服の提供も受けており、校長は経済状況が芳しくない家庭の子どもにその衣服を配っている。このように、周囲のイラン人と非公式な関係性を構築し、協力を得ながら運営は継続されている。

(6) 同じアフガニスタン人であってもタジクは顔立ちがイラン人と似ているため、商売のような目立つ職業についていても、わかりにくいとのことであった。

[参考文献]

阿部彩（2011）『弱者の居場所がない社会——貧困・格差と社会的包摂』講談社現代新書。

新谷周平（2012）「居場所をうみだす『社会』の構築」田中治彦・萩原健次郎編『若者の居場所と参加——ユースワークが築く新たな社会』東洋館出版、231-247頁。

杉木明子（2014）「長期滞留難民と国際社会の対応——アフリカの事例から」墓田桂・杉木明子・池田丈祐・小澤藍編『難民・強制移動研究のフロンティア』現代人文社、189-207頁。

杉本希映・庄司一子（2006）「“居場所”の心理的機能の構造とその発達変化」『教育心理学研究』54巻、289-299頁。

内藤直樹（2014）「社会的包摂／排除現象への人類学的アプローチ」内藤直樹・山北輝裕編『社会的包摂／排除の人類学——開発・難民・福祉』昭和堂、1-11頁。

中島喜代子・小長井明美（2007）「“居場所”概念の検討」『三重大学教育学部研究紀要』58巻、77-97頁。

中山裕美（2014）「アフリカの難民収容施設に出口はあるのか」内藤直樹・山北輝裕編『社会的包摂／排除の人類学——開発・難民・福祉』昭和堂、103-121頁。

藤原靖浩（2010）「居場所の定義についての研究」『教育学論考』2号、169-177頁。

Bhalla, A.S. & Lapeyre, F. (1999) *Poverty and Exclusion in a Global World.* London: Palgrave Macmillan.

Catherine Squire Consultant (2000) *Education of Afghan refugees in the Islamic Republic of Iran.* Paris: UNESCO.

Colic-Peisker, V. (2005) At least you're the right 'colour': Identity and social inclusion of Bosnian refugees in Australia. *Journal of Ethnic and Migration Studies,* 31(4), 615-638.

Koepke, B. (2011) *The Situation of Afghans in the Islamic Republic of Iran: nine years after the overthrow of the Taliban regime in Afghanistan.* Washington, D.C.: Middle East Institute.

Loescher, G. & Milner, J. (2008) Understanding the problem of protracted refugee situations. In G. Loescher, J. Milner, E. Newman & G.G. Troeller (eds.), *Protracted Refugee Situations: Political, Human Rights and Security Implications.* Tokyo: United Nations University, pp.20-42.

Moravej, M. (2014) *Cross-cultural Adaptation among Young Refugees Returning from Iran to Afghanistan.* Kabul: Afghanistan Research and Evaluation Unit.

Strang, A. & Ager, A. (2010) Refugee integration: emerging trends and remaining agendas. *Journal of Refugee Studies*, 23(4), 589-607.

Taylor, J. (2004) Refugees and social exclusion: What the literature says. *Migration Action,* 26 (2), 16-31.

UNHCR (2014a) *UNHCR Mid-Year Trends 2014.* Geneva: UNHCR.

UNHCR (2014b) *UNHCR Global Appeal 2015 Update: Islamic Republic of Iran.* Geneva: UNHCR.

UNHCR (2017) *Global Trends: Forced Displacement in 2016.* Geneva: UNHCR.

第3章

シリア難民が運営する学校教育の価値
──トルコ政府による「支援」と「介入」をめぐって

ガラーウィンジ山本　香

はじめに

　とりわけ教育へのアクセスが難しい「困難な状況にある子どもたち」は、教育アクセス拡充の国際的な潮流に乗り切れず、取り残され、国際社会が取り組むべき喫緊の課題としていっそう注目を浴びている。そのなかには、その名のとおり「困難な状況」にある、難民の子どもも含まれる。難民は、紛争や災害の影響を受けて国籍国外へ避難した人びとである。近年、世界の難民人口は 2,250 万人 [1] を超え、冷戦後最大規模に達した（2016 年末：UNHCR 2017a）。その背景には、「21 世紀最大の人道危機」と称されるシリアでの紛争がある。2011 年の紛争勃発以降、シリアからの難民は急速に増大し、シリア近隣国及びヨーロッパに避難しているシリア難民は 615 万人（2017 年 8 月：UNHCR 2017b）、世界最大の人口となった。紛争勃発以前、世界第 3 位の難民受入国としてホスト側にあったシリアは、立場を逆転させた。

　シリアには、他の大量難民送出国と比較して際立つ特徴がある。それは、キャンプではなくホスト社会で自立的に生活を営む都市難民 [2] の多さである。当初からシリア難民に占める都市難民の割合は極めて高く、現在では 9 割を超えている（UNHCR 2017b）。ホスト社会で多様な暮らしを営む都市難民は、外部から見えにくく、支援も届きにくい（小泉 2017）。その支援の空白を埋めているのは、難民による自助活動である。教育においても、難民主

58

導の教育活動は、公教育や外部からの援助では補完できない教育需要を満たすものとして期待されている（Dryden-Peterson 2011）。しかし、難民教育全体の傾向として、最善策は難民の公教育への統合とされ、公教育に属さない学校は存在自体が看過されている。それでも、公的組織や国際機関が運営する学校は、公教育に属していなくとも、組織自体の対外的な知名度や広報戦略によってその存在と実態が一定程度明らかになる。一方で、そうした組織と異なり、「難民の声」は外部に届きにくい。それゆえに、難民が運営する学校は実態すら不可視のままとなっており、それらの学校の運営維持基盤や、難民コミュニティへの影響は明らかになっていない。

　トルコにおいてシリア難民が運営する学校は、そうした状況の代表例といえる。シリア難民は、紛争勃発当初から、避難先のトルコにおいて自ら学校を設立し、子どもに教育を提供しようとしてきた。彼らはなぜ自ら学校を運営し、また受容者側も難民が運営する学校への就学を選んだのであろうか。この問いをもとに、紛争という繊細な状況下で学校教育が持つ意味を、シリアの人びとの視点を借りて、よりミクロなレベルで捉え直していきたい。そこで本章では、難民が営む学校教育が、難民生活のなかで果たす役割を明らかにすることを目的とする。事例として、トルコでシリア難民が運営する学校教育を調査し、シリア本国の文脈を踏まえながら、シリア難民が運営する学校の実態を経年的に捉えていく。

1. 難民の文脈における学校教育の役割

1-1　紛争の影響下における学校教育の両面性

　これまでの難民教育研究において議論されてきた学校教育の役割は、子どもに教育を提供するという本来の目的以外では、主に以下の三つに分類できる。第1に、「緊急時における支援提供の場」としての役割がある。子どもが集まる学校は、飲食料や医療的ケアの簡便な提供場所として利用され（Tyrer & Fazel 2014など）、緊急時の人道支援そのものの役割を果たす。第2に、

「子どもの保護」の役割が挙げられる。学校での保護には、単に子どもを強固な施設に集め身体的な安全を保障するだけではなく、子どもの日常性を再起するという機能がある（小松 2016）。子どもは、日々学校に通うというルーティン化した作業を再開することによって、紛争経験からの回復を促進される。このことは、子どもを抱える難民家庭の精神状態の向上に対して長期的に働きかけていくものとして期待されている（Nicolai & Triplehorn 2003）。第 3 に、多くの研究が論じているのが、「未来への投資」としての役割である。国家再建の中核となる世代に教育を提供することは、紛争の勃発と激化の予防、平和の推進、紛争後の復興と開発・発展に向けた基盤づくりにつながり、長期的な投資であるといえる（Bird 2003、内海 2008 など）。

　このように、先行研究のなかで学校教育は、難民に対する人道的支援の役割を中心に議論されてきた。学校教育は、紛争が子どもに与えた影響に対して、「緊急時における支援提供の場」、「子どもの保護」、「未来への投資」として、就学中から就学後にわたって、短・中・長期的な解決策を提示している。このことは、学校教育が紛争に対する万能薬であるかのような錯覚を起こさせる。しかし、学校教育に対する強い期待とは裏腹に、これまでの先行研究は、教育と平和との因果関係を実証的に示すことがほぼできていない（Sommers 2001）。それどころか、その質や利用のされ方によっては、学校教育が上記の建設的な役割に逆行し、紛争の勃発や激化を招く危険性もある（Bush & Saltarelli 2000）。

　トルコ侵攻後のキプロスにおいて実施された研究では、故郷からの移住を強いられたギリシャ系の難民教師が、平和に対する一方的な努力の強制を侮辱的と捉え、平和教育を推進する圧力に対して否定的な感情を強める様子が報告された（Zembylas 2012）。同論文は、教師が平和的な共生に対して示す負の感情は難民経験と密接に関わるものであると指摘し、教育は、難民の感情への深い理解にもとづいて計画されてこそ有効なものになると結論付けている（ibid.）。また別の報告は、あるシエラレオネ難民が「平和は、我が国では危険な思想です」、「私の兄は、平和を支持したために殺されました」と述べたことを記し、特定の文脈下において平和の推進がもたらす脅威の存在を示した（Sommers 2001）。

これらの研究は、「平和」という概念が普遍的な価値を持つものではなく、紛争の影響下では人びとの生活に脅威をもたらす原因にもなりうることを示唆している。それと同様に、学校教育は万能薬ではなく、その受容のあり方によってはむしろ毒にもなる。難民にとっての学校教育の役割は、紛争の文脈の内部にある人びとの感情や思考を取り入れながら、人道的支援という枠組みを超えて、多面的に論じられなければならない。

1-2　難民が運営する学校の捉え方

難民キャンプ外における難民教育の一般的な目標は、難民の公教育への統合である。難民が運営する学校など公的な教育施設ではない学校は、公教育への統合までの通過点や準備拠点と位置づけられ（Sinclair 2001）、緊急時の一時的な対策として扱われてきた。そのため難民が運営する学校については、課題に焦点化して議論する先行研究が多い。難民が運営する学校の利点を述べる研究は多くないが、ひとつには難民の出身国の言語、カリキュラム、社会文化的背景にもとづく教育が可能であることが挙げられている（Dryden-Peterson 2011）。また、イランにおいてアフガニスタン難民が自主的に運営する学校が、「難民」という集団に帰属する人びとの「居場所」を築いているという指摘もある（朝隈 2015）。すなわち難民が運営する学校が、公教育とは異なる独自の役割を創出することが示唆されている。

しかし、その他の研究では、難民のみが学校運営を担うことに懐疑的な論調が主流となっている。例えば、学校を「憎しみと復讐への欲望を子どもに吹き込む装置」にしないためには、人道支援組織による介入が必要という指摘がある（Sinclair 2002）。また、学校が難民のみの集合体になると、偏った政治メッセージが子どもへ伝播するという議論もあり（Davies 2004）、前述の指摘を補強している。これらの主張は、難民の教育を難民の意思のみに任せてはならないという論調を築き、難民が運営する学校を公的な学校の下位互換として位置付けている。

しかし、紛争の文脈の内部にある者に、外部者が普遍的と捉えがちな価値観の共有を強いることは、本来の目的と逆行する結果をもたらしうる（1-1

参照)。それでは、学校教育の人道的支援としての役割を強調し、難民が持つ負の感情や政治性を否定して排斥することは、真に難民の子どもの生活を保障することに繋がるのであろうか。その是非を明らかにするためには、紛争の文脈の内部にある人びとが、学校教育に対して行っている意味づけを理解する必要がある。しかし、先行研究においては、内部者の視座が十分に取り入れられず、難民個々の感情や思考に対する理解を欠いたまま、外部者の価値判断で研究が進められてきた傾向が否めない。難民が運営する学校をより発展的に把捉するためには、外部者にとっての「普遍的価値」を再考しながら、教育のあり方を検討していく必要がある。

2. シリアの人びとと教育

2-1 紛争前のシリアにおける高い就学率とその背景

シリア・アラブ共和国は、人口約 1,850 万人を擁する、一人当たり国民総所得 1,840USD の低中所得国であり（2007 年：世界銀行データベース）、公用語はアラビア語である。宗教は、イスラーム教スンニ派が大半を占めるが、アサド現大統領は少数派のアラウィー派を信仰しており、その他の宗教も存在する。民族も、推定 90％がアラブ人であるが、クルドなど異なる言語・文化的背景を持つ国民も居住しており、シリアは多様性を内包する「モザイク社会」とも称される（青山 2012）。一方で、シリアでは長年、アラブ民族主義を軸とした統合政策が掲げられてきた（青山・末近 2009）。これは国内に秩序や安定をもたらしたが、同時に、シリアの第一党であるバアス党や、2 代にわたって大統領を務めるアサド親子によって、権力の一極集中化と統合への圧力を正当化する手段として利用された。その権力下で国民は政権の監視下におかれ、人びとの宗教的・民族的多様性は構造的に抑圧されていた。

シリアにおける紛争前の初等教育就学率は 99.1％で（2011 年：世界銀行教育データベース）、元来 EFA 目標を達成した国とみなされていた。しかし一方で、教育の質については、一層の努力が必要と指摘されていた（UNDP & State

Planning Commission of Syria 2010, p.28）。シリアにおける教育の質的課題として、中央政権の統制に対する強い従属性がある（Frayha 2012, p.22）。教育省は、各学校長に対して、社会内部の社会的・政治的相違を管理する学校運営を求めており（Directorate of Research in Ministry of Education 2004）、その要請下で学校は、民衆意識を統制する場となっていた。具体的な例として、全学校が遵守するカリキュラムには、バアス党の理念を「科学的な真実」として教える「バアス党」という科目があり（Rabo 1992, p.105）、中等学校卒業試験の必須科目となっている。シリアにおいて学校教育は、政治的イデオロギーの伝播のために利用されていたといえる。

　紛争前のシリアでは教育アクセスが普遍化され、シリアの人びとにとって学校教育は日常生活の中に当然あるものであった。しかし、学校教育は政府の意図に従属的で、教育内容は人びとのコントロールの及ばないものであった。そうした背景のもとで、いま多くのシリア難民にとって「就学するか否か」はすでに議論すべき問いではなく、就学を前提として「いかに、いかなる就学をするか」が重要な問いとなっていると考えられる。

2-2　トルコにおけるシリア難民への教育支援

　トルコは世界最多のシリア難民 310 万人を受け入れており（2017 年 8 月：UNHCR 2017b）、うち 92％がキャンプ外で生活する都市難民である（AFAD 2017）。トルコでは、中央政府がシリア難民支援事業に強い所有と管理の権限を主張している（Darcy et al. 2015）。それは教育支援についても同様で、トルコ首相府災害緊急事態対策庁（トルコ語で Afet ve Acil Durum Yönetimi Başkanlığı: AFAD）と国民教育省（Ministry of National Education: MoNE）が意思決定の主体となっている。ユニセフと国連難民高等弁務官事務所（UNHCR）を中心とした国際的な支援レジームは後方支援に位置付けられ、トルコ政府が管理するシリア難民関連の情報や援助対象者にも十分にアクセスできていない（3RP 2016）。このトルコ政府の閉鎖性を外部組織は批判しており（ibid.）、アクター間の連携不足は明らかである。

　トルコに暮らす学齢期のシリア難民は、トルコ現地校もしくはキャンプ内

外に設置されたシリア人学校 [3] への就学が可能と定められている（UNHCR Turkey 2015）。トルコのキャンプに住むシリア難民の基礎教育就学率は80％と高いが、キャンプ外では27％と極めて低い（2014年: Dorman 2014）。トルコを含むシリア難民の主要ホスト国では、シリア難民の公教育への統合が基本指針となっている（Yavcan 2015）。しかし、シリア難民の人口増加と都市への分散により、シリア難民の生活とニーズは量的に増大かつ多様化している。公的機関のみではシリア難民の教育需要に応えきれておらず、シリア難民の公教育への包摂には課題が山積している。その背景には、公用語の違いを含む、さまざまな障壁がある [4]。

　そのため、公立学校ではなく、より就学が容易なシリア人学校を選ぶシリア難民は多い。シリア人学校には、トルコ当局や人道支援組織など公的組織が運営するものと、シリア難民が私的に運営するものがある。ただし、公的組織がキャンプ外で運営する学校は限られており、2014年時点ではわずか35校であった（UNICEF MENA Regional Office 2015a）。それに対して、シリア難民が運営する学校は、2015年時点でトルコ全土に500校存在するといわれていた（調査時の聞き取りによる）。こうした状況のなかで、公教育以外の教育機会に対する期待は高まっている。特に教育アクセスが困難な子どもの就学率を向上するためには、多様なニーズに対応できるコミュニティ主導の教育提供が有効という指摘もある（UNICEF MENA Regional Office 2015b）。一方で、シリア難民が運営する既存の学校に対する視線は、好意的なものではない。

　トルコのキャンプ外に暮らすシリア難民家庭50戸を対象とした家計調査では、すべての就学者が、シリア難民が運営するシリア人学校に通っていた（Dorman 2014）。そのシリア人学校の生徒に対して、学校の質に関する5段階評価（とても良い／良い／良くも悪くもない／悪い／とても悪い）アンケートを行った結果、「とても良い／良い」はわずか30％で、「悪い／とても悪い」は58％と過半数を占めたという。しかし、対象者が通う学校での調査は行われておらず、学校の基礎的なデータも提示されていない。また別の家計調査では、調査対象となったシリア難民の就学者のうち80％が「私設のシリア人学校」、すなわちシリア難民が運営する学校に通っていた（International Medical Corps 2014）。この二つの家計調査により、シリア難民の子どもの多くが、シ

リア難民が運営するシリア人学校に就学していることが明らかになった。しかしどちらの調査もシリア難民が運営するシリア人学校の実態には言及しておらず、その質の悪さを強調する印象だけが記述されている。ユニセフもまた、シリア難民が運営するシリア人学校について、学校数や就学者数などの詳細は把握していない。それにも関わらず、そうした学校を「不適切な設備のもと、ほとんど質的な保証なく」運営されているものとして批判している（UNICEF MENA Regional Office 2015a, p.45）。

　シリア難民の就学率向上のためには、キャンプ外の教育拡大が急務であるが、基礎資料が決定的に欠如している。特に難民が運営するシリア人学校に関しては、圧倒的に情報量が少なく、その質を測る実証的な根拠も提示されていない。それにも関わらず、一部の生徒や援助組織の一方的な印象から「質が低い」と言及され、シリア難民が営む学校教育の役割は包括的に考慮されることなく、看過されてきた。しかし、これらのシリア人学校が、少なくとも量的にシリア難民の教育拡充に貢献していることはすでに確認されており、トルコ都市部におけるシリア難民の教育を理解するためには、その運営実態の把握が不可欠である。

3.　シリア難民が運営する学校における事例調査の概要

　現地調査は、2013 年 3 月及び 9 〜 10 月、2015 年 5 〜 6 月及び 12 月に合計 4 度、のべ約 3 か月間行った。調査地域は、トルコ共和国南部シリア国境地域のハタイ県、シャンルウルファ県、ガジアンテップ県である。この 3 県には 117 万人（トルコ全体の 40％）のシリア難民が居住しており、ハタイ県に至っては県内人口の約 4 分の 1 をシリア難民が占める（DGMM 2017）。3 県すべてにシリア難民キャンプは設営されているが、なお 9 割近くの大多数が都市難民である。シリア国境上にあるこの地域に留まるシリア難民の特徴として、トルコや第三国への定住ではなく、シリアへの帰還を将来的に想定している人びとが多い。

　調査では、半構造化及びナラティブ・インタビューを主な手法とし、補足

的に質問紙調査を取り入れた。インタビューの主な調査対象者は 34 名（調査対象校の教職員、卒業生を含む生徒とその保護者など）である。インタビューでは、基本事項（年齢、出身地、家族構成、職業経験等）、避難の経緯、シリアでの生活背景、トルコでの生活状況、教育に対する思いや動機づけ等に関して聞き取りを行った。また、学校経営者には、運営状況の基礎情報、学校設立及び運営上の取り組みと課題、トルコ行政との関係等を尋ねた。質問紙調査は、シリア人学校（表 3-1 中の A、B 校）に在籍する 6、9、12 年生（初等・前期中等・後期中等教育段階の各最終学年）の生徒 202 名と、教師 18 名を対象として実施した。

調査対象校 12 校（表 3-1）は、すべてシリア紛争勃発後にシリア難民が設立した。教授言語はアラビア語で、教師はほとんどがシリア人である一方、経営者は 12 校中 3 校（H、I、K 校）でトルコ人が務めている。シリア人教師の月給は、月額最低賃金が約 540USD（2015 年: OECD 資料）のトルコにおいて、最高で 600 トルコリラ（TL: 約 240USD）である（本調査対象者中）。最少額の例では、定期的な給与はない。それでもなお、シリア難民にとってシリア人学校はトルコで現金収入を得られる数少ない雇用の場であり、安定した給与のあるシリア人学校では、求職者が後を絶たない。必然的に雇用条件は厳しくなり、シリア人学校の教師は、多くがシリアで教員資格を取得した教職経験者で、修士号取得者など高学歴の者も少なくない。

表 3-1　調査対象校概要

	所在地	設立年月	構成学年	学費 (TL)	教職員数 (うち女性)	生徒数 (うち女子)
A		2011 年	1–8 年	無償	47（45）	790（418）
B		2011 年	9–12 年	100	21（10）	368（205）
C		2013 年	1–6 年	無償	27（22）	574（250）
D	ハタイ	2013 年	1–9 年	40	23（21）	470（300）
E		2013 年	1–6 年	1,200	9（不明）	200（不明）
F		2014 年	1–12 年	40	32（26）	600（不明）
G		2014 年	1–12 年	230	30（不明）	650（不明）
H		2012 年	1–6 年	無償	36（26）	1,188（523）
I	シャンルウルファ	2013 年	7–12 年	無償	16（7）	300–400（不明）
J		2013 年	(2–5 歳)	120	5（5）	45（不明）
K	ガジアンテップ	2013 年	1–12 年	無償	36（不明）	1,200（不明）
L		2014 年	1–10 年	無償	18（4）	221（不明）

（注）学費は年間支払額を指す。1TL = 0.4USD として換算。
（出所）最終調査時の情報をもとに筆者作成

4. シリア人学校をめぐる環境と人びと

4-1 トルコのシリア人学校をとりまく各主体のはたらき

　トルコ都市部におけるシリア人学校の運営に携わる主体は、トルコ行政（① MoNE、②地方教育局、③ AFAD）、シリア人アクター（④シリア人学校、⑤シリア暫定政府（Syrian Interim Government: SIG）教育省[5]）、ならびに援助者（⑥トルコ政府に認可を受けた団体、⑦無認可の団体や個人）に大別できる。

　トルコにおけるシリア難民の教育は、① MoNE の管轄下にある。②地方教育局には MoNE から人員が派遣され、各地域のシリア人学校運営に携わる。③ AFAD が教育活動に関与することは少ないが、シリア難民事業の一部としてシリア人学校への援助を行うこともある。トルコ国内に初の④シリア人学校が設立されたのは 2011 年で、当時はトルコ行政の管轄外で極めて独立的に運営されていた。しかし、トルコ政府は 2014 年半ばからシリア人学校への関与を強化し、地方教育局から各学校へ、トルコ人行政官を「コーディネーター」として派遣し始めた。コーディネーターを介したトルコ行政のシリア人学校への関与は、シリア人学校を監視する機能を持つ。しかしそれと同時に、シリア人学校が MoNE の管理下にあることを、明文化はしていないながらも、各学校において実質的に明示することで、トルコ国内におけるシリア人学校の運営に対して「非公式の公的な認可」を与えたといえる。

　次に、⑤ SIG は、アサド政権の打倒と新たな政治体制の樹立を目指す政治組織で、政治理念がある程度共通していることからトルコ政府と緊密な関係にある。一方で、反体制派のシリア人の総意を表すものとはいえない。しかし、SIG の教育省はトルコにおいて新たな教科書を作成し、さらに 2014 年には、MoNE の認可を受けた中等学校卒業資格を発行し始めた。これにより、トルコ国内におけるシリア難民の高等教育接続が円滑化されると同時に、この卒業資格が大学進学要件となった。そのため、多くのシリア人学校は、SIG の政治理念には共感しないながらも、SIG 教育省の教科書を使用し、SIG 教育省が設けた卒業試験を採用している（写真 3-1）。しかし、SIG が発

第 3 章　シリア難民が運営する学校教育の価値　　67

行する卒業資格の有効性は、一元的ではない。この卒業資格は、現シリア政権と強硬に対立するトルコ政府とSIGが提供しているため、シリア難民の子どもがシリアに帰還したとき、一部の反政府組織が統治する地域では有効である。一方で、シリア

写真3-1　試験を受けるシリア難民の子どもたち

政府統治下の地域では、その卒業資格を持っているというだけで逮捕された例がある。ほとんどの地域が政府側に奪還されたいま、シリア国内におけるこの卒業資格の効果は楽観視できない。紛争の影響下では、卒業資格ひいては就学経験そのものの政治性が強調され、子ども自身にも自動的に政治的な意味づけが行われる。その影響は、子どもの生活に対して、脅威にもなりえている（山本 2016）。

　トルコ国内で活動を認可されている⑥の援助団体には、ユニセフやUNHCR、他の国際NGOなど人道支援組織等が含まれる。その支援は資金が豊富で大規模に行われる一方で、散発的・短期的であることが多く、シリア人学校と信頼関係が構築された上で実施されることは少ない。ある認可団体から支援を受けたB校の元校長は、「支援には感謝します。でも、彼ら（支援者）に本音は言えません。彼らは、私たちを理解していません」と話すことがあった。その理由は、ほぼすべての関係者がスンニ派であるB校に、当該団体がアラウィー派の通訳を同行させたことであった[6]。B校関係者は、そこに自分たちの宗教的背景や難民となった原因に対する無理解を見出していた。このことは、学校運営に携わるシリア難民たちが、外部者による支援に対して、それが学校運営にもたらす実利への謝意と同時に、それとは相反する視点を持っていることを示唆している。彼らは、自分たちが難民であるからこそ受容できる利益と、自分たちが持つ社会文化的背景への理解なくただ難民として平面的に捉えられることへの怒りとの間で揺れ動いている。

　それに対して、⑦無認可の団体や個人は、シリア人学校設立当初から、非正規ながら中心的なドナーであった。彼らはシリア人学校と政治的・宗教

的イデオロギーを共有し、継続的な支援を提供していた。つまり、元来シリア人学校は、自らの政治的・宗教的特徴を表明し、賛同を得ることで、独自に資金を調達していた。しかし、トルコ政府の監視が強まると、無認可の団体・個人からの援助は滞り、シリア人学校の収入源は縮小した。その結果、⑥認可団体に属する国際人道支援組織など中立のアクターによる支援を受けざるを得ない状況となった。難民支援を目的とした団体から支援を供与される場合、シリア難民は希薄な関係性のもとで単に「難民」として支援を受け取ることになる。それまで⑦個別の団体や個人からの資金調達に必要だった宗教的・政治的独自性は、むしろ支援を阻害するものとなった。

4-2　シリア人学校の多様な成り立ち

　規定や慣習なく運営されるシリア人学校には、シリア難民の教育に対する需要や認識、各地方教育局による個別の対応など、非正規の要因が大きな影響を及ぼす。ここでは、調査対象3県から1校ずつ、A校、H校、K校を抽出し、その設立・運営の経緯を記述する。

　まず、A校は、紛争勃発後初めてシリア国外に設立されたシリア人学校といわれ、2011年9月に16名の生徒とともに開校した。当初「庭のような場所」で授業をしていたA校の評判は、周辺地域のシリア難民間で拡散し、その学校規模は急速に拡大した。生徒数が100人に達したころ、集合住宅の建物を校舎として借り上げることになった。当初は学校に必要な設備が全くない状態であったが、教職員と生徒が建物内外を改修していった。十分な資金がなかったため、中古の机や椅子を近隣住民から譲り受け、修理して教室や職員室に備え付けた。こうした経緯から、経営者はA校をさして「手づくりの学校（Handmade school）」と表現した。A校は開校当初、トルコ行政の一切の認可なく運営され、開校してから2013年までの間に計5度、トルコ地方教育局の強制閉校措置を受けた。そのたびに公園で授業を行うなどして時機を待ち、監視が薄くなったころに学校に戻り再開するという過程を繰り返していた。それでも学校運営を続けた理由として、経営者は以下のように話した。「困難はありました。開校した当初は、机もありませんでした。そ

第3章　シリア難民が運営する学校教育の価値　　69

写真 3-2　学校に到着した通学バス

れが、今では通学バスも 20 台あります（写真 3-2）。我々は少しずつ前進しています」。彼らにとって、手ずから作り上げた A 校は単なる学校以上の意味を持ち、学校が自分たちの努力とともに成長していくさまは、大きな価値を持つことであった。

次に、H 校は、調査対象校のなかで唯一、アラビア語ではなくトルコ語の校名を冠している。そのことに示唆されるように、H 校への行政介入は、非常に強硬なものであった。教育局から H 校にコーディネーターが派遣されると同時に、設立当初からのシリア人経営者と校長は解職された。その後はコーディネーターが経営者を兼務し、彼と面識のあるシリア難民が校長として採用され、学校設立に携わった教職員は 18 名中 11 名が H 校を辞めていった。トルコ人コーディネーターが雇用した H 校の新たなシリア人校長はトルコ行政の学校運営方針に積極的な姿勢を見せ、「トルコの教育システムはシリアよりも現代的。教育局の仲介でユニセフの支援を受けるようになり、学校はとても良くなりました」と述べた。H 校では、ユニセフが教員給与の一部（220USD ／月・人）を支払っている。ただし、これは 1 年間の期間限定プロジェクトであり、プロジェクト終了後の給与の出所は確定していない。また、H 校の校舎の新設費用は AFAD が負担し、さらに IOM によってスクールバスも備えられ、他のシリア人学校と比較すると明らかに多くの支援が提供されている。

最後に、K 校には、二人の経営者がいる。一人は開校に携わったシリア難民女性で、他方はのちに派遣されてきたトルコ人コーディネーターである。コーディネーター配置後の変化について、K 校副校長は「シリア人の運営方針の方が良かった」と話した。その理由を尋ねると、MoNE が提案するプログラムの導入をコーディネーターに強いられたという。例えば授業時間について、従来は 1 日 8 時間授業を行っていたが、MoNE のプログラムでは 6 時間と定められた。そうした措置を踏まえても、副校長は「我々は（トルコ行

政の）管理を拒否しません。その方が良い選択だから」と話し、その理由として校舎を挙げた。K校周辺地域では、学校に適した大規模な建物をシリア難民は借りられないという。K校設立当初は、A校と同様に一般の集合住宅で運営されていたが、設備は十分ではなく、生徒は狭い教室に押し込められていた。教育局の管理下に置かれてから、現地校の校舎を使えるよう斡旋されたという。また、K校は、持続的な援助を経営者の知人の裕福なシリア人男性から受けていたが、コーディネーターが派遣されてからその支援は受けにくくなり、減少傾向にある。認可団体による継続的な支援はなく、ユニセフが教師給与を提供したこともあったが、ひと月で終わった。

4-3　シリア人学校が持つそれぞれの意味

　このように、シリア人学校の運営状況は外部からの介入を伴い、経年的に大きな変化を見せている。ただし、設立当初の状況に立ち返ると、シリア人学校は、難民の立場にある人びとによって構築されてきた。外部者による援助や介入なしに学校教育を形づくり、維持していくということは、その当事者にとって本来どのような意味を持つものなのだろうか。本項では、シリア難民の学校設立者・経営者・教師・生徒の語りから、その意味を探っていく。

（1）難民経験がもたらした喪失の補償

　シリア難民が難民としての経験のなかで失ったものは物理的・経済的補塡で賄われるものばかりではなく、故郷を捨てて安全な地で暮らすことに無力感と罪悪感を抱えている人びとも多い。そのなかで、あるB校教師（男性、40歳代、社会科担当）は、「教職に就いていて、最も楽しいときはいつか」という質問に対して、「学期末に試験を採点しているとき。自分が何かを生み出したと思えるから」と答えた。さらに、L校経営者も同様に、「生徒に情報を与えるとき、喜びを感じます。私は有用な人間だと感じられるから」と語った。これらの語りからは、彼らが日常生活に引きつけて、また金銭的報酬とは異なる部分で、教職に対する動機づけを得ていることがわかる。

　シリア人学校は、給与の低さゆえに、雇用の場としては不満を抱かれがち

第3章　シリア難民が運営する学校教育の価値　**71**

である。シリア人学校で経験を積み、トルコ語を習得すると、より良い雇用機会を求めて離職する教職員は多い。その一方で、継続的に就労しているシリア人学校の教師らは、経済的な理由だけでなく、難民経験がもたらす精神的な負荷の軽減という価値を教職のなかに見出していた。教職を通して得た貢献意識は、彼らを苛んできた喪失感と無力感を補償し、日常生活を支える癒しとなっている。

(2) 難民であるがゆえの自由の体現

さらに、シリア人学校をとおして、難民としての立場に積極的な意味づけがなされることもある。A校校長は、「シリアでは、私たちはいつも政府の抑圧の下にありました。でもトルコには、何もない代わりに自由があります」と語った。彼女は、その自由の表れとして、大統領の写真を飾らなくてもいいこと、イスラームの倫理観にもとづく指導方針を導入できること等を例に挙げた。それは、シリア本国では許されない学校教育のあり方であった。それを実践できるA校は、難民となることで獲得した自由を体現するものであった。

この「自由」という語は、他の多くの教職員や生徒の語りのなかにも現れた。例えば、F校は、キャンプ内の学校で教師を務めていたシリア難民3名が、キャンプを出て都市難民となって設立した学校である。F校経営者に、キャンプ内の学校との違いを尋ねると、「（F校には）シリアにも、キャンプにもなかった自由があります」という答えが返ってきた。

都市で運営されるシリア人学校には、国家行政や国際社会による管理が行き届かないぶん、提供される資源は少ない。しかしそれ以上に、国家という枠組みのなかにも、キャンプの囲いの中にもない自由を獲得できるという点に価値が置かれている。シリア人学校関係者らは、そこに難民としての営みのなかにある固有の意義を見出し、教育者としてだけでなく、「難民であること」に対しても独自の意味づけを行っている。

(3) シリア難民を結ぶ連帯の形成

A、B校で実施した質問紙調査では、「学校で好きなものは何か」という

問いに対して自由記述による回答を得た。そのなかで、12年生59名による回答のうち、①「学校での人間関係に言及したもの」は44件、②「指導法や教育の質に言及したもの」も44件と同数であった[7]。しかし、回答者の学年が下がるごとに②の回答が占める割合は減少し、逆に①が増加する傾向がみられた。9年生66名では①55件、②46件となり、6年生77名では、①51件、②10件と大差がついた。すなわち、シリア人学校の生徒の多くは、教科指導だけでなく学校での人間関係を重要視しながら就学を継続しているといえる。

ある女子生徒（B校11年生）は、「学校でできた友達とは、ずっと一緒にいて、姉妹のよう。だから、学校は第2のホームのように感じます」と話した。また別の女子生徒（B校11年生）は、「シリアでは紛争が人びとをばらばらにしています。でも、この学校では色々な地域出身の人が一緒にいて、シリアはひとつだと感じます。みんなと同じ痛みを共有できるから」と語った。これらの語りからは、シリア人学校がトルコにおける帰属の場所として機能していることが示唆されている。彼女たちは、シリア国内の紛争状況と照応しながら、シリア人学校を新たな共同体として意味づけている。シリア人学校は、難民という共通の立場をとおして紛争による分断を乗り越え、精神的な連帯を獲得できる場所となっている。

5. 難民生活における学校教育の役割

5-1 独自のシリア人学校運営を支える構造の両面性

公教育への難民の包摂を第一目標とする難民教育の潮流において、難民が運営する学校が正式に扱われることは稀である。それに対して、トルコでは、シリア難民が運営する学校とそこでの子どもの学びに公的な保証が与えられ、シリア人学校運営に構造的な安定がもたらされた。それはマクロな視点で捉えると、先進的な難民支援事業として認められる。一方で、シリア人学校関係者のミクロな視点からみると、トルコ政府の「支援」が、「介入」の側面

も同時に備えていることを認識しておく必要がある。トルコ政府の「介入」がシリア人学校に与えた影響として、以下の3点がある。

　第1に、シリア人学校への政治的意味づけである。先行研究（Davies 2004）では、難民のみで構成される学校での「偏重的な政治メッセージ」の伝播が危険視されていたが、本事例では、むしろ学校運営に直接携わる難民以外の外部者（トルコ政府、SIG）による介入が、学校教育に明確な政治的意味づけを与えた。その政治的な意味づけは、シリアに帰還した際に逮捕の対象となるなど、子どもに直接的な脅威をもたらしている。このことから、構造的な安定が、個々の子どもの生活の安定とは反比例の関係となる場合もあることが示唆された。

　第2に、シリア難民の主体性の減少が挙げられる。シリア人学校で主体的に「よりよい教育」を自ら追及できることは、シリアにあった長年の抑圧からの解放を意味し、難民であることに「自由」という大きな価値を付与する。しかし、公的機関による関与には規制が伴う。その典型的な例として、援助者の変遷がある。トルコ行政の介入により、無認可の支援者からの援助は減少し、より中立的な外部者である認可団体の支援を模索する必要性が生じてきた。従来は、宗教的・政治的な特徴をドナーと共通して持ち、無認可の援助者との個々の関係を維持することが重要であった。一方で、認可団体から支援を受けるためには、そうした性質をむしろ希薄化して中立的に見せることが求められる。それは、シリア人学校を発展させてきたシリア難民の主体性や独自性を減少させることにつながり、人びとの思いの具象としての学校のあり方を制限するものであった。

　第3に、シリア人学校関係者の難民性の強調は、その流れのなかで生じてくる。国外への移動を余儀なくされた「難民」という脆弱な立場を強調してこそ、ドナーには支援の必要性が理解されやすくなる。そのなかでシリア人学校は各自の特徴や独自の戦略を失い、「難民」や「被支援者」としての側面ばかりが表出する。シリア難民にとってシリア人学校は、難民として暮らしながら創出してきた生産性と有能性を証明する源であった。そこに中立的な支援者が入ることで、シリア人学校はかえって彼らの脆弱性を想起させるものとなった。そうした背景のもと、シリア難民は、外部者による支援がも

たらす実利への謝意との狭間で揺れ動きながらも、主体性を打ち消され難民として平板化して捉えられることに対する拒絶、すなわち「中立性に対する拒絶」を起こしている。これは、先行研究（Sommers 2001; Zembylas 2012）で指摘された「平和に対する拒絶」と同様、国際社会にとっての普遍的な価値を、難民の感情や思考を踏まえることなく、無意識に、しかし強権的に共有しようとしたことが一因となっている。

5-2　シリア難民が営む学校教育の価値

　シリア難民の営みが構築してきたシリア人学校は、関係者の多様なニーズに応じて発展し、教育受容者である生徒だけではなく、経営者や教師などの提供者にも裨益している。そのなかで育まれてきた学校教育の役割は、主に二つに分けられる。

　第1に、将来のための機能とその影響がある。これは卒業資格の獲得や、よりよい教育へのアクセス、雇用の獲得といった生活を保障する場としての役割であり、トルコ政府やSIGの支援により、学校運営の構造化が進むことで強化されている。ただし、それだけにこの役割は構造的課題の影響を受けやすく、個々の難民生活と照らし合わせると、子どもにとっての脅威となるような働きをもたらす場合もあることがわかった。

　第2に、現状のための機能とその影響である。これには、4-3で記述した(1)難民経験の補償、(2)自由の実践をとおした難民生活に対する積極的意味づけ、(3)学校をとおした関係者間の連帯といった役割が含まれる。ただし、こうした側面は、シリア人学校が難民によって構成されているからこそ形成されるものであった。例えば4-2で記述したH校の事例では、援助の側面を優先してトルコ行政アクターの介入を進めた結果、学校設立に携わったシリア難民たちが分断されていった。その様子からは、シリア人学校の運営に携わるアクターが多様化し、外部アクターの介入がなされることによって、この第2の学校教育の役割が、構造上の安定とは反比例的に不安定化しかねないものであると言える。

　第2に挙げた現状のための機能と影響は、第1に挙げた卒業資格やよりよ

い就労機会などの実利と比較すると、無意識的で、看過される傾向にある。しかし、これこそが個々の難民による営みの総体であると同時に、その営みを支え、強化するものとして相互的に機能している。そのことが学校関係者個々の難民としての日常生活に意義をもたらしている点において、シリア難民が運営する学校としての独自の価値が見出せる。シリアの人びとがつくりだしたその価値が、トルコ政府の「支援」の恩恵の裏で、「介入」によって強権的に収奪されていることに、留意しておかなければならない。

おわりに

　本研究では、トルコのシリア国境地域3県にあるシリア人学校12校の事例を2013年から2015年にわたって調査し、難民が運営する学校教育の役割を質的に検証した。難民が運営する学校の実態を地域的・時間的広がりをもって叙述したデータは、そのものに価値を認められる。また、シリア本国における社会的背景と教育状況を踏まえた分析から、難民が運営する学校教育に対するシリア難民の独自の意味づけが、過去の経験、現在の生活状況、未来への展望の連綿とした関係性とともに明らかになった。この点に本研究の独自性がある。

　研究上の制約としては、通常あるような政策文書等の全体の規定・規則に関する書類や資料が存在せず、定量的な統計も不足している点が挙げられる。そのため、教育制度や構造などマクロな部分に関する記述も、インタビューなど個別の情報源に依拠せざるを得なかった。ただし、それこそが難民が運営する学校教育の特徴であり、本研究のような事例研究の蓄積が必要となる所以でもある。また、聞き取りの対象者が特定の政治・宗教的思想（反政権派・イスラーム教スンニ派）を持つ人びとに偏っていたことも制約となった。紛争の影響下にあるシリア難民と信頼関係を構築するためには、多様な人びとにアクセスすることは容易ではなく、特定の共同体に所属するシリア人学校関係者からみた学校教育が議論の中心となった。このように視点を焦点化させた状態でも、本研究で明らかになった学校教育の役割は多面的なものだったが、異なる視座からも分析することができれば、いっそう複層的な議論に

なったことであろう。今後の研究の展開では、対象者の多層性を拡大し、難民となったシリアの人びとの多様性と多面性を、より多角的に詳らかにすることが期待される。

[注]
(1) UNHCR のマンデート難民 1,720 万人及びパレスチナ難民 530 万人を合算した人数。
(2) 本章において都市難民とは、難民キャンプなどの保護施設ではなく、都市部においてホスト住民と分離されることなく同様の環境で居住する難民を指す。
(3) ユニセフはシリア難民対象の公教育以外の教育施設を一律に「一時的教育センター（Temporary Education Center）」と称しているが、実態として教育センターよりは正規の学校に近く、5 年以上運営されている（一時的ではない）学校も多いため、本章ではシリア人学校（Syrian schools）の呼称を用いる。
(4) 例えば、法制上は要求されていないシリアでの卒業証書や成績証明書等を各学校で求められたり、学校に受け入れられた後も教師や級友から中傷を受けたりする。
(5) アサド政権に対抗する反体制派組織のうちの最大勢力であり、アサド政権に否定的なトルコや欧米・アラブ諸国から一定の支持を得ている「シリア国民連合（National Coalition of Syrian Revolution and Opposition Forces: NCSROF）」の傘下にある組織で、正式名称は「シリア国民連合暫定政府（NCSROF Interim Government）」の「訓練・教育省（Ministry of Training and Education）」。本章では便宜上、簡略化した通称である「シリア暫定政府（SIG）教育省」と記述するが、SIG の政治理念は反体制派シリア人の総意を表すものではなく、本章においてこの組織を正式なシリアの暫定政府として認める意図はない。
(6) シリア紛争は、一般的に言われる「大多数のスンニ派対アサド大統領を擁するアラウィー派」という単純な宗教対立ではない。宗教的要素以上に、国内・外交上の政治構造が紛争の大きな原因となっている。一方で、その政治構造に宗教も少なからず関係しているため、スンニ派教徒とアラウィー派教徒が対峙するとき、緊張感が生じることも多い。
(7) ①には、友人や教職員の性質や彼らとの関係性を表す回答（「家族的」、「生徒に対して優しい」等）、②には、教師の資格の有無や技量等について述べた回答を分類した。「教師」や「教師への好意」のみが記述された回答は、①と②双方に 1 件加算した。なお、①、②、その他の要因に重複して言及する回答もあったため、回答者の人数より件数が多くなっている。

[参考文献]

青山弘之（2012）『混迷するシリア――歴史と政治構造から読み解く』岩波書店。

青山弘之・末近浩太（2009）『現代シリア・レバノンの政治構造』岩波書店。

朝隈芽生（2015）「長期化した難民状態にある人々の「居場所」の役割――イランにおけるアフガニスタン難民による学校運営」『国際開発研究』24巻2号、97-111頁。

内海成治（2008）「第Ⅲ部　国際緊急人道支援の領域　11――教育」内海成治・中村安秀・勝間靖編『国際緊急人道支援』ナカニシヤ出版、200-220頁。

小泉康一（2017）『グローバル・イシュー――都市難民』ナカニシヤ出版。

小松太郎（2016）「紛争・災害後の教育」小松太郎編『途上国世界の教育と開発――公正な世界を求めて』上智大学出版、221-233頁。

山本香（2016）「紛争の影響下にある子どもの教育機会の保障――シリア難民がトルコで運営する学校の事例から」『未来共生学』3巻、213-238頁。

AFAD (2017) "Current Status in Temporary Protection Centres." [https://www.afad.gov.tr/en/2602/Current-Status-in-AFAD-Temporary-Protection-Centres] (Last accessed: 10th July 2017)

Bird, L. (2003) *Surviving School: Education for Refugee Children from Rwanda 1994-1996.* Paris: UNESCO/IIEP.

Bush, K.D. & Saltarelli, D. (2000) *The Two Faces of Education in Ethnic Conflict: Towards a peacebuilding education for children.* Florence: UNICEF Innocenti Research Centre.

Darcy, J., Durston, S., Ballarin, F., Duncalf, J., Basbug, B. & Buker, H. (2015) *An Independent Evaluation of UNICEF's Response to the Syrian Refugee Crisis in Turkey, 2012-2015.* New York: UNICEF.

Davies, L. (2004) *Education and Conflict: Complexity and chaos.* New York: Routledge.

DGMM (2017) "Migration Statistics: Temporary protection." [http://www.goc.gov.tr/icerik6/temporary-protection_915_1024_4748_icerik#]（Last accessed: 11th July 2017）

Directorate of Research in Ministry of Education (2004) *National Report on the Educational Development in the Syrian Arab Republic Presented to: The 47th International Conference of Education Held in Geneva 2004.* Damascus: Ministry of Education, Syrian Arab Republic.

Dorman, S. (2014) *Educational Needs Assessment for Urban Syrian Refugees in Turkey.* Istanbul: YUVA Association.

Dryden-Peterson, S. (2011) *Refugee Education: A global review.* Geneva: UNHCR.

Frayha, N.M. (2012) Educational Reform in the Arab World: Directives, mechanisms and challenges in Lebanon, Syria and Oman. In S. Alayan, A. Rohde & S. Dhouib (eds.), *The Politics of Education Reform in the Middle East: Self and other in textbooks and curricula.* New York: Berghahn Books, pp.15-39.

International Medical Corps (2014) *IMC/ASAM Rapid Needs Assessment of Gaziantep Based Syrian Refugees Survey Results.* California: International Medical Corps.

Nicolai, S. & Triplehorn, C. (2003) *The Role of Education in Protecting Children in Conflict.*

London: Humanitarian Practice Network.

Rabo, A. (1992) The Value of Education in Jordan and Syria. In G. Dahl & A. Rabo (eds.), *Kam-ap or Take-off: Local notions of development.* Stockholm: Stockholm University, pp.98-122.

Sinclair, M. (2001) Education in Emergencies. In J. Crisp, C. Talbot & D.B. Cipollone (eds.), *Learning for a Future: Refugee education in developing countries.* Geneva: UNHCR, pp.1-83.

Sinclair, M. (2002) *Planning Education in and after Emergencies.* Paris: UNESCO.

Sommers, M. (2001) Peace Education and Refugee Youth. In J. Crisp, C. Talbot & D.B. Cipollone, (eds.), *Learning for a Future: Refugee education in developing countries.* Geneva: UNHCR, pp.163-216.

Tyrer, R.A. & Fazel, M. (2014) School and Community-based Interventions for Refugee and Asylum Seeking Children: A systematic review. *PLOS ONE,* 9 (2), 1-12.

UNDP & State Planning Commission of Syria (2010) *Syrian Arab Republic: Third National MDGs Progress Report.* Damascus: UNDP & State Planning Commission of Syria.

UNHCR (2017a) *Global Trends: Forced displacement in 2016.* Geneva: UNHCR.

UNHCR (2017b) "Syria Regional Refugee Response: Inter-agency information sharing portal." [http://data.unhcr.org/syrianrefugees/regional.php] (Last accessed: 25th August 2017)

UNHCR Turkey (2015) *Syrian Refugees in Turkey: Frequently asked questions.* Ankara: UNHCR.

UNICEF MENA Regional Office (2015a) *Curriculum, Accreditation and Certification for Syrian Children in Syria, Turkey, Lebanon, Jordan, Iraq and Egypt.* Amman: UNICEF.

UNICEF MENA Regional Office (2015b) *Scaling Up Quality Education Provision for Syrian Children and Children in Vulnerable Host Communities: Report of the sub-regional conference 17-19 June 2014, Amman, Jordan.* Amman: UNICEF.

Yavcan, B. (2015) *Turkish Red Crescent Community Center Project Needs Assessment Report.* Ankara: ORSAM (Center for Middle Eastern Strategic Studies).

Zembylas, M. (2012) The Affective (Re)production of Refugee Representations through Educational Policies and Practices: Reconceptualising the role of emotion for peace education in a divided country. *International Review of Education,* 58 (4), 465-480.

3RP (2016) *3RP Turkey Monthly Update April 2016: Basic Needs.* Ankara: 3RP Turkey.

第4章

ケニア・カクマ難民キャンプにおける
教育と援助の活用
──当事者である生徒に着目して

清水彩花
ガラーウィンジ山本　香

はじめに

　世界の難民 [1] 人口は 2011 年の 1,040 万人から、2016 年末には 1,720 万人と増加を続けている（UNHCR 2017a）。なかでも南スーダンは、シリア、アフガニスタンに次ぐ難民送り出し国であるが、相対的に見ると、南スーダン難民が最も急速に増加している（ibid.）。2016 年中ごろには 85 万人だった南スーダン難民の数は、半年間で 2 倍近くの 140 万人に膨れあがった（ibid.）。

　こうした南スーダン難民の増加の背景には、2013 年 12 月に勃発した紛争がある [2]。南スーダンは、22 年間にわたる南北間の内戦を経て、2011 年 7 月にスーダンから分離独立を果たした。しかしながら、政権の座にあったスーダン人民解放運動（Sudan People's Liberation Movement: SPLM）への批判が高まり、キール大統領（Salva Kiir Mayardit）とマチャル前副大統領（Riek Machar Teny）率いる反政府派が対立し、武力紛争に発展した。この紛争は、大統領の出身民族であるディンカ人と前副大統領の出身民族であるヌエル人という、民族間の紛争に転じた（栗本 2014）[3]。独立を果たした南スーダンであったが、この紛争により、多くの人びとが国内外へと避難を余儀なくされた。

　また、南スーダンでは長期間にわたる南北間の内戦により、多くの子どもが教育にアクセスする機会を奪われてきたといわれている（Sommers 2005）。

80

内戦が終わると、国内には、国際援助機関や非政府組織（non-governmental organization: NGO）による教育支援が入り、政府や国民の教育に対する渇望と需要が教育復興に影響を及ぼした（中村 2013; Kim et al. 2011）。また、国内にとどまらず、難民キャンプに避難した者もそこで教育を受け、その教育に希望を託す姿が報告されている（栗本 2008; Kurimoto 2009）。さらに、教育はよりよい生活や将来の希望であり、また紛争後の再建や開発の土台となる人間の能力をも高め、自立を促すものであると認識されている（El Jack 2012）。こうした難民にとっての教育の重要性は、第三国定住先においても同様に位置づけられている（ibid.）。

　難民キャンプの教育に関する先行研究では、教育のアクセスと質に着目し、キャンプでの教育課題とその要因を明らかにしてきた（Lutheran World Federation 2015; Mendenhall et al. 2015; Wright & Plasterer 2010）。これらの研究では、調査を行うにあたり、援助機関関係者を介しているか、あるいは彼ら自身を調査対象者としている。そのため、援助する側からの視点に依拠し、難民が受動的な被援助者として位置づけられている。加えて、難民の教育アクセスが阻害され、教育の質も低い、といった否定的な側面に焦点が当てられ、それらを改善するべきものとして前提が置かれている。それゆえ、今後の援助に向けたニーズアセスメント及び政策提言としての性格を帯びているといえる。他方で、政策決定者やドナーは、紛争のなかにいる人びとの声を聞く必要があるとの指摘もなされている（Affolter & Allaf 2014）。つまり、難民の教育に着目するうえで、当事者である難民の視点は無視できないものである。また、教育アクセスが阻害され、教育の質が問題視されるなかで、国際機関による援助がいかに難民の教育アクセスに影響を与え、またそのなかで難民自身がいかに教育にアクセスしようとしているのか、といった難民の能動的な側面にも着目する必要がある。

　本章の目的は、難民生徒の視点に着目し、カクマ難民キャンプにおける初等・中等教育へのアクセスを、援助の影響を踏まえて明らかにすることである。本章では、まずケニアの難民受け入れの歴史と政策を概観し（第1節）、カクマ難民キャンプにおける難民の生活を、政策と関連させながら整理する（第2節）。次に、同キャンプにおける教育支援の概況と教育課題を先行研究

から検討したあと（第3節）、調査結果を踏まえ、生徒の生活背景及び就学状況から、難民の就学実態を提示する（第4節）。最後に、難民がどのように教育を捉え、またキャンプでの生活のなかでいかに教育を受けているのか、について考察する（第5節）。

1. 難民受入国としてのケニア

1-1 難民受け入れの歴史

　ケニアの難民受け入れは、1960年代にはじまり、1980年代までウガンダ難民を受け入れていた。その後、ソマリア、スーダン[4]、エチオピアから多くの難民が流入したことを受け、寛大だった難民政策は、1990年代初頭に難民の居住をキャンプに限る政策（encampment policy）へと転じた（Horn & Seelinger 2013）。このとき、ケニア全土にあった難民キャンプは徐々に閉鎖された（Ohta 2005）。キャンプの閉鎖に伴い、難民は別のキャンプに移送されるか、母国に帰還し（ibid.）、またキャンプ外にいる者は不法滞在者とみなされ強制送還の対象となった（杉木 2012）。

　現存するキャンプは、カクマ難民キャンプとダダーブ難民キャンプの2か所のみである。ケニア全土では、ナイロビなどの都市部に暮らす難民も含め、難民・庇護希望者数は約50万人（2017年10月末）である（UNHCR 2017b）。なかでもソマリア難民が最も多く、約28.7万人（58.6%）を占め、次いで南スーダン約11.1万人（22.7%）、コンゴ民主共和国約3.5万人（7.2%）、エチオピア約2.8万人（5.7%）、ブルンジ約1.3万人（2.6%）、スーダン約1万人（2.0%）と続く（ibid.）。居住地別でみると、約24万人（49%）がダダーブ、約19万人（38%）がカクマ及びカロベイエ居住地で暮らしており、ナイロビにも約6.4万人（13%）が居住している（ibid.）。

1-2　難民政策の特徴

　厳格化した難民政策は、ケニア政府によって正式に採択されていないが、実質的に難民をキャンプで管理する政策を展開している（Horn & Seelinger 2013）。政策下では、難民は、キャンプ内での農耕や牧畜、キャンプ外への移動、就労が禁止されている（Horn 2010; Sommers 2001）。こうした政策は、「難民封じ込め政策」（杉木 2007、31頁）とも批判されている。実際は、NGO が難民を雇用し、難民はボランティアとして働いている。また難民は、インセンティブとして少額の給与が支払われているのが現状である（Horn 2010）。しかし、得られるインセンティブの額は、ケニア人が同等の仕事をしたときよりもはるかに低い（栗本 2004; Horn 2010）。

　すなわち、この政策下では、移動や経済活動が制限され、キャンプで暮らす難民は、自立的な生活を営むことが難しい。それゆえ、Horn（2010）は、ケニアのキャンプにおける難民の生活について、「ほとんどの難民は基本的ニーズを供給する援助機関に完全に依存している」（p.359）と指摘している。つまり、ケニア政府による難民政策は、難民の自立的な生活を制約していると同時に、援助への依存を高める要因ともなっている。

2.　キャンプにおける難民の生活

2-1　キャンプの概要

　カクマ難民キャンプは、ケニア北西部トゥルカナ県に位置している。首都ナイロビから直線距離にして約 1,000 km、南スーダン国境から約 100 km のところにある。1992 年にキャンプが開設されてから（現・カクマ I）、難民人口の増加に伴い、1997 年後半にカクマ II、1999 年初頭にカクマ III が増設された。カクマ IV は、2013 年に勃発した南スーダンでの紛争により、多くの難民が発生したことを受けて新設された。彼らのなかには、国内情勢の変化により、二度目の避難となる者もいるといわれる（Sanghi et al. 2016）。

調査時の難民人口は、約16万人（2016年9月時点）だが、そのうち南スーダン出身者が全体の54.4％の約8.8万人を占め、次いでソマリア約4.1万人（25.4％）、スーダン、コンゴ民主共和国はほぼ同数でそれぞれ約9,600人（5.9％）と続く（UNHCR 2016）。このようにカクマで暮らす難民のうち、半数以上が南スーダン難民だが、難民の出身国や民族は多岐にわたり、言語、文化、宗教も多様である（栗本 2002; Sommers 2001）。また、カクマ難民キャンプでは、18歳未満の子どもが約9.7万人で、全体の約60.2％を占める（UNHCR 2016）。

　キャンプ全体の管理はケニア難民局（Department of Refugee Affairs）とUNHCRが責任を負い、実質的な運営はUNHCRの事業実施パートナー（Implementing Partner: IP）であるNGOが行っている。

2-2　政策上の制約とキャンプの魅力

　カクマは、「トランスナショナルでコスモポリタンな都市」と表現される（栗本 2004、100頁）。決してアクセスの良い場所に開設されたとはいえないカクマが「都市」といわれる所以は、キャンプが辺境地にありながらも、学校や病院、図書館といった公的施設だけでなく、難民自身が建設した教会やモスクのほか、雑貨店や肉屋、八百屋などが立ち並ぶ商業地区が存在しており、都市的な機能を備えているからである（栗本 2002、2004）。この都市性は、人びとを引き寄せるプル要因となっており、難民は、商品の購入あるいは教育や医療サービスの享受のために、国境を越えてやってくるといわれる（同書）。さらに、Jansen（2015）は、難民がキャンプに移動する理由として、彼ら自身や子どもの教育機会が得られること、再定住の可能性があること、それらに加えて暴力からの逃亡があると指摘する。また、母国での教育や保健医療サービスが著しく不足していることも、キャンプへ移動する理由であるという（Jansen 2015）。つまり、自国での紛争や迫害から逃れるために難民になることはもとより、キャンプで得られる援助を目指して移動しているのである。

　前述したように、難民キャンプでは、政策上、移動が制限されているが、実際は、キャンプ外への移動が黙認されるグレーゾーンが存在しているこ

とも報告されている（Jansen 2015）。加えて、汚職もはびこっており、ナイロビなどの都市部への移動も可能になるという（Aukot 2003）。さらに、難民は、援助物資以外の物（non-aided goods）、例えば、衣類や配給に含まれない肉、牛乳などを購入するために、マーケットで配給を転売していることが明らかになっている（栗本 2011; Perouse de Montclos & Kagwanja 2000; Sanghi et al. 2016）。援助機関は、こうした転売や贈与、あるいは他の物資との交換といった行為を想定しておらず、援助の「意図せざる結果（unintended consequences）」（栗本 2011、65頁）であると指摘されている。カクマにおいて消費活動の研究を行ったOka（2014）は、「難民の70〜80％が送金を受けているか、雇用され、配給の最大90％を転売する傾向にある」（p.30）とし、援助にのみ依存する20〜30％の難民も、40〜50％の配給を転売していることを指摘している。つまり、難民は、生活基盤は援助に依存しながらも、送金や配給の転売によって、制約された生活に柔軟に対応しているといえる。

　このように、ケニア政府の難民政策と実際の難民の生活には乖離がある。また、この政策は、当事者を難民として一元的に管理するものであるが、彼らの日常は監獄や病院のように、被管理者の特徴だけでは捉えられない（久保 2014）。したがって、難民を援助に依存する被援助者としての受動的な存在ではなく、制約が課されたキャンプのなかで能動的・自立的に生活を営む者として捉え直す必要がある。

3. カクマ難民キャンプにおける教育と援助

3-1　教育援助と学校教育の概況

　カクマ難民キャンプでは、ルーテル世界連盟（Lutheran World Federation: LWF）が就学前及び初等教育、ウィンドル・トラスト・ケニア（Windle Trust Kenya: WTK）が中等教育の事業をIPとして担当している。教育制度はケニアの教育に準じ、初等教育8年（6〜13歳）、中等教育4年（14〜17歳）である。授業料は無償で、ケニアのカリキュラムに則って授業が行われる。初等教育で

は、低学年の 1 〜 3 年生のクラスは二部制で実施され、初等教育修了時にはケニア初等教育修了試験（Kenya Certificate of Primary Education: KCPE）を受験する。同様に、中等教育修了時にはケニア中等教育修了試験（Kenya Certificate of Secondary Education: KCSE）がある。

　キャンプには、初等学校が 22 校、中等学校が 6 校ある[5]（UNHCR 資料：2016 年）。カクマ全体では、初等教育純就学率 70%、中等教育純就学率 2.3% であるが、総就学率は初等教育 122%、中等教育 24% で悪くはない（同資料）。このように、純就学率と総就学率に差が表出する要因として、一つは学齢期を過ぎたオーバーエイジの生徒が多いことが挙げられる。オーバーエイジの生徒は、学齢期を過ぎてから就学しているため、純就学率では生徒数として反映されないためである。もう一つの要因は、難民の流動性である。キャンプでは人の往来が激しく、正確な就学者数が把握されていない。一度授業に出席したあと、母国へ帰還したり、出席しなくなったりしても、生徒数として登録されたままになり、実際の出席者数と異なることがある（Kaiser 2006; Sommers 2001）。

3-2　教育アクセスと質をめぐる議論

　先行研究では、カクマにおける難民の教育について、主に教育へのアクセスや質に関する議論がなされてきた。Wright（2010）は、カクマ及びダダーブ難民キャンプにおいて、NGO スタッフの視点から難民の教育機会について論じている。彼女は、就学前教育から初等、中等、高等教育まで、幅広い教育レベルを対象としている。初等教育については、主な課題として、特に食糧配給時の欠席と生徒のモチベーション不足を指摘した。加えて、教科書や制服などを提供するにあたり、資金が不足していること、教師の通勤にかかる交通手段の問題、厳しい気候を挙げた。また、教育の質が低く、その要因としてトレーニングを受けた教師の不足や学校設備が関連付けられている。中等教育では、キャンプ内に学校が不足していることが指摘され、それにより初等学校を卒業しても中等学校に進学できず、失望感を抱く者もいるという。他方で、教育を受けるための送金を得るために、トランスナショナルな

ネットワークを利用していることも明らかになっている。しかし、就学前教育から高等教育まで、網羅的に教育アクセスの課題について論じている一方、NGO スタッフを対象にしており、援助する側からの視点にとどまっている。それゆえに、当事者である難民が教育機会を得る上でいかなる問題を抱えているのか明らかにされていない。

　また LWF は、子ども（不就学児を含む）に焦点を当て、初等教育における教育アクセスと質について論じている（LWF 2015）。そのなかで、教育アクセスを制限し、また質を低下させている要因として、インフラの未整備（学校設備など）、子どもの置かれた状況（オーバーエイジや家事労働など）、経済的負担（学校の必需品の購入など）、文化的な違い（教授言語や習慣など）、人的資源の乏しさ（教師の質など）を指摘した（ibid.）。しかし、LWF 自体が初等教育の IP であり、また子どもの保護や教育を担当する援助機関関係者（必ずしも LWF のスタッフでない）によるフォーカス・グループ・ディスカッションを用いた調査であるため、必ずしも子どもの視点を捉えきれていない。

　他方、Mendenhall et al.（2015）は、教授法の観点から、教育の質について分析した。授業観察だけでなく、UNHCR や NGO、教育省の職員へのインタビューに加え、教師、生徒への聞き取りも行い、多角的に教育の質を検討した。結果として、授業は講義が中心であり、概念の理解を促す活動が不足しているため、事実を尋ねる質問に偏っていることが指摘された。また、その背景にある要因として、限定的な資源（資金不足、過密状態の教室、学習資源の不足）、教師トレーニングの不足、カリキュラムや言語の違いを明らかにした。しかし、教育の質に対する生徒からの見方は、十分に反映されているとは言い難く、教師の視点に依拠した分析にとどまっている。

　自身も難民経験を持つ Mareng（2010）は、文献調査と自身の経験から、政策と教育アクセス、質の関連を分析し、UNHCR のリーダーシップがキャンプでの教育を成功に導いたと結論づけている。彼女が難民経験を持つとはいえ、教育を受ける当事者の視点が欠如しており、また政策の実施状況など、文献の記述と実際とでは、異なっている可能性がある。そのため、キャンプでの現状を正確に把握できているかは疑問が残る。

　Wright & Plasterer（2010）は、高等教育に焦点を当て、難民の文脈で、高等

教育の社会文化的・経済的な利点を明らかにした。そのなかで、教育アクセスを制限している要因として、経済的・文化的障壁、親と子の教育レベルの違いを挙げ、また教師の視点から給与や労働環境の改善が必要であると論じた。彼らは、受け入れ側（例えばNGOなど）への調査は、データの信憑性・妥当性を高めることができる一方で、難民を対象とすることは、倫理的、方法論的配慮が必要であるとの認識から、UNHCR及びNGO関係者に対するインタビューを実施した。難民の文脈と位置づけながらも、援助する側からみた高等教育の利点であり、当事者である難民の視点が欠落している。

　これに対し、Affolter & Allaf（2014）は、スーダンの国内避難民キャンプにおいて、教育に携わる行政官（educational officer）にインタビューを行い、「紛争に影響を受けやすい教育が着目されるにつれて、政策決定者やドナーは、紛争とともに生きてきた人びとの声に耳を傾ける必要がある」(p.13) と指摘する。つまり、援助機関関係者を対象とした研究、あるいは援助機関を介した研究では、教育を受けている／受けていない難民自身の視点が欠如しており、難民の教育を議論する上で限界がある。それゆえ、教育アクセスが制限され、質が低いといわれるキャンプ内の学校において、難民がいかに教育を捉え、また教育を受けているのかといった、難民の教育受容を、彼らの視点から捉え直す必要がある。

4. 調査結果——キャンプでの生活と学校教育

4-1　調査概要

（1）調査の時期と手法

　2016年9月5日から9日の5日間、カクマ難民キャンプのカクマⅣにて調査を実施した。そこで運営される初等・中等学校各1校を調査対象校とした。調査対象者は、主に生徒とした。初等学校7年生77人、中等学校2年生53人に対して、質問紙調査を行い、生徒の年齢やカクマへの移動時期などの基本情報とともに、学校やキャンプでの生活について自由に記述でき

写真 4-1　グループ・インタビューを受けた女子生徒（初等学校）

写真 4-2　理科実験室でグループ・インタビューを受ける女子生徒（中等学校）

るようにした。また、女子生徒を対象にグループ・インタビューを実施した。グループ・インタビューには、初等学校の女子生徒 13 人と中等学校の女子生徒 4 人（途中参加につき、質問紙未回答者 1 人を含む）が参加した（写真 4-1、2）。カクマでは、女子の就学率が男子に比べて低く[6]、彼女らがいかに教育にアクセスし、また教育を受けているのか、を明らかにするためである。補足的に、教師、UNHCR や NGO の援助機関関係者にもインタビューを行った。教師については、半構造化インタビューを用いて、教職への動機や仕事上の困難、将来のキャリアプランなどについて聞き取りを行った。援助関係者へは、キャンプ全体の教育状況や援助動向を把握するために聞き取りを実施した。言語は、カクマ IV の特徴として、英語が教授言語である南スーダン難民が多いため、英語を使用した。

(2) 調査対象校の概要

初等学校は、カクマタウンから直線距離にして約 5 km に位置している。2014 年に開校し、管理・運営は IP である LWF が行っている。全生徒数は、6,806 人で、うち 2,225 人が女子である。そのうち、南スーダン難民が最も多く、5,949 人（女子 1,244 人）を占め、次いでスーダン難民が多い。

他方、中等学校はカクマタウンから直線距離にして約 6 km にある。初等学校とは 500 m ほどの距離で、初等学校を卒業した生徒は、この中等学校に進学する。管理・運営は IP である WTK が行う。2014 年に開校しているが、2016 年よりトゥー・スクールズ・イン・ワン（two-schools in-one）と呼ば

れる制度を採用している。この制度は、異なる 2 校（A、B 校）が時間帯をずらし、同じ校舎で授業を行うというものである。教師は運営者の 3 人を除き、2 校で異なっている。A 校は 2014 年に開校し、2 年生まで在学していたため、対象校とした[7]。A 校の全生徒数は、611 人で、うち 12 人が女子である。

4-2　援助による教育提供と難民の就学

(1) 難民としての背景とキャンプでの生活

　カクマ難民キャンプ全体としては、難民の出身国や民族の多様性に特徴がある。しかし、カクマⅣに限れば、初等学校では調査対象者 77 人のうち、91% を占める 70 人（うち女子 13 人）が南スーダン出身であり、中等学校でも 53 人のうち半数を超える 33 人（62%）を占めた。次いで多かったのは、スーダン難民で、初等学校で 2 人（3%）、中等学校で 14 人（26%、うち女子 3 人）であった。南スーダン及びスーダン難民が多い理由としては、カクマⅣ自体が 2013 年 12 月の紛争をきっかけに開設されたことにある。また、南スーダン難民の出身地域を見ても、紛争の激戦地となったジョングレイ州、ユニティ州及び上ナイル州[8] が多いことがわかった。初等学校では、南スーダン難民 70 人のうち 20 人（29%）がジョングレイ州、19 人（27%）がユニティ州、7 人（10%）が上ナイル州出身であり、中等学校でも、33 人のうち 15 人（45%）がジョングレイ州、6 人（18%）がユニティ州出身であった。

　年齢別で見ると、ほとんどがオーバーエイジであった。初等学校では、77 人全員がオーバーエイジであり、17 ～ 19 歳が最も多く 41 人（53%）を占めた。他方、中等学校では、17 歳が 2 人、18 歳が 7 人いたが、多くはオーバーエイジで年齢にはばらつきが見られた。

　また、カクマへは一家での移動ではなく、多くが両親以外の家族や親戚と移動していた。質問紙の「誰とカクマへ来たか」との設問では、全調査対象者 130 人のうち、きょうだいと来た者が 32 人（25%）、単独で来た者が 25 人（19%）、おじ・おば（おじの家族を含む）と来た者が 15 人（12%）と半数以上に上った。対して、両親と来た者は 2 人（2%）に過ぎず、母親（「ひとり親(parent)」との回答を含む）を含む家族と来た者は 18 人（14%）であった。この

ように、親と避難している者は少なく、親戚と暮らす者、子どもだけで暮らす者、あるいは単身生活者も珍しくない。初等学校のある女子は、一人で暮らしていることを明かしており、中等学校の男子も「両親がいないため、カクマへ来た」と回答している。

　親がいない世帯や単身世帯では、彼ら自身で生活をする必要がある。例えば、中等学校のある女子生徒は、大家族で生活しているが、そのなかで女性は彼女だけであり、どんな仕事もしなければならないと答えている。また、初等学校の女子はきょうだいと移動してきたというが、母親代わりに調理をしなければならず、家庭では勉強する時間がないという。しかし、このような家事労働の負担は、女子生徒に限ったことではなく、一人でカクマに来たという男子生徒も「カクマの生活は、調理、水汲み、薪集めや他の家での仕事など、たくさんの仕事があって大変 (challenging)。こういう仕事は学校でサポートしてくれない」と生活上の困難を自由記述欄に綴っており、単身での生活は、学校に通う上で障害となっている。また、きょうだいと移動したという中等学校の女子も「サポートがない人にとって、教育を続けることはとても難しい」と述べており、家族と暮らしていても、保護者となるような人がいなければ、教育にアクセスし続けることは容易でない。

(2) 設備に対する満足と学習環境への不満足

　初等学校では、低学年用に 9 教室、高学年用に 14 教室ある。しかし、全生徒数が約 7,000 人であることを踏まえると、明らかに教室が不足している (写真 4-3)。それにも関わらず、生徒からは、教室数の不足を訴える回答はほとんど見られなかった。一方、教科書は 2 つの机、すなわち 6 ～ 8 人で 1 冊を共有しており、不足していることがわかった (グループ・インタビュー)。また、質問紙の「学校の嫌いなところ」として「本がないこと」を挙げる生徒もいた。

　中等学校では、トゥー・スクールズ・イン・ワンという制度の下で、2 校が同じ校舎を利用している。A 校の 1 年生は 12 時 20 分から 18 時 10 分、2 年生は 8 時から 15 時 30 分、B 校の 1 年生は 6 時 40 分から 12 時 20 分で授業が行われている (中等学校副校長 聞き取り)。教室棟は異なるものの、この授

第 4 章　ケニア・カクマ難民キャンプにおける教育と援助の活用　　91

写真4-3 初等学校の授業風景

業実施時間を考えると、事実上の二部制であるといえる。また、ケニア人教師は、17時以降キャンプに滞在することができないため、ケニア人教師が不在の時間帯は、難民教師が教えることになる。ある男子生徒は、この授業の実施状況について、トゥー・スクールズ・イン・ワンの下では、教師は生徒を教えるのに身を削っていると回答している。また、教師の不足を訴える意見も複数見られた。

　この制度は、一見すると、学校をさらに1校増やすことで、より多くの生徒を就学させることができるため、アクセスの面では評価できる。しかし、これは事実上の二部制であり、教師が不足していることや難民教師の負担を考えると、質の面では、十分に保障されているとは言い難い。

　他方、この中等学校には理科実験室や図書館が併設されており、これらの施設に対しては、満足している意見が複数あった。ただし、ソーラーランプの不足に関しては、「ライトが家にないことは、怠惰（laziness）を助長させる（男子）」といった回答や、夜に勉強ができないためか、「学校に行くことを否定されている（女子）」と回答する生徒もいた。

(3) 国際機関による援助と教育へのアクセス

　初等学校では、世界食糧計画（World Food Programme: WFP）により午前中の軽食（morning snack）が提供されているが、中等学校では、WFPによる給食支援が停止されたため、UNHCRが代わって支援を継続していた（UNHCR教育担当官聞き取り）（写真4-4）。初等学校の女子生徒は、グループ・インタビューのなかで、「朝食や昼食はほとんど食べない」と話しており、また中等学校の男子生徒も「配給食糧がなくなると給食に頼っている」と回答している。配給食糧が不足していることを鑑みると、普段から満足のいく食事ができて

おらず、学校で提供される食事が彼らの食生活の一端を支えているとも考えられる。

さらには、質問紙のなかで、「午後に何も食べていなければ、弱ってしまうし、学校に来るのが難しくなる（初等学校・男子）」と答える生徒や「給食は午後の授業を支えるものである（中等学校・男子）」

写真 4-4　給食を受け取る生徒（中等学校）

と述べる生徒もおり、気候が厳しく、配給も不足しがちなキャンプにおいては、教育を受け続ける上で食事面での支援が求められている。

ケニアでは、初等・中等教育ともに授業料は無償であるが、学校に通う上で必要となる制服やノート、文房具などは購入する必要がある。しかしながら、キャンプでは経済活動が厳しく制限されており、親と離れて暮らす生徒や単独で生活をする生徒は、配給食糧を売ることで、現金を稼得し、その資金で学校に通うための必需品を購入していた。

グループ・インタビューを行った中等学校の女子生徒らによると、制服はスカート、シャツ、靴下、靴を合わせて 1,000 シリング（約 10 米ドル）で、配給を売って得た現金で購入したと語った。また、制服や電卓、ノート、ペンがなければ、学校では追い返されるという。さらに、制服以外に教科書やノート、ペンを買う余裕がなく、他のものでさえも学校は与えてくれないとの男子生徒の回答から、学校での必需品まで支援は行き届いておらず、少ない現金収入で賄わなければならないことがわかる。

一方、初等学校では、2015 年に制服が支給されていた。ただし、なかには進学した生徒から制服をもらったという生徒や、制服や靴を持っていない生徒も見られ、学校に通い始める時期によっては、制服の支給が受けられなかった生徒もいると考えられる。また、制服が破けた際や小さくなってしまった場合には、新たに制服を購入する必要があり、その費用は 800 シリング（約 8 米ドル）かかるという。なかには「教育に興味があったとしても、ペ

ンや本を買うお金がない」と答えた男子生徒がいるように、制服の支給だけでは、彼らが教育にアクセスし続けることは難しい。

5. 難民の教育への希求と将来への投資

5-1 制約される生活と教育アクセスへの影響

　キャンプによる隔離政策では、難民の移動が制限され、経済活動も自由に行うことができない。そのため、キャンプでの生活は外部機関による援助に依存し、現金収入も得られにくい。加えて、生徒らが家族と移動している例は少なく、親のいない世帯や単身世帯も珍しくない。保護者となるような人がいない場合や単身世帯の場合には、自ら生計を維持しつつ、学校に通うことが求められ、こうした生活背景は学校に通う上で障壁となっている。

　例えば、援助に頼らざるをえないキャンプでは、生活基盤となる食糧配給の受け取りが授業よりも優先され、生徒らは学校を休み、配給を受け取りに行く。また学校では、ノートやペン、あるいは制服といった必要なものは自ら用意することが求められる一方で、現金稼得手段が限定的であり、配給を転売して得た現金を購入資金に充てているのである。

　政策により、難民の生活が制約されるだけでなく、そうした負担が教育アクセスにも影響を及ぼしている。しかし、政策そのものに影響を受けた生活状況だけでなく、生徒らの、難民としての背景もアクセスを難しくしていると考えられる。

5-2 援助を利用した教育投資

　難民キャンプは、難民を管理する場として設けられる。キャンプ内に建てられる難民のための学校もその例外ではない。UNHCR をはじめ、IP である LWF や WTK がキャンプの学校を管理している。別の見方をすれば、こうした管理により、学校は必要とされる場所に建てられ、また学校の教室や付

属の施設が整備されている。

　そうした環境のなかで、生徒は、むしろ経済的な負担から、学校で必要となる制服や教科書、文房具、あるいは家庭で学習するためのソーラーランプを手に入れることが難しいことを強く認識していた。これは、学校の設備が不十分であることよりも、勉強する上で必要な資源が不足し、学校や家庭での学習環境が十分に整っていない状態に対し不満を抱いているといえる。つまり、学校のインフラそのものではなく、勉強できる環境が整っていない状況こそが、当事者である難民が指摘する、教育アクセスや質低下の要因であると考えられる。

　一方で経済的な障壁を、生徒らは配給を転売することで乗り越えている。援助に依存せざるをえない生活では、援助が現金稼得の元手となっているのである。彼らは、生活基盤となる配給食糧を転売し、そこで得た現金で就学上の必需品を確保していた。こうした転売行為は、先行研究でも指摘されてきたことであるが、援助機関関係者はこれを「ブラック・マーケット」と表現している（Oka 2014）。難民が、援助で得た物資をインフォーマルに売買していることに対していわれていることであるが、食糧配給に代表される援助は、難民がそれを活用することによって、現金の獲得源となり、ひいては教育機会を得るための一手段として、新しい意味付けがなされている。また、こうした行為は、援助を教育に投資しようとする難民のはたらきかけであるといえる。

おわりに

　本章では、カクマ難民キャンプを事例として、当事者である生徒の視点から、彼らの生活や就学がいかに難民政策の影響を受け、そうした環境下で彼らがいかに教育にアクセスしているのかを明らかにした。キャンプにおける教育に関しては、教育アクセスや質をめぐる議論が中心としてなされ、その課題を克服しようと UNHCR や IP である NGO がさまざまな支援を行ってきた。多くの難民が援助に依存して生活を営む難民キャンプにおいて、援助を活用し、教育に投資する姿は、「被援助者」という受動的な姿ではなく、

むしろ能動的である。このような難民の姿は、援助する側／される側といった二項対立的な関係から、援助そのもののあり方に新たな視点から提供することができたのではないかと考えている。

　ただし、制約として、キャンプでの生活と難民になる前の生活との区別が困難であり、いかに変化したかという点において非常に曖昧であることが挙げられる。また、女子生徒に対するグループ・インタビューのみであり、男子生徒に直接インタビューすることができなかった。そのため、男子生徒からの回答は質問紙に書かれたもののみであり、その真意を尋ね、それに言及することができなかった。さらに、キャンプでの学校教育を論じる上で、重要であろう中途退学者の視点が不足している。対象が生徒でありながらも、保護者にインタビューすることができず、彼らの移動や教育への投資が、彼ら自身の戦略であるのか、あるいは家族全体のものなのか、把握することができなかった。今後の課題として、女子生徒に限らず、男子生徒や中途退学者、保護者からの視点も踏まえ、難民がいかに教育を捉え、いかに教育を受けているのか、再検討したい。

[注]
(1) 1951 年の難民の地位に関する条約（通称、難民条約）で定義されている、迫害を受けるおそれがあるという十分な理由があり、国籍国の外にいる者で、その国籍国の保護を受けることができない者または望まない者を指す（United Nations 1951）。
(2) 南スーダン難民及び国内避難民の急激な増加の要因を 2013 年末に勃発した紛争に求めることは、短期間に全人口の約 3 割が国内外へと移動したことを十分に説明できないとの指摘もある（栗本 2017）。
(3) 南スーダンでは、ディンカとヌエルが多数を占める民族である。
(4) この頃のスーダンは、南スーダンが分離独立する以前のスーダン共和国を指す。
(5) それぞれ女子の全寮制及び難民による自主運営校 1 校ずつを含む。
(6) 初等学校総就学率では、男子 138％であるのに対し、女子は 103％である。中等学校に至っては、男子 31％に対し、女子は 13％にとどまっている（UNHCR 資料：2016年時点）。
(7) B 校は 2016 年に開校したため、1 年生のみが通う。
(8) 2015 年 10 月、キール大統領は 10 州から 28 州への行政区画を変更すると宣言した。この動きは、情報相のマイケル・マクエイ（Michel Makuei）によって支持され、彼は

この変更について、議会の承認は必要ないとしている（Radio Tamajuz 2015）。国連機関は、10州の地図を使用しており、本章でも変更前の州名を用いた。

[参考文献]

久保忠行（2014）『難民の人類学――タイ・ビルマ国境のカレンニー難民の移動と定住』清水弘文堂書房。

栗本英世（2002）「難民キャンプという場――カクマ・キャンプ調査報告」『アフリカレポート』35号、34-38頁。

栗本英世（2004）「難民キャンプという空間――ケニア・カクマにおけるトランスナショナリティの管理と囲い込み」『トランスナショナリティ研究――境界の再生産』大阪大学21世紀COEプログラム「インターフェイスの人文学」99-114頁。

栗本英世（2008）「教育に託した開発・発展への夢――内戦、離散とスーダンのパリ人」『ポスト・ユートピアの人類学』人文書院、45-69頁。

栗本英世（2011）「意図せざる食の経済」中嶋康博編『食の経済』ドメス出版、64-86頁。

栗本英世（2014）「深刻な南スーダン紛争 民族間で殺戮、遠のく国民和解」『エコノミスト』2月11日号、44-45頁。

栗本英世（2017）「難民を生み出すメカニズム――南スーダンの人道危機」人見泰弘編、駒井洋監修『難民問題と人権理念の危機――国民国家体制の矛盾』明石書店、62-81頁。

杉木明子（2007）「難民開発援助と難民のエンパワーメントに関する予備的考察――ウガンダの事例から」『神戸学院法学』37巻1号、31-77頁。

杉木明子（2012）「アフリカにおける難民保護と国際難民レジーム」川端正久・落合雄彦編『アフリカと世界』晃洋書房、359-384頁。

中村由輝（2013）「南スーダンにおける社会変容と学校教育の歴史的変遷」『アフリカ教育研究』4号、35-47頁。

Affolter, F. W. & Allaf, C. (2014) Displaced Sudanese voices on education, dignity, and humanitarian aid. *Refuge: Canada's Journal on Refugees,* 30(1), 5-14.

Aukot, E. (2003) "It is better to be a refugee than a Turkana in Kakuma": revising the relationship between hosts and refugees in Kenya. *Refuge: Canada's Journal on Refugees,* 21(3), 73-83.

El Jack, A. (2012) "Education is my mother and father": the "invisible" women of Sudan. *Refuge: Canada's Journal on Refugees,* 17(2), 19-29.

Horn, R. (2010) Exploring the impact of displacement and encampment on domestic violence in Kakuma refugee camp. *Journal of Refugee Studies,* 23(3), 354-376.

Horn, R. & Seelinger, K. T. (2013) *Safe Haven: Sheltering Displaced Persons from Sexual and Gender-based Violence.* UNHCR.

Jansen, B. J. (2015) 'Digging aid': the camp as an option in East and the Horn of Africa. *Journal of Refugee Studies,* 29(2), 149-165.

Kaiser, T. (2006) Between a camp and a hard place: rights, livelihoods and experiences of the local settlement system for long-term refugees in Uganda. *Journal of Modern African Studies,* 44(4), 597-621.

Kim, H., Moses, K. D., Jang, B. & Wils, A. (2011) Viewing the reconstruction of primary schooling in Southern Sudan through education data, 2006-2009. *Prospects,* 41(2), 283-300.

Kurimoto, E. (2009) Challenging identifications among the Pari refugees in Kakuma. In Sehlee, G. & Watson, E. E. (eds.), *Challenging Identification and Alliance in North-East Africa, Volume II: Sudan, Uganda, and the Ethiopia-Sudan Borderlands.* New York: Berghahn Books, pp.219-233.

Lutheran World Federation (LWF) (2015) *Rapid Assessment of Barriers to Education in Kakuma Refugee Camp: With a Focus on Access and Quality in Primary Education.* LWF Kenya-Djibouti Program.

Mareng, C. (2010) Analysis of the refugee children's education in the Kakuma refugee camp. *Educational Research and Reviews,* 5(6), 292-297.

Mendenhall, M., Dryden-Peterson, S., Bartlett, L., Ndirangu, C., Imonje, R., Gakunga, D., Gichuhi, L., Nyagah, G., Okoth, U. & Tangelder, M. (2015) Quality education for refugees in Kenya: pedagogy in urban Nairobi and Kakuma refugee camp settings. *Journal of Education in Emergency,* 1(1), 92-130.

Ohta, I. (2005) Multiple Socio-Economic Relationship Improvised between the Turkana and Refugees in Kakuma Area, Northern Kenya. In Ohta, I. & Gebre, Y. D. (eds.), *Displacement Risks in Africa: Refugees, Resettlers and Their Host Population.* Kyoto: Kyoto University Press, pp.315-337.

Oka, R. C. (2014) Coping with the refugee wait: the role of consumption, normalcy, and dignity in refugee lives at Kakuma refugee camp, Kenya. *American Anthropologist,* 116(1), 23-37.

Perouse de Montclos, M-A. & Kagwanja, P. M. (2000) Refugee camps or cities? The socio-economic dynamics of the Daddab and Kakuma camps in Northern Kenya. *Journal of Refugee Studies,* 13(2), 205-222.

Radio Tamazuj (2015) Kiir and Makuei Want 28 States in S. Sudan. October 2, 2015. Retrieved from [https://radiotamazuj.org/en/article/kiir-and-makuei-want-28-states-s-sudan.] (accessed on June 25, 2017)

Sanghi, A., Onder, H. & Vemuru, V. (2016) *"Yes" In My Background? The Economics of Refugees and Their Social Dynamics in Kakuma, Kenya.* Washington D. C.: World Bank Working Group.

Sommers, M. (2001) Peace Education and Refugee Youth. In Cipollone, B. D., & Talbot, C. (eds.), *Learning for a Future: Refugee Education in Developing Countries.* Geneva: UNHCR, pp.186-216.

Sommers, M. (2005) *Islands of Education: Schooling, Civil War and Southern Sudanese (1983-2004).* UNESCO/IIEP.

UNHCR (2016) Kakuma Camp Population (as of 31 Aug 2016). Retrieved from [https://reliefweb. int/sites/reliefweb.int/files/resources/KakumaCampPopulation_20160831%20%281%29.pdf] (accessed on June 25, 2017)

UNHCR (2017a) *Global Trends 2016.* Geneva: UNHCR.

UNHCR (2017b) Kenya: Registered Refugees and Asylum-Seekers (as of 31 October, 2017). Retrieved from [https://reliefweb.int/sites/reliefweb.int/files/resources/Infographics%20-%20 Refugees%20in%20Kenya%20October%202017.pdf] (accessed on June 25, 2017)

United Nations (1951) *Convention Relating to the Status of Refugees.* United Nations.

Wright, L-A. (2010) *The Case of Refugee Education in Kenya: An Analysis of Kakuma and Daddab.* Morrisville, NC: Lulu Press.

Wright, L-A. & Plasterer, R. (2010) Beyond basic education: exploring opportunities for higher learning in Kenyan refugee camps. *Refuge: Canada's Journal on Refugees,* 27(2), 42-56.

第Ⅱ部

障害のある
子どもの教育

第5章

スーダンの障害児教育における排除と包摂
──視覚障害者の経験をもとに

福地健太郎

はじめに

　2015 年 9 月に国連サミットで採択された持続可能な開発のための 2030 年アジェンダ（Sustainable Development Goals: SDGs）のゴール 4 では、「すべての人に包摂的かつ公正な質の高い教育を確保し、生涯学習の機会を促進する」ことが掲げられ、障害児の教育への包摂は 2015 年以降の教育アジェンダの関心事の一つとなっている。しかしながら、教育における包摂と排除は、包摂か排除といった二項対立的な概念ではなく、ある側面での教育における包摂が、他の側面での排除を引き起こすといった複雑な様相を呈している（Sayed 2002）。そこで、本章ではスーダンの視覚障害者の教育経験を事例として、教育のどの側面が視覚障害者の教育への包摂と排除を規定するかを明らかにする。

　スーダンはアラブ地域でもっとも高い障害者の人口比（4.8%）を有しており [1]（UNESCWA 2014）、視覚障害者は障害者人口の 30% を占めている。ここでは視覚障害者に焦点を当てて、スーダンの視覚障害者 10 名の協力を得て調査を実施した。

1. 障害児の教育への包摂と万人のための教育

1-1　インクルーシブ教育の国際的広がりと万人のための教育

(1) インクルーシブ教育の発展と万人のための教育アジェンダとの統合

　今日、すべての子どもを包摂するという意味で語られるインクルーシブ教育は、1960年代に欧米において障害児を分離して教育する制度への批判として登場した（Barnes et al. 1999）。1994年にはUNESCOとスペイン政府により「特別なニーズ教育に関する世界会議——アクセスと質」が開催され、特別なニーズ教育における原則、政策、実践に関するサラマンカ声明及び行動枠組みが採択された。ここでは多様な子どもたちのニーズに学校の中で応えつつ、差別と闘う態度を育てるといった方向性を持つインクルーシブ教育が提唱されることとなった。一方、1990年のジョムティエン会議以降取り組まれてきた万人のための教育（Education for All: EFA）において、2000年代前半から最後の10%の就学困難な子どもたちへの包摂が課題として議論されるようになった（黒田 2008）。この議論は "Inclusive and Equitable Quality Education and Lifelong Learning for All" として、2015年以降の教育の目標に取り込まれた。

(2) 規範的アプローチから分析的なアプローチへ

　かくして障害児を包摂する教育としてインクルーシブ教育は国際的なアジェンダとなったが、その理解はインクルーシブ教育を主張する者たちの政治的立場により多様である（Dyson 1999）。

　黒田（2008）は、EFAにおけるインクルーシブ教育の議論が、障害児も教育の権利を享受しなければならないという人権・政治的アプローチと、インクルーシブ教育が健常児と分離した教育よりも効果的であるとする教育・機能的アプローチの相克であると指摘している。これらの言説は、インクルーシブな教育とそうでない教育を想定し、人権として、あるいは有効性の観点からインクルーシブな教育がそうでない教育より望ましいという規範として

第5章　スーダンの障害児教育における排除と包摂　│　103

捉えている点は共通している。

　このような規範的な枠組みという性格の強いインクルーシブ教育であるが、実際の教育への排除と包摂は、より複雑な様相を呈している。例えば、倉石（2012）は日本の障害児が、義務教育の対象として位置づけられるという教育への包摂が、分離した場での教育という排除により成り立っていることを指摘し、包摂と排除が二項対立ではなく、入れ子のような構造になっていると論じている。Sayed（2002）は、途上国の教育においても、障害、貧困、人種、カースト等さまざまな要因が絡み合い、同じ教室に包摂されることで、教室の中で差別を受けるというように、別の側面で排除されると指摘している。

　このような複雑な包摂と排除の実態を解明するには、だれが、どのような場面でどのようにして排除、あるいは包摂されているかに注目する分析的なアプローチが必要である（ibid.）。

1-2　スーダンの視覚障害者の教育

　スーダンの教育システムは、就学前教育 2 年、初等教育 8 年、中等教育 3 年、その後の大学等高等教育から構成されている（Republic of the Sudan 2008）[2]。2008 年に実施されたセンサスのデータ（Republic of the Sudan 2012）から計算すると、都市部に居住する 6 歳から 13 歳までの視覚障害児の内、37.3％（男子 32.8％、女子 42.3％）は就学経験がなかった。スーダン国内には 4 校の盲学校が存在している[3]（写真 5-1、5-2）。盲学校以外の視覚障害児の就学先として

写真 5-1　ハルツーム市内にある盲学校のクラス

写真 5-2　「アコパス」を使って算数を学習する視覚障害児（日本では使用されていない器具）

は、通常学校の在籍、もしくはハルワと呼ばれる伝統的な宗教学校、あるいは完全に不就学ということになる。また、盲学校はいずれも初等教育の8年間のみの課程であるため、中等教育以降の視覚障害児は通常学校に在籍することとなる。

以上のような状況から視覚障害者の多くは教育の機会を得られていないものと考えられるが、2008年センサスでは、604名の全盲者、13,117名の弱視者が中等教育より上の教育を修了している（Republic of the Sudan 2012）。この設問の回答者の年齢が示されていないため正確な計算はできないものの、全盲者の人口が14,155名、弱視者の人口が14,008名とされているので（ibid.）、全盲者の4.2%、弱視者の9.4%が中等教育以上の学歴を保持していることになる。

このようなデータからは、視覚障害者が教育から単純に排除されているだけではないことが予想される。

2. 分析の視点としての潜在能力アプローチ

2-1 教育における包摂と排除を捉える潜在能力アプローチ

Reindal（2010）やTerzi（2005）は、インド出身の経済学者アマルティア・セン（Amartya Sen）が提唱した潜在能力アプローチの視点から教育への包摂と排除を捉えることを論じている。潜在能力アプローチの中心的概念は、個人が実現する価値があると考える状態または行為（例えば、尊敬される、教育を受ける等）である機能（functioning）と、個人が潜在的に選択できる機能の組み合わせ、つまり実現可能な機能の幅である潜在能力（capability）である（Sen 1999）。センによる同書は、断食をする者と飢餓に苦しむ者を例に説明する。つまり、どちらも栄養を取るという機能について、栄養を取っていない状況は同様であるが、前者は取ることを選ぶ自由があり、後者はその自由がないということである。

障害児の教育への包摂についていえば、Terzi（2005）は潜在能力アプロー

チにより、ある児童が学習するための追加的支援により、特別視されるという状況を、学習する自由（機能1）の実現と、特別視されない自由（機能2）の両方が選択可能かという視点で理解できると論じている。また、潜在能力アプローチから教育を捉える際には、文字を読めるようになるといった教育それ自体の内在的な（intrinsic）な機能と、教育によって達成される職を得るといった手段的な（instrumental）な機能という視点で捉えられる（Dreze & Sen 2002）。そこで本章では教育における機能、つまり読む、書く等の教育内部で達成される価値がある自由、及び教育により実現する価値があると考えられる機能が実現可能かという手段的な視点の二つのレベルで教育への包摂と排除を検討する。

2-2　障害者の主体性を捉える潜在能力アプローチ

　潜在能力アプローチを分析の視点とするもう一つの理由は、障害者の主体性を捉えるアプローチとされるからである（Burchardt 2004; 伊芸 2016）。障害を捉えるモデルとしては、個人の心身の欠損に障害の原因を求める個人モデル（医学モデル）と、これに対し個人の心身の機能不全である機能障害（impairment）と、機能障害のある個人を考慮しない環境により作り出される障害（disability）を分け、後者に障害の原因を帰属させる社会モデル[4]、また世界保健機関（WHO）により提唱され、個人要因と環境要因の相互作用で障害を捉える "International Classification of Functioning, Disability and Health (ICF)" モデル等がある（Stone & Priestly 1996）。潜在能力アプローチは、障害を個人の多様性の一部と捉え、潜在能力を剥奪された状態、すなわち個人が実現する価値があると考える行動や状態を実現する自由が制限された状態として理解する（Burchardt 2004; Dubois & Trani 2009; Mitra 2006）。この状態は、機能障害、年齢、性別等の個人的な要素及び社会的、文化的、経済的環境に加え利用可能な資源によって決定されることになる（Dubois & Trani 2009）。このように資源を考慮することで、個人が利用可能な資源を潜在能力に変換していく過程に着目できるのである（Mitra 2006）。

　さらに潜在能力の視点は、個人が価値のあると考える機能を決定すると

106

いう点で、障害を持つ個人の主体性を考慮することができる（Burchardt 2004）。また、Sen（1999）は、個人が実現する価値があると考える機能を、他人が実現するために行動するという主体性（agency）についても論じている。つまり、障害者個人が環境を変革するといった行動により、他の障害者の機能を実現する主体性も捉えることができるのである（伊芸 2016）。

このような潜在能力アプローチの視点は、障害者の教育経験を分析する有効な視点を提供するものである。例えば、英国で通常学校で学ぶ障害児の満足度を調査した研究（Woolfson et al. 2007）によれば、学校の物理的環境にはおおむね満足していたものの、支援の決定への参加には十分に満足しておらず、子どもたちが実現する価値があると考える参加という機能が制限されていると理解できる。

また、インドの障害者の教育経験を研究した Singal et al.（2009）は、家族が教育により雇用を得るという側面をもっとも重視していたのに対し、障害者は教育を受けたことによる社会的な繋がり、自尊心、基礎的な識字等も、雇用と同様に重要な意味のあることとして捉えていた。この結果は、潜在能力アプローチの視点からは、教育により社会的な繋がりや自尊心を得るという機能が実現されない状態は、雇用が達成されない状態と同様に、潜在能力の剥奪として理解できるのである。

3. 研究方法

3-1　研究デザイン

本研究は質的調査であり、参加者の教育経験を事例研究として、グループ、または個人での半構造化面接をスカイプで実施した[5]。表 5-1 のとおり、10 名の視覚障害者が参加し、内 3 名（参加者 4、5、10）が中心的な協力者となった。まず、前節の問題意識と議論をもとに、筆者が調査のテーマを提示し、参加者 4 と 5 からそのテーマ設定がスーダンの視覚障害者にとって意味のあるものか否かの意見を得た。その後、参加者 4 と 5 が中心となり参

加者を集めた。参加者5は、特にデータ収集において、グループ面接のスケジュール調整、面接、グループでの討議のファシリテーションと通訳を実施した。

表5-1 参加者のプロフィール

参加者	性別	年齢	教育歴・現職等
1	男	20歳代後半	盲学校で初等教育を受け、中等教育は通常学校で学ぶ。教養学部を卒業後、現在盲学校で教師をしている。
2	男	20歳代後半	盲学校で初等教育を受け、中等教育は通常学校で学ぶ。言語学部を卒業後、現在盲学校で教師をしている。
3	男	30歳代前半	盲学校で初等教育を受け、中等教育は通常学校で学ぶ。教養学部を卒業後、現在盲学校で教師をしている。
4	男	50歳代後半	教育を受けてから失明したため教育経験の面接には参加していない。盲学校の教師として研究のテーマ設定、参加者の決定に協力。
5	男	30歳代前半	経済学で修士号を取得。日本のNGOで現在勤務。テーマ、質問項目の設定から、面接の実施と分析に至るまで協力。
6	女	30歳代前半	5年生で失明した後、2年間盲学校で学ぶ。その後通常学校に入り直し、大学では宗教学部を卒業。現在職を得ているが詳細は不明。
7	女	20歳代前半	盲学校で初等教育を受け、中学校から通常学校で学ぶ。教養学部を卒業し、現在職を得ているが詳細は不明。
8	女	30歳代後半	初等・中等教育はスーダン国外の盲学校で教育を受けたが、大学で帰国。現在はスーダンの盲学校で勤務。
9	女	30歳代後半	盲学校で初等教育を受け、中等教育は通常学校で学ぶ。大学を卒業後、現在は盲学校で勤務。
10	男	30歳代後半	初等教育から通常学校で学び、現在はスーダン国外の高等教育機関に在籍。最初の分析へのフィードバック等に協力。

3-2 リサーチクエスチョン

スーダンの視覚障害者はどのような教育の場面において、包摂と排除を経験しているか、というのが問題の所在である。

教育における排除と包摂を、潜在能力の制限と実現と捉える前節の分析の視点を踏まえ、上記のテーマから以下三つのリサーチクエスチョンを設定し

た。

① スーダンの視覚障害者が教育において実現する価値があると考える機能は何か。

② スーダンの視覚障害者が教育により実現する価値があると考える機能は何か。

③ スーダンの視覚障害者はどのようにそれらの機能を制限され、または実現しているのか。

これらのリサーチクエスチョンから質問項目を設定した。質問項目は参加者4と5で吟味、検討した後、参加者5と筆者がグループ面接の参加者の反応を見ながら調整した。

3-3　分析

グループ面接と個人面接の結果を記述した後、各コメントで表されるテーマによりコーディングを行った。そのコーディングをもとに、教育の内在的な包摂と排除か、あるいは教育の外部的な包摂と排除かによって分類した。

さらにそれぞれの参加者が、キーワードによって表されたテーマについてどのように語っているかを見直した。一度目の分析については、参加者4、5、10と議論を行い、得られた示唆をもとにそれぞれの語りを見直した。

3-4　研究の限界

本調査は、参加者の意見から、教育における排除と包摂を検討するという目的で、可能な限り参加者の関与を得ることを心掛けた。しかし、時間的制約、現地への渡航の難しさ等から筆者が主導する調査になったことは否めない。また、農村部の視覚障害者や、大学まで到達せずにドロップアウトした者の経験は含まれていないため、スーダン都市部に限った視覚障害者の事例研究である。

最後に、潜在能力アプローチにおいては、性別、経済的状況、機能障害等の個人の特性は、潜在能力を決定する要因であるが（Dubois & Trani 2009）、

第5章　スーダンの障害児教育における排除と包摂　　109

スーダンの文脈において経済的状況や機能障害の詳細等、質問しにくい項目も多く、十分に考察するだけの情報は得られなかった。そのため潜在能力アプローチの視点を十分に活用した分析では必ずしもない。

4. 分析結果——参加者たちの語りから

　以下では、教育の内在的な側面と手段的な側面に分けて分析結果を記述する。参加者の発言の引用について、盲学校に対応して通常学校の代わりに参加者たちは "sighted school"（晴眼者の学校）という言葉を用いて、通常と特別という分類を拒否していることには注意が必要である。

4-1　教育の内在的側面での包摂と排除

（1）読む自由

　まず、すべての参加者が黒板や教科書を読むという機能を実現する自由を挙げている。スーダンにおいては、点字の教科書は公的には配布されないため、教科書を自由に読むことは、通常の学校、特に高等教育において重要である。

　例えば、参加者5は次のように語っている。

　教育が自分にとって閉ざされていると感じるのは、ほんとうにいつものことだけれども、何かを読みたいと思った時に、だれかに読んでもらわないといけないと気づかされることです。これは最悪の瞬間です。だれかが親切に読むことを申し出てくれた時だけ自由に読めるのです。

　また、参加者1、2、3は、盲学校においてかつては点字の本があったため読むことができたが、今の盲学校には点字の教科書が不足しているので読むことができないと指摘していた。

　黒板を読む自由についてもすべての参加者が触れていた。興味深いのは、

読む自由の制限は教科によって異なり、図形等視覚情報に頼る教科ほど制限が大きいことである。

　参加者らは、それでも友人、教師、家族からの支援により、読むということを達成していたが、それは友人たちとの関係性、読む側の時間的制約、読まなければならない本の量、教師の理解によって決められていた。参加者6は、「友人たちは教科書を読んでくれましたが、自分たちの勉強があるので、試験前は読んでもらえませんでした」と話していた。また、参加者7は、「姉妹や母親が読んでくれましたが、仕事があるので、試験前の時期にしか読んでもらえませんでした」と語っている。

　このように読むことを実現するためには、周りに依存する必要があり、試験や学科の勉強のために読むものを優先し、学びの幅を狭めざるを得ない状況にあった。

　参加者10は、「入試に必要な科目以外の教科書は読んでもらうのをあきらめなければなりませんでした。小説や新聞が読めたらもっと幅広い知識を得られたと思います」と述べている。また参加者5は、自らよりも勉強が苦手な友人たちの方が読んでくれたという。「私よりも低い点数を取った仲間は、僕が勉強を教える代わりに読んでくれました。同じような成績の仲間は、競争で不利になるので、なかなか読んでくれませんでした」と話した。

　最後に重要なのは教師の理解であった。参加者9は、以下のような経験を語っている。

　　フランス語の授業で、写真に何が映っているかを聞かれて、分からないままに女の子と答えました。正解は男の子で、先生は怒りましたが、私が良く見えないと分かると助けてくれるようになりました。

　読むという機能の実現にテクノロジーも活用されていた。参加者5はその様子について、「音声パソコンでデータの本が読めた瞬間、すべてが自分の手の中にあるように感じました」と話している。

第5章　スーダンの障害児教育における排除と包摂　　111

写真 5-3　ハルツーム市内の道路（車道と歩道の区別がない）　　写真 5-4　困難を伴うハルツーム大学内での移動

(2) 移動の自由

もう一つ実現する価値があるとされたのは移動する自由である。

歩道と車道の境目がはっきりせず、交通ルールも守られていないような状況の道が多いスーダンにおいて、移動の安全性は深刻な問題である（写真5-3）。盲学校では送迎用のバスを出していたものの、そのバスはしばしば故障するうえに、すべての生徒の家をカバーしている訳ではなかった（参加者1）。参加者7は家族の支援について、「きょうだいたちは私をバスが止まる地点まで連れていかなければなりませんでした。盲学校はとても遠かったので、時に私は羊を運ぶ大きな車に乗せられて登校することもありました」と語っている。移動の自由を得るために、歩行の訓練を受けることも有効であり、参加者2は「単独での歩行の技術習得は、盲学校での価値ある学びの一つです」と述べている。

通常の学校に通う際も、学校の近くに住んでいた参加者5と10以外は、移動の自由の制限について触れており、きょうだいや親の支援を得ていた。特にハルツーム大学はキャンパスも広いため、学内での移動も友人に頼る必要があった（写真5-4）[6]。

(3) 友人との互恵的な関係性

以上のように、読む、移動するといった自由を得るためには友人からの支援が必要であるが、この支援を得るためには互恵的な関係性を構築することが示唆された。

参加者5は、このことを以下のように説明する。

私が大学レベルまでの教育を達成できたのは、友人たちとの繋がりとコミュニケーションのためであることは明らかです。もし視覚障害のある子がそのような友人たちと関係を作れなければ、中学校も卒業できないと思います。

　強調すべきはこの関係性が互恵的なものでなければならないということである。参加者らは、視覚障害者の側からも、本質的に社会的な相互作用として、勉強を教える、周りを楽しませるといった何らかの貢献をしなければならなかったと述べている。
　参加者10は、この点について多様な手法を駆使していたことを語っている。

　私はとても戦略的でした。しばしば友人たちが本を読むために何に満足するかを考えていました。単に感謝されれば良いという人もいましたし、成績がちょっと良い人と一緒にいることに喜びを感じる人もいました。私の家で食事をとることを期待している友人もいました。

　関係性が互恵的でない場合、友人たちからの支援は自尊心を傷つけることも参加者9の語りに表れていた。

　友達や先生は私を助けてくれましたが、それはかわいそうだという思いからの親切でした。このような時、私は役に立たない存在だと感じ、障害者にされている（being disabled）と感じました。

（4）自尊心
　自尊心はそれ自体が重要な機能として Sen（1999）が述べるように、すべての参加者は自尊心を実現する自由が教育において重要であることを語っていた。
　多様な要因が自尊心を規定していたが、共通して挙げられたのは、通常の学校や盲学校で良い成績を取ることや高等教育機関への進学といった成功体

験とそれを周りの友人に認められる経験である。すべての参加者がこのような成功体験を教育が包摂的だと感じた瞬間として語っている。

　他の視覚障害者の成功を知ることも、視覚障害者である自らの自尊心に繋がっていた。2名の参加者が盲学校では先輩の視覚障害者の成功を知ることができ、自信がついた点に触れていた。参加者6は、「盲学校に入る前、私はスーダンで唯一見えない人かと思っていました。でも盲学校に入って視覚障害者も成功できることが分かり幸せを感じました」と述べている。

(5) 家族の支え

　グループ面接で得られた語りを筆者が分析し、その結果について参加者5、10と議論したところ、家族の支えが参加者たちの語りの中で表れていることがわかった。具体的には、教育の機会を得ること、また子どもの自尊心を育て、周りとの関係性を構築することが重要である。参加者6の経験は、家族の支えが実質的に教育を受けるため、また精神的な支えとして重要なことを表している。「5年生で視力を失ってから、私は落ち込み、学校に行くのを止めました。そんな時に父はテープレコーダを買ってきて、学校を続けるように励ましてくれました」と語っている。

　また家族の支えは、視覚障害児が自尊心を育て、周りとの関係を築くという、先に挙げた重要な機能の実現に寄与していた。

　参加者5は、このことを次のように説明している。

　　視覚障害のある子どもは、両親がなんだかんだ言って障害について悲しんでいることを感じて、それをプレッシャーに思っています。また、両親が期待していないことも感じ取ります。家族は近所からも視覚障害児を外に出さないようにというプレッシャーを受けています。こういったプレッシャーは、視覚障害児が自尊心を育むのを阻みます。そして自尊心が持てないと、学校に行ったとき、周りと良い関係を作ることができないのです。

　この点は他の4名の参加者も触れ、視覚障害児に対してはけがをしないよう外出させないなど近隣の人びとからの圧力もあるが、小さいときに近隣の

「社会」で遊ばせることが大事であるとの考えを述べていた。

4-2 教育により実現される機能

（1）社会における関係性と周囲に認められること

教育により実現される価値のある機能として、社会との関係性の中で生きる自由と周囲から認められることについてすべての参加者が触れていた。教育は多様な側面からこの実現に寄与するものである。

まず、学校という場での経験そのものが重要である。参加者9は「晴眼者の学校では大変なこともたくさんありますが、そういった経験は視覚障害児を強くし、周囲と良い関係を作るための学びとなります」と考えを語っている。

盲学校での学びも、周囲との関係性を作るという機能の実現に寄与していた。参加者7は「晴眼者の学校に入った時、盲学校で見えていても、見えていなくても平等だということを学んでいたので、周りから排除されているとは感じませんでした」と話している。

さらに、知人や家族との語らいが重要な位置を占めるスーダンの文化において、特に高等教育で得られる知識は視覚障害者がこの社会的な場に参加し、周囲に認められることに一役買っていた。大学で経済学を学んだ参加者5は、「友人たちは僕が政治や経済について良い視点を持っていると言って、尊敬してくれています」というように説明している。高等教育を修了したという事実もまた、すべての参加者が周囲から認められていると感じる大きな理由となっていた。

もう一つ参加者たちが周囲から認められるために挙げていたのは、職業を得ることであった。参加者7は冗談交じりに、「教育を受けて良かったと感じたのは、最初の給料を受け取った時です」と述べていた。

（2）自由を達成するエージェンシー

最後に教育により実現されるべき機能として、視覚障害者が環境を変える主体となることが参加者により提起された。参加者6は、「視覚障害のある子どもたちには教育が必要です。教育により忍耐強さ、自尊心、強い心、問題を乗り越える強い意志、周囲との関係性を作る力を学びます」と述べてい

第5章　スーダンの障害児教育における排除と包摂　**115**

る。また、参加者5は、視覚障害者が教育を通じて、周囲が障害をどのように
みているかを理解し、また理解されない状況に置かれたときに落ち着いて
対処し、周囲の見方を変えていく強さを学ぶことが重要だと話していた。

このような語りが示す周囲に働きかける力は、社会に広がる規範を批判的
に認識し、積極的に変革するエージェンシー（Dreze & Sen 2002）である。それ
ゆえに社会での自由を実現する、つまり社会への包摂を実現する教育には視
覚障害児のエージェンシーを育てることが期待されていると考えられる。

5. 考察——参加者の経験から見えてくる教育への包摂と排除

前節の分析結果は、以下の4点において示唆的である。

第1にスーダンの視覚障害者の視点から、教育においてどのような機能が
実現される価値があるかが明らかになった。教育に内在的な機能としては読
むこと、学校へまたは学校内での移動、互恵的な関係性、そして自尊心が実
現されることである。また教育により達成される機能、つまり社会への包摂
という意味においては、社会との関係性を築くこと、職業等により周囲から
認められること、そして視覚障害者自身が困難を解決するために周囲に働き
かけるエージェンシーを育てることが教育に期待されていた。

これらの機能の実現は、道路状況や交通手段、本を読むためのテクノロ
ジー、周囲の態度といった環境要因、自尊心、歩行の技術、社会的スキルな
どの個人的要因、そして家族や友人からの支援などの資源によって決定され
ていた。

第2に上記の機能は通常学校、盲学校のいずれにおいても、実現されるこ
とも、制限されることもあった。例えば、読むという機能は、盲学校におい
て点字で実現されることもあれば、通常の学校で友人たちに読んでもらうこ
とで実現されることもあった。

また、盲学校では視覚障害者の成功体験から視覚障害者としての自らに自
信を持つことができたという経験もあれば、通常学校で晴眼の生徒と生活し
たことによる自尊心も語られていた。同じ通常学校であっても、友人たちか

ら支援を得ても、それが互恵的な関係という側面での包摂を伴わなければ、自尊心を持つという自由が制限されていた。これは Sayed（2002）が指摘するように、教育における包摂と排除が複雑であり、どの側面で排除され、包摂されているかを分析的に捉える必要があることを示している。

　第3に参加者たちは実現する価値があると考える機能を得るために、利用可能な資源を利用して積極的に環境に働きかけていることが明らかになった。興味深いのは、意識的・無意識的に、重要である機能の実現にかかるコストを考慮して、戦略的な働きかけを行っていることである。ここでいうコストとは、金銭的なものに限らず、Heath（1976）が交換理論として論じるような、社会関係において交換できる諸価値、つまり敬意、時間、そして援助等である。Mitra（2006）は環境要因と個人要因及び機能を実現するための資源から、実現される潜在能力として障害を捉えることを論じている。ここでいうコストとは、ある機能を実現するために利用する資源の大きさと捉えることもできる。

　例えば、参加者たちは読んでもらう代わりに勉強を教えたり、家での食事を食べさせる等の価値の交換を行うことで、互恵的な関係を作っていた。またこの互恵的な関係が崩れ一方的な支援になると、自尊心を傷つけられるという参加者の発言は、交換理論において期待される価値の交換がなされなければ、不平等な力関係に置かれるか、価値のやり取り自体が行われなくなるというヒースの理論からも理解できることである。

　さらに受験勉強に必要な教科書を読んでもらうために、その他の本や新聞を読んでもらうことはあきらめなければならなかったという発言からは、ある機能を実現するためのコストにより、他の機能の実現が制限される場合があることも分かる。

　一方で、Mitra（2006）が指摘するように、実現されたある機能自体が、他の機能を実現する資源ともなっていた。例えば、家族の支援について語られた発言では、家族によって自尊心を育てられた子どもは、周囲との関係性を築くことが参加者5によって指摘されていた。この友人との関係性は、読む、移動するといった機能の実現の資源となるものである。

　この視点は、ある側面での教育への包摂により、他のある側面から排除さ

第5章　スーダンの障害児教育における排除と包摂　117

れるというサイードの指摘と対をなして、ある側面での包摂は、一方で他の
ある側面の包摂も促すことも示唆している。この示唆からは、複雑な教育へ
の包摂と排除を考える際、読む自由や移動の自由といった基礎的な機能を実
現するコストを下げることで、視覚障害者の教育での潜在能力を広げるとい
う可能性が考えられる。例えば、視覚障害の子どもたちが受験に必要な基礎
的な教科書だけでも自力で読むことができるとすれば、これまで教科書を読
んでいた友人に新聞や他の書籍を読んでもらうことができるということであ
る。

　第4に参加者たちからは教育によって視覚障害者自身が主体的に社会に参
加し、周囲の見方を変えていく主体となることが期待されていた。

　Singal et al.（2009）によるインドの障害のある若者の研究では、教育の意義
として、社会的繋がり、基礎的な識字、自尊心が挙げられていたが、これら
に加えてスーダンの参加者からは上記の点が提示された。これは障害者が単
に教育に包摂されるべき対象ではなく、障害者自身が教育を包摂的なものに
変革するエージェンシーとして、インクルーシブ教育を捉えなおす契機とな
る可能性を秘めているのではないだろうか。

おわりに

　本章ではスーダンの視覚障害者の語りから、包摂と排除の発生する教育の
側面を明らかにすることを通して、複雑な教育への包摂と排除が起こる一端
を検討した。

　参加者の語りから明らかになった本や黒板を読むこと、通学等の移動、友
人との互恵的な関係や自尊心といった場面での包摂は、盲学校・通常学校
というよりも、点字の本があるか、友人、教師との関係性等の環境、実質的、
精神的な家族の支援等の資源によって決定されていた。そして、参加者らは
それぞれの資源と主体性により、環境に働きかけて、価値のあると考える機
能を実現しようとしていた。機能を実現するためにかかるコスト、人間関係
のなかでやりとりされる価値を広く含んだコストは、そういった行動を読み
解くカギとなる。このコストゆえに、例えば試験勉強のための支援を得るの

にコストをかけると、他の本を読んでもらうのをあきらめなければならないということが起きていた。

　一方で、友人との互恵的な関係を作ることが自尊心を得ることに繋がる等、ある機能の実現により、他の機能が実現されることもわかった。これはある側面での包摂が、他の側面での包摂を促すということを示唆している。さらに、視覚障害者が単に教育に包摂されるべき対象ではなく、自ら周囲に働きかけ、教育、社会に参加する主体であることが明らかになった。

　以上のような議論から若干の実践的な含意を引き出すとすれば、第一に点字や音声での教科書配布や学校周辺の道路整備により、読むこと、移動すること等の基礎的な機能の実現にかかるコストを引き下げることである。これにより友人や家族に得られる支援の幅も広がり、また友人への支援の依存度が低下することで互恵的な関係性も作りやすくなるのではないだろうか。第二に、家族や教師の意識啓発により、視覚障害者が特に家族から精神的な支援を得られやすくすることが考えられる。最後に、包摂されるべき教育の側面を決定する上で障害当事者の経験を取り入れること、また教師や家族の意識の啓発に障害当事者が参加する等、障害者が教育への包摂を促進する担い手であると捉える働きかけも必要であろう。

　本調査では参加者個々人の経済的状況や機能障害も含めた詳細な分析や農村部に居住する視覚障害者の経験は分析できなかった。今後の研究により、途上国の障害者の生活経験から複雑な教育における包摂と排除の実態が明らかになることを期待したい。

[注]
(1) 障害者の統計は、障害の定義が国ごとに異なるため比較が困難であるが、次いで高いイエメンの1.9％の人口比からも他の国よりも障害者の率が高いことが推定される。
(2) 中等教育は普通課程及び職業訓練課程に分かれている。
(3) 1校は連邦政府の盲学校で、残りは州レベルの学校である。
(4) 社会モデルは、それまで個人の問題としてきた障害を社会の問題として捉えなおしたが、社会の側に焦点を当てることにより、個人が機能障害を持つ心身に対して感じる感情や環境に働きかける個々人の経験を見落としがちであるという批判もある（Stone

& Priestley 1996)。

(5) 当初筆者は個人面接を提案したが、参加者 4、5 の間でグループ面接がよりリラックスした雰囲気で実施可能との意見があったため、グループ面接に変更した。

(6) ハルツーム大学には自助グループである障害を持つ卒業生の会（写真 5-4 の右手にある建物）があり、50 名前後の視覚障害者が在籍している。視覚障害者にとって、広大な構内の移動には困難が伴う。

［参考文献］

伊芸研吾（2016）「障害とは何か――ケイパビリティアプローチの視点から」『開発文献レビュー』6 号、JICA 研究所。

倉石一郎（2012）「包摂／排除論からよみとく日本のマイノリティ教育――在日朝鮮人教育・障害児教育・同和教育をめぐって」稲垣恭子編『教育における包摂と排除――もうひとつの若者論』明石書店、101-136 頁。

黒田一雄（2008）「障害児と EFA ――インクルーシブ教育の課題と可能性」小川啓一・北村友人・西村幹子編『国際教育開発の再検討――途上国の基礎教育普及に向けて』東信堂、214-228 頁。

Barnes, C., Mercer, G. & Shakespeare, T. (1999) *Exploring Disability: A Sociological Introduction.* Cambridge: Polity Press.

Burchardt, T. (2004) Capabilities and disability: the capabilities framework and the social model of disability. *Disability and Society,* 19 (7), 735-751.

Dreze, J. & Sen, A. K. (2002) *India: Development and participation.* New York: Oxford University Press.

Dubois, J.L. & Trani, J.F. (2009) Extending the capability paradigm to address the complexity of disability. *ALTER: European Journal of Disability Research,* 3 (3), 192-218.

Dyson, A. (1999) Inclusion and inclusions: theories and discourses in inclusive education. In H. Daniels & P. Garner (eds.), *Inclusive Education.* London: Kogan Page, pp.36-53.

Heath, A. (1976) *Rational Choice and Social Exchange: A critique of exchange theory.* London: Cambridge University Press.

Mitra, S. (2006) The capability approach and disability. *Journal of Disability Policy Studies,* 16 (4), 236-247.

Reindal, S.M. (2010) What is the purpose? Reflections on inclusion and special education from a capability perspective. *European Journal of Special Needs Education,* 25(1), 1-12.

Republic of the Sudan (2008) *Baseline Survey on Basic Education in the Northern States.* Khartoum: Federal Ministry of General Education.

Republic of the Sudan (2012) *The Fifth Population Census Data for the Year 2008.* Khartoum: Sudan Central Bureau of Statistics.

Sayed, Y. (2002) *Exclusion and Inclusion in the South with Reference to Education: A Review of the*

Literature. Sussex: Centre for International Education.

Sen, A. (1999) *Development as Freedom.* New York: Oxford University Press.

Singal, N., Jeffery, R., Jain, A. & Sood, N. (2009) "With education you can do anything; without education there's nothing you can do." Outcomes of schooling for young people with disabilities. *Research Consortium on Educational Outcomes and Poverty (RECOUP)* Working Paper, 24. Cambridge: Centre for Education and International Development, University of Cambridge.

Stone, E. & Priestley, M. (1996) Parasites, pawns and partners: disability research and the role of non-disabled researchers. *British Journal of Sociology,* 47 (4), 669-716.

Terzi, L. (2005) A capability perspective on impairment, disability and special needs towards social justice in education. *Theory and Research in Education,* 3 (2), 197-223.

United Nations Economic and Social Commission of Western Asia (UNESCWA) (2014) D*isability in the Arab Region: An Overview.* Beirut: UNESCWA.

Woolfson, R.C., Harker, M., Lowe, D., Sheilds, M. & Mackintosh, H. (2007) Consulting with children and young people who have disabilities: views of accessibility to education. *British Journal of Special Education,* 34 (1), 40-49.

第6章

エチオピア・アディスアベバ市における「インクルーシブ教育」政策と実態
——関係当事者の認識から探るインクルーシブ教育の検討

利根川佳子

はじめに

　近年、国際的にインクルーシブ教育が注目を集め、多くの開発途上国においてもインクルーシブ教育が導入されている（例えば、川口 2014; Dyson 1999; Polat 2011）。インクルーシブ教育は、1994 年に開催された「特別なニーズ教育に関する世界会議（World Conference on Special Needs Education）」において採択された「サラマンカ宣言」によって提唱された（UNESCO 1994）。同宣言の第2条では、「すべての子どもは、教育を受ける基本的権利を持ち、各々が持つ特別な教育ニーズに考慮された教育の機会が通常学校で与えられなければならない」というインクルーシブ教育の基本的な考え方が示されている（ibid. p.viii）。さらに、2006 年に国連総会で採択された「障害者の権利に関する条約」の第 24 条において、インクルーシブ教育の保障が明示され（外務省2016）、インクルーシブ教育の実施とその重要性が国際的に合意された。また、「持続可能な開発目標」の第 4 の目標として、「すべての人にインクルーシブかつ公正な質の高い教育を確保し生涯学習の機会を促進する」ことが 2015年に国連総会で採択されたこともインクルーシブ教育の広がりを後押ししている（ユネスコ 2017、36 頁）。

　東アフリカに位置するエチオピアも、インクルーシブ教育を導入している

国の一つである。2006 年に「特別なニーズ教育プログラム戦略（Special Needs Education Strategy）」を策定し、これがインクルーシブ教育の積極的な導入につながった（MoE 2006）。しかしながら、近年、初等教育（1 〜 8 年）において就学率が急速に上昇し、純就学率は 2015 年には 96.9％に達している一方で、障害児を含む、特別なニーズのある子ども（children with special needs）の初等教育総就学率は、2015 年の時点でわずか 4.4％であるという報告がある（World Bank 2016; NPC 2016）。

1. インクルーシブ教育の国際的な議論

　インクルーシブ教育の定義については数多くの議論があるが、例えば Lipsky & Gartner（1999 = 2006、61 頁）によれば、「インクルーシブ教育は、通常の児童と特別なニーズのある児童の両方に対して教育の利益を与える一元的制度」であり、「すべての子どもたちに高い質の教育を与える制度」であるという。黒田（2008）は、インクルーシブ教育とは「包摂的」であり、障害児を含むすべての子どもの教育ニーズに応じた児童中心の教育を示すとしている。また、Polat（2011）は、インクルーシブ教育とは、学校、さらには学校を超えて、価値観や態度、政策や実践に変化を与えるプロセスであるという。つまり、インクルーシブ教育とは、すべての子どもが同じ学級で教育を受けるという「インクルーシブ学級」の環境を単純に提供することではなく、各々の教育ニーズに配慮した、児童中心の質の高い教育の実施であり、そのようなインクルーシブ教育は社会にも変革をもたらすと解釈できる。

　「インクルーシブ教育」といっても、その明確な条件や、すべての国や環境に適用できる単一のモデルもしくはアプローチが存在するわけではなく、インクルーシブ教育の解釈及び適用方法はその国々によってさまざまな状況にある（Dyson 1999; Lipsky & Gartner 1999）。障害児に対する教育制度の実施形態は、大きく以下の 3 つに分類される。①すべての子どもが通常学級で学ぶことを主流とする一元（one track）方式のいわゆるインクルーシブ教育、②通常学校と障害児を専門的に受け入れる特別学校で完全に教育を区分する二

元（two track）方式、③部分的に一元方式や二元方式を取り入れる多元（multi track）方式がある[1]（落合・島田 2016）。多元方式は、より多様かつ広範であり、特別学校／学級がある中で通常学級においても障害児を受け入れる教育体制等が含まれる。実際には、多くの国は多元方式であるが、多元方式でも一元方式寄り、もしくは二元方式寄りであるかが議論の一つとなる。

　例えば、イタリアは、障害児のほとんどが通常学校で学ぶ一元方式を実践し、インクルーシブ教育の最も発展した国の一つとして国際的に認識されている（落合・島田 2016; 萩原 2011）。日本の場合は、二元方式に近い多元方式であるといえるだろう。サラマンカ宣言や障害者の権利に関する条約で提唱されたインクルーシブ教育は、一元方式を原則としていると考えられる（落合・島田 2016）。しかしながら、完全なる一元方式によるインクルーシブ教育は、先進国においても受容、実施されているとは限らないのが現状である。障害児を含むすべての子どもが、どの程度各々の教育のニーズを考慮された体制で、どの程度通常学級で教育を受けているのかという点は、その国々によって異なる。

　一元方式のインクルーシブ教育が推進される中で、特別学校／学級の重要性についても多く議論されてきた。例えば、Warnock（2010=2012、41 頁）は、インクルーシブ教育といっても、「重要なのは、すべての子どもが共通の教育計画の中にインクルードされていることであり、ひとつ屋根の下にインクルードされるということではない」と指摘し、特別学校／学級の重要性を主張している。また、2005 年に世界ろう連盟、世界盲人連合、世界盲ろう者連盟が「ろう、盲、盲ろう者のためのインクルーシブ教育に関する声明」を出し、その中ではインクルーシブ教育を支持するとしながらも、「地域の学校にすべての子どもをインクルージョンするという名目で、教育の場を選択する権利をなきものにしようとしている」と訴え、障害児を通常学校／学級に吸収させることに対して懸念を示している（全日本ろうあ連盟　2005; 西澤 2015）。点字や手話、歩行訓練を専門的に学ぶことができ、同じ障害のあるロールモデルに出会うことができる特別学校／学級の重要性と、教育を選択できる権利を訴えている。2016 年にも世界ろう連盟は同様の主張を継続している[2]（WFD 2016）。このように、教育を選択できる権利の議論も含め、

障害児に対する教育制度については、インクルーシブ教育に対する批判的な意見もあり、国際的に統一的な考え方や実施方法があるわけではなく、現在も議論が継続されている。

　前述したように、多くの開発途上国も、国際的な潮流に沿って、政策としてインクルーシブ教育を導入している（川口 2014; Polat 2011）。開発途上国でのインクルーシブ教育の実施状況について、川口（2014）は教育の供給側（教員養成、学校の設備、運営等）の脆弱性を挙げ、その結果、インクルーシブ教育ではなく、「統合教育」に陥っている可能性を示している。統合教育とは、障害児等の教育を受ける側が通常学級へ適合するのに対し、インクルーシブ教育は「教師や学校の方が子どものニーズに対応」するという主体の違いがある（川口・黒田 2013、62頁）。さらに、林（2016、204頁）は、多くの途上国において「学習が無いインクルーシブ教育」が行われているという。学習が無いインクルーシブ教育とは、「障害児が学校へアクセスできている状況ではあるが」、実際にはカリキュラムや教科書が障害児の教育ニーズに適しておらず、「実質的に子どもたちが学習できていない状況」のことを指す。具体的には、マラウイにおいて、特別学級が拡大しているという事例や、カンボジアにおいて、障害児は通常学級と特別学級両方の授業を受けることができるという事例もあり、開発途上国においてもインクルーシブ教育の内容、実施状況は国によって多様である上、多くの課題が提示されている（川口・黒田 2013; 林 2016）。

2.　研究の目的と方法

2-1　研究の目的とリサーチクエスチョン

　本章では、前述した国際的に広まっているインクルーシブ教育とそれに関する議論を踏まえ、特に障害児に対する教育に焦点を当て、首都アディスアベバ市を事例に、エチオピアにおけるインクルーシブ教育の状況を明らかにすることを目的とする。Lipsky & Gartner（1999）は、インクルーシブ教育の

実現のためには、教育に関わる関係当事者すべてがインクルーシブ教育の哲学と実践を受け入れている状況が重要であることを指摘しており、本研究においても、教員及び障害児の保護者によるインクルーシブ教育に対する認識という観点を重視した。

エチオピアのインクルーシブ教育研究に関しては、例えば Teferra（2005）は、エチオピアにおける特別教育の政策面を分析しているが、フィールド調査に基づいたインクルーシブ教育の研究は、まだ多くない。また、エチオピアにおいて、これまでに教員及び障害児の保護者という関係当事者のインクルーシブ教育に対する認識に焦点をおいた研究は不足しており、本研究はエチオピアのインクルーシブ教育研究に貢献できると考えられる。

2-2　調査手法

本研究は、2017 年 2 月と 3 月に実施した現地調査における関係者へのインタビュー、授業観察、及び政策文書の分析に基づいており、5 校の公立小学校を対象としたケーススタディである。エチオピアにおいてインクルーシブ教育政策が最も反映されている学校を調査するため、インクルーシブ教育を志向している公立小学校として、アディスアベバ市教育局の特別ニーズ教育担当官により認識されている学校を選定した。5 校の内、3 校（A 校、B 校、C 校）については、校長または副校長計 3 名、教員計 22 名、障害児の保護者計 34 名、巡回教員計 2 名に対して半構造化インタビュー、授業観察を実施した。2 校（D 校、E 校）においては、校長または副校長に対して同様の調査を行った。対象校の概要と対象校に在籍する障害児の障害の種類は表 6-1 及び 6-2 のとおりである。

表6-1 調査対象校の概要

学校名	全学級数	「インクルーシブ学級」*数	特別学級数	全児童数	全障害児数	非障害児数	「インクルーシブ学級」*に在籍する障害児数	非障害児に対して「インクルーシブ学級」*に在籍する障害児の割合
A校	29	17	4	1,319	93	1,226	37	3.0%
B校	17	8	0	988	20	968	20	2.1%
C校	32	17	0	1,576	139	1,437	139	9.7%
D校	14	8	5	206	170	36	75	208.3%**
E校	30	11	1	618	65	553	62	11.2%

(注) ＊障害児及び非障害児が在籍するという狭義の意味での「インクルーシブ学級」。
　　＊＊D校は旧特別学校であるため、児童の多くが障害児であり、非障害児が少数派である。
(出所) 筆者作成

表6-2 調査対象校に在籍する障害児数と障害の種類

学校名	聴覚	視覚	肢体	知的	重複	その他*	計
A校	0	14	1	62	5	21	103
B校	6	7	2	3	2	0	20
C校	14	28	9	4	0	84	139
D校	68	0	0	65	0	37	170
E校	29	29	5	2	0	0	65

(注) ＊その他には、発達障害、学習障害等が含まれる。
(出所) 筆者作成

3. エチオピアにおける「インクルーシブ教育」

3-1 「インクルーシブ教育」政策

　本節では、エチオピアにおけるインクルーシブ教育にかかわる政策を概観する。現在の連邦共和制政権での最初の教育政策である「国家教育訓練政策 (Education and Training Policy: ETP)」においては特別教育 (special education) について言及されている [3] (Federal Democratic Republic Government of Ethiopia 1994)。ETP に基づいて数年間の計画をまとめた教育セクター開発プログラム (Education Sector Development Plan: ESDP) の ESDP III (2005/06-2010/11) 及び 2006 年の「特

別なニーズ教育プログラム戦略」の策定以降、国際的な動きも影響し、インクルーシブ教育への関心が高まり、実施計画にインクルーシブ教育が盛り込まれた（MoE 2003; 2006）。

ESDP IV（2010/11-2014/15）では、特別なニーズ教育／インクルーシブ教育というセクションを設け、エチオピアの状況を分析し、計画を立案している（MoE 2010）。2012年には、「特別なニーズ教育プログラム戦略」を修正し、タイトルも「特別なニーズ／インクルーシブ教育戦略」に変更されている（MoE 2012）。その中で、エチオピアにおける特別なニーズ／インクルーシブ教育の目的は、「質が高く、適切であり、そして公正な教育とトレーニングを、すべての特別なニーズのある子ども、若者、成人に対して提供し、そして、そのような人びとが国家の社会経済の発展に本格的に参画できるようなインクルーシブ教育制度を構築すること」（筆者訳）（MoE 2012, 12）であると示された。

ESDP V（2015/16-2019/20）では、「特別なニーズ／インクルーシブ教育」が横断的なテーマとして設定され、その状況と実施計画が含まれている（MoE 2015c）。さらに、教育セクターのみならず、エチオピア全体の開発計画を示した「成長と変革計画（Growth and Transformation Plan: GTP）Ⅱ（2015/16-2019/20）」において、特別な学習ニーズをもつ子どもの初等教育における総就学率を15％に上げることが数値目標として掲げられた（NPC 2016）。このような状況から、エチオピア全体としてインクルーシブ教育が注目されていることがわかる。

3-2　「インクルーシブ教育」の実施体制
──インクルーシブ教育リソースセンター

エチオピアにおけるインクルーシブ教育の実施政策の一つに、クラスター制度を利用した、インクルーシブ教育リソースセンター（IEリソースセンター）の設置が挙げられる。クラスター制度によるインクルーシブ教育実施体制は、その規模や状況はさまざまであるものの、インド、香港、南アフリカ共和国等で確認されているという（MoE 2012）。

エチオピアでは、全国的にクラスター制度を取り入れ、すべての小学校は中心校もしくは衛星校に指定されることになっている。中心校1校に対して、3～35校の衛星校が設定されており、中心校には教材が集められ、属する衛星校は自由に使用することができる（MoE 2002; Jennings 2011）。また、中心校では、教員トレーニングや経験の共有のための会議が実施されることになっている（ibid.）。この既存のクラスター制度を活用し、中心校にIEリソースセンターを設置し、障害児教育に特化した巡回教員を配置することが先の「特別なニーズ教育プログラム戦略」の中に定められている（MoE 2006）。さらに、2015年には、「インクルーシブ教育リソース／支援センターの設置及び運営に関するガイドライン」が作成され、IEリソースセンターの具体的な役割や活動内容等の詳細が記載されている（MoE 2015c）。同センターには、障害児に必要な教材が配備され、中心校と衛星校の教員たちは自由に使用できる。巡回教員は、特別なニーズ教育（Special Needs Education: SNE）の資格をもった教員（以下、SNE教員）である[4]（ibid.）。巡回教員の役割は、中心校と衛星校における、教員の支援や指導、特別なニーズ教育が必要な児童の保護者の相談、児童の障害や障害レベルの仮診断や児童のニーズ調査を行うことの他、特別なニーズ教育に関わることを一手に引き受けることになっている（ibid.）。

なお、本調査の対象校はIEリソースセンターとして整備された中心校及びIEリソースセンターのある中心校に属していない衛星校の両方を選定している（表6-3）。対象校であるA校は2006年から、B校は2016年からIEリソースセンターとして整備されている学校である。また、D校は元々特別学校であり、現在IEリソースセンターとされることが検討されている学校である。その他の調査対象校は衛星校であるが、E校は聴覚障害児を対象とする特別学級があり、C校は積極的に障害児を受け入れている学校である。

ESDP IV（2010/11-2014/15）では、500校のIEリソースセンターの設置という高い目標を掲げており（MoE 2010）、2015年に作成されたESDPよると、113校においてIEリソースセンターが整備されているという報告がある（MoE 2015b）。しかしながら、巡回教員の給与やトレーニング、障害児のための教材等の費用を考慮すると、113校におけるIEリソースセンターの整

備状況は大きく異なることが推測される。アディスアベバ市では、2017年3月の調査時点で9校がIEリソースセンターとして運営を開始しており、2校が準備中であった[5]。巡回教員は現時点では9名である。9校のIEリソースセンターに属する衛星校約40校がIEリソースセンターから支援を受ける対象となっている。

　既存のクラスター制度を活用するという点から、IEリソースセンターの設置によりインクルーシブ教育の充実を図ることは、大変有効な方法であるといえる。しかしながら、中心校が障害児の教育支援に長けていない場合もあり、アディスアベバ市では、クラスター制度の中心校ではない学校にIEリソースセンターを設置しているケースもあった。また、既存のクラスター制度の活用度合いが、都市部や農村部、または地域によって大きく異なることも分かった。アディスアベバ市の多くの学校では最低限必要な教材などが整備されているため、今回の調査対象である学校の校長の中には、自身の学校が中心校もしくは衛星校であるのかを把握していない場合もあった。このように既存のクラスター制度が十分に活用されていない場合には、IEリソースセンターの設置により、中心校と衛星校の協力体制を一から構築する必要がある。

3-3　アディスアベバ市の「インクルーシブ教育」の実施状況

　前述のとおり、本調査の対象校5校はいずれもインクルーシブ教育を志向している学校として、アディスアベバ市教育局担当官から認識されており、通常学級における障害児に対する教育を推進している小学校である。5校の内、3校（A、D、E校）は現在も特別学級を有しており、D校は旧特別学校である（表6-3）。B校は2016年よりIEリソースセンターとして整備された学校である。C校は1958年に設立され、教員に対して手話のトレーニングを積極的に行うなど、障害児に対する教育の実施に意欲的な学校である。5校すべての小学校において、障害児の入学者数は年々増加しているという。対象校5校の校長・副校長（計5名）によると、2014年頃から障害児、非障害児関係なく、すべての入学希望者を受け入れることを基本姿勢とすることが、

130

表6-3 調査対象校におけるインクルーシブ教育に関わる基本情報

学校名	設立年	IE 開始年*	特別学級の有無	クラスター制度及び IE リソースセンターとの関係
A 校	1931	1992	有。知的障害児対象：3 学級・1 職業訓練学級（1990 年より）	中心校、IE リソースセンター（2006 年より）
B 校	1978	2013	無	中心校、IE リソースセンター（2016 年より）
C 校	1958	2010	無	衛星校（中心校が IE リソースセンターではない）
D 校	1974	2008	旧特別学校。特別学級有。自閉症児童対象：2 学級、知的障害児対象：2 学級	衛星校（中心校が IE リソースセンター）、新たに IE リソースセンターとされることが検討中
E 校	不明（1910 頃）	2007 頃	有。聴覚障害児対象：1 学級（8 年生）	衛星校（中心校が IE リソースセンターではない）

(注) *IE（インクルーシブ教育）開始年とは、正式に障害児を通常学級に受け入れ始めた年。
　　ただし、D 校は旧特別学校であるため、障害のない生徒を受け入れ始めた年となる。
(出所) 筆者作成

アディスアベバ市の公立小学校に周知されたということであった[6]。学校側の受け入れ体制の状況にかかわらず、希望者の入学拒否はできなくなったという。これにより、これまで入学を断られていたような障害児は、近隣の小学校に入学することが可能となった。実際に、現在 A 校に在籍する児童の母親は、以下のようにアディスアベバ市の対応を語った。

　4 校の小学校から入学を拒否されたので、アディスアベバ市教育局に相談に行ったところ、「現在はすべての公立小学校はあらゆる子どもを受け入れなければならず、入学拒否は法に反する」と説明を受けた。書面を作って、正式に小学校に対して入学願書を出すようにアドバイスを受けた。（中略）（その時に）特別学校に子どもを入学させたいと相談したが、「特別学校はなくなり、今はどの小学校もインクルーシブ学校になっている」とそのアディスアベバ市教育局職員から説明を受けた。（A 校に在籍する行動障害のある児童の母親、2017 年 2 月 22 日）

上記のインタビューや校長への聞き取り調査から、アディスアベバ市は一

元方式でのインクルーシブ教育を目指していることが分かる。なお、本章では、対象校において、障害児と非障害児の両者が在籍している学級を括弧付きのインクルーシブ学級（以下、「インクルーシブ学級」）と記す。この理由は、前述のインクルーシブ教育の議論に基づくと限定的な意味を持つためである。写真（6-1、6-2、6-3）は対象校の「インクルーシブ学級」の様子を示している。

また、インタビューで述べられているように、公立小学校において特別学校という枠組みは、公には存在しないことになった。特に聴覚障害児を対象とした特別学級での「インクルーシブ学級化」が起こっており、非障害児を受け入れている状況が見られた。実際に、D校は旧特別学校であるが、非障害児を現在受け入れている。また、E校においても、聴覚障害児のための旧特別学級において、非障害児や聴覚障害以外の障害児も共に教育を受けている。表6-1のD校の「非障害児に対してインクルーシブ学級に在籍する障害児の割合」が200％を超えていることからも分かるように、そのような学級は多くが障害児であり、非障害児が少数派である。E校の特別学級やD校では、手話による授業が実施されているため、在籍している非障害児の多くは聴覚障害児のきょうだいがおり、手話の習得を目的としていた。そのほかには、D校が最寄りであるという理由で就学している非障害児もいた。

また、A校には知的障害児のための特別学級、D校では知的障害児及び自閉症の児童のための特別学級があり、そのような学級では、SNE教

写真6-1　手話を使いながら発表する生徒

写真6-2　クラスメイトの発表の後に手話で拍手（両手を上げて手の表裏を交互に見せる）

写真6-3　点字でノートを取る視覚障害のある生徒（中央）

員や巡回教員等の判断により、同校の通常学級に進級することが可能となっている。また、E校では、視覚障害児の受け入れの際には、外部機関の点字専門コースでの修了証の提出を求めていた。同校では点字の訓練ができないため、外部で補う連携システムができていた。公立小学校の「インクルーシブ学校化」に関して、A校の副校長は以下のように述べた。

> 本校では聴覚障害児を受け入れたことがなく、手話のできる教員もいないので、そのような児童が来たらどのように対応してよいか悩んでいる。少し離れているが、聴覚障害児のための特別学級がある学校に行くことを勧めると思う。(A校副校長、2017年2月17日)

A校は、知的障害児の特別学級を1990年から開始しており、知的障害児の受け入れ体制が整っている学校であるが、聴覚障害児の受け入れに関しては経験がない学校である。このように、どの学校もSNE教員や必要な教材や学校設備が限られており、受け入れることが困難な障害の種類があると考えられる。特別学級から通常学級への編入や、外部機関との連携などにより、「インクルーシブ教育」が実施されていることが確認できたが、対象校の状況を鑑みると、サラマンカ宣言等で目指しているような、一元方式でのインクルーシブ教育体制は十分に整備されていない現状である。

4. インクルーシブ教育に対する認識

4-1 インクルーシブ教育に対する教員の認識

インクルーシブ教育の現状を理解するため、障害児と非障害児が在籍する「インクルーシブ学級」を担当している教員に対してインタビューを実施した。対象校における教員の概要を表6-4に示した。

表 6-4　対象校における教員の概要

	全教員数			SNE 教員数			障害のある教員数 *		
	男	女	計	男	女	計	男	女	計
A 校 **	28	34	62	5	4	9	1（視覚）	1（視覚）	2
B 校	21	20	41	1	2	3	0	1（視覚）	1
C 校	41	43	84	0	6	6	2（聴覚、視覚、肢体）	0	2
D 校 ***	12	15	27	4	7	11	6（聴覚）	3（聴覚）	9
E 校 ****	30	52	82	8	11	19	7（聴覚、視覚、肢体）	5（聴覚、視覚）	12

（注）＊障害のある教員が SNE 教員（特別なニーズ教育の資格を持つ教員）だとは限らない。
　　＊＊A 校の全 SNE 教員は特別学級を担当。
　　＊＊＊D 校の SNE 教員 4 名は特別学級を担当。
　　＊＊＊＊E 校の全 SNE 教員は、旧特別学級を担当。
（出所）筆者作成

　教員の中には SNE 教員がおり、すべての対象校には障害のある教員もいる。しかしながら、基本的に SNE 教員は、特別学級を担当することになっている。つまり、「インクルーシブ学級」を担当している教員は、SNE 教員ではなく、一般の教職課程を経た教員であるということである。そのような「インクルーシブ学級」を担当する教員は、障害児に対するインクルーシブ教育の影響をどのように認識しているのだろうか。

　まず、「インクルーシブ学級」を担当する教員は、障害児の対人スキルや社会性等の非認知スキルの習得や向上、及び非障害児への影響という観点から、インクルーシブ教育を肯定的に捉えていることが明らかになった。なお、OECD（2015 = 2018, 52 頁）は、非認知スキルを社会情動的スキルと呼び、目標の達成、他者との協働、感情のコントロールという三つの構成要素を示している。本研究のインタビューに基づくと、特に他者との協働の観点による非認知スキルが向上していると認識されていた。以下の語りと類似の意見は多数聞かれた。

　　ソーシャルスキルは重要だ。障害児が特別学級で学んでいると、社会的な発達がとても遅れてしまう。彼らは同じ種類の障害のある児童だけとの画一的な経験しかできない。だが、インクルーシブ学級ではさまざまな学

習者がいるので、彼らのソーシャルスキルが向上する。さらに、非障害児は、障害児が書いたり読んだり宿題すること等をサポートしている。これにより、彼ら（非障害児）も障害児から多くのことを学んでいる。(A校教員、教員経験3年、IE学級担当1年、2017年2月24日)

写真 6-4　手話のトレーニングを受け、部分的に手話を交えながら授業を実施している教員

　一方で、教員自身が直面している「インクルーシブ学級」の運営の困難さを理由に、インクルーシブ教育の実施に対して批判的に捉えている教員が見られた。実際に、「インクルーシブ学級」は実施されているが、教員の多くは障害児に対する教授方法について学んでおらず、技術が追い付いていないという状況が見受けられた（写真6-4）。「インクルーシブ学級」を担当する多くの教員の考えを代表するようなインタビューが以下である。

　さまざまな障害のある子どもたちが一つのクラスで学ぶことは子どもたちにとって良いことだと思う。だが、現在の状況は、私たち教員がそのような学級（インクルーシブ学級）を教える十分な技術を持っていない。そのようなトレーニングを受けていない。手話や点字などが分からない。教員の技術が不足しているため、現在の状況ではインクルーシブ教育の実施は難しい。(B校教員、教員経験34年、IE学級担当10年、2017年3月6日)

　その他に、問題点として、授業時間40分の中でカリキュラム通り授業を行うためには、障害児に対する個別の配慮が困難であることを挙げた。また、教員の評価や昇進が児童の試験結果で決まるため、障害児がいると試験結果が悪くなる傾向があり、留年率も高く、教員の評価に影響することが問題として挙げられた。また、一クラスの人数も60名を超える場合が多く、「インクルーシブ学級」でなくても学級運営が難しい状況にある。また、「インク

写真 6-5 「インクルーシブ学級」を教える聴覚障害のある教員

ルーシブ学級化」が進む中で、障害のある教員が困難に直面していることも明らかとなった。聴覚障害のある教員が非障害児と障害児を一緒に教えることに大変苦労しているという点が、D校及びE校で聞かれた（写真6-5）。教員の障害の種類によっては、「インクルーシブ学級」の実施が困難であることが推測される。このような状況はインクルーシブ教育政策が進められる一方で、インクルーシブ教育に十分に対応した具体的な施策が講じられていない現状がうかがえる。

上記のインタビュー抜粋で示されたように、教員は技術不足のため「インクルーシブ学級」を担当することに負担を感じていた。このような現状を別の教員は以下のように語った。

> 障害児は特別学校で学ぶほうがよいと思う。現状では、教員は十分なトレーニングを受けておらず、障害児の保護者もインクルーシブ教育をよく理解していない。そして、政府もインクルーシブ教育に十分に力を入れているとはいえない。このような状況では、障害児はインクルーシブ学級で何も恩恵を受けられない。私のクラスの障害児は他の児童（非障害児）と一緒に遊ぶことはなく、コミュニケーションを取っていない。（A校教員、教員経験4年、IE学級担当3年、2017年2月24日）

このような認識は複数の教員から聞かれた。特別学校では、障害児は必要な支援を個別に受けることができるので、特別学校で学ぶ方が障害児にとっては良いのではないか、という考え方は、教員側の技術不足に加え、保護者の理解や政府による体制が不十分な、現在の「インクルーシブ教育」の現実の一端を表しているといえよう。上記のインタビュー結果から、現状では、障害児が通常学級で教育を受けた場合、一部の非認知スキル向上に影響があ

ると考えられる一方で、カリキュラムで定められた学習内容を習得できていない可能性がある。そのほかにも、学校側から必要なサポートや理解が得られず、障害児がクラスで孤立しているケースも教員と保護者の両者が指摘している。

前述したように、IE リソースセンターには巡回教員が配置されているが、インタビューを行った A 校の教員 13 名すべてがこれまで巡回教員に何か相談した経験はないという。その主な理由は、巡回教員の業務が多いことに加え、衛星校の訪問等のため巡回教員が不在の場合が多いためである。巡回教員全 9 名にはオートバイが貸与されているものの、燃料費や修理費が十分に支給されていない。今回インタビューを行った巡回教員 2 名は、公共交通手段などを使って、衛星校に通い、移動に時間を費やしていた。衛星校は同じ区（sub-city）内にあるが、必ずしも近くではないことも影響している。このような状況から、障害児に対する教育に関して、教員が問題に直面した際も的確な助言を受けることができないことも明らかとなった。

4-2　インクルーシブ教育に対する障害児の保護者の認識

次に、インクルーシブ教育に対して障害児の保護者の認識について述べる。「インクルーシブ教育」という言葉自体は、「障害児と非障害児が一緒に教育をうけること」として、インタビュー対象の障害児の保護者の約 3 分の 1 が理解していた。調査対象の保護者全員の子どもが「インクルーシブ学級」に在籍しており、「インクルーシブ学級」と特別学校／学級を比較する質問に対して、両者の利点と欠点が述べられ、実施されているインクルーシブ教育の現状を確認できた。現在の「インクルーシブ学級」の利点として、以下のような回答が保護者から得られた。

インクルーシブ学級の方がよい。なぜなら、息子（聴覚障害児）が非障害児とともに学ぶことは、将来の生活やソーシャルスキルのために良いことだからだ。（中略）実生活では、聴覚障害者が周りにいつもいるわけではないので、インクルーシブ教育を受けることで、そのような（非障害者のいる）

環境に対応できるようになるだろう。非障害者について学ぶことは、今後の幸せにつながると思う。（B校に在籍する聴覚障害児の母親、2017年3月8日）

私の子（聴覚障害児）は、（インクルーシブ学級で）障害児そして非障害児の両方から恩恵を受けていると思う。障害児と非障害児両方と（一緒に過ごす）経験を積んでいるからだ。特別学校へ行っていたら、手話は上手になると思うが、健聴者とのコミュニケーションスキルは向上できない。この学校では、手話を使わずに健聴者とコミュニケーションする方法を学んでいるので、将来大変役立つものになるだろう。（B校に在籍する聴覚障害児の保護者、2017年3月1日）

以上のように、教員の認識と同様、特に他者との協働という観点の非認知スキルである、コミュニケーションスキルやソーシャルスキルの獲得が社会で役立つという点から、障害児の多くの保護者は現在の「インクルーシブ学級」を支持していた。その他にも、通常学級で教育を受けることは、自分の子どもが他の子どもたちと同じだと認められたと感じることができ、嬉しいと述べ、非障害児と同様に教育を受けていることを喜ぶ保護者もいた。一方で、特別学校／学級を好む保護者は、インクルーシブ学級に対して否定的な意見を以下のように述べた。

（現在の）学校は、息子（の障害）のことを理解していないし、特別な配慮も全くしてくれない。（A校に在籍する行動障害のある子どもの母親、2017年2月22日）

インクルーシブ教育では障害児に対する配慮が欠けている。近くに特別学校や学級があれば移りたい。（B校に在籍する視覚障害児の保護者、2017年2月27日）

手話といった専門的な知識を学べるので特別学校の方がよい。（C校に在籍する聴覚障害児の母親、2017年2月27日）

現在の「インクルーシブ学級」では障害に応じた配慮が不足しているが、特別学校／学級では各々の障害に応じた配慮を得ることができるという点が保護者から指摘された。ある障害児の保護者に対するインタビューでは、子どもが2週間学校を欠席したにも関わらず、学校側から何も連絡がなかったことを受けて、学校側の支援体制に落胆していた。また、上記にあるように点字や手話の習得という観点から、特別学校／学級の重要性を述べていた。本事例から、現段階で実施されている「インクルーシブ学級」では、サラマンカ宣言で明示されたようなインクルーシブ教育、つまり「各々が持つ特別な教育ニーズに考慮された教育の機会」を障害児が得られていない状況が明らかとなった。

おわりに

　本章では、アディスアベバ市の小学校での現地調査をもとに、インクルーシブ教育の実態と課題を明らかにしてきた。まず、アディスアベバ市におけるインクルーシブ教育は、政策文書や行政官の見解として一元方式のインクルーシブ教育を目指していることを確認した。実際に、既存の特別学校や特別学級においても非障害児を受け入れており、すべての子どもを公立小学校で受け入れる基本姿勢を有している。一方で、特別学級が存在し、実際には多元方式であるといえる。また、既存のクラスター制度を活用し、IEリソースセンターが設置され、巡回教員が配置され始めていることも確認できた。公立小学校が「インクルーシブ学校化」されたことで、障害児が最寄りの学校に就学できるようになったことは、これまで入学を拒否されていた障害児の教育のアクセスを拡大することに貢献していることに間違いない。また、「インクルーシブ学級」が他者との協働という非認知スキルを向上させるという共通理解が調査対象校の教員、障害児の保護者に浸透していることも明らかとなった。

　しかしながら、2006年に「特別なニーズ教育プログラム戦略」が策定されて約10年経っているにも関わらず、障害児を受け入れる教育体制は十分整っていないのが現状である。授業時間を含め、カリキュラムや教員の評価

方法等がインクルーシブ教育の実施に適応していない。さらに、学校現場では、障害児のニーズに対応するために必要な実践的な技術を教員が十分に有しておらず、教員は的確な助言も得られない状況で、「インクルーシブ学級」を実施していた。そのため、教員の中には、インクルーシブ教育の利点を理解しながらも、インクルーシブ教育を批判的に捉え、障害児にとっては「インクルーシブ学級」よりも特別学校／学級の方がより良い環境で学習できると感じている状況も認められた。

　また、多くの障害児の保護者は、非障害児の子どもたちと共に教育を受けることにより、コミュニケーションスキル等の非認知スキルを向上できるという理由から、インクルーシブ教育に期待を寄せていた。その一方で、現在の「インクルーシブ学級」における教員による障害に対する理解や配慮の欠如を挙げ、特別学校／学級で教育を受けさせたいと考えている保護者がいることも明らかとなった。教育制度や学校側の障害児の受け入れ体制が未整備であることが原因であると推測できる。

　現在の受け入れ体制で、障害児をすべての学校で受け入れることは、アクセスの拡大はできても、適切な教授・学習行為が行われない可能性が高い。一元方式のインクルーシブ教育を即座に目指すのではなく、学校や教員、そしてカリキュラム等すべての体制が整備されるまでは、財政状況や技術等の状況に見合った「インクルーシブ教育」を段階的に導入、拡大することが必要であろう。例えば、限られたリソースの中でそれぞれの学校の強みを生かし、対応ができる障害の種類や人数を明らかにしておくことや、対応できない障害に対しては、E校のように外部組織との連携により補うことも一案である。

　本研究においては、児童の障害の種類や程度の違いにおける、教育状況の違いやインクルーシブ教育に対する認識の違いを十分に明らかにすることができなかった。障害の種類や程度によって、望まれる教育や必要とされる教育支援は異なり、このような観点については、今後の研究の課題としたい。

［注］

(1) 落合・島田（2016）は、two track 方式と multi track 方式を同カテゴリーとして説明しているが、より明確にするため、本章では二つを分けて説明した。

(2) 具体的には、障害者の権利に関する条約の第 24 条のインクルーシブ教育について、聴覚障害児のための特別教育を「分離教育」として悪とみなしていると指摘し、通常学級と特別学級での教育を選択できる権利が聴覚障害者にあると訴えている（WFD 2016）。

(3) ETP の中に明記されている、エチオピアが目的とする教育の中に、特別なニーズ教育に関連する内容は以下 4 点が含まれている。①障害のある人びととギフテッド（the gifted）は両者とも各々の可能性やニーズに応じて学ぶことができる（ETP No.2.2.3）、②特別教育及び訓練は特別なニーズを必要とするすべての人びとに提供される（ETP No.3.2.9）、③特別教育の支援準備と実施に関しては特別な注意を払う（ETP No.3.7.7）、④特別教育のトレーニングは、すべての教員に対して提供する（ETP No.3.4.11）（筆者訳、Federal Democratic Republic Government of Ethiopia 1994）。

(4) SNE 教員数は、初等教育レベルでは、2014 年時点でアディスアベバ市では 666 名（男性 334 名、女性 332 名）という報告がある（MoE 2015b）。2014 年にはアディスアベバ市では 20,489 名の教員がいるため、特別なニーズ教育の資格を有する教員は、わずか 3％である（MoE 2015b）。

(5) アディスアベバ市教育局 SNE 担当職員に対する聞き取り調査より（2017 年 2 月）。

(6) A 校副校長及び B 校校長の聞き取り調査より（2017 年 2 月）。

［参考文献］

落合俊郎・島田保彦（2016）「共生社会をめぐる特別支援教育ならびにインクルーシブ教育の在り方に関する一考察―― Mary Warnock and Brahm Norwich（2010）の視点から」『特別支援教育実践センター研究紀要』14 号、27-41 頁。

外務省（2016）「障害者の権利に関する条約」http://www.mofa.go.jp/mofaj/gaiko/jinken/index_shogaisha.html（2017 年 5 月閲覧）。

川口純（2014）「ポスト 2015 に向けたアフリカの教員養成改革――インクルーシブ教育導入と養成課程の適合性について」『アフリカ教育研究』5 号、56-68 頁。

川口純・黒田一雄（2013）「国際的教育政策アジェンダの現地適合性について――マラウイのインクルーシブ教育政策を事例に」『比較教育学研究』46 号、61-79 頁。

黒田一雄（2008）「障害児と教育――インクルーシブ教育の課題と可能性」小川啓一・西村幹子・北村友人編『国際教育開発の再検討』東信堂、214-230 頁。

全日本ろうあ連盟（2005）「ろう、盲、盲ろう者のためのインクルーシブ教育に関する声明――教育の選択の論理的根拠」http://www.jfd.or.jp/int/unconv/dbdb-adhoc-20050802.html（2017 年 5 月閲覧）。

西澤希久男（2015）「タイにおける障碍者の教育を受ける権利とその現状」小林昌之編

『アジアの障害者教育法制——インクルーシブ教育実現の課題』アジア経済研究所、83-110 頁。

萩原愛一（2011）「イタリアの学習障害児教育法」国立国会図書館調査及び立法考査局『外国の立法』247 号、101-106 頁。

林真樹子（2016）「インクルーシブ教育」小松太郎編『途上国世界の教育と開発——公正な世界を求めて』上智大学出版、193-206 頁。

ユネスコ（2017）『グローバルエデュケーションモニタリングレポート 2016 概要——人間と地球のための教育』国際協力機構／ユネスコ・アジア文化センター／教育協力NGO ネットワーク。

Daniels, H. & Garner, P. (1999) *World Yearbook of Education 1999: Inclusive Education.* London: Kogan Page.（= 2006, 中村満紀男・窪田眞二監訳『世界のインクルーシブ教育——多様性を認め、排除しない教育を』明石書店）

Dyson, A. (1999) Inclusion and Inclusions: Theories and Discourses in Inclusive Education. In H. Daniels & P. Garner (eds.), *World Yearbook of Education 1999: Inclusive Education.* London: Kogan Page, 36-53.

Federal Democratic Republic Government of Ethiopia (1994) *Education and Training Policy.* Addis Ababa: Government of Ethiopia.

Jennings, M. (2011) *Social Assessment for the Education Sector, Ethiopia.* London: Social Development Direct.

Lipsky, D. K. & Gartner, A. (1999) Inclusive Education: A Requirement of a Democratic Society. In H. Daniels & P. Garner. (eds.), *World Yearbook of Education 1999: Inclusive Education.* London: Kogan Page, 12-23.

Ministry of Education (MoE) (2002) *The Education and Training Policy and Its Implementation.* Addis Ababa: MoE.

Ministry of Education (MoE) (2003) *Education Sector Development Plan III (ESDP III).* Addis Ababa: MoE.

Ministry of Education (MoE) (2006) *Special Needs Education Strategy.* Addis Ababa: MoE.

Ministry of Education (MoE) (2010) *Education Sector Development Plan IV (ESDP IV).* Addis Ababa: MoE.

Ministry of Education (MoE) (2012) *Special Needs/Inclusive Education Strategy.* Addis Ababa: MoE.

Ministry of Education (MoE) (2015a) *Education Sector Development Plan V (ESDP V).* Addis Ababa: MoE.

Ministry of Education (MoE) (2015b) *Education Statistics, 2007 E. C. (2014/2015).* Addis Ababa: MoE.

Ministry of Education (MoE) (2015c) *Guideline for Establishing and Managing Inclusive Education Resource/Support Centers.* Addis Ababa: MoE.

National Planning Commission (NPC) (2016) *Federal Democratic Republic of Ethiopia: Growth and Transformation Plan II (GTP II).* Addis Ababa: NPC.

Organisation for Economic Co-operation and Development (OECD) (2015) *Skills for Social Progress: The Power of Social and Emotional Skills.* OECD Skills Studies. OECD Publishing. (= 2018，無藤隆・秋田喜代美監訳『社会情動的スキル──学びに向かう力』明石書店)

Polat, F. (2011) Inclusion in Education: A Step towards Social Justice. *International Journal of Educational Development,* 31, 50–58.

Teferra, T. (2005) *Disability in Ethiopia: Issues, Insights, and Implications.* Addis Ababa: Addis Ababa University Press.

UNESCO (1994) *The Salamanca Statement and Framework for Action on Special Needs Education.* Paris: UNESCO.

Warnock, M. (2010) Special Educational Needs: A New Look. In L. Terzi (ed.), *Special Educational Needs: A New Look.* London: Continuum Books, 11–46.（= 2012, 宮内久絵・青柳まゆみ・鳥山由子監訳『イギリス　特別なニーズ教育の新たな視点── 2005 年ウォーノック論文とその後の反響』ジアース教育新社）

World Bank (2016) *Poverty data: Poverty and Equity, Ethiopia.* (Retrieved October 2016, http://povertydata.worldbank.org/poverty/country/ETH).

World Federation of the Deaf (WFD) (2016) *WFD Position Paper on the Language Rights of Deaf Children.* Helsinki: WFD.

第7章

ケニアにおけるインクルーシブ教育の課題
――教師の視点を中心として

大場麻代

はじめに

1994年スペインのサラマンカで特別なニーズ教育に関する世界会議が開催された。会議では『特別なニーズ教育における原則、政策、実践に関するサラマンカ声明と行動の枠組み』（以下、サラマンカ声明）が採択された。サラマンカ声明では、障害など特別な教育的ニーズをもつ児童も、可能な限り健常児とともに通常学校で学ぶインクルーシブ教育を推進していくことで合意した。インクルーシブ教育は、障害に対する社会の偏見や差別を無くし、包摂的な社会を構築するとともに、国際社会が希求してきた万人のための教育達成に最も寄与する効果的手段として位置づけられた。また、効率性と費用対効果の向上にも資するとし、可能な限り自己の生活する地域社会の学校で教育を受けることが提案された。

インクルーシブ教育の推進は、2006年の国連総会で採択された『障害者の権利に関する条約』でも見て取れる。その第24条は、障害をもつ児童の教育に関し、自己の生活する地域社会において排除されることなく基礎教育を享受すること、そして「その効果的な教育を容易にするために必要な支援を一般的な教育制度の下で受けること」（障害者の権利条約第24条2（d））と定めている。黒田（2007）は、サラマンカ声明と障害者の権利に関する条約が、障害をもつ児童の理解と学校教育への取り組みを世界的に促進する契機に

なったと指摘している。

上記の流れは、教育開発分野にも影響している。2015年5月に韓国で開催された世界教育フォーラムにおける『インチョン宣言』は、困難な状況にある児童の中でも障害をもつ児童の教育的ニーズが最も満たされていないとし、障害をもつ児童に対する質の高い教育の保障が国際社会における喫緊課題の一つであると述べている。同年9月の国連総会で採択された『持続可能な開発目標（Sustainable Development Goals: SDGs）』は、2030年までに国際社会が取り組む17の目標を掲げている。その4番目に高い質の教育提供が掲げられ、包摂的な学習環境の整備を具体的取り組みの一つとしている。

ケニア共和国（以下、ケニア）でも、インクルーシブ教育の重要性は指摘されている。政府は2009年『特別なニーズの国家教育政策枠組み』を発表し、障害をもつ児童も可能な限り通常学校または通常教室で学ぶインクルーシブ教育を推進するとしている（MoE 2009）。しかし、障害をもつ児童の多くは未だ就学機会が得られていない（MoEST 2015）。本章の目的は、ケニアの小学校においてインクルーシブ教育を実践する際の課題は何か、主に教師の視点から検証することである。

本章は、以下のように構成されている。第1節では障害をもつ児童の学校教育に関する世界的な取り組みとその変遷を俯瞰する。第2節はケニアにおける障害をもつ児童の学校教育について、政策を中心に歴史的経緯を概観する。第3節はフィールド調査について説明し、第4節で結果を提示する。第5節は考察とし、最終節でまとめと今後の課題を述べる。

1. 障害をもつ児童の学校教育に関する世界的取り組み

1-1 障害とインクルーシブ教育の定義

障害と一括りに言っても、その種類や程度は多岐にわたり、国家間だけでなく個人の間でも認識は異なる。世界保健機関（World Health Organization: WHO）は、国際機能生活分類に基づき、障害の定義を以下の三つすべてを含む包

括用語として用いている。一つ目は機能障害であり、個人に由来する身体の機能や構造における損傷を指す。例えば、手足の麻痺や弱視がこれに該当する。二つ目は活動制限であり、例えば、機能障害により個人の行動や活動が制限されることを指す。三つ目は参加制約であり、これは社会環境に由来するものを指す。例えば、足が麻痺し歩行が困難な場合車椅子を使用するが、仮に車椅子であることを理由に公共交通機関へのアクセスが制限されるならば、これは個人に由来するものではなく、社会環境に由来する障害と見なされる。上記の一つ目と二つ目は、医学的見地から個人に由来するとされ、三つ目は社会に由来する障害の要因として今日では広く認識されるようになっている。WHO は上記何れか一つでも当てはまる場合を障害と定義している（WHO 2011）。

　障害の定義は上述したとおりであるが、データ収集は機能障害と活動制限のカテゴリーに絞られている（Cappa et al. 2015）。障害は幅広い解釈が可能なことから、人口に占める割合を正確に把握することは難しいとされる。定義や調査手法の異同が対象となる人口の数値を変動させる。事実、定義の違いは国家間における障害をもつ人口の割合に大きな差異をもたらしている（WHO 2011）。このような統計上の限界を踏まえた上で、WHO は世界全体で 15 歳未満のおよそ 5％（9,500 万人）、15 歳以上では 15 ～ 20％が何らかの障害を有していると推定している（ibid.）。国家間で比較可能な統計を得るために、国連統計委員会の下、障害の統計に関するワシントン・グループが 2001 年に設立されている[1]。

　次にインクルーシブ教育の定義であるが、国際的な合意はない。サラマンカ声明では、インクルーシブ教育の対象者を障害をもつ児童だけでなく、英才児、児童労働従事者、ストリート・チルドレン、遠隔地や遊牧民の子ども、言語・民族・文化的マイノリティの子ども、そのほか困難な環境にあるすべての子どもとしている。そして、声明文には以下の内容が明記されている。

　　・すべての子どもは誰であれ、教育を受ける基本的権利をもち、また、受
　　　容できる学習レベルに到達し、かつ維持する機会が与えられなければな
　　　らず、

・すべての子どもは、ユニークな特性、関心、能力および学習のニーズを
もっており、

・教育システムはきわめて多様なこうした特性やニーズを考慮にいれて計
画・立案され、教育計画が実施されなければならず、

・特別な教育的ニーズをもつ子どもたちは、彼らのニーズに合致できる児
童中心の教育学の枠内で調整する、通常の学校にアクセスしなければな
らず、

・このインクルーシブ志向をもつ通常の学校こそ、差別的態度と戦い、す
べての人を喜んで受け入れる地域社会をつくり上げ、インクルーシブ社
会を築き上げ、万人のための教育を達成する最も効果的な手段であり、
さらにそれらは、大多数の子どもたちに効果的な教育を提供し、全教育
システムの効率を高め、ついには費用対効果の高いものとする。

（国立特別支援教育総合研究所訳）

　上記は声明文の一部抜粋であるが、インクルーシブ教育に関しては異なる
アプローチが混在し曖昧であると指摘されている（黒田 2007; Dyson 1999; Singh
2009; Bines & Lei 2011; Anthony 2013; Kalyanpur 2013）。例えば、上記五つのうち、初
めの四つは人権を基調としているのに対し、五つ目は主に教育の機能的側
面を重視していることが見て取れる。黒田（2007、38頁）は「インクルーシ
ブ教育は、人権・政治的アプローチと教育・機能的アプローチの併存と相
克」と鋭い指摘をしている。実際、何をもってインクルーシブ教育と定義で
きるのか、その解釈には曖昧さが残されている。一方、研究者の中には、イ
ンクルーシブ教育という概念とその議論が、社会的不利・差別・抑圧を受け
ている人びとに対する国際社会の注目を高めたとする指摘もある（Avramidis
& Norwich 2002; Slee 2009）。ユネスコは、インクルーシブ教育は結果ではなく取
り組む「過程」そのものとしている（UNESCO 2009）。つまり、インクルーシ
ブ教育は終わりのない（inconclusive）過程と言える。

1-2　国際的権利条約・宣言

　障害をもつ児童の教育に関する権利は、国際的な権利条約や宣言で保障されている。世界人権宣言（1948年）第26条は、すべての子どもに基礎教育の権利を認めている。障害を有する人の権利を保障する主な国際条約や宣言には、教育における差別禁止の条約（1960年）、国際人権規約（1966年）、社会的発展と開発に関する宣言（1969年）、知的障害者の権利宣言（1971年）、障害者の権利宣言（1975年）などがある。国連は1981年を国際障害者年と定め、1982年には障害者に関する世界行動計画を策定している。この世界行動計画では、障害をもつ児童に対して通常教育に匹敵する教育を保障することを求めている。また1983年からの10年間を「国連障害者の十年」と定め、障害をもつ人の権利と地位向上に関するさまざまな取り組みを実施している。さらに1989年には子どもの権利に関する条約が定められ、第23条は障害をもつ児童の教育機会の享受について、第28条はすべての子どもに対する教育の権利について規定している。

　1990年代に入ると、1993年に障害を有する人の機会均等化に関する基準原則が定められ、その中で教育に関しては、可能な限りの統合教育を推奨している。1994年には前述したように特別なニーズ教育に関する世界会議が開催され、サラマンカ声明によりインクルーシブ教育を実践していくことで合意している。2000年以降では、2006年の障害者の権利に関する条約第24条で、障害をもつ児童は自己の生活する地域社会において、排除されることなく基礎教育を享受することが定められた。このように、徐々にではあるが、障害を有する人びとの人権を国際的な権利条約や宣言で保障する取り組みがなされてきた。

1-3　障害をもつ児童に関する学校教育の変遷

　第二次世界大戦以降、障害をもつ児童の学校教育に関するアプローチは、社会の中で生まれた理念とともに変遷している。1950年代、障害をもつ児童は医学的見地から身体の機能不全が問題と見なされ、特別な教育が必要と

考えられてきた。このことから分離教育が採用されてきた。しかし、1950年代後半になると、障害を有する人も社会の中で健常者と区別されることなく生活できる環境を整えることを求める運動（通称：ノーマライゼーション運動）がデンマークで起こると、やがてこの運動は北欧全体に波及し、分離教育も批判されるようになる。1970年代になると、イギリスではカリキュラムが分離教育を助長していると見做され、カリキュラムの見直しと共に包括的学校教育を模索する動きが高まった（Clough & Corbett 2001）。このような動きの中で、分離教育に代わる新たな教育として注目されたのが統合教育である。

統合教育（インテグレーション／メインストリーミング）[2]は、分離されている通常教育と障害児教育を一つにする考えである。つまり、それまで特別支援学校で学んでいた障害をもつ児童も、通常学校で学ぶようにしたのが統合教育である。障害を有しているだけで分離されていた児童も、健常児と共に通常学校で学ぶことを当然と見做した動きは、障害に対する社会的差別や偏見を無くす上でも大きな前進のように受け止められた。しかし、統合教育はあくまでも障害をもつ児童が通常学校に適合することが求められたのであり、通常学校には何ら変革が求められなかった（髙橋・松﨑 2014）。この点において統合教育は単に「場の共有」でしかなく、障害をもつ児童が健常児と比較して不利な立場に置かれていたことに変わりはなかった。

その後、社会変革のうねりの中で統合教育からインクルーシブ教育へシフトしていく。1980年代、欧米では新自由主義が台頭し、グローバル化により移民が増加した。その一方で、移民や社会的マイノリティに属する人の多くは、人種・民族・宗教・国籍などの違いから周縁化され、社会・経済活動から排除（エクスクルージョン）されていくようになった。この状況を社会正義と公正の立場から救おうと動き出したのが包摂（インクルージョン）の理念である（清水 2007）。また、新自由主義的政策の下では、最も脆弱な立場に置かれた障害をもつ子どもの教育資金も削減されていった。このような社会的変化が、エクスクルージョンに抗う形としてのインクルージョンを生み、その運動がやがて教育分野にも影響を及ぼすようになった（同論文）。

インクルーシブ教育に関する先行研究は、いくつかの点を明らかにしている。例えば、インクルーシブ教育の概念に関しては、国際社会での合意と

現場での理解に齟齬が生じているとされる（Anthony 2013; Kalyanpur 2013）。また、インクルーシブ教育の実践においては教師が重要なカギになると指摘されている（Avramidis & Norwich 2002; De Boer et al. 2011; Unianu 2012）。その教師に関しては、教職経験が豊かな教師ほど障害をもつ児童を受け入れる傾向にあるとする報告もあれば（Unianu 2012）、教師が受け入れるか否かは障害の種類と程度によるとの報告も見られる（Avramidis & Norwich 2002）。さらに多くの研究で、教師自身十分な知識や対応能力を備えていないと感じていることが報告されている（Singh 2009; Lynch et al. 2014; Singal 2016）。文献レビューをした研究によると、教師要因に関する一致した結論は必ずしも得られていないが、学校施設が整備されているか否かは重要な要因として一致している、と結論付けている（Avramidis & Norwich 2002）。また、川口（2014）はマラウイで実施した調査から、学校教育の現場でインクルーシブ教育の理念は教員間で共有されているとしながらも、拙速な導入には教育の質という観点から否定的な意見も多いことを明らかにしている。

2. ケニアにおける障害をもつ児童の学校教育に関する取り組み

　ケニアの人口に占める障害を有する人の割合は、資料により多少異なる。その割合はおよそ 3.5%（Republic of Kenya 2010, p.399）、4.6 %（NCAPD & KNBS 2008, p.XV）または 5.3%（18 ～ 65 歳）（Mitra et al. 2011, p.110）と推定されている。教育統計（2014 年）によると、就学者全体に占める特別な教育的ニーズをもつ児童の割合は小学校で 2.5%、中等学校では 0.6%にとどまっている（MoEST 2014）。小学校の数値と比較すると中等学校は一段と低いことから、小学校から中等学校への進学に何らかの障壁が生じていると推察される。また、特別支援学校と特別支援教室に就学している児童（小学校）・生徒（中等学校）を合わせた数は約 10 万人であり、その在籍割合は特別支援学校が 2 割、特別支援教室が 8 割である（MoEST 2015）。

　ケニアは 1963 年にイギリスからの独立を果たしている。障害をもつ児童の学校教育に関しては、1940 年代には教会が中心となり実施している（MoE

2009)[3]。独立直後の教育に関する調査報告書は、特別支援学校への予算配分の必要性と、軽度から中度の障害をもつ児童は通常学校で学ぶことを提言している（Republic of Kenya 1964/65）。1970年代になると、特別なニーズ教育の専門部署を教育省内に設置し、専門員をケニア教育研究所に配置するなど、徐々に体制を整えていった。1976年の教育に関する調査報告書は、障害をもつ児童への早期対応と社会における認識の重要性を促すとともに、可能な限り統合教育を実施することを提言している（Republic of Kenya 1976）。1984年には、各種専門家から成る教育評価・リソースセンター（Educational Assessment and Resource Centre: EARC）を各県に設置し、障害をもつ児童の早期発見、複数の専門家による所見と学校教育に関する助言をするようになった。現在、ケニア全土には73のセンターがあるが（MoEST 2015, p.60）、中には資金不足などにより機能していない所もある。1986年には国内で初めて特別支援教員養成校が設置された。

　上記のような取り組みがなされてきたものの、障害をもつ児童の学校教育が政策の優先事項になることはなかった。ケニアは2003年に初等教育（8年間）を無償化したが、2005年に発表された『教育・訓練・研究のための政策枠組み』は、特別支援教育が包括的学校教育の枠組みに組み込まれていない点や、特別な教育的ニーズをもつ児童の対象が依然として伝統的四種[4]のみに偏り、英才児、自閉症、ダウン症、脳性麻痺、運動機能障害、適応障害、重複障害など多様なニーズが認識されていない点を指摘している（MoEST 2004）。2009年、政府は『特別なニーズの国家教育政策枠組み』を発表した。この中で、インクルーシブ教育の定義を「障害や特別なニーズを有する学習者が、年齢や障害に関係なく、通常学校において適切な教育を受けるアプローチである」としている（MoE 2009, p.5）。そして、多様なニーズを持つ児童に対するインクルーシブ教育を推進していく方向性を示している[5]。このように、政策の方向性は示されたものの、インクルーシブ教育を含む特別なニーズ教育実践のためのガイドラインは作成されていない（MoEST 2015）。インクルーシブ教育に関する政策と現場の乖離が予想される。

3. フィールド調査の方法

　調査は事例研究という位置づけで、定性調査を中心に行った。調査期間は2016年2～4月と2017年2月に合計4週間、ケニアの首都ナイロビ・カウンティのカサラニ地区と、首都から北に車で10時間のエチオピアと国境を接するマルサビット・カウンティのセントラル地区で実施した。ナイロビのカサラニ地区を選択した理由としては、同地区にはいわゆるスラムと呼ばれる地域が数か所あり低所得者層が多いこと、スラム内には民間の学校が多数存在していることから、公立学校との比較という観点も踏まえ選択した。マルサビット・カウンティは、ケニアの北部に位置し遊牧民地域として知られる。人口密度は低く、小学校純就学率は男子71%、女子61%と、ケニア全体の平均（男子90%、女子86%）よりかなり低いことが選択の理由である（MoEST 2014）。

　調査対象校は、ナイロビが公立小学校5校、私立小学校2校、スラム内の民間小学校5校の計12校（内、4校は特別支援教室設置校）で、マルサビットは公立小学校9校（内、4校は特別支援教室設置校）である。後者の地域においては私立学校自体少なかった。調査手法と調査対象者に関しては、ナイロビでは教師への質問紙（132人）、校長（不在時教頭）への半構造化された聞き取り（12人）、教師によるフォーカス・グループ・ディスカッション（6人）、授業参与観察（3校）、地区教育行政官への聞き取り（1人）を行った。マルサビットでは教師への質問紙（68人）、校長（不在時教頭）への半構造化された聞き取り（9人）、授業参与観察（3校）、地区教育行政官への聞き取り（1人）を実施した。以上に加え、教育省の特別支援教育担当者にも聞き取りを行った。調査対象となった教師200人中、38人（19%）は特別支援教育専門の教師であり、全体の42%に該当する83人は特別な教育的ニーズをもつ児童の対応をした経験があると回答している。後者に関しては教師の自己申告によるものである[6]。

4. 通常学校における障害をもつ児童の教育

4-1 インクルーシブ教育に対する教師の考え

　ここでは、質問紙調査から見えてきた教師のインクルーシブ教育に対する理解や受け止め方を示す。インクルーシブ教育の認識に関しては、全体の2/3に該当する64％の教師が理解していると回答している。詳細に尋ねた回答では、統合教育をインクルーシブ教育と混同している教師が全体の約1/4いることが判明した。これを学歴別に分析した結果が表7-1である。

　インクルーシブ教育の理解について「障害をもつ児童は別教室で学ばなければならない」と回答した教師は、中等学校卒とディプロマ（3年間）の資格を持つ教師でそれぞれ1〜2割弱、それ以外（その他を除く）の学歴では3割前後いた。また「障害をもつ児童は通常学校に適応することが求められる」では、中等学校卒を除き学歴が上昇するにつれてそのように考える教師の割合が増える傾向にある。つまり、必ずしも学歴の高さが正確な理解と一致しているわけではないことが分かった。インクルーシブ教育を何で知ったかについて尋ねた質問では、約半数の54％が大学などの講義と回答している。しかし、十分な理解は得られていないことが分かる。また、インクルーシブ教育の理解度に関しては、二つの調査地域間でも多少の差異が見られた。ナイロビとマルサビットの比較より、前者のスラムにある学校は、敷地面積

表7-1　学歴別インクルーシブ教育の定義に関する認識（単位：人）

問：インクルーシブ教育の定義	学歴	中等学校卒	幼稚園教諭資格	小学校教員養成大学卒	ディプロマ（教育学）	学士（教育学）	その他*
	学位総取得者数	26	13	30	45	61	14
障害をもつ児童は別教室で学ばなければならない	当てはまる	3	4	10	7	17	3
	当てはまらない	23	9	20	38	44	11
障害をもつ児童は通常学校に適応することが求められる	当てはまる	6	1	5	12	19	6
	当てはまらない	20	12	25	33	42	8

（注）＊その他には教育専攻以外や修士号を持つ教師が含まれる。無回答11人。
（出所）フィールド調査 2016/2017

が狭く物理的環境も整っていない学校がほとんどであった。さらに、小学校教員免許を持たない教師も多く（中等学校卒）、そのためか障害をもつ児童の受け入れには消極的な姿勢が見られた。

次に、教師によるインクルーシブ教育に対する受け止め方について調査した。障害をもつ児童も通常教室で学ぶ権利があるかについて尋ねた質問では、73％の教師が大いに賛成・賛成と回答している。しかし、インクルーシブ教育を理解しているとした教師でも、権利については反対・大いに反対と回答した教師が22％いた。このことは、理解と権利の考えが必ずしも一致しているわけではないことを示している。

次に、障害をもつ児童と健常児が共に学ぶことはよいと考える教師は、大いに賛成と賛成を合わせると全体の63％であり、賛成意見が多い。サラマンカ声明では、インクルーシブ教育を、偏見や差別を無くし包摂的な社会を構築する重要なステップと位置づけている。これに関連して、障害をもつ児童と健常児が共に学ぶことで児童は寛容性や思いやりを育むと考える教師は、大いに賛成と賛成を合わせると78％であった。その一方で、障害をもつ児童の指導や対応に自信があると回答した教師は47％にとどまった。さらに、障害をもつ児童を通常教室で教えることは難しいと感じている教師も全体の57％おり、教師の多くが教える難しさを感じていた。

最後に、障害をもつ児童と健常児を別教室にした方がよいかについての質問では、56％の教師が大いに賛成・賛成と回答し別教室を望む傾向にあった（写真7-1）。一方39％の教師は大いに反対・反対と回答している。支援員がいることを条件とした場合、同一教室で学ぶことに大いに賛成・賛成と回答した教師は全体の63％で、大いに反対・反対の22％を大きく上回った。先ほどの質問で共に学ぶのはよいと回答した教師は39％であったが、支援員付きでは63％にまで賛成意見が増加している。

写真7-1　特別支援教室での手話による授業

このことは、一人で対応するのは難しいと考える一方で、支援員などサポートが得られる環境であれば、障害をもつ児童も通常教室で教えることに賛成する教師が6割以上いることを示している。また、障害をもつ児童に関する研修を受けたいと回答した教師は92％に上った。このように、現状では対応が難しいと考える教師が多く、自身の知識や対応能力の向上、さらに教師へのサポート体制を整えるなど、改善を必要とする課題が示された。

　学校施設に関しては、障害をもつ児童を受け入れる物理的環境が整っていないとし、改修する必要があると考える教師は91％に上った。障害に対する地域住民の偏見に関しては、教師の80％があると感じており、地域社会への取り組みが必要であることも明らかになった。

　以上の結果から、同一教室で教えることに関して、教員間で意見が大きく分かれた。そこでこの結果を障害をもつ児童の対応経験の有無、性別、学歴、教歴別で分析した結果、例えば障害をもつ児童に対応した経験をもつ教師、より高い学歴を持つ教師、教歴が比較的浅い教師において、同一教室での授業に前向きな傾向が示された。逆に、教歴が31年以上のベテラン教師ほど別教室を強く支持する傾向にあった。なぜこのような傾向になったのか、今回の調査では明らかにすることができなかったため、今後の研究課題としたい。

4-2　聞き取りから明らかにされたインクルーシブ教育実践の課題

（1）学校施設

　上記でも明らかにされたように、教師はインクルーシブ教育の実践に際し、学校施設の改修が必要不可欠と認識していた。多くの校長が受け入れ困難とした理由の一つも物理的環境が整っていないことであった。訪問した学校の中には、車椅子で移動する児童のために、校庭の一部通路にコンクリートを敷いている学校もあった（写真7-2）。しかしこのような学校は稀で、多くの学校は剥き出しの土壌である。ある校長は学校施設の問題について次のように話している。

特別な配慮を必要とする児童は健常児が使うトイレを安心して使えません。でもそのような適切なトイレなど本校にはありません。受け入れるためには、まず学校施設を改修しなければなりません。(P校長、男性、マルサビット)

また前述したように、マルサビットは遊牧民地域であるため、人家は点在し、世帯の近くに学校がない地域も多い。そのため、小学校に寄宿舎が併設され寮生活をしている児童は比較的多い。しかし、寮生の受け入れにも限界があり、障害をもつ児童だけがその対象になるとは限らない。したがって、就学を希望し寮生活を必要としながらも、実際には学校の収容能力が小さいために就学できない児童も存在していた。

写真 7-2　校庭に敷かれた車椅子での移動用通路

(2) 教員研修

教員研修に関する質問では、92％の教師が障害をもつ児童に関する研修を希望していることが示された。校長への聞き取りでも、研修を受けたことのある教師は非常に少数で、大半の教師は障害をもつ児童にどのように対応してよいか分からないでいると回答している。受け入れが困難な理由として、教師の知識や対応能力が不十分で人的環境が整っていないことが挙げられた。このことに関してある校長は次のように述べている。

もし教師が障害をもつ児童にどう対応してよいか分からなければ、教えることもコミュニケーションをとることもできません。だから私たちには研修が必要です。どのようにインクルーシブ教育を実践していけばよいのか、教員研修が必要なのです。(T校長、男性、マルサビット)

同様の意見は多くの校長から聞かれ、教員研修により教師の意識や態度、対応能力を高めていくことが受け入れ体制を整える上でも必要不可欠と強調された。

(3) 学校予算／資金

校長による一致した意見として、資金不足に伴う物理的・人的環境の未整備が挙げられる。これは前述した学校施設の改修や教員研修と関連している。各学校には無償化政策に伴う国からの予算が配分されている。健常児であれば一人当たり 1,420 ケニア・シリング（以下、シル）（約 1,500 円）、障害をもつ児童は上記金額に 2,300 シルが上乗せされ、一人当たり 3,720 シル（約 3,900 円）が年間予算として配分される。しかし、そのような事実を知らない校長もおり、就学者数を申告する際、軽度の障害をもつ児童を健常児として申告している場合もある。通常学校に特別支援教室が設置されている学校は予算が得られ易い一方、特別支援教室の無い学校では障害をもつ児童を受け入れていても正確に把握されず、予算が上乗せされないことが多い。また、たとえ予算が上乗せされたとしても、校舎の改修に必要な額には至らない。さらに、無償化教育の予算は教科書代などに充てられるため校舎の改修には使用できない。このように、限られた予算では物理的環境を整えることはできないのが現状である。このことに関してある校長は次のように述べている。

> 資金難がやる気を損なうこともあります。本校は障害をもつ児童から寮費を徴収せず、健常児のみ寮費を徴収しています。障害をもつ児童の家庭は貧困家庭が多いため寮費を徴収しようなど思いません。ただ、障害をもつ児童の就学者数を増やせば、その分寮費など学校側が負担する額が膨らみます。だから受け入れ自体消極的にならざるを得ないのです。（M 校長、女性、マルサビット）

この校長が述べているように、学校側の受け入れを消極的な姿勢にしている一つの理由が学校予算の不足である。十分な運営資金が得られない中で、極力運営のリスクを回避する方法として、時に最も脆弱な子どもたちがその

対象になっている。

(4) カリキュラム内容

ナイロビでもマルサビットでも、インクルーシブ教育を実践する上でカリキュラムが問題視されている。例えば、視覚障害をもつ児童の場合、算数の図形や社会の地理は理解に最も時間を要する。視覚的に把握できないため、文字や言葉から推測し理解しなければならないが、カリキュラムはこのような児童に対する配慮はしていない。特に小学校修了試験は、障害をもつ児童の試験時間を30分延長することを認めているが、その他の配慮は一切なく、健常児と同じ扱いになっている。試験に図形や地理の問題が出題されると、無回答の児童が多いという。この実状について教育省の担当者に尋ねたところ、現在試験問題は見直されているとの返答であった。しかし現場の教師からは、試験の出題内容や方法が不公平との意見が聞かれた。小学校から中等学校への進学率が低い要因に、このような背景もあると考えられる。

また、アカデミック中心なカリキュラムを疑問視する教師もいる。中度の知的障害をもつ児童の場合、基礎的コミュニケーション力を学校で身に付けることはできても、教科書をすべて理解しシラバスを終えることは困難である。そのため、このような児童には社会で自立できるよう技能を身に付けさせることが必要と教師は考えていた。そのため、ナイロビのある小学校では教師が独自に技能を教える時間を設け、児童は裁縫などの技術を学んでいた（写真7-3）。

写真7-3　裁縫やビーズ作りを通して技術を習得

(5) 地域住民・保護者の意識

インクルーシブ教育を実践する上で重要になってくるのが、地域住民・保護者の意識改革である。質問紙調査では、8割の教師が地域住民は障害に対し偏見を持っていると回答している。校長や地域行政官への聞き取りでも、不就学児童が多い理由としてこの点が挙げられた。ケニア社会にも障害に対

する誤った認識や根強い偏見はある。障害を有しているというだけで周囲から蔑視されることがあり、それを避けるために子どもを家に閉じ込めてしまう保護者は実際多い。このことに関して、ある校長は次のように述べている。

> 一般的に障害を有していることはよく思われません。だから子どもに障害がある場合、親はその子どもを隠そうと家に閉じ込めてしまいます。近所に住んでいてもその子どもの存在自体知らないことはよくあります。(J校長、男性、ナイロビ)

このように、地域住民の偏見も未だ根強く、そのことが障害のある児童の不就学の一要因にもなっている。地域住民の意識を改革していくことは、インクルーシブ教育を推進する上でも必要不可欠である。

5. 理念と実践の狭間で

ケニア政府はインクルーシブ教育を推進していく方向性を示している。先行研究では、インクルーシブ教育の実践には教師が重要なカギになると指摘されている。本研究結果からは、その教師へのサポートは不十分であり、学校任せになっている現状が浮かび上がった。教師への質問紙調査結果からも、インクルーシブ教育を理解している教師は6割程度にとどまっていることが判明した。一方、調査対象となった教師の73%は、障害をもつ児童も通常教室で学ぶ権利があると回答し、共に学ぶ重要性を示している。しかし、実際に障害をもつ児童を教えるのは困難と考える教師は多く、56%の教師が障害をもつ児童と健常児は別教室で学習した方がよいと考えていた。この背景としては、教師自身どのように接したらよいか分からないことや、学校の受け入れ体制が整っていないことが挙げられる。現場がこのような状況にも拘らず、ガイドラインも未だ作成されない中で自国のコンテクストをさて置き、世界的潮流に乗ってインクルーシブ教育を推進することは、拙速とも言える。
　先行研究では、インクルーシブ教育の実践に不可欠な要因として主に教師

に焦点が当てられているが、聞き取り調査からは、教師以外にも学校施設、学校予算、カリキュラム、地域住民の理解が重要な役割を果たすことが分かった。さらに、本研究ではスラム内の民間学校にも着目して調査を実施した。これらの学校は、その地域における保護者・児童のニーズを満たす学校教育を提供しているという点ではインクルーシブ教育の実践事例である。一方で、障害をもつ児童の教育に関しては周辺の公立小学校に委ねる傾向にあり、この点ではインクルーシブ教育本来の理念を満たすまでには至っていない状況であった。

インクルーシブ教育は人権と教育機能の両アプローチが併存・相克の状態にあると黒田（2007）が述べているとおり、教師の質問紙調査結果や校長への聞き取りでも、正にこの点が浮き彫りにされたと言える。学校側は、児童の教育の権利には賛同できても、現実問題として財政難や人材不足という問題を抱えていることから、受け入れには消極的である。しかしこの結果は、二つのアプローチが必ずしも相反することを意味していない。学校側の受け入れを消極的にしている要因が明らかになったことは、翻って、いかに克服していけばよいのか具体策を見出せることでもある。包摂されているか否かではなく、「なぜ」「何が」包摂の足枷になっているのか、その究明と解決策を模索していく過程こそが、ユネスコ（2009）が述べているインクルーシブ教育そのものである。ケニアのコンテクストに置き換えるならば、例えば予算配分、カリキュラムや修了試験、地域住民への説明などを見直していくことが、インクルーシブ教育の取り組みに繋がる。トップダウンによる政策の履行ではなく、ボトムアップによる政策とガイドラインの作成が求められている。

おわりに

本章では、小学校が無償化されたケニアで、障害をもつ児童がいかに通常学校で教育を享受できているのか、特にインクルーシブ教育の観点から調査した。ケニア政府はその教育政策の中で、インクルーシブ教育を推進していく方向性を示している。しかし、本調査結果では、物理的・人的環境が整っ

ておらず、受け入れは難しいとする教師の意見が多く聞かれた。本研究では、インクルーシブ教育を実践している学校が限られた予算で現状を維持するため、障害をもつ児童の受け入れを制限せざるを得ない状況に追い込まれている実態も浮き彫りにした。このことは、インクルーシブ教育によるエクスクルージョン（排除）とも捉えることができる。インクルーシブ教育のカギが学校側の改革――特に教師――にあるならば、政府は学校任せにすることなく、学校を支援していかなければならない。理念は掲げたもののあとは現場任せでは、理念が理想に終わり改革にまでは至らない。学校改革の中心的役割を担う教師へのサポートを充実させ、研修機会を設けていくなど、実践可能な「過程」を着実に実施していくことが、インクルーシブ教育に求められている第一歩である。

［注］

(1) ワシントン・グループは、国家間で比較可能な指標を作成している。18 歳未満の子どもを対象とした指標作りは 2009 年から始まり、2011 年にはユニセフも参加している。この取り組みは普及の途上であるが、今後多くの国で指標の導入が検討されていくものと予測される。

(2) インテグレーションもメインストリーミングも、分離された状況を統合するという意味において同じであるが、後者は主に米国で用いられている。

(3) 教会が開校していた特別支援学校は、主に視覚障害・聴覚障害・肢体不自由・知的障害をもつ児童が対象であった。

(4) 視覚障害・聴覚障害・肢体不自由・知的障害を指す。

(5) 重度の障害をもつ児童に関しては、従来通り必要に応じ特別支援学校での教育も実施していく方針を明記している。

(6) 例えば通常教室において、軽度の障害をもつ児童の対応経験をもつ教師もここでは含まれる。

［参考文献］

川口純（2014）「マラウイの障がい児教育の現状と課題――教員の観点を中心に」大場麻代編『多様なアフリカの教育――ミクロの視点を中心に』大阪大学未来戦略機構第五部門　未来共生リーディングス Volume 5、15-26 頁。

黒田一雄（2007）「障害児と EFA――インクルーシブ教育の課題と可能性」『国際教育協力論集』10 巻 2 号、29-39 頁。

国立特別支援教育総合研究所「サラマンカ声明」http://www.nise.go.jp/blog/2000/05/b1_
　　h060600_01.html（アクセス 2018 年 2 月 20 日）

清水貞夫（2007）「インクルーシブ教育の思想とその課題」『障害者問題研究』35 巻 2 号、
　　82-90 頁。

髙橋純一・松﨑博文（2014）「障害児教育におけるインクルーシブ教育への変遷と課題」
　　『人間発達文化学類論集』19 号、13-26 頁。

Anthony, J. (2013) Conceptualising disability in Ghana: implications for EFA and inclusive
　　education. In N. Singal (ed.), *Disability, Poverty and Education.* London and New York:
　　Routledge, pp.27-40.

Avramidis, E. & Norwich, B. (2002) Teachers' attitudes towards integration/inclusion: a review of
　　the literature. *European Journal of Special Needs Education,* 17 (2), 129-147.

Bines, H. & Lei, P. (2011) Disability and education: The longest road to inclusion. *International
　　Journal of Educational Development,* 31, 419-424.

Cappa, C., Petrowski, N. & Njelesani, J. (2015) Navigating the landscape of child disability
　　measurement: A review of available data collection instruments. *ALTER: European Journal of
　　Disability Research,* 9, 317-330.

Clough, P. & Corbett, J. (2001) *Theories of Inclusive Education.* London: Sage Publications.

De Boer, A., Pijl, S.J. & Minnaert, A. (2011) Regular primary schoolteachers' attitudes towards
　　inclusive education: a review of the literature. *International Journal of Inclusive Education,* 15
　　(3), 331-353.

Dyson, A. (1999) Inclusion and inclusions: theories and discourses in inclusive education. In H.
　　Daniels & P. Garner (eds.), *Inclusive Education.* London and New York: Routledge, pp.36-53.

Kalyanpur, M. (2013) Paradigm and paradox: Education for All and the inclusion of children with
　　disabilities in Cambodia. In N. Singal (ed.), *Disability, Poverty and Education.* London and
　　New York: Routledge, pp.7-25.

Lynch, P., Lund, P. & Massah, B. (2014) Identifying strategies to enhance the educational inclusion
　　of visually impaired children with albinism in Malawi. *International Journal of Educational
　　Development,* 39, 216-224.

Ministry of Education (MoE) (2009) *The National Special Needs Education Policy Framework.*
　　Nairobi: Government Printer.

Ministry of Education, Science and Technology (MoEST) (2004) *Sessional Paper No.1 of 2005: A
　　Policy Framework for Education, Training and Research.* Nairobi: MoEST.

Ministry of Education, Science and Technology (MoEST) (2014) *2014 Basic Education Statistical
　　Booklet.* Nairobi: MoEST.

Ministry of Education, Science and Technology (MoEST) (2015) *National Education Sector Plan:
　　Basic Education Programme, Rationale and Approach 2013-2018.* Volume One. Nairobi:
　　MoEST.

Mitra, S., Posarac A. & Vick, B. (2011) *Disability and Poverty in Developing Countries: A Snapshot from the World Health Survey.* SP Discussion Paper No. 1109. The World Bank.

National Coordinating Agency for Population and Development (NCAPD) & Kenya National Bureau of Statistics (KNBS) (2008) *Kenya National Survey for Persons with Disabilities.* Nairobi: NCAPD.

Republic of Kenya (1964/65) *Kenya Education Commission Report Part I and II* (Ominde Report). Nairobi: Government Printer.

Republic of Kenya (1976) *Report of the National Committee on Educational Objectives and Policies* (Gachathi Report). Nairobi: Government Printer.

Republic of Kenya (2010) *The 2009 Kenya Population and Housing Census Volume II.* Nairobi: Government Printer.

Singal, N. (2016) Education of children with disabilities in India and Pakistan: Critical analysis of developments in the last 15 years. *Prospects,* 46, 171-183.

Singh, R. (2009) Meeting the Challenge of Inclusion: from Isolation to Collaboration. In M. Alur & V. Timmons (eds.), *Inclusive Education across Cultures: Crossing Boundaries, Sharing Ideas.* New Delhi: SAGE, pp.12-29.

Slee, R. (2009) Travelling with our eyes open: models, mantras and analysis in new times. In M. Alur & V. Timmons (eds.), *Inclusive Education across Cultures: Crossing Boundaries, Sharing Ideas.* New Delhi: SAGE, pp.93-106.

UNESCO (2009) *Policy Guidelines on Inclusion in Education.* Paris: UNESCO.

Unianu, E. M. (2012) Teachers' attitudes towards inclusive education. *Procedia-Special and Behavioral Sciences,* 33, 900-904.

World Health Organization (WHO) (2011) *World Report on Disability.* Geneva: WHO.

第8章

マラウイの障害児教育政策の現地適合性
――インクルーシブ教育の導入過程を中心に

川口　純

はじめに

　マラウイの学校を何校も訪問していると、頻繁に視覚障害を有した教員に出会う。特に、農村部の初等学校ではその頻度が上がる。正確な調査を実施したわけではなく、マラウイ政府や援助機関が公表している教育データにも記載はないが、農村部の初等学校を5校訪問すると、1人の視覚障害を有する教員に出会う印象がある。また、当該教員は比較的、高齢の男性が多い。実際に現地で話を聞くと「視覚障害者を意図的に教員として雇用することはマラウイの地域社会における伝統でもあり、実際に視覚障害者には教員として優れた人物が多い」（初等教員、男性、50歳代）との意見が聞かれた。一方、マラウイにおいて視覚障害を有している女性教員の存在を確認することはできていない。マラウイの初等教員は全体的に、男性の方が女性よりも若干ながら多いため、視覚障害を有する女性教員の数も少ないという可能性はある。ただ、別の教員の話でも、「視覚障害の女性教員の存在はあまり知らない」（初等教員、男性、40歳代）とのことである。

　本章では、このようなマラウイの地域社会が有する「障害観」も踏まえて、障害児教育政策の課題と今後の展望を多角的に検証していきたい。現地調査では、初等学校教員を対象にした質問紙調査と障害児教育に携わっている教員に対する非構造化インタビュー調査を実施した。具体的な調査内容につい

164

ては後述するが、本調査結果をもとに、学校現場の教員たちが、政府が策定した障害児教育政策をいかに評価し、受容しているのか、検証する。そして、マラウイの教員養成の実態や教員の意見、評価結果を分析し、マラウイの障害児教育政策の学校現場での適合性について考察したい。

本章の構成として、まず、初等教育段階における障害児教育の実態と関連政策について概観する。その次に、障害児教育が実施される周辺環境について確認する。具体的には、いかに障害児教育に資する教員を養成しようとしているのか、そしてマラウイ社会における「障害観」についても確認する。その上で、教員に対する調査結果を示し、当該結果の分析を踏まえながら、上記の目的について考察を加えたい。

1. 初等教育と障害児教育の概要

1-1 マラウイの初等教育概要

障害児教育に入る前に、マラウイの初等教育の概要を整理しておく。マラウイの教育制度は、初等教育8年、中等教育4年、高等教育4年の8-4-4制である。サラマンカ宣言の採択と同年である1994年に周辺国に先駆けて初等教育の無償化政策が導入され、初等学校の就学者数が激増した[1]。その結果、初等学校の教室は児童で溢れかえった。2017年現在においても、農村部では1教室に100人を超える児童が詰め込まれていることも多い。皮肉な意味合いも込められ、EFAはマラウイの学校現場では「万人のための囲い込み（Enclosure for All）」と表現されることもある。純就学率は2005年に84.7％まで上昇したものの、以降は停滞傾向にある（MoE 2015）。また、教育の内部効率性やアウトプットの質を経年変化で把捉しても、教育の質が近年は悪化傾向にあることが分かる（MoE 2010）。

このような現象は、マラウイに限ったことではなく、多くの途上国において、教育拡大の過渡期に頻繁に起こる現象である。しかしながら、マラウイの場合は単に就学者増に伴うインフラの未整備や教具不足だけでなく、教員

第8章 マラウイの障害児教育政策の現地適合性　**165**

のモチベーション低下や地域住民と学校との関係性悪化など、構造的な課題が顕在化し、教育の質全体が低下傾向にあることが確認されている。背景には、慢性的な財政不足に加え、教員養成が十分に行われず、1990年代に教員全体の半数以上を占めていた「無資格教員」をなし崩し的に「正規教員」に有資格化した教員養成政策の失敗[2]が指摘されている（川口 2012）。

このような背景には、慢性的な財政不足が挙げられる。また、表8-1で示すように政府の教育予算は、大部分が経常経費の支出に充てられ、開発支出には1%未満しか充当されていない。教育開発費用のほとんどは、国際機関を中心とする外部資金によって賄われるため、新規の事業には、国際援助機関の意向が重視される傾向にある。

表8-1　マラウイの教育予算の配分 (2010年度)　　　　　　　　（金額単位：百万ドル）

	出所	管理	初等	中等	技術	大学	その他	合計
経常支出	政府	8.0	46.1	14.7	2.1	16.2	4.1	91.2
		9%	51%	16%	2%	18%	4%	100%
開発支出	政府	0.1		0.6				0.7
	外部資金	2.7	27.4	4.0	1.4			35.4
	合計	2.7	27.4	4.6	1.4			36.1
		8%	76%	13%	4%	0%	0%	100%
経常支出＋	政府	8.1	46.1	15.3	2.1	16.2	4.1	91.9
開発支出	外部資金	2.7	27.4	4.0	1.4			35.4
計	合計	10.7	73.5	19.3	3.5	16.2	4.1	127.3
		8%	59%	15%	4%	12%	2%	100%

（注）合計が合わない部分があるが原典のとおり。
（出所）MoE (2010)

マラウイ政府も教育開発資金が不足していることは認識しており、教員養成機関の拡充や講師の拡充に充てる資金を外部から獲得する必要性が高い。教育事業だけでなく、教育政策自体も外部機関の主導で導入されることが多く、無償化政策やインクルーシブ教育など、国際的な潮流になる教育政策を周辺国に先駆けて取り入れている。

1-2　障害の定義と障害児の初等教育への就学状況

　マラウイ政府は、特別な学習ニーズを持つ児童の範囲を「盲聾、知的障害、社会・感情・行動障害（自閉症、多動性障害）、肢体不自由児、健康障害」と定義している（MoE 2010）。そして、本定義に沿って政府が集計したデータによると障害（impairments）を有する児童で初等学校に就学している人数は、2010年の国家統計によると 69,943 人 [3] と報告されている（内訳：視力障害 18,328 人、全盲 366 人、部分的難聴 17,344 人、難聴 1,636 人、肢体不自由児 7,194 人、学習困難児 25,075 人）（ibid.）。さらに、知的障害、感情・行動障害、健康障害、言語やコミュニケーションに困難を持つ児童数については、政府では把握していない。実際には、マラウイの特殊学校に在籍する多くの児童は、重複障害も含めて知的障害を有している。そのため、学校現場における障害児童の数は、実際にはデータ以上に多いと推測される。ちなみに、マラウイ政府が把握している数値は、学校に通学している児童のデータ（学籍簿）に基づき、作成されたものである。そのため、そもそも学校に通っていない不就学児童で、かつ障害を有する子どもについての情報は、全く把握されていない。

　障害を有する学齢期の児童の実数を把握することは、マラウイだけでなく、世界的に困難とされている。例えば、国際機関の試算では、14 歳以下の障害児の総数は 9,600 万～ 1 億 5,000 万人と推定されており、就学が困難な児童が多数いると報告されている（WHO & World Bank 2011, p.205）。また、世界銀行の文書では、世界全体で 1 億 1,500 万人（1990 年代半ば）いるとされる不就学児童のうち、4,000 万人が障害児と推計され、障害児のうち 5％未満しか初等教育を修了できないとしている（World Bank 2003）。このような国際機関の統計結果が、マラウイにも該当するとすれば、マラウイ政府が把握している障害児数は、氷山の一角であり、背後には多数の障害を有する子どもが存在すると推測される。また、一般的に障害を有する子どもは、他の子どもたちと比較して、劣悪な学習環境で教育を受けることが多いと指摘されている（Filmer 2005）。マラウイの場合は、極度の教育費不足、教員不足により、一般の教育自体が劣悪な環境下で実施されているため、障害児だけ良好な学習環境下で教育を受けるということは極めて稀である。

第 8 章　マラウイの障害児教育政策の現地適合性　　**167**

2. 障害児教育政策の変遷

マラウイの初等学校における障害児教育は、主に普通学校で実施されてきた。障害児童のみを受け入れる特殊学校は、視覚障害の学校、聴覚障害の学校が各2校設立され、専門的な教育を行ってきた。そのため、多くの障害を有する児童は、主に普通学校で受け入れられてきた歴史がある。なお、2006年のインクルーシブ教育の導入に伴い、2010年に、それまで重度の障害児を受け入れていた4校の特殊学校の内、視覚障害の特殊学校2校が廃止[4]された。

現在、普通学校においては、他の児童と一緒に学習する「統合教育」の形態も少なくないが、多くは「リソースルーム」と呼ばれている校内の別の教室（場所）で教育が実施される「特殊学級」が導入されており（写真8-1、8-2、8-3）、その数は少しずつであるが、増加傾向にある（Montfort College 2005）。

写真8-1 学校の廊下を活用したリソースルームの様子

普通学校において、特殊学級が設けられる条件としては、専門の教員が学校に在籍し、当該教員に特殊学級を実施する意思があるか否かに依るところが大きい。一方で、特定の学校に在籍しない訪問型の教員（モバイル教員もしくはアイティナリー教員と呼ばれている）も存在し、重要な役割を果たしている。

写真8-2 点字キットの使用方法を学ぶ子どもたち

写真8-3 学校の倉庫を活用したリソースルーム、保護者も一緒に授業に参加している

専門の教員が在籍していない普通学校においては、訪問型の教員が来た際に
だけ特殊学級が開設され、残りの時間は普通学級においてその他の児童と同
じ授業を受けるという場合が多い。具体的な特殊学級数と訓練を受けた教
員数は、中央の教育省では把握されていないが、マラウイに六つ設置されて
いる地方教育局と地方教育局下に設置されている地域教育事務所においては、
概数を確認している。これまでマラウイ政府としては、上記の特殊学級を拡
大し、訓練を受けた教員を増加させる政策を優先してきた経緯がある（川口
2015）。

　関連する国家政策としては、2000年頃より、国家教育政策文書の中に障
害に関する文言が確認されるようになった。例えば、2001年に策定された
「政策投資枠組み（Policy Investment Framework）」において、「2012年までに、学
校教育におけるすべての不平等を解消し、特別な学習ニーズを持つ児童を
支援する仕組みを確立する」ことが明記された（MoE 2001）。また、2007年
に発行された「特別支援教育に関する国家政策（National Policy on Special Needs
Education）」では、すべての教育段階における特別なニーズ教育に対して、各
関係機関に必要な公的資金を支給すると定めた（MoE 2007）。一方、国全体
の障害者政策においては「障害者に関する国家政策（National Policy on People
with Disabilities）」が2004年に策定され、障害を有する人びとが基礎的な社会
サービスを享受する必要性を重視することが確認されている。また、2006
年には「障害を有する人びとの機会平等に関する国家政策（National Policy on
Equalization of Opportunities for Persons with Disabilities）」が策定された（MoE 2006）。
同政策ではインクルーシブ教育を奨励し、すべての子どもたちに対して、平
等な教育と職業訓練の機会を提供することが、明確にされている。

　上記のとおり、マラウイにおいては障害児教育を取り巻くさまざまな困難
な状況があるにも関わらず、関連する政策文書においては明確にインクルー
シブ教育を志向していくことが明記されている。

3. 障害児教育を取り巻く環境

3-1 障害児教育に資する教員養成

　次に、障害児教育を実施する教員をマラウイでは如何に養成しているのか、確認していく。特に、インクルーシブ教育の導入に際しては、「教育の供給側」が対応する必要がある。統合教育の導入であれば、教育の受容者が対応する必要があるが、インクルーシブ教育は供給側、中でも、教員の資質、態度が成功の鍵となる。

　マラウイは、障害児教育のための教員養成に関しては歴史が深い。1964年の独立直後にカソリック教会が中心となり、1966年に障害児教育専門の教員養成大学であるモントフォートカレッジを設立した。ただし、2018年現在でも、私立大学である同校のみが、障害児教育関連の講座を開講しているマラウイで唯一の教員養成大学である。同校の設立当初は、視覚障害専門の教員養成課程のみが設けられていたが、現在では視覚障害・聴覚障害・学習困難に対する三つの教育課程が設置され、合計で毎年100名を受け入れている。

　教員養成課程の期間は、同校設立以来、長らく1年間であったが、2011年より2年制に改編された。学生は初等学校や中等学校の教員が多数を占め、自身の研鑽として通学する教員が多い。課程内容は、基礎的な障害に関する座学と関連技術の実習に分かれる。例えば、視覚障害を専門とする課程では、座学で視覚障害の種類、視覚障害児教育の歴史を学び、実習では点字キットやタイプライターの使用方法を習得する[5]。

　マラウイには、初等教員養成大学が2017年現在、6校存在するが、これらの学校ではインクルーシブ教育や障害児教育に関する講義は開講されていない。つまり、マラウイにおいては毎年、100名のみの教員が、インクルーシブ教育に関連する専門性（三つの障害種のみ）を習得し、学校現場に配置されていることになる。マラウイにおいて、「インクルーシブ教育を志向する」と政策文書に明記されたのは2006年である。モントフォートカレッジで輩

170

出された 100 名でこれまで特殊学校の教員充足はできていたが、現体制のインクルーシブ教育の導入に対しては、大幅に不足している。

モントフォートカレッジの調査によると、特に 1980 年代後半頃から北欧の援助団体（NGO やミッショナリー）の支援を受け、徐々に特殊学級が増加してきたことが報告されている。また、1990 年代には、中国や韓国も支援を開始し、遅々とした速度ではあるが、特殊学級が充実している過程にあった（Montfort College 2005）。しかし、2010 年に視覚障害の特殊学校 2 校が廃止されたように、近年、特殊教育は停滞傾向にある。

3-2　マラウイの地域社会における「障害観」

次に少し視点を変えて、マラウイの地域社会における障害観について確認しておきたい。マラウイの地域社会には、未だに相互扶助を重んじる文化、価値観が根強く残っている。他国の障害児教育を調査していると、その国の主な宗教観や歴史観に障害観が強く影響を受けていることが確認されるが、マラウイの場合は宗教に関係なく、キリスト教徒であろうと、ムスリムであろうと土着の宗教であろうと、一貫して相互扶助を重要視する考えが強く、その考えが独自の障害観を形成している。この障害観により、視覚障害者を教員として雇用し、働く機会を長らく提供してきた歴史がある。マラウイの教育関係者の話によれば、地域社会が長らく教員の雇用権を有していた時代には、他の仕事に就くことが難しかった視覚障害者を優先的に教員として雇用していたようである。

つまり、地域社会における社会的弱者に対する限られたリソースを分配する喜捨行為としての教職の活用という側面も背景にあった。すなわち、他の職を得ることが難しい者に対して、地域が教職という勤労機会を互助システムの一環として、提供するという意味合いが強いのである。また、障害者を教員として雇用することは、学校運営委員会内の同意や地域の理解が得られやすいということもある。ただ、このように述べると「マラウイの障害者は互助システムを活用して教職に就くことができた」と誤解を招く恐れや差別的な捉え方をされる可能性があるだろう。誤解のないように明記すると、障

害者にはマラウイに限らず、優秀な人間が多く、教員としての資質の高い人物が多数存在する。本論で述べていることは、マラウイの社会の中で「障害者が教員になる」という価値観や障害観が、そもそも広く共有されており、本人自身も教職を志向する傾向があるということである。現在でも視覚障害者には教員か、聖職者を勧めるというのはマラウイの中で存在し続ける固有の「障害観」である。また、当然ながらすべての障害者が教員に登用されるのではない。教員として相応しい資質、能力を有する視覚障害者のみである。そして、実際に、マラウイには視覚障害を有する素晴らしい教員が多い。

　マラウイでは、現在でも視覚障害児は幼少の頃から教師や牧師になるよう意識付けられ、努力を重ねている。因みに、聴覚障害者は木工師や鉄工師など、若い時分から特殊技術を習得することが推奨される。そのため、視覚障害児は学校に通わせ、聴覚障害児は早くから徒弟制度の中で仕事をさせる風習もあり、視覚障害者の教員が結果的に多くなる。背景には、マラウイの学校で長らく口承文化が醸成されてきたことも関係する。つまり、文字を書いたり、図を示したりすることよりも、「話す」ということが教師に求められたのである。国際社会ではこのように教員が話し、それを学習者側が聞くことを重視した教授法を「チョークアンドトーク」などと言い、質の低い教授法として位置付けることもあるが、マラウイでは長らく教員の最も重要な能力として知識を有し、それを伝えるということが求められた。そして、子どもたちは、学校で当たり前のように視覚障害者とともに教育を受け、共に生活してきた。このような経験は人間形成の過程においても学びが多く、豊かな人間性、包摂的な態度を育成してきたと考えられる。しかしながら、教員養成課程の制度化が進み、無資格教員の雇用が廃止の方向に向かったため、視覚障害を有する教員にとっては、教員養成大学への通学など、負担が増していることも事実である。

4. 現地調査結果——教員の障害児教育に対する考え

4-1 特殊教育とインクルーシブ教育の比較調査手法

このような障害観を有するマラウイ社会において、初等教員がいかにインクルーシブ教育の導入を捉えているか、現地調査の結果を示していきたい。本研究の調査手法は、2010年9月～2016年9月にわたる5度の現地調査によって実施した授業観察、質問紙調査、インタビュー調査に分けられる。調査の対象地域は北部のカスング、中部のリロングウェ、東南部のゾンバ、南部のチラズルの4地域である。授業観察では、特殊学級を計16回（8校）、インクルーシブ学級（インクルーシブ教育を志向していると現地の学校教員が証言する授業）を計9回（5校）観察した。

質問紙調査においては、特殊教育とインクルーシブ教育について比較評価を依頼した。評価観点としては、「人権的観点・政治的観点・アクセス・教育的観点」の4点につき、どちらの教育形態を高く評価しているか、調査した。例えば、政治的観点においては、「差別のない社会作りに貢献する」という項目を設定し、特殊教育とインクルーシブ教育のどちらが、より貢献するのか、各5段階のリッカートスケール（1-never agree, 2-don't agree, 3-fair, 4-agree,

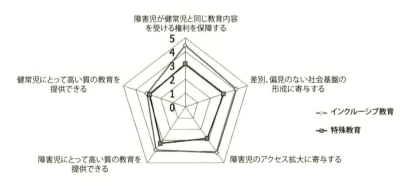

(出所) 川口・黒田（2013）　　N=138

図8-1　障害児教育に対する5段階評価（全体）

5-strongly agree）で評価を依頼した。調査対象者は、合計で教員116人、保護者36人に上った。インタビュー調査では、質問紙調査の対象者の中から23人の教員、講師と教育省職員3人に、マラウイの障害児教育についての現状（課題）と今後の理想的な障害児教育の在り方について調査した。

4-2　観点によって異なる評価結果

　質問紙調査結果について、はじめに全体の結果（有効回答数：138人分）を示す（図8-1）。上から時計周りに、人権的観点、政治的観点、アクセスについての調査項目であり、左側2項目が教育的観点に関する項目である。上述したように、5段階のリッカート方式を用いて、調査対象者に各教育形態の評価を依頼した。結果は次のとおりである。

　図8-1で示したように、インクルーシブ教育の方がすべての面において、特殊教育よりも高い評価を受けている。特に、人権的観点、政治的観点、アクセスにおいて、特殊教育よりも評価が高い。一方、教育の質の観点においては、あまり差は確認されない。特に、「健常者にとってより高い教育の質を提供できる」という項目においては、ほぼ差異はない。さらに、障害児教育の専門的な教員養成を受けた教員に限って評価結果を抽出すると、その傾向が顕著になる。図8-2は、障害児教育の専門的な教員養成を受けた教員26人の回答のみを抽出したものである。

　図8-2で示すように、人権的観点、政治的観点の項目においては、全体の調査者が出した評価結果とほぼ相違がないのに対して、教育的観点に関しては大きな差異が確認できる。さらに、その内容も特殊教育の方が、インクルーシブ教育よりも質の高い教育を健常児、障害児、どちらにも提供できるという評価をしていることが示されている。本結果は、実際に特殊教育を実施している教員当事者の意見を反映しているため、説得力の高いものである。特殊教育を実践している教員からすると、障害児に高い質の教育を実施しようとすると時間も自身の教育的働きかけも集中させなければならず、まだインクルーシブ教育の体制が十分整備されていないマラウイでは抵抗が大きいと考えられる。

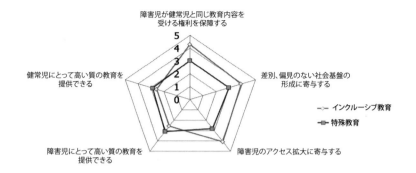

(出所) 川口・黒田 (2013)　N=26

図 8-2　障害児教育に対する 5 段階評価 (特別教育課程を修了した教員のみ)

　下記のインタビュー結果は、マラウイの教員全体の気持ちを代弁するような意見である。

　現状では、マラウイの普通学級ではインクルーシブ教育の普及は時期尚早である。十分な施設、教員がある学校は僅少であり、ほとんどの学校ではインクルーシブ教育と言っても、ただ普通学級内において、座っているだけになるだろう。もちろん目的が学校に押し込めるということであれば、インクルーシブ教育は最適であろう。(モントフォートカレッジ講師、男性、40歳代)

　また、インクルーシブ教育の導入が教員負担を増し、中長期的に教育の質に悪影響をもたらすのではないか、と懸念を表明する教員の意見も聞かれた。

　ただでさえ、教室に入りきらないほどの児童がいるのに、どの様に障害児をケアすれば良いというのか、保護者や他の児童の支援なしでは、障害児だけでなく、すべての子どもに悪影響であるし、教員にも多大な負担がかかる。教員の離職率が上がるのではないか。(初等学校教員、女性、年齢不明)

　マラウイの現状では既に大勢の児童が教室に溢れているため、新たに"手

第 8 章　マラウイの障害児教育政策の現地適合性 | 175

間を取られる"児童を受け入れることにインセンティブが働きにくい。教員自身の負担増を考慮すると、制度上、上から強制的にインクルーシブ教育を導入しても望ましい教育効果は得難い現状が伺える。また、以下の校長のように、特殊教育とインクルーシブ教育のどちらがマラウイの学校に適しているか、即決しない意見も多く聞かれた。

　どの教育形態がマラウイの障害児教育に適しているか、判断することは現時点では不可能である。各学校が、当該児童の障害の種類、程度、子どもの意思、保護者の意向、先生の配属状況など多様な状況を総合的に判断する必要があるのではないか。また、その判断は、最終的に各校長に委ねられるべきものである。(初等学校校長、男性、50歳代)

　同氏は、特殊教育がよいのか、インクルーシブ教育がよいのか、という二項対立で選択を迫る考え自体にも疑義を呈するものである。確かに同氏が述べるように、個別の事情に鑑み、総合的に判断するべきという意見を持つ教員は多い。理想的には豊富に選択肢があれば、教育の需要者には望ましいだろう。だが、現実的にはマラウイの財政状況、教員の供給能力を勘案した際、用意できる選択肢は限られている。限られた資本を「選択と集中」により、投資せざるを得ない。マラウイ政府としては、明確な指針を打ち出すべきで、当該指針の中に多数の選択肢を用意するということは、現実問題として考えにくいだろう。

4-3　インクルーシブ教育導入と教員養成

　これまで確認したとおり、マラウイでは現在、インクルーシブ教育を主たる障害児教育政策として導入していても、教員養成の実態に鑑みるとインクルーシブ教育専門の教員を養成しているわけではなく、障害種別の専門家を養成しているのみである。結果的に「インクルーシブ教育の推進」という観点からすると、教員養成政策と教育政策の相違が確認された。
　学校現場では、未だ独自のインクルーシブ教育が確立されておらず、これ

からマラウイに適したインクルーシブ教育を作り上げていく段階にある。これはマラウイだけに限ったことではなく、アフリカにおいては、インクルーシブ教育を志向した政策を採用しつつも、実際の学校現場レベルでは、特殊教育を発展させていることは珍しくない。同じく、特殊教育とインクルーシブ教育を同時並行的に発展させていこうとする動きも途上国に多く見られる（Armstrong et al. 2010）。そのため、マラウイにおいて、障害児教育の専門家を質、量ともに不十分ながらも、養成していること自体は批判されるものではない。反対に、未だインクルーシブ教育実践の方法論が確立されていない現状で、拙速にインクルーシブ教育を拡大させることの方が危険であろう。マクロレベルよりも、学校現場の方が現実に即した対応をしているともいえる。

　また、現地での授業観察の結果、インクルーシブ教育を実施している学校でも、学校単位で実施するのではなく、教室単位で実施する事例も確認された。さらに、特殊教室での教育を基本とし、教科によって特殊教室から普通教室に通級する形態も採られていた（川口・黒田 2013）。他には、地域による偏りも大きい。例えば、マラウイではモントフォートカレッジを修了した教員が配置された学校でのみ、障害児を受け入れる地区も存在する。さらに、保護者や地域住民が教室内で教員を支援する教育形態も、頻繁に行われている（川口 2015）。このように、現在のマラウイでは、特別支援教育の専門性を有した教員が、少しでも多くの特別な支援を要する子どもや学校、教員に裨益するような工夫が、多々確認された。

　つまり、現在のマラウイの学校現場では、限定された範囲ではあるが、学校や地域において、障害児教育の専門家が独自の特別支援教育の理念を拡げていき、周囲の教員や保護者を育てている状況である。彼らが配属された学校では空き教室やスペースを活用し、比較的質の高い特別支援教育が実施されている。当該教育形態が必ずしもインクルーシブ教育ではなくても、特別支援教育の草創期における指導者層の養成が行われている段階と規定することができるだろう。以下のインタビュー結果から、本人たちもその認識があることが読み取れる。

　モントフォート大学で学んだことがすべて学校現場で役に立っているとは

言えないが、我々は専門の教員養成大学を修了したということで、学校、同僚、保護者の期待は大きい。少しずつではあるが、徐々に特別支援教育を改善していくことが、自分の使命だと考えている。(初等学校教員、男性、30歳代)

このように、マラウイにおいては、政策レベルでは比較的早くからインクルーシブ教育が導入されている一方、学校現場では、未だ、黎明期にあると捉えられていることが明らかになった。

5. マラウイにおける障害児教育の今後の展望

5-1　インクルーシブ教育と教員

これまで確認してきたように、マラウイにおいては、教育政策として既にインクルーシブ教育を導入した一方で、学校現場では理念的な教育を志向するよりも、現実に即した教育形態が採られている。根本的には、インクルーシブ教育政策の導入自体に再検討の余地はあるだろうが、国際社会の後押しもあり、今後、さらにマラウイでは当該政策が推進されるだろう。そのため、今後、マラウイにおいていかに"独自のインクルーシブ教育"を創り上げていくか、その過程が重要になる。外から与えられたインクルーシブ教育をそのまま踏襲するだけでは、現地適合性が低くなり、形式上の詰め込み教育に陥るだろう。

さらに、"インクルーシブ教育"の発展に資するためには、学校現場への適合性が高い教員養成課程の改定も必要になる。では、その現地適合性が高い教員養成とはどのようなものか。専門家の絶対数が不足していることもあるが、まず、先進国よりもリソースが制限された中で、いかに「専門性」を蓄積していくかが重要になるのではないか。そして、どのような専門性が必要となるのか、実践現場からの知見が活かされるシステム作りが必要になろう。つまり、いかに教員養成「課程」を構成するのか、という点に関しては、

国際的潮流に捉われず、各国の事情に鑑みて構成するべきである。

　上記のとおり、インクルーシブ教育とは国の事情や教育事情によって、大きく想定され、志向される内容が異なる。特に、マラウイの場合には、教員養成課程の改定や無償化政策の影響により、学校現場は児童が溢れ、教職の価値が低下するなど混乱を来している。そのような厳しい教育環境の中で、数少ない専門性を有した教員が創意工夫を凝らし、保護者の助けを得ながら特別なニーズを有した子どもたちや他の教員に、教育をしている状況である。そのため、これまでの現場での知見や視覚障害者を教員にしてきた障害観や地域の相互扶助精神を活かすためにも、他国での議論をそのまま踏襲するのではなく、学校現場から独自のインクルーシブ教育を創造していく必要がある。

　これまでの専門家の経験を活かすためには、実践から教員養成課程に現場の知見や意見が「還流していくシステム作り」が必要になる。通常、教員養成課程と教員の関係性では、教員養成校が輩出した教員が学校現場で習得した技能を駆使し、教育実践していくシステムが一般的である。しかしながら、マラウイにおいてはインクルーシブ教育に資する教員養成の明確な方針はなく、これから作成していく段階にある。

　そもそも、教員養成課程の改定を通して、教員養成文化を醸成していける体制作りが必要であろう。インクルーシブ教育に限ったことではないが、マラウイにおいては、実施する教育政策が先にありきで、その後、当該政策を実現するための方策としての教員養成や予算が議論され、混乱を来す傾向がある。つまり、マラウイの教員養成政策は、当該政策がもたらした混乱や課題を克服するために議論され易いという側面がある。インクルーシブ教育に関しても同様に、政策に追随する形で教員が養成されることになるが、学校現場での知見の蓄積が軽視されるべきではないだろう。

5-2　今後の展望と課題

　マラウイでは、現在、特別支援教育に資する指導者層が育成される準備段階にあることが伺えた。そして、厳しい教育環境の中で、専門家が限られた

第8章　マラウイの障害児教育政策の現地適合性　　179

リソースを活かし、試行錯誤の中でリーダーシップを発揮する姿が確認された。ポスト2015の議論においては、"インクルーシブ"という言葉が広く注目を集めているが、画一的なインクルーシブ教育を受容し、普及させていくのではなく、当該国の専門性を蓄積し、適合性の高い教育形態を見出していく姿勢が重要になろう。実際に、学校現場で奮闘するリーダーの知見、経験が今後の教員養成課程の改定に活かされ、当該養成課程を経た専門家が養成され、学校で実践する、という独自のインクルーシブ教育を創造していく「教育制度全体の構造化」が必要になる。そのためにも、鍵となる教員養成課程の改定やカリキュラム作成、現職教員研修の活用等を国際援助機関の主導で進めるのでなく、当該国の専門家を中核に据え、創造していくべきである。

　また、当該議論を通じて、特別な支援を必要とする子どもたちに対する教育だけでなく、今後の「教育文化醸成」に関する観点も踏まえて考察する必要性が示唆された。単に、不就学者をどう学校に取り込むか、という観点のみならず、独自の教育文化をいかに醸成していくのか、という観点からも検討する必要があろう。ひいては学力観をどのように規定していくか、という議論も含まれるべきであろう。単に科学的知識を習得させるだけではなく、非認知的な学力やインクルーシブな態度を養成する必要がある。特別なニーズを有する子どもを学校において「邪魔」な存在にするのか、必要な存在とするのかは、各国の教育文化に拠るところであり、教員養成大学を中心に、そのような教育文化が醸成されていく必要があろう。

おわりに

　本章では、マラウイの障害児教育について多角的に検討してきた。地域社会が有する「障害観」からも、元来、マラウイ社会における障害者の包摂は進んでいたとも言える。子どもの頃から特定の職業を目指させることに議論の余地はあるだろうが、障害者をいかに社会の中で包摂し、活躍してもらうか、という点においては成熟した社会であったのかもしれない。マラウイ社会における障害観に基づき、その社会の要請に応じて、学校教育を活用しよ

うとする障害児教育の共通認識があった。しかしながら、近年では、国際潮流になったインクルーシブ教育政策を導入したため、特殊教育が反対に衰退するという事態が起きていることも確認された。

　今後、社会的な包摂力の高さを活かしながら、障害の専門性や知見をマラウイの学校教育全体の中で蓄積していくことが重要だろう。その中で、中心になるのは、やはり教員である。教員養成の"過程"を中心として、障害児教育文化を醸成していくことが求められよう。そのためにも、インクルーシブ教育を早く拡大していくことを重要視するのではなく、教員養成大学を中心に学校現場を熟知した専門家、行政との連携の中において現場の知見や意見が「還流していくシステム作り」が必要なのではないだろうか。

[注]
(1) 1993年に約180万人であった就学者数は、無償化政策導入の翌年には、約290万人にまで急増している（MoE 2006）。
(2) 無資格教員を簡素な教員研修だけで有資格化したことにより、教員の量的拡大は達成されたが、質的向上は見られず、むしろ、資格の価値の低下や既存教員のモチベーションの低下に伴う同僚性の崩壊などの悪影響が確認された（川口 2012）。
(3) マラウイの初等学校に通う全児童数は2010年現在で、約360万人であるため、障害を有する児童は確認されているだけでも、全体の約2%にのぼる。
(4) 視覚障害の特殊学校が廃止された背景には、視覚障害児が普通学級での教育に付いていけるというマラウイ社会の認識が高いことが挙げられる。聴覚障害児に対しては手話での教育など「特殊な教育」が必要だが、視覚障害児に関しては教員が話していることを聞き取れるという認識である。
(5) 現状ではマラウイの初等学校に点字キットやタイプライターが常設されている学校は皆無に等しく、努力して当該技術を習得しても、活用機会はあまりないとのことである。

[参考文献]
川口純（2012）「教員養成課程の改定が教員の質に与える影響について――マラウイの初等教員養成政策を事例として」早稲田大学アジア太平洋研究科博士学位論文。
川口純（2015）「ポスト2015に向けたアフリカの教員養成改革――インクルーシブ教育導入と養成課程の適合性について」『アフリカ教育研究』5号、57-69頁。
川口純・黒田一雄（2013）「国際的教育政策アジェンダの現地適合性について――マラウイのインクルーシブ教育政策を事例に」『比較教育学研究』46号、61-79頁。

Armstrong, A.C., Armstrong, D. & Spandagou, I. (2010) *Inclusive Education: International Policy and Practice.* London: SAGE Publications.

Filmer, D. (2005) *Disability, Poverty and Schooling in Developing Countries: Results from 11 Household Surveys.* SP Discussion Paper No. 0539. Washington, D.C.: The World Bank.

Ministry of Education (MoE) (2001) *Policy Investment Framework 2001.* Lilongwe: MoE.

Ministry of Education (MoE) (2006) *National Policy on Equalization of Opportunities for Persons with Disabilities.* Lilongwe: MoE.

Ministry of Education (MoE) (2007) *The National Policy on Special Needs Education.* Lilongwe: MoE.

Ministry of Education (MoE) (2010) *Basic Education Statistics Malawi.* Lilongwe: MoE.

Ministry of Education (MoE) (2015) *Education Statistics 2014/15.* Lilongwe: MoE.

Montfort College (2005) *Development of Special Needs Education in Malawi.* Blantyre: Montfort College.

WHO & World Bank (2011) *World Report on Disability.* Geneva: World Health Organization.

World Bank (2003) *Education NOTES Education for All: Including Children with Disabilities.* Washington, D.C.: The World Bank.

第III部

危険にさらされる
子どもの教育

第9章

インドにおける茶園労働者子弟の人身売買問題とノンフォーマル教育の役割
——西ベンガル州シリグリの事例から

日下部達哉

はじめに

　本研究は、インドにおいて近年深刻化している人身売買リスクの現状と、その軽減に尽力するNGO、特に教育に力を入れているNGOの役割について、西ベンガル州シリグリ（Siliguri）地方を事例に考察するものである。西ベンガル州は、北をネパールとブータンに挟まれ、南はベンガル湾に至る地域である。シリグリ地方はその北端、アッサムにも近く、茶の栽培が盛んであり、バングラデシュとも複雑に国境を接している。

　近年、シリグリにあるニュージャルパイグリ駅では、多くの子どもたちが、保護者がいない状態で現れ、警察やNGOによって保護されるケースが増えているという。ある子どもは列車から、またある子どもはどこからともなく駅に来て、駅舎内で過ごしている。彼らはレイルウェイ・チルドレンと呼ばれ、警察やNGOから保護される対象となっている。子どもの単独行動は、人身売買のエージェント（現地ではジャマダー等と呼ばれる）に狙われたり、わけがわからないままに列車を乗り継いで都会に行き、消息不明になったりする可能性がある。そのためできるだけ早めに警察やNGOが保護、身元照会後に、親元に返す、あるいは保護施設（シェルター）に送らなければ、身体の安全についてのリスクがより一層高まる。しかし、近年、ニュージャルパイグリの駅にやってくる子どもたちは増加の一途にあり、警察や地元のNGO

184

のみの力では対応できない状況に陥っている。本章ではまず、こうした状況の背景を解説し、より効果的な対応策について検討していきたい。

　こうした人身売買の問題については、米国国務省が、2001年から毎年発刊している『人身売買報告書（*Trafficking in Persons Report*）』の中で、全体的な俯瞰、各国における詳細な事例や対策などの取り組みを紹介している。さらに、本章で取り扱うインドの茶園の事例については、これから随所で参照するとおり、課題的にも地域的にもストレートな先行研究となるゴーシュの諸論文が、西ベンガル州ジャルパイグリ地域における、とりわけ女性と子どもの人身売買について、精力的に実態を描き出している（Ghosh 2009, 2013, 2015など）。

1. 課題設定と事例対象地域

1-1　人身売買の定義と概略

　人身売買は世界各地で起こっており、発生と摘発が繰り返されている。老若男女あらゆる人びとがターゲットとなり、強制的あるいは騙されてどこかに連れていかれることが多い。またあるいは自ら行くように仕向けられた後、組織や個人の取引業者に売り渡されるケースもある。そこでは組織的な物乞いの一端を担わされたり、奴隷労働、ときに性奴隷としての労働に従事させられたり、あるいはさまざまな犯罪に加担させられたりする。地域によっては、戦闘員にされたり、生きながら臓器売買のためのドナーにされたりするケースが各地で明るみに出てきている。また、債務奴隷のような、親の借金のカタとして奴隷労働に従事させられる人びとも人身売買の範囲に含まれている。債務奴隷では、親の借金というわけではなく、何世代も前からの借金が親から子へ引き継がれ、生まれながらにして奴隷労働に従事せざるを得ない人びとが存在する場合がある。

　2000年に定められた米国の人身売買被害者保護法（Trafficking Victims Protection Act of 2000）の定義によれば、人身売買の形態とは、以下の二つである

（Department of State 2009, pp.6-7）。

(1) 営利目的の性行為が暴力や詐欺行為、強要により誘発された場合、または営利目的の性行為をさせられる人物が18歳未満の場合における性的人身売買。

(2) 不本意な強制労働や日雇い労働、債務拘束、奴隷として服従させることを目的に、暴力や詐欺行為、強要によって人間を労働やサービスのために、募集、かくまい、移送、供与、獲得する行為。

　この定義が示唆するように、人身売買の形態は、単に強制的あるいは騙されて連行され、売り飛ばされる、というもののみならず、債務奴隷のように、生まれながら人身売買されている状態もあり、対策のあり方も、人身売買の形態によって自ずと異なるものになる。また、問題が基本的人権にかかわるものだけに、政府や警察機構による抜本的な対策が必要になってくるが、残念ながら政府の力が弱い発展途上国の多くの国々で、人身売買の問題は根絶できておらず、憂慮すべき状況が続いている。また近年メディアでも指摘されるようになってきているのが、難民になってしまった後、人身売買の罠に落ちてしまうケース等の、複層的な困難である（例えば、AFPBB News 2017）。

　このように日本人の目から見れば驚くべき人身売買の実態がある一方、インドの子どもたちに対する教育内容は、徐々に21世紀型のグローバルなものにしていくために、ナショナル・カリキュラムのフレームワークを「楽しい、子ども中心のもの」に変えようとしている（Gupta 2007, pp.101-102）。これはむろん、劣悪な実態に対して、法令や行政文書には美辞麗句が並びがちな南アジアにおける、ステートメントとしての教育と実態としての教育の乖離を差し引いて考えなければならないが、教育内容の発展とともに、それにアクセスできない子どもたちと、確実にアクセスできる子どもたちとの格差は、将来的にも埋まらない事態が予想される。こうした状況からいえば、現状、政府も頼らざるを得ないNGOの手による、困難な状況にある子どものメインストリーム化の機能はきわめて重要である[1]。

　本章で課題とするのは、近年経済発展著しいインドにおける人身売買問題

の原因解明とその対策であるが、既出の南アジア諸国における強制労働者の人身売買の構造に関する研究は、Kara（2012）によって、主に需給関係の中で、次のとおり20に整理されている。

1-2　需要側の影響

（1）法的不備

①不十分な最低賃金、②代位責任（使用者の責任）の範囲設定が不十分、③土地法が分益小作人という大土地所有者に従属する土地なし農民や農業労働者らの土地なし化を助長してしまっていること、④強制労働に関する犯罪を取り締まるための法律が定める罰則が、警察機構の機能不全や汚職などにより、全く効果的でないこと。

（2）制度の壁

⑤虚飾に過ぎない最低賃金法や強制労働者に対する犯罪行為の訴追が実質的にないことを含む、労働関係法令における実効性の深刻な欠如、⑥政府における、あるいは法の施行や裁判における汚職、⑦強制労働の特定とそこから解放することの困難さ、⑧強制労働者が自身を安全に思うことが不可能な通報メカニズム（雇い主と取り締まる側との不正な関係）、⑨労働者手配を下請けするジャマダー（手配師）システム。

1-3　供給側の影響

⑩貧困、⑪特に貧困者に、金融などにアクセスするための信用がないこと、⑫特に強制労働経験者の合理的で持続的な収入機会の欠如、⑬農村部の労働者がマーケットにアクセスするための交通インフラの不全、⑭貧困層にとっての包括的なリテラシーや基礎教育の欠如、⑮強制労働者と認定され、解放された人びとのリハビリテーションが実質的には無いこと、あるいは認定からリハビリテーションの間に不合理に長い時間差があること、⑯貧弱な設計のリハビリテーション・パッケージが十分な現金収入や適切な職業訓練を強

制労働経験者にもたらさないこと、⑰農村部における労働者たちの連帯の不足とその隔離、⑱環境災害や変化、⑲ヘルスケアや基礎医療へのアクセスの不十分さ、⑳低位カーストや民族グループへの社会的・システム的な偏見。

また、木曽（2011）が「日雇い労働者」に着目し、緻密なフィールドワークによって明らかにした研究では、カラの研究同様に、劣悪な労働条件と低レベルの教育で、農村部から都市部に出てきた日雇い労働者の貧困はむしろ永続化し、法文上、多数存在する関係法令はこれらを解決するためにほとんど履行されていないという現状を指摘しており、カラによる人身売買構造にある内容とも一致する。

本章のような研究にとって、上記の定義、構造は、おそらく現状を抽象化して作られた、人身売買を概略的にとらえることに有用な枠組みである。しかし、重要なのはこうした定義や構造の中に事例をしっかりと位置付けて分析し、常に変わりゆく実態に応じて、定義や構造の再検討を繰り返していくことである。

1-4　事例対象地域の詳細

BRICs の一角を担うインドの経済は、7％台の成長率を維持し続ける、投資先としても、きわめて高い期待が寄せられる国である。またそこには 12 億人を超える巨大な市場が存在し、国内外における人の移動が盛んな国でもある。しかし、その裏では、人間の尊厳を冒す人身売買行為も増加しており、2016 年の米国国務省発刊の『人身売買報告書』には、インドをはじめとする南アジアにおける一つの典型ともいえる人身売買の例として、ギーナという少女の事例が紹介されている。

　一人の少女ギーナの住む村にリクルーターがやってきて、彼女の母親に対し、デリーでは、家族が経済的に潤ういい仕事があるといい、ギーナに仕事を紹介すると言ってきた。母親は、リクルーターとともにデリーに行かせたが、ギーナは奴隷的な家事労働者として売り払われた。彼女は、数年間にわたり毎日 20 時間、炊事、洗濯、子守りといった家事労働のみならず、寝る前に家主の足をマッサージさせられていた。数年後、ギーナは故

郷の家族のもとへ逃げ帰ることができた。(Department of State 2016, p.28)

　実は、インドをはじめとする南アジア諸国における人身売買事例において、このパターンは非常に多い [2]。壮年の男性が同じような形で騙された事例もあれば、ギーナの例のように保護者が騙されて、子どもを人身売買エージェントに渡してしまう場合もある。しかし、そもそも両親をはじめとする保護者は、なぜいとも簡単に騙されてしまうのだろうか。インドで、子どもをとりまく環境には、親・血縁者だけではなく、コミュニティの人びと、学校教師、NGOスタッフなど、多くの大人がいるにもかかわらず、この典型例をよく聞くことがある。

　これについて、ゴーシュは、「北ベンガル地域の茶園からの子ども（あるいは女性）の大規模な人身売買ネットワークの存在があるにもかかわらず、親たちはそのネットワークが何なのか、また、最愛の子どもたちが移住した先で起こる結末を把握していない」(Ghosh 2013, p.254) と述べ、多年にわたり茶園という閉じられた社会で生活してきた親たちは、エージェントたちに酒を勧められ、簡単にそそのかされてしまい、子どもたちを彼らの手に委ねてしまうという。また、移住した先で売られ、連絡が途絶えた後も、エージェントたちからは、意図的に親の予想とは異なるストーリー、あるいは、本人が帰りたくないと言っているなどの情報が伝えられる。さらに、親の側でも、自分の子どもがそうした困難な状況になっていたことを、子どもが帰ることができた後も隠そうとする傾向にあるため、このようなことが事件の情報として共有され、他の親たちへの啓発を促し、エージェントの出現に対して警戒できる状況が作られないのだという (ibid.)。また、原 (1986) による、現在のバングラデシュ地域における人類学研究によれば、「1960年当時の成年男子の80％以上が親に相談なく、あるいはその意に反して家を出て、遠方の都市で生活し、1年から3年くらい音信不通になる経験があること」(337頁) を見出している。

　時代が変わってはいるが、筆者がフィールドワークを行っていた2000年ごろのベンガル農村でも、まだ小学生の高学年くらいの子どもが、勝手にバスに乗りダッカに行き、1週間ほど過ごした後、平然と帰ってきたことが

あった。それだけでも驚いたが、同時に驚いたのは、親がこのことをそこまでの問題とせず、そのうち帰ってくるだろうと考えていたことである。おそらく、家を出た経験などが、少し年上の友人などから共有されており、親子喧嘩が原因で、あるいは親から叱られた、少し家を出て過ごしてみたい、などの思いがあったら、家を一時的に出ていくことは、この地域では可能であり、親たちも子どもだけで家を出ていくという行為にさほど心理的な壁がないことがわかる。こうしたことは、前述したレイルウェイ・チルドレンが子どもだけで駅に来ており、人身売買のエージェントもそのことをわかって駅にやってきている、という日本人から見れば非常に奇妙に映る出来事を理解するにあたっての、重要な社会基層的背景である。

　筆者は2015年8月より、この問題にアプローチを始めたが、こうした状況の基本構造解明にあたって、正確な情報が表面に出てきているわけではない。ゆえに把捉が難しい。しかし、困難な状況にある子どもたちをシェルターに保護、教育してきたNGO「コンサーン」の代表タパシュ氏からの聞き取りの中で、「最近茶園から流れてくる子どもたちが多くなった」という情報が得られ、構造解明の一端として、茶園は適切な事例ではないかと考えた。茶園の相次ぐ閉鎖と多くの子どもの移動に、人身売買問題が深く関連していることは先行研究からも明らかである。ゴーシュが調査した12の茶園のうち、10の閉鎖茶園から、2010年には男女含めて約8～10人の村民が、「職業紹介人」と自分を称する「エージェント」に連れていかれ、その後に「行方不明」になっているという（Ghosh 2013）。

　いうまでもなく、こうした困難な状況にある子どもたちの背景には、政治から経済・社会に至るまで、極めて輻輳的な要素が絡み合っている。しかし茶園という産業を特定したうえで、そこからきたレイルウェイ・チルドレンたちに研究のまなざしを注ぐことによって、いかにレイルウェイ・チルドレンが生み出されるのか、具体的に事例を検討しながら活写することができると考えたからである。ひとまずニュージャルパイグリ駅から視線を移し、子どもたちの出どころである茶園から話を進める。また、2015年における調査・研究は、当時、広島大学総合科学部4回生であった寺本芳瑛も参画しており、成果の一端を担っていることを申し添えておく。

2. 茶園閉鎖の原因

　筆者は、2015 年 8 月と 2016 年 10 月にそれぞれ 1 週間程度の調査を計画し、インドのダージリン州で盛んであった茶園の相次ぐ閉鎖と、人身売買問題との関連性を調査すべく、茶園調査、ニュージャルパイグリ駅周辺の調査を行い、構造解明に努めた。調査方法は、茶園（写真 9-1）では、実施地域の村民世帯に直接訪問、世帯主を対象に事前に作成したインタビューシートを用いて、世帯構成、家計収支、世帯構成員の学歴、移住経験等についての半構造化インタビューを実施した（レッドバンク茶園 10 世帯、バンダパニ茶園 11 世帯）。また項目ごとのインタビューの後は、村民のそれまでの回答に基づき、新たな質問をその場で行った。使用言語は、最も多く話されているのがネパール語、次にヒンディー語、ベンガル語と多様であったため、インタビューの際は、ベンガル語あるいは英語と、現地諸語との通訳として、西ベンガル州シリグリ市の大学生を同行した。

　ニュージャルパイグリ駅周辺の調査では、駅舎とその周辺（写真 9-2）、シェルターにおける教育活動の観察調査（写真 9-3、9-4）、さらにシェルターに保護されている児童らにインタビューを行った。本章では、その調査結果と、現在、ニュージャルパイグリ駅で人身売買とみられる子どもたちを保護し、シェルターに入れたのち、親元に返すという事業をしている先述の「コンサーン」という NGO における教育の役割を紹介し、ノンフォーマル教育の役割の重要性と、人身売買を緩和するための方策について考察したい。

写真 9-1　茶園の風景

写真 9-2　駅周辺で活動する NGO スタッフ

写真 9-3 NGO によるシェルターの建物

写真 9-4 シェルター内での教育活動（描画制作中）

　紙幅の都合上、詳細を述べないが、茶園閉鎖の原因は、紅茶木の寿命による生産量の減少、物価高と連動した人件費の高騰、政情不安などによる経営悪化で、茶園オーナーが経営を放棄してしまうことにある。インドの場合、1951年のプランテーション労働法に基づき、賃金はもとより、住宅、衛生、水道、医療施設、託児所、教育等については、茶園を保有する会社が整備・供給しており、これに対する違反については、1966年及び1969年に茶園労働者らがストを行うなどの労使交渉・係争が繰り返されてきた。結果として、ラインという集落単位を茶園のオーナーの責任で開発、維持していくこと（写真9-5）、日に24kgの茶葉を摘んで、日給95ルピー（日本円で160円程度）、週休1日、一日7時間半労働など、さまざまな取り決めがなされてきている。むろん、茶園によって違いはあるものの、おおむねこのような体系に落ち着いている。給料は、一般よりかなり安く、街中で働くと倍は稼げるが、住居

写真 9-5 茶園労働者たちが居住するラインと呼ばれる集落

やインフラがオーナーから提供されており、安いといえども、この職業を世襲し、なんとか生活はしていけることから、茶園労働者らは茶園で働いてきた。

　しかし、茶園が閉鎖されてしまえば、インドの職階制であるジャティー制の中でも低位に位置づけられるムンダ・ジャティーや、オラ

オ・ジャティーと呼ばれる労働者らは、いきなりインフラのない状態にさらされるとともに、物価も上がり、ただでさえ生計を立てにくくなった状況のなか、「ポウラ」と呼ばれる政府から支給されるわずかな生活保護のみで対応せざるを得なくなる。さらには水道も止められるため、生活用水を、飲料水には適さない河川の水に求める。結果として衛生状態も極めて悪化する。調査において明らかになったことは、汚染度が高い、ブータン側から流れてくる川の水を飲まざるを得ない状況に陥っていたことであった。

　つまり茶園が閉鎖されてしまえば、茶園労働者の集落は丸ごと、物理的にも社会的にも放逐された状態となる。茶園では当然のことながら、紅茶木のために土地の大部分が使われているため、特に他の産業もなく、働く場所も他にはない。このため閉鎖された、あるいはそれに近い状態の茶園では、経済・雇用機会を求め、人びとが他の場所に移動を始めるのは自明の理である。また、生活保護としてのポウラが世帯に支払われていた場合、若者たちが将来を悲観したり、足りない分を補助するために、移動を始めることになるだろう。また、父祖伝来の土地でもなく、もともとネパール方面から移動してきた人びとが、茶園運営会社によって定められたラインに住んでいたところに、やはり会社によって生活インフラが提供されていたわけだから、それがなくなってしまえば、比較的身軽に、先行してデリー、ムンバイ、ケララなどの都市部に移住していった人びとを頼って、移動していくようである。

3. 青少年や子どもたちが人身売買に陥る理由

　こうした環境の中で、茶園の青少年は、いくつかの方法で外部とつながっている。一つ目が、既述した先行移住者、二つ目が移住のエージェントである。都市部に住む先行移住者とは携帯電話などで連絡をとりあい、そこに行けば、居候させてもらいながら仕事を見つけることができる。次に、エージェントを頼る方法である。すべてが悪徳業者ではないだろうが、表向き、エージェントたちは、主に都市部における家事手伝い等の仕事を青少年に紹介し、額の多寡は定かではないが、その紹介手数料によって稼いでいること

になっている。青少年たちは、茶園閉鎖によって、この地域でほぼ唯一の進路である茶園労働者への道を取り上げられたわけだから、この状況に将来を見出せない。わずかに河川の砂利を運搬する仕事や、バスの運転手などの交通関係の仕事はあるものの、そこまで地元に束縛されていないため、こうした先行移住者やエージェントを頼って、ある者は、中等学校を卒業したのち、10歳代前半で、デリーや、ケララ等、大きな経済圏をもつ都市で、家事ヘルパーや都市部雑業の担い手として移動する。

　図9-1は、現地調査をもとに、世帯から誰が移住したか、移住先を地図に示したものである。おおむねラインといわれる集落の2-3割の人びとが稼ぎを求めて移動していることがわかる。しかし、そのほとんどは、家事手伝いやレストランの給仕などの単純労働であり、驚くほどの低賃金であることが多い。そのため、バングラデシュの出稼ぎ労働者のように金を実家に定期的に送るというまでには至っていない場合が多く、帰省した際に、いくばくかの金を置いていくのが通例らしい。しかしそれも家計を支えるほどの額ではない[3]。

　冒頭に述べたとおり、あからさまに強制連行されるケースも少なくないが、こうした構図からは、それだけではなく、青少年らが自ら人身売買に陥ってしまう場合もあることが指摘できる。農村部から都市部にでてきて働いてはみたものの、賃金が安すぎるうえに都市部の高い物価の中で、好きなこともできず、身動きが取れずにいるところに、薬物取引やセックスワーカーといったアンダーグラウンドの仕事において、下手をすれば命の危険もあるような、最もリスクの高い部分の担い手として目をつけられてしまうこともある。都市部といえども基本的に単純労働の賃金は安く、満足な生活はできていないことが容易に推測される。

　また大都市で、家事ヘルパーとして働いたとしても、その収入は、労働量に比べて安価といわざるを得ず、生活に窮した青少年が、故郷を離れ、単独で生活し、社会の支援を受けられない状況の中で、彼らからすれば高額の報酬に惑わされ、薬物取引やセックスワーカーに誘引されてもおかしくはない。むろん、強制連行のような形で、力に訴えるような犯罪的手段に基づく人身売買も存在する。しかし、そこにはそうしたマフィアや悪徳エージェント側にも逮捕、検挙のリスクが生じる。エージェントの立場に立てば、そのよう

なリスクを冒さずとも、まさに上記のような立場の弱い移住就労者にそういった選択をさせてしまう「構造」につけこみ、青少年が自ら人身売買構造に入ってきてしまうような手口を考えだせば、検挙されるリスクも下げられることになる。

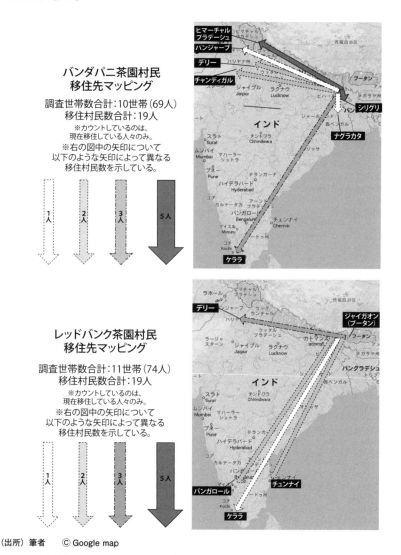

(出所) 筆者 ©Google map

図9-1 調査対象世帯から移住した人びとの人数と行き先

第9章　インドにおける茶園労働者子弟の人身売買問題とノンフォーマル教育の役割　195

以上は、青少年の場合であるが、さらに下の学齢期の子どもも移動する動きがみられており、人身売買に陥る理由について、青少年の場合とはまた別の構造が存在する。5歳から15歳までの比較的幼い子どもたちも、ニュージャルパイグリ駅では、NGOや警察の手によってよく保護されているが、多くの地元NGOのシェルターも、保護された子どもたちで寿司詰めになるような事態が現状である。親の庇護下にある子どもたちがなぜ単独あるいは、少数の子どもたちで移動を画策するのか、ということについては、ベンガル社会の基層にある家出容認の文化について先に述べた。

　ここでは調査の一部として行われたシェルターに保護された子どもたちへのインタビューによって、明らかになった具体の部分について述べていきたい。

　まず、本来であれば、子どもを育てるべき親が、経済的に破綻をきたしたことによって、離婚し、どちらかの親に引き取られたが、すぐに生活が苦しくなり、親類に預けられる、あるいは、丁稚奉公のような形で小さな食堂や商店で働かされ、そこでの生活になじめず、逃げ出してくる、あるいは追い出されてくるケースである。

　もう一つは、主に父親の飲酒による暴力、または肉親からの暴力を受け、逃げ出すケースである。むろんインドでは、人間関係が濃密で、地域内で逃げ回ったとしても、どこに行ったかということは警察の手を借りずとも、ある程度まではわかる。しかしインドでは、農村部においても旧宗主国であるイギリスが鉄道を張り巡らしており、駅があることぐらいは、子どもたちも知っており、逃げ出すために列車に飛び乗って、親元を離れるのである。そして、ニュージャルパイグリのような比較的大きな駅に着くと、まさに彼らは、単独または少人数で駅をぶらぶらする「レイルウェイ・チルドレン」となる。そして、やはり駅をうろついている悪徳エージェントにとって、彼らは格好の標的となる。セックス産業では、幼い女子あるいは男子の需要もあるからである。子どもが列車で街を離れてしまい、そのまま帰ってこられないケースは、驚異的な実話として映画「LION 25年目のただいま」になったこともあるが、そのようなケースは未だに無数に起きている。

　このため、警察やNGOは、ニュージャルパイグリ駅舎内で専用ブースを設けて、毎日何人もの子どもたちを保護している。しかし、それはあくまで

対症療法でしかなく、構造にメスをいれない限り、NGO の運営が破綻してしまうことになる。

4. レイルウェイ・チルドレンの構造的位置づけ

　多くの子どもたちは、親の離婚、父親の飲酒、虐待、親の再婚による継父母との性格不一致、幼少期からの過酷な児童労働等の理由で、地元を飛び出し、ニュージャルパイグリ駅に来ることになった。先述したことの要約になるが、こうした子どもたちがこの地にやってくる背景には、グローバリゼーションによる多種多様なしわ寄せが、インドで長年行われてきた旧来的社会システムを崩壊させ、社会や経済の構造変動を引き起こすところにある。具体的には、例えば茶園が閉鎖すると、父親は失業しそこでの収入がなくなり、物価が上がり続ければ、一家を養うことができず、世帯主の地位が揺らぐ。結果として、飲酒を重ね、離婚や借金をしてしまう原因ともなる。

　しかし、元茶園労働者たちが、そうした帰結を、インド経済社会の構造変動によるものだと理解できるかといえば、それは彼らの持つ社会の情報量からしても難しいと考えられる。こうした環境が家庭の不和を呼び、結果的に家出をする子どもが多くなることは想像に難くない。また、インド経済発展のしわ寄せは、紅茶産業のみならず、社会的に放逐された低位カーストの仕事や、合理化によって必要とされなくなった諸産業（例えば、手工業的な油絞りや農具鍛冶をはじめとした小規模産業）にも及んでおり、低位に位置づけられるカーストの人びとで形成されるこれら集落は、集団で失職するような憂き目にあっており、そうした状況が、家出を容認するような社会性の中で生み出されると、青少年や子どもが家を出るケースは非常に多くなるといえるだろう。

5. ノンフォーマル教育の役割

　子どもたちは、自分の地元にある駅で、列車に乗ったらターミナル駅であ

るニュージャルパイグリにまずやってくる。列車を降りると、多くの乗客、駅員、またホームレスの人びとが行き交う、非常に混雑した場所で、人の波にもまれる。しかし、ここにはセックス産業のエージェントや、不当な児童労働あっせん業者などが日々、子どもを探しにきている。そうした人間から子どもたちを守るため、NGO は駅舎内に独自の監視所を設け、子どもの単独行動を見つけては保護し、シェルターに 4 か月ほど住まわせ、家庭環境を鑑みたうえで、帰したほうがよいか、別の NGO 施設や政府の運営する施設に送るべきかを考慮する。18 歳になるまで学校に通えるような面倒をみる NGO は、コルカタ等にまた別途あり、同種のさまざまな NGO はネットワークをもって情報交換をしている。

　ここで紹介したコンサーンでは、収容人数 40 名程度のシェルター内に宿舎機能を完備し、識字教育、芸術教育等を行うが、連れてこられた当初、子どもたちは、意外にもそのままデリーに行きたいと主張する。移動する子どもたちは、自己認識のなかで、自分の意思で移動しているという気持ちが強い場合が多い。しかし、コンサーンのスタッフらは子どもたちに、教育も受けずに都市に行けば、苦しい思いをしてしまうことを粘り強く教え、大都市に行くことを翻意させるようにしている。4 か月のシェルター生活を通じて、さまざまなカウンセリング、観察などを行い、最終的には、どこの NGO に行くかが決められ、4 か月後に、決定した施設や NGO に送られる。シェルターでも、職業訓練をしており、シェルターで身に付けた技術を活かして、奴隷労働ではない、工場労働者として働いているケースもある。

　このシェルターで子どもたちは、それまで、いうなれば将来の見通しが全くない、闇の状態であったものが、これからいかに生きていくか、また、カウンセリングなどを通じて、まだ数年～十数年しかない人生の中で、初めて自分の境遇や将来に寄り添って話を聞いてくれる大人が現れたことで、希望を見出し始める。そのため、就学の面倒を見る機能はコンサーンにはないが、別の NGO などには行きたがらない場合が多いという。シェルターから別の NGO や政府施設に行ったとしても、ドゥルガ・プジャやダサインなどの宗教的祝祭の際には、散らばった NGO から子どもが一時的に帰省するのはこのコンサーンである。しかし興味深いことに、シェルターに「帰省」した青

少年や子どもたちは、スタッフのような顔をしてそのまま半年いたり、シェルターを出ても元の施設には帰らずに、別の場所に行ったりする場合もあるらしい。

　故郷の茶園において学校教育の機会はあるものの、おそらくレイルウェイ・チルドレンたちは、虐待や児童労働などの理由で学校教育にはほとんど触れていない。そのためレイルウェイ・チルドレンは、当初、頑なな態度にならざるを得ない。しかしシェルターでは、スタッフの人間的な接し方が徹底されているため、初めて、親以外で、人間的な関わりをもったと感じることができる。また、芸術、音楽教育など、情操面にも配慮した教育がなされており、筆者が訪問すると、絵を見せてくれたり、歌を歌ってくれたりする。また、コンサーンは、イマジナス（IMAGINUS）という日本のNGOとも提携しており、資金提供、調査研究、また日本から来たインターンや、スタッフ交流も行っており、国境を越えた人間的なつながりも、保護された子どもの教育に一役買っている。

　ただし、急激に増加するレイルウェイ・チルドレンの前には、こうした小さなシェルターは、対症療法であり、根本的な解決にはいたることはない[4]。今日保護したとても、翌日の列車で別の子どもたちがやってきて、保護しきれない青少年や子どもたちが出てくる。保護の網にかけることができなかった子どもたちは、人身売買業者にさらわれたり、薬物や窃盗、物乞いなどに染まっていく。まさに焼け石に水の状況が続いている。このため、現地のNGOや政府が設置するシェルターの収容人数は、限界を超えてしまい、収容された子どもたちから「食事が粗末だ」と言われるようになってしまった。一時的に人身売買業者の家にいた子からは、「あっちの食事のほうがよかった」などと言われる始末である。茶園が廃れてしまった現地で、まずは現地の大人に将来的な希望を持ち、見通しがもてるような啓発活動を行い、青少年、子どもたちには学校教育の中で、将来的な展望を持つことや、エージェントという人間についていかないことなど、基本的なことを教えていかなければならないだろう。

　こうした、インドの経済発展の陰で、職を失った低位カーストの人びと、廃茶園のラインに住む人びとが、彷徨するかのように大都市圏に引き寄せら

第9章　インドにおける茶園労働者子弟の人身売買問題とノンフォーマル教育の役割　199

れる動きの中で、子どもを含むヒトの移動は増加し、人身売買のリスクは従前よりも高まっている。現地のリソースでなんとか保護プログラムを運営していた状況は確実に悪化、これまでの政策、援助のあり方では対応できないような局面にシフトしてきている。

しかし、今後の新たな展開には物量的な課題が山積しており、簡単に資金を増額することで対応できるものではない。現状のスタッフ人員で多くの子どもたちに、人間的な関わりを持たせ、青少年・子どもたちに、少なくとも自ら人身売買に陥らない方向へ教育するような方策が求められている[5]。結局は、人間的な関与の機会をいかに政策的に増やしていけるかにかかっているが、むろん限界もある。

おわりに——茶園労働者は二度騙される

本章では多くの茶園が閉鎖されたことに伴い、働く場所を求める若者を含む人びと、そして村を出る子どもたちと、彼らに対する人身売買リスクと実態、そしてその対応に苦慮するNGOにおけるノンフォーマル教育のことを描いてきた。筆者は、茶園の労働条件も調査したが、他の仕事の日給の半額程度と決して恵まれているわけではなかった。調査の中で、ある老人に話を聞く機会があったが、彼の父親は、その昔、ヒマラヤが見える、他に何もないネパールの寒村に住んでいたという。そのとき、インドの茶園からやってきた男に、茶園で働くことを持ちかけられたという。最初は躊躇したが、お金が稼げる、天国のように良いところだ、などといわれて、ついてきたが、何も天国ではなく、厳しい茶園労働が待ち受けていたという。そして、子孫である、青少年・子どもを含む茶園労働者たちは、茶園が閉鎖された今、インドの大都市圏に連れて行こうとする人身売買のエージェントたちの甘言に、またも騙されている。また、かつての茶園において、労働者たちが何度も労働争議を起こして勝ち取ってきた待遇改善要求の成果も、閉鎖されてしまうと、水泡に帰してしまった。

インド経済発展の裏で、こうした人びとの移動が増加するとともに、デリーやムンバイなど大都市において、安価な労働力も必要とされるように

なったことも一つのプル要因として考えられる。大規模な工場や企業での労働者は別として、あまり警察のチェックが入らない、あるいは入ったとしても賄賂などですり抜けることが容易な、家内労働、レストランの厨房、皿洗い等の需要が増加していると考えられる。こうした職種の労働形態は、従来から劣悪で奴隷的なものであり、基本的に無給で、寝床と賄いがついたものであるが、経済発展の裏で、こうした需要に応える人身売買が、簡単に「産業化」してしまい、多くの子どもたちが、犠牲になっており、リスクは以前よりも大きくなってきている。

　本章では、人身売買や奴隷労働の被害に遭ったか、あるいはその直前の危険にさらされる青少年・子どもをいかに救い、教育の力によって、自尊意識を持たせたり、学校に行かせたりするNGOにおけるノンフォーマル教育の役割を描いた。政府の力の弱いインドをはじめとする南アジア諸国において、NGOは、その弱さの部分を少しでも埋めるための重要な存在である。ここで取り扱ったコンサーンも、駅でレイルウェイ・チルドレンを保護し、献身的なケアを施すとともに、州内のNGO同士あるいは政府の保護施設と連携し、比較的堅実なシステムをつくりあげていた。強制労働者とレイルウェイ・チルドレンの違いはあるものの、先述のカラによる20の構造化のうち、⑮強制労働者と認定され、解放された人びとのリハビリテーションが実質的には無いこと、あるいは認定からリハビリテーションの間に不合理に長い時間差があること、⑯貧弱な設計のリハビリテーション・パッケージが十分な現金収入や適切な職業訓練を強制労働経験者にもたらさないこと、という部分を補うような措置が少なくともニュージャルパイグリにはできていたといえよう。しかし、茶園など経済構造変動の煽りをくらった地方からの大量のレイルウェイ・チルドレンがニュージャルパイグリに押し寄せるにつれ、これらの構造的な問題点は再度顕在化している。

　そこで、本研究が示唆するのは、移動する人びとの根源にある、地方で起こっている産業崩壊やそれに伴う社会や家族の亀裂に寄り添えるような政策や援助の必要性である。おそらく現在の連邦政府、州政府に、ただでさえ人口が増加する中で、個別に寄り添う政策を作るのは無理があるだろう。しかし、NGOや国際機関のプログラムを積極的に導入し、それらの検証を続

第9章　インドにおける茶園労働者子弟の人身売買問題とノンフォーマル教育の役割

けていくことで、対処の糸口をつかんでいけるのではないだろうか。いまも、被害に遭う多くの人びとがいるこの喫緊の課題は、国際社会がより事態を注視し、対策に力を入れていかなければならないだろう。

[注]

(1) インドでは RTE 法（Right of Children to Free and Compulsory Education Act, 2009）の制定以降、メインストリームとしての学校教育において、多様な子どもたちを受け入れることを前提としている。これにより、「困難な状況にある子どもたちのメインストリーム化」は国内教育課題における重要スキームの一つとして認識はされている。また、南インドをはじめとする国内各地において、インクルーシブ教育の名のもとに、障害児の教育制度への包摂を進めるような取り組みも増えている。しかし、定住しているわけではないレイルウェイ・チルドレンのメインストリーム化は、保護した後、親元へ帰す、あるいは今後の生活を含めた面倒もみてくれるような別の NGO に送致するなどの判断や、NGO 間、NGO と政府間の連携を形成することなどが必要になっており、時間と労力をより必要としている。

(2) このギーナのような事例は、筆者がレイルウェイ・チルドレンの出どころの詳細を調べるために茶園の調査をしたところ、一つの典型事例であることがわかった。茶園調査をしていると、デリーをはじめとする大都市に移住して音信不通になってしまった若者に関する情報が、世帯調査や村人への聞き取り調査をする過程で入手できる。そうした若者の親や親族に聞き取り調査を行うと、現金収入をちらつかされ、非常に簡単に騙されてしまっていることがわかる。各家庭の家庭経済を調査してみても、やはり茶園閉鎖によって収入が断たれ、経済的困難性が発生していることと、またそれに基づく、世帯主の権威崩落のような家庭内不和が生じることによって、若者は生活基盤の中に居場所がなくなり、生活域を遊離しやすい状態になっていると判断できる。そこに人身売買ブローカーの来訪が契機になってしまうと考えられる。

(3) この点については、同じベンガル地域であるバングラデシュの人びととのあまりの違いに驚く。どうせ単純労働なら先進国に出稼ぎに行くか、それが無理なら中進国に行き、母国に送金するほうがより多くの現金収入となり、かつ資産形成もできる。またきょうだいをはじめとする親族を呼び寄せるようなチェーン・マイグレーションも行っているバングラデシュ農村の人びとのようなしたたかさが、茶園労働者のラインにはない。おそらくこの、決定的な違いは、家族・一族で計画的に出稼ぎ者を送り出すような強い結び付きのもとに稼ぎを増やそうとするバングラデシュ農村の人びとと、構造的な問題から「家出」のような形をとって家を出ていかざるを得ないインドの茶園の人びととの違いであろう。この問題についてはまだ考察の余地があり、ベンガル農村を研究してきた筆者にとって、今後の研究課題の一つといえる。

（4）このような部分に、この問題の困難性が表れている。人身売買問題は、インドにおける構造変動に由来して起こっていることであり、人の移動も想像以上に大規模なものである。それに対し、警察機構の機能不全と、抑止策が空転する現状の中で、すべてを合わせても小規模なスケールでしかない NGO が対応するにはあまりにも大きな問題といえ、まだ大いに研究の余地が残されている。

（5）しかし代替案は、茶園経営が再開されるか、茶園跡地で、新たな産業が創出されるか、というくらいしかない。結局のところ、経済・雇用機会の不足が若者を失望させているため、人身売買についていかないような教育をしたところで、誰も彼らの生活を保障できない以上、何らか、この構造を変えるような抜本的な改革が必要である。

［参考文献］

木曽順子（2011）「インドの日雇い労働者──『寄せ場労働者』の実態とモビリティ」『国際交流研究』フェリス女学院大学国際交流学部、1-33 頁。

原忠彦（1986）「イスラーム教徒社会の子ども」小林登ほか編『新しい子ども学』海鳴社、337-338 頁。

AFPBB News (2017)「ロヒンギャなどの人身売買に関与──軍幹部ら 62 人に有罪判決」http://www.afpbb.com/articles/-/3136322?pid=19213263,（2017 年 9 月 23 日閲覧）

Department of State (2009) *Trafficking in Persons Report 2009.* Washington, D.C.: US Department of State Publication.

Department of State (2016) *Trafficking in Persons Report 2016.* Washington, D.C.: US Department of State Publication.

Ghosh, B. (2009) Trafficking in Women and Children in India: Nature, Dimensions and Strategies for Prevention. *International Journal of Human Rights,* 13 (5), 716-738.

Ghosh, B. (2013) Child Trafficking in the Tea Garden of Jalpaiguri, West Bengal. In A.K. Singh, S.P. Singh & S.K. Biswas (eds.), *Gender Violence in India: Perspective, Issues and Way Forward.* New Delhi: Bal Vikas Prakashan, pp.250-262.

Ghosh, B. (2015) Post-Reform Closure and Sickness of Plantation Industry-Marginalisation of Workers and Vulnerability of Women and Children in Jalpaiguri, West Bengal. In R. Panda & R. Meher (eds.), *Trend, Magnitude and Dimensions of Inequality in Post-Reform India.* New Delhi: Concept Publishing Company, pp.260-292.

Gupta, A. (2007) *Going to School in India.* London: Greenwood Press.

Kara, S. (2012) *Bonded Labor: Tackling the System of Slavery in South Asia.* New York: Columbia University Press.

第 10 章

ブルキナファソの「ストリート・チルドレン」と教育——近代化とイスラーム文化のはざまに生きる子どもたち

清水貴夫

はじめに

　困難な状況に置かれた子どもたちの教育。ブルキナファソでは「ストリート・チルドレン」(写真 10-1)[1]は、「ストリート状況に置かれた子どもたち (Enfants situation dans la rue/ de la rue)」と呼ばれ、「困難な状況に置かれた」という意味では、典型的な位置づけにあると言えるだろう。本章では、西アフリカの内陸国、ブルキナファソの「ストリート・チルドレン」を対象に、彼らが過去に受けた教育、また、現在受けている教育を紹介する。

　まず、本章の課題を掘り下げて、問題の所在を確認しておこう。ブルキナファソの「ストリート・チルドレン」を研究する筆者には、「ストリート・チルドレン」の事例を通して、彼らの就学状況を論ずることが求められているが、この課題が「ストリート・チルドレン」のイメージ通りに「ストリート」[2]で生活する子どもたちと捉え、現在の就学状況を紹介するということを指しているのであれば、その答えは簡単だ。彼らは

写真 10-1　ストリート・チルドレンとケオーゴのスタッフ

ほとんど就学していない。言い換えれば、「ストリート・チルドレン」と分類される間は、ほとんどの子どもたちは「学校」[3] には行っていないことになっている。

なぜこのように含みを持たせねばならないか。これが本章の重要な問いとなってくる。

子どもたちが「学校」に行かない、と言っても、子どもたちが単に「学校」に行くことを拒否し、もしくは、学校に行く機会に恵まれないかと言えば、必ずしもそのようなことはない。彼らが「ストリート」での生活を送るようになった理由もさまざまなものであり、彼らの中には全く「学校」に行っていない子どももいれば、中等教育まで学校に通っていた子どもも存在している。

最も特徴的なのは、イスラーム教育を受けている者がむしろマジョリティに属することである。イスラーム教育はこの地域の伝統的教育機関として、ブルキナファソの人びとの間で広く受け入れられ、親の中には近代的な学校の方が近くにあるにも関わらず、敢えてイスラーム教育を受けさせる例も少なくない。こうした状況を見れば、「ストリート・チルドレン」と学校の関係性を考える以前に、イスラーム圏の人びとと学校の関係を通して、いわゆる近代的な学校だけを教育の問題として捉えると、西アフリカ・イスラーム圏に特有な「ストリート・チルドレン」を誤って理解してしまう可能性がある。「困難な状況に置かれた子どもの教育」という、本書がターゲットにしている対象自体が、「困難さ」という言葉では表しきれない文化的多様性の中から生まれていることも表していきたい。そして、こうした伝統や社会の中に埋め込まれた「教育」という営みを見つめ直すことが、「教育―子ども―社会（問題）」に線を引く一つの有効な手段となることを提案してみたい。

1. ブルキナファソのイスラーム化と教育の概況

1-1 ブルキナファソ概略

ブルキナファソは、西アフリカの中央部に位置する内陸国である。12世

紀ころにこの地域の中心部にはモシ諸王国による王権が発達し、その周辺に中小の民族が分布している。19世紀末にフランスによる植民地統治が確立したが、1960年にオート・ヴォルタとしてフランスから独立した。1984年にトマス・サンカラ大統領が国名を現在のブルキナファソに変更して現在に至る。独立後のブルキナファソは、5度にわたり、クーデタによる政権交代が行われたにも関わらず、この国は平和で温厚なイメージをもたれている。

　経済に目を向ければ、最大民族のモシを始め、ほとんどの民族が定住農耕を基本とした一次産業を主要な生業形態としている。内陸国ブルキナファソは、港湾地帯とのアクセスの悪さから、これといった産業が発展せず、地下資源も開発されてこなかった。そのため、植民地時代から関係性の深い隣国のコートジボアールへの労働力の供給源として位置づけられ、プランテーションで働くブルキナファソ人は現在も数百万人規模に上る。しかし、2000年代後半からは、金採掘に外国資本が参入し、現在では最大の外貨獲得源となっている。

　筆者が調査研究を行っているのは、ブルキナファソ中央部のカディオゴ州に位置する同国の首都ワガドゥグである（写真10-2）。ワガドゥグは約160万人の人口を擁する同国最大の都市であり、政治経済の中心地である。また、ワガドゥグは（中部）モシ王国の王都でもあり、古い街区はモシ王の家臣団が中心となって形成されてきた。急激な人口増加を続けるワガドゥグの周縁には、現在でも多くのニューカマーが居を構え、面的な拡大も注目に値する。こうした都市の拡大とともに、都市のインフラも拡充し、街は日進月歩の変

写真10-2　ブルキナファソの首都ワガドゥグの街並

化を遂げている。

1-2　ブルキナファソのイスラーム化

　西アフリカの中央部に位置するブルキナファソは、周囲をマリ、ニジェールなどのイスラーム化の進んだ諸地域に囲まれている。ブルキナファソはこの両国と比較すれば、より穏やかにイスラーム化が進行した地域ではあるが、ムスリム人口は増え続け、現在では人口の半数以上がムスリムだと考えられている。つまり、現在のブルキナファソ社会の形成過程には、植民地支配とそこからの独立、そして、この過程と並行したイスラーム化の歴史が政治文化的な背景にある。そしてイスラーム化の過程で重要な役割を果たすのが本章で紹介するイスラーム教育である。

　西アフリカには、ガーナ帝国、マリ王国などの、当時の世界でも最大級のイスラーム王国が数多く勃興したことはよく知られている。これらの王権が現在に至るイスラーム圏の文化的基礎を作り上げたことは間違いない。他方で、西アフリカのイスラーム圏の形成でより重要なのは、西アフリカにおいてはサハラ南縁部とギニア湾岸沿いに網の目のように張られた商業路を通じた、ムスリム商人による下から（民衆レベルから）のイスラーム化である。イスラーム商人たちは、通商路上にあった先住の人びとの土地に停泊地を定め、それらは次第に商人の街区として発展していく。そして、そこにはモスクが築かれ、商人の街区は経済的拠点であると同時にイスラームの拠点として発展していく。これにより、現在の西アフリカ内陸部の諸都市に住まう人びとを巻き込み、漸次イスラーム化が進んでいったのである（Lewis 1966）。

　実際にイスラームを現地の人びとに伝えたのは、商人の中でもクルアーンをよく知るマラブー（イスラーム職能者）によるものである。マラブーは時にイマーム（礼拝先導者）として、地域の礼拝を取り仕切り、リーダーとしてイスラーム・コミュニティの調整役ともなった。そして、タリベ（生徒）を自らの家に住まわせ、日常を共にしながらクルアーンを習得させた。マラブーやイスラーム教育は、現在まで西アフリカの伝統的な教育を行う教育機関として、西アフリカのイスラーム圏で重要な位置づけにある。

第10章　ブルキナファソの「ストリート・チルドレン」と教育　　207

1-3 ブルキナファソの近代教育制度

次に、ブルキナファソの近代教育の展開を概観しておこう。

ブルキナファソをはじめとする旧フランス植民地に近代教育が導入されたのは、フランス領西アフリカ政府（Afrique Occidentale Française、以下 AOF）やカトリック・ミッションによるものであり、20世紀初頭のことであった。この時代に AOF が期待するのは、AOF 内の行政官の補助をする現地人行政官を育成することであり、この時に教育を受けたのは、植民地行政に関係する現地王権の関係者の子弟など、ごく一部の子どもたちに限られた。近代教育機関は、独立前後に次第に拡充され、一般家庭の子弟にも開かれていくが、1960年のオート・ヴォルタ独立後から2000年代初頭までは低調で、純就学率は30%以下で推移してきた。これが急激に改善するのは2002年ころからで、その後は順調な伸びを見せ、2015年の純就学率は69%となった（World Bank EdStats）。この急激な改善を支えたのは、ブルキナファソ政府の努力もさることながら、諸外国の公的援助、及び NGO による諸プロジェクトに依るところが大きい。2013年には公立小学校が10,425校に対し、私立学校は2,779校を数え、私立学校の躍進が目立つのも着目に値する。これによって、村落部でも小学校は珍しいものではなくなった（MEBA 2015）。こうした設備的な充実が見られたことも、就学率を大きく引き上げた要因となったのだろ

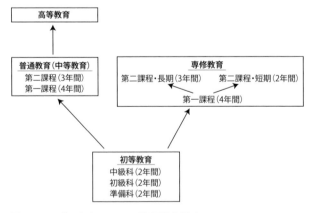

図 10-1　ブルキナファソの教育制度概略

う。

　制度面では、旧植民者のフランスの制度を踏襲している。簡単に紹介すれば、初等教育は7歳入学で6年間、中等教育は普通教育の場合で7年間、専修教育は6年から7年の課程が定められている（図10-1）。日本や英語圏の学校との大きな違いは、生徒一人ひとりが毎年通学登録を行うことで、必ずしもすべての生徒が入学してから卒業までを同じ学校に通うわけではないことである。特に学校数が多い都市においては、学校の選択肢も多く、したがって学校の評判によって生徒数が大きく変化する。これは都市に限られたことではあるが、ブルキナファソでも「学校」に通うことが珍しいものではなくなったことも示している。

2. ブルキナファソの地域的文脈の中の「ストリート・チルドレン」

2-1 「ストリート・チルドレン」とは

　本節からは本題の「ストリート・チルドレン」の教育的背景を紹介していく。教育の話題に移る前に、ブルキナファソにおける「ストリート・チルドレン」の全体像を踏まえておくことにする。

　都市をさまよう子どもや若者たちの問題が「ストリート・チルドレン」として最初に指摘されたのは、1970年代から1980年代にかけての東南アジアや中南米の都市でのことである。しかし、「ストリート・チルドレン」は突然出現したわけではなく、支援機関が名付けた一群の子どもたちの状態を示す用語である。「ストリート・チルドレン」の状態とは、時に単独で、時に家族と共に都市に移り住み、教育を受ける機会もなく、日々の糧を得るための営みを「ストリート」で展開する状態である。こうした子どもたちが手掛ける、生きるための営みは、ゴミの山をあさり再利用可能なものを売ること、物乞いをすることなど「仕事」には見られないものが多い。そして、しばしばスリなどの軽犯罪を引き起こす存在であると語られる。さらに、こうした子どもたちは時に人身売買に巻き込まれることもあり、子どもの人権問題と

しての側面も併せ持つ。

　子どもたちが「ストリート」に身を置くことは、従来、村落部に一般的な大家族や地縁関係によって形成された人間の網の目の中で暮らしていた子どもたちが、一時的であれ突然、こうした人間関係を失うことを意味する。そのリスクは「ストリート・チルドレン」自身が感じ取っていることだろう。

　では、子どもたちがなぜ「ストリート」に出てくるのか。これは大変重要な問題であるが、この問題の答えを一般化することはいささか難しい。もちろん、子どもたちが抱える貧困や家族の問題により、保護者の下に居場所を失い、その結果として「ストリート」に追いやられるといったストーリーは容易に想像がつく。こうした背景は確かにある部分の子どもたちにはよく当てはまる。そして、子どもたちが背負う貧困問題の背景には、近代化に伴う急激な都市化や格差問題、さらには農村から都市へのヒトの移動といった、特に開発途上国であればどこの地域にも見られる、複雑に入り組んだ問題があることも、その通りである。しかし、一つひとつの問題を分節化し、時にいくつもの要因を併せ持つ「ストリート・チルドレン」を一般化して理解することは、時に彼らの背景にある事情を隠ぺいする可能性があることを忘れてはならない。そして、すべての個別事例を洗い出すことは不可能であるにせよ、少なくとも子どもたちや彼／彼女らが属する社会の文化的背景には関心を払っておく必要がある。

2-2　ブルキナファソの「ストリート・チルドレン」の特徴

　1990年代になると、東南アジアや中南米から少し遅れて西アフリカ全体の都市の巨大化が顕著にみられるようになり、この地域でも「ストリート・チルドレン」の問題に注目が集まるようになる。本章の舞台のワガドゥグでも1990年代後半には、欧米のNGOが「ストリート・チルドレン」問題に取り組むようになる。多くは有期のプロジェクト形式で活動が展開されたが、プロジェクト終了後にこうしたNGOのプロジェクトが独立してローカルNGO化する。これらのNGOは次第に活動を活発化し、2000年代後半には約100団体と言われるNGOが支援活動を展開するようになった。これらの

ローカル NGO は、現在も活発な活動を展開している。ワガドゥグの多くの支援団体のうち、ケオーゴ（KEOOGO）、サム・ソシアル（Samu Sociale）、テール・デ・ゾム（Terre des homme）といったいくつかの NGO が、現場活動と理念の両面で、「ストリート・チルドレン」の支援活動を主導している。一方の政府も何もしていないわけではなく、NGO と強い協調関係を築き、統計資料の作成や、NGO による倫理教育を受けた警察、憲兵隊（Gendar Merie）による子どもたちの保護活動を行っている。

　こうした支援者たちがどのような子どもを「ストリート・チルドレン」と呼ぶのか。次にその理由を紹介しよう。2016 年 12 月に女性・国民連帯・家族省の主導で行われた全国統計調査では、「ストリート」の子どもたちは、次の 3 つに分類されている[4]。

①「ストリート状況に置かれた子どもと若者」
　ストリートを主要な生活の場とする子どもと若者たち（0 歳から 24 歳）一般をさす。
②「ストリートで生きる子どもと若者」
　家族と断絶ないし関係性が希薄で、ストリートで主に眠り、生活の糧を得ている子どもと若者たち。
③「ストリートの子どもと若者」
　ストリートを生活の糧を得る場とするが、ストリートで眠らない子どもと若者たち。この分類の子どもたちは、主にタリベ、クルアーン学校に関係する子どもたち、物売り、靴磨き、花売り、お菓子やピーナッツの売り子、物乞いなどをしている。（MFSNF 2017）

　①「ストリート状況に置かれた子どもと若者」は、その下の②「ストリートで生きる子どもと若者」、③「ストリートの子どもと若者」の上位概念であるが、支援機関は子どもたちが「ストリート」で何らかの活動を行っていることを問題視していることは読み取れる。

　では、子どもたちはなぜ「ストリート」にやってくるのかを、2009 年と 2014 年のデータを比較しながら考えてみたい（表 10-1）。

第 10 章　ブルキナファソの「ストリート・チルドレン」と教育　211

表 10-1 「ストリート」に来た理由

調査年	仕事を探しに来た	家庭問題	クルアーン学校を辞めた	物乞い	学校を辞めた	その他
2009 年	431（54%）	129（16%）	161（20%）	53　（7%）	no data	24（3%）
2014 年	120（54%）	25（11%）	21（10%）	37（17%）	6（3%）	11（5%）

（注）2009 年調査では、186 人の女子が確認されているが、2014 年調査の際には女子は全く確認できなかった。2014 年調査と比較するため、ここでは 2009 年の女子を省略した。2014 年の調査は「ストリート・チルドレン」の季節動態の分析、及び 2009 年来行われていなかった「ストリート・チルドレン」の統計データの取得のために行われた。本調査は、夜間に行われ、2-2 の分類②のみを対象としている。割合は四捨五入。両データともに、当時タリベである子どもは含まない。
（出所）2009 年のデータは Somé（2009）を基に筆者作成（n=798）。2014 年のデータは 2014 年 7 月 28 日に行ったワガドゥグ市内の「ストリート・チルドレン」一斉統計調査に基づき、筆者作成（n=220）。

　この両年の調査結果に共通するのは、経済的事由（「仕事を探しにきた」、「物乞い」）が大半を占めることである。その一方で、2009 年に比較的多数の子どもたちが家庭問題を「ストリート」生活を始めたきっかけとして挙げているが、2014 年には、若干割合が減っている。そして、教育に関する事由（「クルアーン学校を辞めた」、「学校を辞めた」）には大きな変動がみられる。学校を辞めたことを「ストリート」生活のきっかけとして挙げた子どもの数は、2009 年にはデータがないものの、2014 年の数値（6 名）を見ると、若干こうした子どもたちが存在することがわかる。これに対して、クルアーン学校を辞めたためと答えた子どもは、2009 年には実に 20% 弱（129 名）であるのに対し、2014 年には 10% 強まで減少している。これは、イスラーム教育を受けている者が減少したことを示しているわけではなく、2005 年から本格的に行われたイスラーム教育の私学化が背景にあると考えられる。

　以上の背景を踏まえ、次節では「ストリート・チルドレン」の教育的背景を考える上で次の二つの点について考えていきたい。まず 1 点目に、「ストリート・チルドレン」一般の問題として、子どもたちが近代教育とどのようにかかわってきたかである。「ストリート」にいる間は学校に登録することはできないので、「ストリート」から学校に通うことは考え難いが、「ストリート」滞在を始める以前にどのような教育的背景をもっているのか。そして、「ストリート・チルドレン」になることと相関関係がみられるのか、ということを見ておきたい。そして、2 点目にクルアーン学校との関わりであ

る。近代教育の拡充に伴い、大部分の親は子どもを小学校に通わせるように
なったが、未だワガドゥグでは数百校のクルアーン学校が存在するし、村落
部では、その存在感は依然として大きい。そして、クルアーン学校は「スト
リート・チルドレン」の再生産機能を持つ教育機関として、支援機関から問
題視されている。この理論的な背景について考えてみたい。

3.「ストリート・チルドレン」と近代教育

3-1 「ストリート・チルドレン」の就学経験

前節で②に分類した「ストリート・チルドレン」と呼ばれる子どもたち
は、ほとんど学校に通うことができない。「ほとんど」と述べるのは、NGO
の支援により、NGO の施設に入所しながら通学するケースがあるためであ
るが、それ以外で「ストリート・チルドレン」が「学校」に通うことは不
可能である。表 10-1 で示したように、学校に関連した事由を「ストリー
ト」での生活に結びつける子どもたちはごくわずかであり、学校教育での
問題と「ストリート」生活の間には、強い結びつきは考えられない。しかし、
彼らが全く学校に関わらなかったかというと、そうではない。

それでは、「ストリート・チルドレン」はどのように学校教育を受けてき
たのかを見ていこう。まず 2009 年にルクセンブルクの NGO、UNIDIA が
女性・国民連帯・家族省と KEOOGO などのローカル NGO が行った調査の
資料を参照する。この資料によれば、就学経験のある「ストリート・チル
ドレン」は約 2 割であるとされている (表 10-2)。そして、2014 年に筆者が
KEOOGO 等ローカル NGO の協力を得て行った調査では、262 の回答のうち、
101 人が初等教育、中等教育を終了、ないし中断したと答えており、就学経
験のある「ストリート・チルドレン」の割合は 4 割ほどに増加している。ま
た、ごくわずかではあるが、ブルキナファソ全体でも 20% にすぎない中等
教育進学者 (World Bank EdStats) がいることにも目を向けておく必要があるだ
ろう (表 10-3)。

第 10 章 ブルキナファソの「ストリート・チルドレン」と教育　213

表 10-2 「ストリート・チルドレン」の就学経験

就学経験	人数
就学経験あり	205
不就学	741
識字教育を受けた	38
合計	984

（出所）Somé（2009）を基に筆者作成

表 10-3 「ストリート・チルドレン」の教育状況

学校	人数
初等教育修了 / 中断	88
中等教育修了 / 中断	13
クルアーン学校修了 / 中断	73
不就学	78
その他	10
合計	262

（注）複数回答可（n=219）。
（出所）2014 年 7 月 27 日の統計調査を基に筆者作成

3-2　学費を「ストリート」で稼ぐ子ども

3-1 では〈「ストリート」で生きる子どもと若者〉の就学経験について述べた。ここでは、〈「ストリート」の子どもと若者〉（2-2 の③）についてみてみたい。

ワガドゥグの街には、ほかのアフリカの都市と同じく、多くの物売りが「ストリート」を歩く。男性の物売りは民芸品、本、タバコ、コラの実、携帯電話のカード、ティッシュや綿棒などの小物など多岐にわたるものを売る人がおり、ほかにも爪切りをする人なども見られる。女性は主に食糧品を売る。「ストリート」の物売りの年代はさまざまで、50 歳代に見える壮年の人から、小学生ほどに見える子どもまでが存在している。

近年では、子どもの物売りを見ることが少なくなったが、2010 年に筆者が出会った A 君の事例を挙げてみたい。

A 君は 12 歳の男の子である。当時 5 年生（中級科 1 年目）だった。前年度は文房具が買えずに、ほとんど学校に行けなかったという。そこで、A 君は、7 月から 9 月までの長期休暇中にワガドゥグの叔父さんのところに寝泊まりしながら路上でティッシュ売りをして、次の学年の学用品をそろえるつもりでいると話していた。A 君は、10 個入り 1 パックのティッシュ

を 650 セーファフラン（約 130 円、以下フラン）で購入し、1 個を 100 フラ
ンで販売する。10 個売り切れば 350 フラン（約 70 円）の儲けになる。

（清水（2017b, 40-41 頁）を一部改変）

　A 君がその後進学できたのかはわからないが、筆者が A 君に出会い、こ
の話を聞いたあとも、何度も「ストリート」で A 君がティッシュを売る姿
を目にしている。A 君のような子どもの姿は、特に珍しいものではない。A
君の事例は学費を自らねん出するためのデブルイヤージュ（なんとかすること）
の一つの典型的な例だが、もう一方で、家計を補完するために「ストリー
ト」を歩く子どもたちも少なくない。こうした子どもたちは、数多く学校に
通っており、放課後の手伝いの一環のようにも見えることがあるのである。
　以上のように、「ストリート・チルドレン」の内、「学校」を放逐されたこ
とを「ストリート」にやってきた要因とするものは少数であり、多くの子ど
もたちが経済的事由により学校を離れたことが分かる。

4. イスラームの文脈における「ストリート・チルドレン」

4-1　タリベの日常：学びと物乞い

　本節では、「ストリート・チルドレン」に強く結びつけて考えられてきた
タリベ（クルアーン学校の生徒）について述べていくことにする。
　最初に、クルアーン学校（写真 10-3）の日常について紹介しよう。
　ブルキナファソにおけるクルアーン学校は、ワガドゥグ、ボボ・ジュラソ
などの都市部のほか、特に西部や北部のムスリム村落部に多く存在する。村
落部のクルアーン学校ではマラブーが村内の子どもや村外の知人の子息を寄
宿させ、クルアーンの暗唱をさせながら、タリベとともに自給自足の生活を
送っている。しかし、環境変動による作物収量の減少、人口増による土地
の確保が困難になったこと、貨幣経済の浸透による現金の必要性が増したこ
となど、さまざまな要因が重なり、村での学校運営が難しくなった。そのた

写真10-3　ワガドゥグ市内のクルアーン学校

め多くのクルアーン学校は、村を後にして都市に出てくるようになる。都市に出てきたクルアーン学校には、そのまま都市に居つく学校と、都市と農村を往還する学校があることが知られているが、都市に移ったクルアーン学校の生徒たちの生活は大きく変化する。

　クルアーン学校で習得することが望まれる日常生活を保つ術は、村落部であれば農業を習得することである。農業に従事することは、タリベにとって将来の生業を習得することであると同時に、現時点での学校を保つことの二つの意味を持つ。しかし、都市に移ったクルアーン学校では、この営みが大きく変わる。畑を持つことのできない都市では、タリベたちは畑を耕す代わりに、簡単な作業の手伝いや「ストリート」における物乞いを行うようになる。「日常生活を保つ術」の習得、学校の維持を目的とした農耕は、いつしか学校を維持するために現金を獲得することに特化することとなる。そして、いつも仕事があるわけでない軽労働よりも物乞いがより多く行われることになる。

　一般的な都市のクルアーン学校の一日を追ってみよう。

　タリベたちは明け方4時半に起床し、一日の最初の礼拝（ファジャル）を行う。礼拝が済むと、1時間ほどクルアーンの暗唱を行う。クルアーンの学習が済むと、年長者から年少者までのグループを作り、各々がトマト缶を（写真10-4）もって街に繰り出していく。行先は大方毎日決まった場所で、ガソリンスタンドや信号がついている交差点など、大人が集まり、小銭を出しやすい場所である。タリベたちはここで物乞いをしてその日の朝食を得ることになる。その後も10～11時ころまでは物乞いを続け、12時前にクルアーン学校に戻ってくる。タリベたちがクルアーン学校に着くと、その日に得た幾ばくかのおカネをマラブーにわたすのだが、一部のマラブーは子ど

写真10-4　タリベと「ストリート・チルドレン」が持つトマト缶

もたちにノルマを課し、達成できないと暴力をふるう事例が報告されている
が、筆者はそうした様子に遭遇した経験はない。午後は 13 時、15 時、18 時
に礼拝があり（ゾフゥル、アッサル、マグリブ）、これが終わると、夕食をはさ
み、再度クルアーンの暗唱が行われる。学校によっては、アッサルとマグリ
ブの間にもクルアーン暗唱や地域の人にも開放されたクルアーンの解釈の講
義を行うこともある。（2010 年ザングエテン [5] のモスクでの参与観察及び 2016 年 2
月のインタビューより）

　タリベの一日のスケジュールは以上のとおりであるが、これは毎日同じよ
うに過ぎていくわけではない。ブルキナファソのムスリムの慣習として、木
曜日は静かに過ごす日とされ、学校近辺で過ごすことが多いし、イスラー
ムの安息日の金曜日は、礼拝以外は基本的に休息をとることになっている。
よって、一週間のうちでもこの 2 日間は街中でタリベの姿を見ることが少な
い。また、金曜日はゾフゥルの際にマラブーと共に金曜モスクに出かけるこ
ともあり、クルアーンの暗唱、講義も行われない。クルアーン学校と一概に
いってもワガドゥグだけで数百を数え、その様相は一様ではないが、多くは
このようなイスラームの宗教的カレンダーに基づいて日程が決定されている。

4-2　物乞うタリベと大人たちのまなざし

　以上のように、クルアーン学校は「学校」とは大きく異なる形態をとって
いる。この光景は、ワガドゥグの人びとにとっては珍しいものではないは
ずだが、これが「ストリート・チルドレン」と同一視されるようになるのは、
どのような理由によるのか。タリベが周囲からどのようにまなざされ、「ス
トリート・チルドレン」と同一視されるようになったかについて着目して、
このことを論じていくことにしよう。

　タリベが「ストリート・チルドレン」に分類されるのは、主にタリベが物
乞いをすること、学校教育を受けていないことに起因する。タリベは基本的
に親が依頼して寄宿させているマラブーが、いわば保護者の代役を果たし
ているのであり、多くの場合夜を過ごす建屋が用意されている。そのため、
「ストリート・チルドレン」の分類では、③「ストリートの子どもと若者」

のカテゴリーに「タリベ及びクルアーン学校に関係する子どもたち」が含まれるのである。言い換えれば、タリベは身元不明の路上生活者ではない。

このように「ストリート・チルドレン」にタリベが組み込まれることは、西アフリカでも珍しいことではない。ブルキナファソに比べ、さらにムスリムの割合が高いセネガルにおいては、「ストリート・チルドレン」の問題とタリベの問題は等しいというほどである（2016年3月18日ル・ソレイユ（Le Soleil、セネガルのNGO）での聞き取り）。ブルキナファソの場合もセネガルの場合ほどではないにせよ、各支援機関はタリベの扱いを大きな課題として認識している。しかし、支援機関、街の人びとのタリベへの認識は多義的で、必ずしも完全に否定されるものではない。

支援機関の見方として、何度か行われた調査から検討してみよう。2016年以前の調査では、タリベは別のカテゴリーとして分類されることが多かった。例えば、セネガルのNGO、エンダ・ジュネス（Enda Jeunnes）は特にタリベの動向に着目し、2006年にワガドゥグ、ワイグヤ、ゾルゴの3都市で大規模な調査を主導した。ここでは、この3都市で7,383人のタリベが確認されている（Enda Jeunnes 2006）。この調査の前後にも、同様の調査が2度行われた。2002年に行われた全国調査では、2,146人のタリベを「ストリート・チルドレン」として報告している（Somé 2009; KEOOGO 2009）[6]。また、この2009年の調査では、夜を「ストリート」で過ごす「ストリート・チルドレン」が984人だとされた一方、1,136人の子どもが日中ストリートで過ごしており、5,943人のタリベが存在したと報告されている（KEOOGO 2009）。

こうした物乞いをする子どもたちへの認識は、ムスリムの間でも評価が大きく分かれる。まず、本来教育を受けるべき時間に、子どもが物乞いという人間の尊厳を貶める活動をすることへの批判がある。KEOOGOのプログラムマネージャーを務めるラシーナは、村落からマラブーとともに都市に移ってきたタリベが、昼夜を問わず物乞いをしている様を、子どもの被害のシンボルとして批判する（Lassina 2007）。

こうした批判の一方で、イスラームの宗教的要請として物乞いに理解を示す捉え方もある。本来、平等を尊ぶイスラームでは、富者が貧者に持つものを与えることを義務付けている。「喜捨（サダカ）」がそれにあたるが、困難

218

な状況にあるものを救済することは、ムスリムの義務とされるから、物乞い（困難な状況に置かれた者）に食物やカネを与えることは、ムスリムの義務を果たすことになる。さらに、与える相手がタリベであるから、より喜捨の宗教的正統性が高まるのである（清水 2017a）。つまり、大人たちは、恵まれないタリベに金品を与えることで、宗教的な恩恵を得ようとするのである。

　また、近年のブルキナソファでは学校教育が整備されてきたが、都市部では、近代教育の要素を取り入れたフランコ・アラブ[7]にも生徒が集まるようになった。さらに親が敢えてクルアーン学校を選択する事例も未だ数多く見られる。イスラーム教育を受けさせようとする親への聞き取りでは、イスラーム教育の有為性と近代教育への疑念とを含めた語りが聞かれる[8]。

　　近代教育を受けさせると年長者を敬わなくなる。私たちの社会では、年長者を敬わなければその社会で生きていけない。それよりも自分の子どもには（クルアーン）学校で社会の秩序（モラル）を学んでほしい。（近代）教育を受けさせても仕事に就けるわけではない。（2014 年 2 月の聞き取り調査より）

　こうした近代教育への疑念と期待、反対にイスラーム教育への信頼と不安が交錯する感覚は、さまざまな形で表出する。例えば、子どもの半数に近代教育、残りの半数にイスラーム教育を受けさせる親も見受けられた。

　最後に、クルアーン学校側の対応を紹介したい。クルアーン学校は村落から多くのタリベを伴いワガドゥグにやってきて、タリベに物乞いをさせるため、「ストリート・チルドレン」の生成原因として捉えられる。さらに時に人身売買や子どもの連れ去りといった人権問題に絡めて捉えられることがある。また、義務教育が浸透しつつあるブルキナファソにおいては、子どもが「学校」に行くことを阻害する要因としても捉えられ、クルアーン学校の存在意義は大いに揺らいでいる。都市のクルアーン学校は、都市内でタリベを集めるケースは少なくなり、新たに寄宿するタリベは、マラブーの友人の子弟がより多くなった。タリベが少なくなったクルアーン学校は、「学校」の放課後や長期休暇中に講義を行うことで学校を存続させている。この結果、マラブー宅に寄宿するタリベは相対的に減少し、自宅からマラブーのもとに

通い、クルアーンを習得する生徒が多くなっている。

おわりに

　本章では、ブルキナファソの「ストリート・チルドレン」の教育背景について述べてきた。世界中の諸地域の「ストリート・チルドレン」に共通するように、ブルキナファソの「ストリート・チルドレン」も、「ストリート・チルドレン」と呼ばれる状況下においては基本的に「学校」に通っていることは一部を除いて皆無と言ってよいだろう。しかしながら、何らかの「学校」に接した経験をもつ子どもは、近年の学校教育の浸透に伴い、それほど少ないものではない。

　そして、西アフリカのイスラーム圏に位置するブルキナファソにおいて特徴的なのは、クルアーン学校と「ストリート・チルドレン」との関わりである。村落におけるクルアーン学校は、善きムスリムとなるため、タリベをマラブーの下で寄宿させ、クルアーンの習得と日々の生活を保つための術を学ぶ。主に農耕によって成り立つ村落では、生活を保つための術とは畑を耕すことであり、クルアーン学校の日々の糧を得ることと同時に農業を学ぶ。しかし、耕す畑がなく、貨幣経済の中で生活を保たなければならない都市においては、喫緊の食やおカネを得るためにタリベは物乞いを行うことになる。NGO 等の支援機関は、こうしたタリベを、近代教育を行う学校に通わないこと、「ストリート・チルドレン」と同様に物乞い行為を頻繁に行うことで「ストリート・チルドレン」の一部として位置づける。

　教育は近代が生み出した、「子ども」を社会に組み込むための重要な制度である。教育制度がこの地域に導入された当初は、ごく限られた人しか享受できなかったが、現在ではすべての人が享受することが現実的になってきた。「ストリート・チルドレン」は教育制度から疎外された子どもとして扱われ、一方で、タリベを「ストリート・チルドレン」に包摂する NGO や行政の姿勢と、子どもをクルアーン学校に通わせる、数多くのブルキナファソ市民の教育に対する志向とは、すれ違いが見られることは明らかだ。こうした見方をしたとき、私たちはそれぞれの国、地域の宗教文化的な多様性をいかに扱

うのか。このことはこれから教育に関心を持つ人びとと考えていきたい課題である。

[注]

(1) 筆者は「ストリート・チルドレン」と、鍵カッコをつけて標記する。これは、「ストリート・チルドレン」とは、大人たちがある状態の子どもたちを名付けたものであり、子どもたちの所与の状態ではないことを示すためのささやかな抵抗を込めた書き方である。

(2) 女性国民連帯家族省はストリート（Rue）を「子どもや若者が習慣的に存在するすべての場所（公共・私の建物、橋、立体交差、野外の飲み屋、市場、広場など）」と定義づける。

(3) 本章では、近代的な学校を「学校」と記述し、イスラーム教育を行う他の学校と分別する。

(4) 「ストリート・チルドレン」の範疇は調査のたびに変化している。例えば、2009 年に行われた調査では、「ストリート」で活動する子ども Enfant dans la rue（家族とのつながりがあり、夜は家族の元に戻るが、家計を助けるためにストリートで小商売を行う）、「ストリート」の子ども Enfant de la rue（家族との連絡が全くないか、ほとんどなく、夜は屋外や庇の元でほかの子どもたちと眠る。「ストリート」から抜け出すための経済的資本を持たない）、クルアーン学校の生徒（Taribé）の三つに分類されている。（Somé 2009）

(5) ザングエテンはイスラーム商人としてナイジェリア北部からガーナまでの通商を行ったハウサの人びとによって拓かれた街区で、ワガドゥグのイスラームの中心ともなった。2004 年前後の都市計画の実施により立ち退きを余儀なくされ、ここに住んでいた人びとはワガドゥグ南部を中心に移住している。

(6) 2002 年に社会行動と国民連帯省（Ministère de l'Action sociale et de la solidarité Nationale）と UNICEF が合同で行ったこの調査の報告書は、2009 年の洪水の際に同省の倉庫が水没し、原本の多くが失われている。そのため、本章では、Somé（2009）と KEOOGO（2009）を参照した。

(7) 1974 年にメデルサがオート・ヴォルタの私立学校として正式に認められ、1991 年には、近代教育のカリキュラムを取り入れたフランコ・アラブが正式に規約化された。1996 年には、ムスリム富豪、故オマール・カナズエの資本によって公式カリキュラムが策定された。1999 年からフランコ・アラブは正式に私立学校として認可を受けられるようになった（Hatimi 2007）。

(8) 2014 年 2 月に行った、イスラーム教育を子どもに受けさせる家庭への訪問調査による。30 軒の家庭訪問を行った。

[参考文献]

清水貴夫（2017a）「アフリカの「ストリート・チルドレン」問題を複眼的に見る——支援
　　者と調査者の交差するまなざし」白石壮一郎・椎野若菜編『FENICS 100万人のフィー
　　ルドワーカーシリーズ　第7巻　社会問題に出会う』古今書院、45-59頁。
清水貴夫（2017b）「ストリートに生きる子どもたち——ブルキナファソの最大民族モシ」
　　清水貴夫・亀井伸孝編『子どもたちの生きるアフリカ——伝統と開発がせめぎあう大
　　地で』昭和堂、37-49頁。

Enda Jeunnes (2006) *Talibé au Burkina Faso, de l'étude à l'action* (JEUDA117). Dakar: Enda
　　Jeunnes.

ISDN (2009) *Education Instruction-Alphabetisation-Scolarisation.* Ouagadougou: Institute National
　　de la Statistique et de la Démographie (ISDN).

Hatimi, D. (2007) *La problématique psycholinguistique de l'enseignement bilingue franco-arabe au
　　Cours Préparatoire.* Mémoire de fin de formation a la fonction d'inspecteur de l'enseignement
　　du Premier degré, Université de Koudougou.

KEOOGO (2009) *Repport Annuel D'activites.* Ouagadougou: KEOOGO.

Lassina, Z. (2007) *L'école coranique migrante, une pratique éducative en question: cas des écoles
　　coraniques de la commune de Ouagadougou au Burkina Faso.* Mémoire de fin d'études présenté
　　en vue de l'obtentino du grade de licencié en politique économique et sociale, Université
　　Catholique de Louvain, Belgique.

Lewis, I.M. (ed.) (1966) *Islam in Tropical Africa.* Bloomington: Indiana University Press.

MEBA (2015) *Annuée Scolaire 2013-2014.* Ouagadougou: Ministère de l'Ensignenment a la Base et
　　l'Alphabetization (MEBA)

MFSNF (2017) *Recensement des Enfants et Jeunes en situation de rue dans les quarante neuf (49)
　　commune urbaines du Burkina Faso, Monographie Nationale.* Ouagadougou: Ministre de la
　　Famme, de la Solidarite Natinoal et de la Famille (MFSNF).

Somé, M.S. (2009) *Etude Quantitative et Qualitative sur les Enfants en Situtation de rue dans
　　la ville de Ouagadougou, Effectif et Analyse des Représentations Sociales.* une repport de
　　recherche de KEOOGO et UNIDIA, Ouagadougou.

第11章

ケニアにおける HIV/AIDS と
若年女性──学校の役割と限界

小川未空

はじめに

　本研究の目的は、学校が HIV/AIDS に対して、どのような役割を果たし、またいかなる限界を有しているかを、ケニア農村部の若年女性[1]の事例を用いて検討することである。

　現在、世界の HIV 感染者の約 7 割がアフリカ地域に暮らしており（UNAIDS 2014）、人びとの生活に大きな影響を及ぼしている。アフリカのなかでも東部と南部には感染率の高い国が集中しており（UNAIDS 2016a）、東部アフリカに位置するケニアは、南アフリカ、ナイジェリアに次いで、アフリカで 3 番目に HIV 感染者の多い国となっている（UNAIDS 2014）。

　世界で公式に確認された HIV/AIDS の最初の症例は、1981 年のアメリカにおけるゲイ男性の事例である。しかし、アフリカ地域では、1900 年代前半には HIV とみられるウイルスが流行していたとされている（Goudsmit 1998 = 2001）。アメリカなどの HIV が、男性同性間性行為によって効率よく感染するタイプのウイルスであったのに対し、アフリカ地域の HIV は、男女間の性行為によって効率よく感染するタイプのウイルスであったため（ibid.）、急速に多くの人びとが感染に巻き込まれた。現在でも、アフリカ地域における新たな HIV 感染者は、特定のグループ（性労働者やそれに関わった者、ゲイ男性などのセクシャル・マイノリティ、薬物使用者）に該当しない人びとがほとんど

223

（70 〜 80%）である（UNAIDS 2016b）。西ヨーロッパと北アメリカ地域では、同じ項目の値が 7% であることと比較すると、アフリカ地域の特徴は顕著である（ibid.）。

　他方、近年の度重なる国際的合意による支援を受け、アフリカでは学校教育も急速に拡大している。HIV/AIDS は、教員や、学齢期の子ども及びその保護者の健康状態に悪影響を及ぼすなどの理由から、学校教育普及の主要な阻害要因の一つとして認識されてきた（Bannell et al. 2002; Achoka et al. 2007）。一方で、学校教育が HIV/AIDS に抗する「社会的ワクチン」としての可能性を持つとする側面も指摘されている（Verspoor 2008; Mwamwenda 2014）。ただし、学校教育と HIV 感染の関係には紛議があり、学校教育が感染リスクを軽減する傾向が強いとする指摘もあれば（Vandemoortele & Delamonica 2000; Hargreaves et al. 2008）、教育を受けるほど HIV に感染する傾向が強いとする反論もある（Fortson 2008）。ほとんどの研究で、教育を受けるほど HIV/AIDS に関する知識があるという点では共通しているものの、教育と HIV 感染の関係に紛議が生じるのは、HIV/AIDS に関する知識が必ずしも性的行動の変容に接続していないからである。とりわけ若年女性の性に関する行動は、友人からのプレッシャーや社会経済的な状況にも強く影響されている（Nzioka 2001; Were 2007）。そこで本章では、若年女性を対象とした質的事例分析を用いて、学校が HIV/AIDS の社会的ワクチンとして、いかに機能しているか／していないか、という問いを検討する。

1.　学校と HIV/AIDS の関係をめぐる紛議

　学校の HIV/AIDS に抗する役割と限界については、ウイルスの蔓延初期から現在にかけて、多くの研究で盛んに議論されてきた。先行研究の主な視点は二つに分類することができる。第一に、学校教育の教育機能に焦点を当てたものであり、例えば、HIV/AIDS に関する知識の獲得や、女性の地位向上などに関するものである。第二に、学校という場に留まることが若者にもたらす影響に焦点を当てたものであり、就学によって婚期が遅れるという指摘

や、学校内における性的活動に関するものなどがある。

第一の点であるが、就学により知識が習得できるという指摘はもちろん、そのような知識のみならず、自身の感情の抑制や、男性に対する意見の表出へとつながるため、感染リスクの軽減へ寄与しているとも論じられている（Jukes et al. 2008）。実際に、教育を受けるほど避妊するようになることも示されている（Oindo 2002; Jellema & Philips 2004）。一方で、就学によって HIV 感染リスクが高まるとした研究では、高学歴であることに伴う社会的・経済的な変化に焦点が当てられている。例えば、学校教員の HIV 感染率が高い要因を検討した論文では、教員らが安定した収入と社会的地位を持つことや、転勤によって配偶者と別居していることなどが、感染の一因となっていることを明らかにしている（Bannell et al. 2002）。

第二の学校という場所に若者が留まることに関しては、女子が教育を継続すればするほど、若年での妊娠や結婚が減少することが多数の研究で指摘されている（Vandemoortele & Delamonica 2000; Hallfors et al. 2011）。すなわち、生徒である期間が長いほど、性的活動に関与する時期が遅れるため、HIV を含む性感染症のリスクを避けられるというものである。しかし他方では、学歴が高いほど婚期が遅くなり、結果として婚前交渉の機会が増加することも指摘されている（Fortson 2008）。さらには、学校を中心として HIV が拡大する背景として、教員による児童／生徒へのレイプなども言及されてきた（Bannell et al. 2002）。

以上を概観すると、HIV/AIDS に対する学校の描かれ方は、学校教育が個人にもたらす影響のどこに焦点を当てるかによって変動することが分かる。ただし、これらは蔓延初期から近年にかけての研究成果であり、それぞれの研究結果がどの時期のどの社会の状況から結論付けられたものであるかを捉える視点は欠かせない。というのも、アフリカにおける HIV/AIDS と学校教育をめぐる社会環境は、日ごとに大きく変化しているからである。

これらの経年的な変化に着目して近年の研究の動向をたどると、2000 年以降の傾向として、教育はワクチンとしての効果が強いと結論づけられているものが多い。これらの研究では、HIV/AIDS という病の実態や脅威がまだ大衆に浸透していなかった蔓延初期と、その脅威や予防方法が広く共有

第 11 章　ケニアにおける HIV/AIDS と若年女性　　225

されている現在では、状況が異なるのではないか、という指摘が共通して
みられる（Baker et al. 2008）。そこでは、1980 ～ 90 年代は、教育を受けるほど
HIV 感染リスクが高いとする報告が多いが（ibid.）、2000 年代以降、教育を
受けるほど感染率が下がり（Vandemoortele & Delamonica 2000）、受けないほど感
染率が上がる傾向にあるという（Hargreaves et al. 2008）。背景には、2000 年以降、
HIV/AIDS の脅威が自明のものになったことに加えて、新薬の開発やその無
償提供の開始といった社会状況の変容がある。さらには、初等・中等学校を
活用した HIV/AIDS 啓発プロジェクトの開始など（Mavedzenge et al. 2011）、学
校を HIV/AIDS 啓発の拠点として捉えていく政策が始まったことなどが指摘
されている。このような経年変化を捉えると、近年の社会状況では、学校教
育が社会的ワクチンとして機能するという論が優勢であるといえよう。

　しかし、HIV/AIDS と学校の関係を論じた先行研究の動向には、2 点の課
題があると考えられる。第一に、教育歴と性的活動の関係を量的に分析し
ているものが中心であり、相関や傾向の概観が明らかになっている一方で、
HIV/AIDS と学校の個別具体的な関係は十分に明らかになっていないことで
ある。先行研究では、人口保健調査などの大規模データを使用していること
が多く、HIV 感染率を、個人の学歴や結婚歴、性行為の人数などと照らし
合わせて、その相関関係を検討してきた。しかし、実際に何がどのように作
用してワクチンとして機能しうるかの検討が不足しており、質的事例研究か
らのアプローチも不可欠である。第二に、疫学的知見からの検討が主であり、
新薬の開発や薬の無償提供といった疫学分野における社会変化は考慮されて
いるものの、急速に変容している教育セクターにおける社会変化を捉える視
点が捨象されがちである。このため、初等教育修了、中等教育修了、高等教
育修了といった学歴の違いを考慮した検討はなされているが、それぞれの学
歴の内部にある個々の多様性が立ち表れてこない。

　以上のことから、近年のケニア社会において、HIV/AIDS に対して学校が
いかに機能しているかを質的に明らかにしたものは少なく、事例研究が不足
している状況にあるといえる。学校は、学校教育それだけではなく、そのほ
かの社会経済的要因とも関連づいて HIV/AIDS の社会的ワクチンとしての可
能性を秘めている。そこで本研究では、教育セクターでの変容を踏まえて、

個別具体的な事例分析をすることにより、学校の果たす役割と、その限界についての考察を目指す。

2. 研究方法と調査概要

事例分析では、妊娠に至った若年女性のインタビュー及び、学校での参与観察に基づき、彼女らのHIV感染の予防行動における学校の役割と限界について検討する。

2-1 調査概要

現地調査はケニア西部のブシア県（Busia county）を中心に、2016年8〜11月まで、約3か月実施した。保健医療分野に焦点をおいた地域NGOを拠点に、研修生として活動し、アクション・リサーチによってデータを収集している。研修生としての主な業務は、オフィスでの事務書類の整理や、資金獲得のためのフィールドデータの収集であった（写真11-1）。主な調査対象は、同NGOが不定期に支援しているA市B地区と、その近辺に暮らす若年女性と学校である。調査は、①若年女性への半構造化インタビューと、②学校での参与観察及びナラティブ・インタビューの2種類を実施した。なお、ケニア西部地域では、米国国際開発庁（USAID）の資金援助によって、2004年からHIVの検査と陽性者に対する投薬が無料で実施されている。ブシア県では2004年、A市では2011年に、HIV検査のための医療施設が設立された。

①では、意図しない妊娠に至った19人の女性

写真11-1　HIV陽性者の集会で使用されていた資料

を対象とした。19人のうち、5人はHIVによって両親または、どちらかの親を亡くした女性である。対面での半構造化インタビューを実施し、教育に関する事項や、対象者のHIV予防行動や性的活動に関わる情報を聞き取った。対象者が自身のHIV感染に関わる事例に言及した場合、これに関する情報など、対象者の語りの文脈に応じて聞き取っている。なお、英語での聞き取りが困難であった場合に、対象地区で活動するコミュニティ・ヘルス・ボランティア（Community Health Volunteer: CHV）[2] による通訳を介した。それぞれ、30分〜1時間半のインタビューを実施している。

　②では、学校現場における、HIV/AIDSや性的活動に関する指導の様相・方針を明らかにするため、B地区近郊に位置する通学制公立中等学校1校を対象に、1週間の参与観察と生徒・教員へのナラティブ・インタビューを行った。参与観察では、教員による生徒指導や、生徒間・生徒-教員間・教員間の会話に着目し、恋愛や性的活動に関する学校の様子を明らかにした。

　なお、本調査は、大阪大学大学院人間科学研究科共生学系研究倫理委員会より承認を得ており、対象者に身体的・心理的・社会的被害が生じないよう最大限に配慮している。現地では、地方教育局、市長、村の代表者、CHV、校長にインタビューの目的と内容を説明し、許可を得て実施した。また調査対象地及び調査対象者は、その秘匿性のために仮名で記述する。

2-2　事例対象地域の背景

(1) HIV/AIDS と若年女性

　ケニアにおける女性のHIV感染率は男性の2倍近くであるが（RoK 2014a）、対象地域のA市に居住するルイヤ人では、女性の感染率が男性に比べて6倍以上高い（RoK 2010a）。国内のHIV感染者数は約160万人であり、14歳以下に限った男女数の内訳は、男性10万人に対し女性が9万人である（RoK 2014a）。ところが15歳以上でみると、男性59万人に対し女性は81万人と逆転する（ibid.）。15歳以上の新規感染のうち21％が15〜24歳の女性となっており（RoK 2014b）、異性間性行為による若年女性の感染が問題とされている。

　一般に女性は、HIV感染に対し、生物的・社会的・文化的に脆弱であり、

ケニアに限らず、その他のアフリカ諸国でも、女性の感染率は男性よりも高い (UNAIDS 2016b)。ここでは、女性のなかでも、とりわけ若年の女性を取り巻く困難についてまとめる。まず、若年女性が意図しない妊娠に至る理由として、避妊に関する情報の欠如や、友人からのプレッシャーが挙げられている (Were 2007)。また、若年の男性においても、活発な性的活動への関心の高さの一方で、コンドームを入手することへは周囲の目を憚って恐れを抱いていることが指摘されている (Nzioka 2001)。つまり若年層では、性的活動への関心の高さの一方で、避妊をはじめとする守られた性行為を実現するための情報や資源へのアクセスが不足している状況にあるといえる。

また、「シュガーダディ [3]」とよばれる男性と、年齢と経済的状況に一定の隔たりのある女性との婚外の男女関係では、多くの場合コンドームが使用されておらず、HIV 蔓延の一因として指摘されている (Luke 2005)。しかし、「シュガーダディ」から受けとった金銭は、女性や家族の生活に不可欠なものを購入するために使用されていることも多く (Longfield et al. 2004)、女性側は経済的制約に強制され、自身をリスクに投じていることがある。

以上のような経済的な欠乏や友人からのプレッシャーは、とりわけ、若年層にとっては種々のリスクよりも優先されてしまうことがあり (Longfield et al. 2004)、このために、彼女たちは HIV などの性感染症や、意図しない妊娠のリスクにさらされている。以上のことから、とりわけ若年女性は、単純に知識の欠如から HIV に感染するのではないことがわかる。それゆえ、HIV/AIDS と学校の関係は、若年女性の知識と行動変容の過程にある当事者の状況に焦点を当てて、個別具体的な事例から検討することが重要となってくる。

(2) HIV/AIDS と学校

ケニアでは、最初の HIV/AIDS 症例が確認された 1984 年の翌年から、対策に向けた文書とそれに基づく計画が発表されてきた (鹿嶋 2006)。HIV 感染率は、1995 年の 10.5% を境に減少に転じ、2003 年に 6.7% まで下降して以降、横ばい状態にある (RoK 2014a)。ただし、感染率の下降は、1995 年以降の感染者の死亡の増加に伴うものであり、感染者数自体は、2009 年から増加し始めている (ibid.)。予防啓発の主要ターゲットとなっている若年女性層

は、初等・中等教育の学齢期前後に該当する年齢層でもある。学校現場では、2000 年に初等・中等教育において HIV/AIDS 教育のカリキュラムが導入され、HIV やその他の性感染症の予防に取り組まれている（RoK 2003）。ただし、その指導体制は、教員や教材の不足など、不十分であることも指摘されている（鹿嶋 2006）。また、ケニアの公教育においては、予防戦略 ABC [4] のうち、戦略 A である禁欲（Abstain from sex）の指導に偏重しており、特に戦略 C である避妊（Condom use）に関する内容はカリキュラムに含まれていないという批判もある（Duflo et al. 2006）。背景には、宗教系組織が政治的な影響力を有しており、婚前交渉の禁止の強調が望まれていることが指摘されている（Duflo et al. 2015）。

　また、近年の学校教育の急速な普及による、教育セクターの変化も念頭に置く必要がある。ケニア政府の統計に基づくと、2016 年のケニアの総就学率は、初等教育（8 年間）で約 104％、中等教育（4 年間）で約 67％となっている（RoK 2017）。特に中等教育就学率は、近年急速に上昇しており、2006 年の 32％と比較すると、ここ 10 年間で倍増していることが分かる（RoK 2010b）。すなわち、より多くの若年女性が初等のみならず中等教育への就学を継続しており、彼女らが児童／生徒である期間は長くなっている。近年では、就学機会を拡大するために、従来の寮制のみを採用する男女別学の中等学校のほかに、通学制を採用する男女共学の中等学校が新たに設立されている。通学制の中等学校は、寮制と比べて、低学費・低学力であることが多く、学齢期を超えた生徒も少なくない。この違いに焦点を当てた研究では、女子通学生のうち性行為経験者は女子寮生の 5 倍であったと報告されており（Kabiru & Orpinas 2009）、同じ就学者であっても、彼女らを取り巻く環境は、学校ごとに大きく異なることが分かる。また、通学生は中途退学や転校を多用し、学校と（家庭内）労働を流動的に移動することが多く（小川 2016）、従来の、教育を受けた者／受けなかった者という区分はゆらいでおり、「教育を受ける者」の多様性を捉えていく必要が高まっている。

3. 調査結果——若年女性が直面するリスクと学校

3-1 妊娠に至った若年女性をとりまく環境

　まず、意図しない妊娠に至った女性 19 人（調査対象①）の妊娠時の年齢は、15 〜 22 歳であった（15 歳 4 人、16 歳 5 人、17 歳 4 人、18 歳 3 人、20 歳 2 人、22 歳 1 人）。対象者には、調査時に妊娠中の者も含まれている。19 人のうち 13 人は、通学制かつ共学の初等・中等学校へ在籍中に妊娠に至っており、残り 6 人は、経済的問題などの理由で既に学校を退学後、あるいは修了後の無為期間に妊娠に至っている。19 人に共通した点は、妊娠及び HIV 感染を予防する方法としてコンドームの使用が有用であるという認識である。また、対象地域では高い HIV 蔓延率ゆえに、HIV/AIDS によって近親者を失っている者も少なくなく、病気に関する恐怖を表す語りもみられた。

　彼女らの妊娠に至った状況に関する聞き取りに基づくと、若年女性を取り巻く男女関係には、大別して 2 種類あった。第一に、同世代の級友との男女交際である。妊娠に至った対象者 19 人のうち、この事例にあたるのは 2 人のみである。このうちのドリーン（妊娠時：18 歳、中等学校《共学・通学》2 年）は、「真剣な関係」の彼氏だと表現した相手との間に子どもをもうけ、中等学校を中途退学して出産した。ドリーンは、相手の HIV ステータスを確認しており、確認方法として、実際に一緒に HIV 検査へ行っている。彼女は、「一緒に行かないと嘘をつくことができるから」と理由を話した。さらにドリーンは、性行為をするなら「相手がどんな状態か、自分がどんな状態か」を知るべきだと指摘し、たとえ HIV 陰性の相手であったとしても「他の性感染症の危険があるから、コンドームを使用することは大切だ」と話した。筆者が「では、あなたはなぜコンドームを使用しなかったのですか」と尋ねると、「私の場合は、真剣な関係だから。2 年間も付き合っている」と答えている。

　第二に、金銭などの取得を目的とした学校外の相手との関係であり、相手は年上の男性である。これは、さらに 2 種類に分けることができる。一つ目

は、先行研究で「シュガーダディ」と指摘されていた恒常的な婚外の関係である。継続した関係を持ちながらも女性らに結婚の意思はなく、相手が既婚者であることも少なくなかった。彼女らは、この関係によるリスクを自覚しながらも、「生きていくための」関係だと表現した。対象地域のCHVは、「彼女たちにとって避妊を要求することは難しい。なぜなら、避妊を要求すれば、彼女たちは必要とされなくなるからだ」と指摘している。例えばネケサ（妊娠時：18歳、中等学校《共学・通学》2年）は、相手男性に「コンドームを使ってほしいと頼むのは、難しくない（not difficult）けど、とても大変（very hard）だ」と表現した。ネケサは、相手男性との関係は出産後も継続していたが、2016年1月に急に連絡が途絶え、以降、支援を受けられなくなったという。彼女と相手との関係の不安定さからは、要求や発言の慎重さが求められていることがうかがえた。

　二つ目は、ディスコ(5)などでの突発的な男女関係である。これに該当するシャロン（妊娠時：20歳、中等学校《女子校・寮》修了後）は、「あれはただの事故だった」と表現したのちに、「HIVは怖い。だけど、そのとき私は彼にステータスを聞かなかった。だけど、気にしないといけないことは分かっている」と話した。シャロンは、母親をHIVによって亡くしており、現在は祖母の家で生活している。彼女は、周囲から厳しく叱責された当時を振り返って、「気にしないといけないことは分かっている」と半ばあきれ気味に繰り返した。そして、その「事故」の原因を「真剣な相手がいなかったから」と説明している。

　ドリーンとシャロンの事例は対照的である。ドリーンは、「真剣な関係」である男子との交際により妊娠に至った。シャロンは、「真剣な相手がいなかった」からこそ突発的な性行為により妊娠に至った。妊娠に至ったという点では同じであるが、両者の大きな違いは、それぞれのHIV感染リスクの程度である。ドリーンは少なくとも予防戦略Bである特定の相手との関係（Being faithful to one sexual partner）に該当しているのに対し、シャロンは予防戦略ABCのいずれにも該当しないばかりか、ディスコというリスクの高い場において性行為に至っている。シャロンの事例は、真剣な交際相手がいないことで、突発的な男女関係に至りHIV感染リスクにさらされたことを示唆

している。

3-2 若年女性の HIV 予防行動と学校

ここでは、生徒の男女関係をめぐる学校（調査対象②）の対応の違いを検討する。

(1) 男女関係の種類に応じた指導の違い

初等・中等教育においては、多くの学校で男女交際が明確に禁止されている。参与観察を実施した中等学校（共学・通学制）においても、男女交際は禁止であり、生徒らもそれを認識していた。ただし、生徒らは、「ほとんど全員が先生に隠れて彼氏がいる」と誇らしげに語る。これは、寮制の女子校を修了したシャロンが、「彼氏のいる友人は多くなかった」と話したこととは対照的である。

女子生徒らは、同じ学校に「彼氏がいる」と内密に教えてくれるが、その関係は禁欲（予防戦略 A）によって維持されていることが多かった[6]。自身に彼氏がいると話したうえで、彼女らの多くは、「でも大学へ行きたいから禁欲する」と付け加える。ある生徒は、「中等学校を終えるまでは少なくともそうするべき（＝禁欲するべき）だと思う」と話した。男女交際に強い興味を持ち、その楽しみを享受する一方で、一線を踏み越えてしまえば取り返しがつかない、という認識は共有されているようであった。ただし少数でありながらも、ドリーンの事例のように、同世代の男女交際から妊娠に至っている事例もある。教員らは、授業中や課外活動の時間において、男女交際の禁止を声高に指導するが、他方で、インタビューでは、「生徒たちが交際していることは分かっている。だから彼らが忘れないように常に避妊や禁欲について指導する必要がある」と説明した。ここに、名目と実態の間には乖離があり、教員らもそれを認識したうえで、生徒の心身の保護のために名目上の指導と実態に即した指導とを適宜使い分けていることが読み取れる（写真 11-2）。

他方で、教員が名目上は禁止しながらも黙認している男女交際というのは、同世代の級友との関係に限ったことであった。3-1 で指摘したような、金銭

写真 11-2　職員室に貼られた HIV/AIDS 啓発を促すポスター

を目的とした特定の男女関係を有する生徒に対しては、厳しい指導の様子が見受けられた。ある日、その前日に 5 人の女子生徒が「茂みで発見された」ことを特別授業で扱っていた。「茂みで発見された」ということは、茂みで性行為に至っているところを報告された、という意味である。このことは学校内で噂となり、共学であったことからも該当の女子生徒らは男子生徒から「売春だ（prostitution）」と揶揄されていた。そこで、全校生徒のうち女子生徒のみを一つの教室に集合させ、該当の生徒らの自発的な語りを促す形で、事実の確認とその行為に至った理由や状況、さらには現在の心境を共有させる場面が持たれた。該当の女子生徒らは時に涙を見せながら、彼女たちの困難を共有し、他の女子生徒も涙を流しながら彼女たちを慰めていた。

　その後、5 人の女子生徒らは、一部の保護者と共に校長室へ集められ叱責を受けた。多くの女子生徒が目に涙を浮かべ後悔と懺悔の表情を有していたのに対し、うち 1 名は異なる状況にあった。彼女は、毅然とした表情で、制服の上から羽織った赤いパーカーのポケットに手を入れ、教員の叱責を静かに聞いていた。教員によると、この 1 名は何度もこの問題で叱責を受けている「問題生徒」として認識されており、今回の事例の他 4 人に対し、男性を紹介する仲介の役割を担っていたという。彼女らが性行為によって得た金銭は、20 〜 50Ksh（約 20 〜 50 円）と非常に少額であり、「リスクに相応しない」ことを教員らは熱心に説いていた。しかし「問題生徒」の 1 名は、「両親に砂糖を買ってくるよう言われたから」と、この行為に至った理由を述べている。彼女たちを取り巻く困窮した経済状況が、リスクある性行為を誘発していることが読み取れる。教員らは、彼女らの窮状を理解しながらも、中等学校修了後の将来のために勉学に集中するよう促していた。

　この指導において特徴的だったのは、教員がコンドームの使用に関して言及していない点であった。教員らは、行為に至った背景を明らかにし、その

事実に対する叱責を行い、二度と繰り返さないことを誓わせていた。のちに、コンドームの使用に言及しない理由を教員に聞くと、「コンドームの使用ではなくて、性行為を止める必要がある。彼女たちは生徒だから」と説明した。コンドームの使用を促してしまえば、その男女関係の肯定につながりかねないという教員の危惧が窺える。すなわち、学校側の生徒に対する指導は、名目上は男女交際の一切を禁止しながらも、実質においては、生徒らを取り巻く男女関係の種類によって異なることが分かる。

(2) 予防行動の障壁となる学校の性質

(1)でみた学校の有する教育指導上の限界から、教員らの指導には制約があることがわかる。教員らは、生徒の身体の保護と将来性を重要視するゆえに、実質的に許容できる生徒の男女関係を線引きしており、特定の男女関係を継続する生徒らのコンドームの使用を促すことはできないのである。このような状況を受けて、学校という場を活用しながらも、NGOなどの学校外の組織に所属する教員以外の立場の者による、啓発指導の必要性が高まっている。しかし、NGO職員らへの聞き取りからは、確かに学校において特別授業を実施することは多いものの、ときに避妊に関する内容は、学校長から制限されることがあるという。特に、「カトリックの学校で避妊はタブーである」などの表現に代表される。

また、対象地域の病院では、誰に対しても無料でコンドームを配布している。このコンドームの存在を、妊娠に至った若年女性らに尋ねると「知っている」と答えた者が多かったが、実際にもらいに行ったと答えた者は皆無であった。理由は、そのコンドームは「初等や中等に通う生徒にはくれないから」であった（写真11-3）。政府の統計では、15〜24歳の女性のうち、コンドームを入手できる方法を知っている割合は71％であり、10歳代に限ってみても62％と、入手の方法はある程度認

写真11-3 病院の待合室に貼られた生徒の禁欲を促すポスター

第11章 ケニアにおけるHIV/AIDSと若年女性

識されていることが分かる（KNBS et al. 2015）。しかし、たとえ知っていたとしても、それを実際に受け取りに行き、さらには男性側に使用を要求することは、性行為に及ぶべきでないとされる社会的地位にある彼女らにとって一定程度のハードルがあることが予想される。すなわち、HIV に関する知識や恐怖がありながらも、生徒という立場にあることが、避妊による予防行動を阻んでいる側面があるといえる。

4. 考察──若年女性の予防行動をめぐる困難と学校

　若年女性を取り巻く男女関係には種類があり、その種類に応じて、同じ性行為であっても妊娠のリスクと HIV 感染のリスクは、それぞれのリスクの程度に違いがあることが明らかとなった。先行研究では、同世代の恋愛関係では性感染症に関するリスクの認識は低く、コンドームの使用が滅多にないとされている（Longfield et al. 2004）。また、コンドームの使用の提案は、相手女性の男性関係を非難する意味合いを持ち、提案しないことこそが相手への信頼を表しているともいわれている（Tlllotson & Maharaj 2001; Mash et al. 2010）。ABC 戦略のうち、B に該当するゆえのジレンマとも解釈できる。

　ただし、本事例では、共学において男女交際は常態化していたものの、多くの場合は禁欲によってその関係を維持していることや、HIV の検査に一緒に行っていることが見受けられた。つまり、同世代の男女交際においては、性行為に至るまでに一定の障壁（禁欲の選択）があり、至る場合においても、妊娠のリスクがあるものの HIV のリスクは相対的に低いことが考えられる。一方で、金銭の取得を目的とした性行為では、相手の男性と年齢に一定の隔たりのあることが多く、この場合、感染リスクが高くなる。男性のうち 1 年以内に 2 人以上の相手と性行為を経験した割合は、15 〜 19 歳で 3.7%であるのに対し、20 〜 24 歳で 16.7%、25 〜 29 歳で 17.3%と、10 歳代か 20歳代かという年齢層によって大きく異なる（KNBS et al. 2015）。すなわち、妊娠のリスクは、性行為に至ってしまえば、同世代の恋愛関係においても年齢に隔たりのある関係においても同様に生じているが、HIV 感染のリスクは、

その男女関係に応じて異なっている。

　学校は、生徒に対し知識を提供し、未来を切り開く力を付与する機関でもある。学校が子どもを守る場、保護する場としても機能していると議論されている（内海 2012）。HIV/AIDS に関しても、教育を受けるほど最初の性行為が遅くなるとの指摘や（RoK 2010a）、学校にいるほど女子生徒の HIV 感染リスクが減少すると議論されてきた（Jukes et al. 2008）。しかし、このような学校という場が有する保護の機能は、2 点において脆弱性を伴っている。

　第一に、その保護機能から放たれたときの脆弱性である。寮生は、通学生よりも性行為に至っていないとする研究は（Kabiru & Orpinas 2009）、寮生の HIV 感染リスクがより小さいことを示している。一方、本事例では、通学制校において、実態に即した指導や、禁欲を推奨する規律がみられた。男女交際の常態化は、むしろ女子生徒らに適切な知識や実践を伝える契機とさえなるとも解釈できる。避妊に関する誤った情報が教会などで伝えられているとの報告のように（Maticka-Tyndale & Tenkorang 2010）、メディアとの接触も多くない若年女性らが得る性に関わる情報は、既に大人からのメッセージが含まれたものであることが多い。つまり、一見すると、男女交際の常態化している通学生の方が、HIV 感染リスクが高いと考えられやすいが、性的話題から遠ざかっている寮生は、具体的な情報にさらされにくいため、反対に学校を離れた時期にリスクが高くなってしまう側面があるとも考えられる。

　第二に、保護されているからこそ、避妊に関する知識を行動に変容させることができないという脆弱性である。先行研究でも、15 ～ 24 歳のうち、99.2％が避妊の方法を知っているが、コンドームの使用経験者は 57.5％まで減少することが指摘されている（Oindo 2002）。本事例では、「生徒」としての地位が、コンドームの入手を妨げていることが明らかとなった。背景には、先行研究で論じられたような、避妊を推奨しない学校の特質や（Duflo et al. 2015）、婚前交渉をするものと思われていない、10 歳代ゆえの社会規範があるだろう（Gausset 2001）。確かに、就学年数が長いほど性行為に至るリスクは低い。18 ～ 24 歳の女性のうち初等学校を修了していない女性が 18 歳以下で性行為に及ぶ割合が 71％であるのに対し、中等教育入学以上の学歴の女性では 30％まで下降する（KNBS et al. 2015）。しかし、少数でありながらも

第 11 章　ケニアにおける HIV/AIDS と若年女性　　237

既に性的活動に関与している一部の生徒たちにとっては、生徒であるという理由でコンドームの入手が困難となっている状況がある。つまり、リスクに対する認識とその予防方法を知りながらも、学校という囲いに守られているからこそ、HIV 感染の危険にさらされるという矛盾も生じている。そして、この守られない生徒は、突発的な衝動といった個人の過失に限らず、経済的困窮といった彼女自身では克服できない困難にも影響を受けている。

　教育機会へのアクセスの欠如が若年女性を妊娠に至らせているという指摘に代表されるように（Were 2007）、学校教育を受けることそのものが女性を性行為から遠ざける万能薬のような言説が先行研究にはみられる。学校は確かに、多くの女子生徒を男女関係から一定の距離を保たせ、リスクのある性行為から守っている側面がある。しかし、妊娠した女性に限って実施したインタビューでは、その多くが在学中に妊娠に至っているということは対照的な事例である。つまり、学校は多くの生徒にとってはリスクを軽減させているものの、学校という囲いのなかで男女関係を有している一部の生徒に関しては、反対にリスクの伴う性行為を誘発している可能性もある。学校側は、同世代の男女関係に関しては、その指導に名目と実態を往復する柔軟さをみせていたが、特定の男女関係に関しては、生徒の身体や将来の保全を第一とするあまりに、関係そのものの制限を強調せざるを得ないのであった。学校は、その囲いにより、多数の生徒を守りつつも、その囲いがあるからこそ一部の生徒を守れない、という両面性をはらんでいるといえる。

おわりに

　本研究では、HIV/AIDS に対する学校の役割と限界を若年女性の事例から検討した。その結果、学校という場には両面性があることが明らかとなった。学校は、多数の女子生徒を男女関係から一定の距離を保たせ、妊娠や HIV/AIDS をもたらす、守られない性行為から保護する役割を果たしている。しかし一方で、若年女性の巻き込まれる男女関係には種類があり、学校という囲いのなかで特定の男女関係を有している一部の生徒にとって、「生徒」であることが自身を守る行動を阻む一因ともなっている。要するに、学校に保

護されているからこそ、その保護から自由になったときに脆弱であるという
両面性と、学校に保護されているからこそ、予防の知識を行動に変容させる
ことができないという両面性が存在していたといえる。

　ただし、本研究の課題として、調査対象の数に限りがあり、その普遍性に
関する検討が十分になされていないことが挙げられる。特に、寮制校での参
与観察を実施することができなかったため、寮生の性的活動に対する学校の
役割に関して十分な考察を行うことができなかった。同様に、通学制であっ
ても、学校や教員ごとに指導の方針は異なることも想定される。このため、
そのほかの学校で、どのような指導が実施されているかは、より対象を増や
して相対的に検討する必要がある。また、主な調査対象を若年女性に限定し
たが、彼女らのリスクに対する、男性側の生活背景や考えを十分に検討する
ことができていない。今後はより対象を広げ、外部環境の様相とその影響を
明らかにすることで、社会的ワクチンとしての学校の可能性を再検討したい。

[注]
(1) 本章における若年女性とは、15 ～ 24 歳の女性を指す。HIV/AIDS に関する統計は、
　　ケニア政府及び UNAIDS などの国外の機関において、年齢層を 14 歳以下、15 ～ 24 歳、
　　25 歳以上に区分していることが多いため、これらに倣っている。
(2) 病院ごとに村内から CHV が選ばれており、病院にアクセスできない村内の患者と病
　　院を接続するなどの業務を担っている。
(3) シュガーダディとは、「通常、性行為の見返りに、とても若い女性に対してプレゼン
　　トや金銭を与える豊かな老年男性」（オックスフォード現代英英辞典）のことを指す
　　が、ケニアの文脈では必ずしも老年ではない。
(4) 2003 年、世界各国に広まる HIV/AIDS の危機的な状況を受け、歴史的に最大規模の
　　PEPFAR（The President's Emergency Plan for AIDS Relief）がアメリカ政府主導で開始
　　された。世界中で HIV/AIDS の危機に瀕する 15 か国（ケニアを含む）を対象とした
　　PEPFAR では、全予算の約 20％が感染予防に充当され、感染予防の戦略として、ABC
　　（A: Abstain from sex, B: Being faithful to one sexual partner, C: Condom use）を提示してい
　　る。
(5) 本章で扱うディスコとは、主に夜間、音楽などをかけて多数の人が集まって踊ったり
　　飲酒をしたりする場を指す。特に調査対象地域では、ディスコ・マタンガ（※スワヒ
　　リ語で喪に服する期間を意味する）とよばれる葬儀形態があり、ここで多数の若年女

第 11 章　ケニアにおける HIV/AIDS と若年女性　　239

性がリスクある性行為に至っていることが指摘されている。

(6) ただし、禁欲という状況下においても、一定の金銭が男性側から女性側へともたらされていた点に注目したい。「あなたは支援されていますか？」という質問は、「あなたには彼氏がいますか？」という質問を意味する「生徒間のスラング」として当該校で使用されていた。すなわち、彼女たちの男女交際には、何らかの金銭や物資が男性側から女性側にわたることに違和感が持たれていないことが想定される。

[参考文献]

内海成治（2012）「伝統的社会における近代教育の意味——マサイの学校調査から」澤村信英・内海成治編『ケニアの教育と開発——アフリカ教育研究のダイナミズム』明石書店、15-35 頁。

小川未空（2016）「ケニア農村部における中等学校への就学・退学をめぐる家族の戦略——就学継続の意味づけに着目して」『国際教育協力論集』19 巻 1 号、75-87 頁。

鹿嶋友紀（2006）「教育分野におけるサブサハラ・アフリカの HIV/AIDS への取り組み——ケニアを事例に」『国際教育協力論集』9 巻 2 号、71-84 頁。

Achoka, J. S. K., Odebero, S. O. J. K. M., Maiyo, O. J. K. & Mualuko, N. J. (2007) Access to basic education in Kenya: inherent concerns. *Educational Research and Reviews,* 2 (10), 275-284.

Baker, D. P., Collins, J. M. & Leon, J. (2008) Risk factor or social vaccine? the historical progression of the role of education in HIV and AIDS infection in sub-Saharan Africa. *Prospects,* 38 (4), 467-486.

Bannell, P., Hyde, K. & Swainson, N. (2002) *The Impact of the HIV/AIDS Epidemic on the Education Sector in Sub-Saharan Africa: A Synthesis of the Findings and Recommendations of Three Country Studies.* Centre for International Education, University of Sussex, Institute of Education.

Duflo, E., Dupas, P., Kremer, M. & Sinei, S. (2006) *Education and HIV/AIDS Prevention: Evidence from a Randomized Evaluation in Western Kenya.* World Bank Policy Research Working Paper 4024.

Duflo, E., Dupas, P. & Kremer, M. (2015) Education, HIV, and early fertility: experimental evidence from Kenya. *American Economic Review,* 105 (9), 2757-2797.

Fortson, J. G. (2008) The gradient in Sub-Saharan Africa: socioeconomic status and HIV/AIDS. *Demography,* 45 (2), 303–322.

Gausset, Q. (2001) AIDS and cultural practices in Africa: the case of the Tonga (Zambia). *Social Science & Medicine,* 52 (4), 509–518.

Goudsmit, J. (1998) *Viral Sex: The Nature of AIDS.* Oxford University Press.（＝山本太郎訳（2001）『エイズ——ウイルスの起源と進化』学会出版センター）

Hallfors, D., Cho, H., Rusakaniko, S., Iritani, B., Mapfumo, J. & Halpern, C. (2011) Supporting adolescent orphan girls to stay in school as HIV risk prevention: evidence from a randomized controlled trial in Zimbabwe. *American Journal of Public Health,* 101 (6), 1082-1088.

Hargreaves, J. R., Bonell, C. P., Boler, T., Boccia, D., Birdthistle, I., Fletcher, A., Pronyk, P. M. & Glynn, J. R. (2008) Systematic review exploring time trends in the association between educational attainment and risk of HIV infection in sub-Saharan Africa. *AIDS,* 22 (3), 403-414.

Jellema, A. & Philips, B. (2004) *Learning to Survive: How Education for All Would Save Millions of Young People from HIV/AIDS.* Brussels: Global Campaign for Education.

Jukes, M., Simmons, S. & Bundy, D. (2008) Education and vulnerability: the role of schools in protecting young women and girls from HIV in Southern Africa. *AIDS,* 22 (4), 41–56.

Kabiru, C. W. & Orpinas, P. (2009) Factors associated with sexual activity among high-school students in Nairobi, Kenya. *Journal of Adolescence,* 32, 1023–1039.

KNBS, Ministry of Health, National AIDS Control Council, Kenya Medical Research Institute, National Council for Population and Development & ICF International (2015) *Kenya Demographic and Health Survey 2014.* Nairobi: Kenya National Bureau of Statistics (KNBS)

Longfield, K., Glick, A., Waithaka, M. & Berman, J. (2004) Relationship between older men and younger women: implications for STIs/HIV in Kenya. *Studies in Family Planning,* 35 (2), 125-134.

Luke, N. (2005) Confronting the 'sugar daddy' stereotype: age and economic asymmetries and risky sexual behaviour in urban Kenya. *International Family Planning Perspectives,* 31 (1), 6-14.

Mash, R., Mash, B. & De Villiers, P. (2010) 'Why don't you just use a condom?' understanding the motivational tensions in the minds of South African women. *African Journal of Primary Health Care & Family Medicine,* 2 (1), 1-4.

Maticka-Tyndale, E. & Tenkorang, E. Y. (2010) A multi-level model of condom use among male and female upper primary school students in Nyanza, Kenya. *Social Science & Medicine,* 71, 616-625.

Mavedzenge, S. M. N., Doyle, A. M. & Ross, D. A. (2011) HIV prevention in young people in sub-Saharan Africa: a systematic review. *Journal of Adolescent Health,* 49 (6), 568-586.

Mwamwenda, T. S. (2014) Education level and HIV/AIDS knowledge in Kenya. *Journal of AIDS and HIV Research,* 6 (2), 28-32.

Nzioka, C. (2001) Perspectives of adolescent boys on the risks of unwanted pregnancy and sexually transmitted infections: Kenya. *Reproductive Health Matters,* 9 (17), 108-117.

Oindo, M. L. (2002) Contraception and sexuality among the youth in Kisumu, Kenya. *African Health Sciences,* 2 (1), 33-39.

Republic of Kenya (RoK) (2003) *Ministry of Education Sector Strategic Plan 2003-2007.* Nairobi: Ministry of Education.

Republic of Kenya (RoK) (2010a) *Kenya Demographic and Health Survey 2008-09.* Nairobi: Kenya National Bureau of Statistics.

Republic of Kenya (RoK) (2010b) *Economic Survey 2010.* Nairobi: Kenya National Bureau of

Statistics.

Republic of Kenya (RoK) (2014a) *Kenya AIDS Response Progress Report 2014: Progress toward Zero.* Nairobi: National AIDS Control Council.

Republic of Kenya (RoK) (2014b) *Kenya HIV County Profiles.* Nairobi: Ministry of Health.

Republic of Kenya (RoK) (2017) *Economic Survey 2017.* Nairobi: Kenya National Bureau of Statistics.

Tillotson, J. & Maharaj, P. (2001) Barriers to HIV/AIDS protective behaviour among African adolescent males in township secondary schools in Durban, South Africa. *Society in Transition,* 32 (1), 83-100.

UNAIDS (2014) *The Gap Report.* Geneva: UNAIDS.

UNAIDS (2016a) *Prevention Gap Report.* Geneva: UNAIDS.

UNAIDS (2016b) *Global AIDS Update.* Geneva: UNAIDS.

Vandemoortele, J. & Delamonica, E. (2000) The 'education vaccine' against HIV. *Current Issues in Comparative Education,* 3 (1), 6-13.

Verspoor, A.M. (2008) *At the Crossroads: Choices for Secondary Education in Sub-Saharan Africa.* Washington, D.C.: The World Bank.

Were, M. (2007) Determinants of teenage pregnancies: the case of Busia district in Kenya. *Economics and Human Biology,* 5, 322-339.

第12章

マラウイにおける遺児の生活と就学
——中等教育の就学継続にかかる事例

日下部 光

はじめに

　サブサハラ・アフリカ地域（以下、アフリカ）の遺児数は約 5,600 万人（2012年）であり、アフリカにおける子どもの総数の約 12％を占めている（UNICEF 2014）。アフリカの遺児の教育に関する研究では、貧困や HIV/AIDS の蔓延と不就学の要因に関する分析が重点的に行われてきた（Ainsworth & Filmer 2006; Campbell et al. 2010）。一方で、遺児を含む個人の能力に焦点をあて、困難や脅威に対処する能力と不就学の要因をミクロな視点から分析する必要がある。なぜならば、同じ困難や脅威に直面しても、それらを乗り越え、就学継続を実現している遺児が存在するからである。遺児の生活や就学状況に着目し、困難や脅威を乗り越える対処能力について議論を深めることは、国際社会における 2030 年までの教育目標（Education 2030）において重視される「公正性（equity）」や「包摂性（inclusiveness）」の支援の在り方に、新たな視点や重要な示唆を含むものと考えられる。

　就学を継続する遺児自身の取り組みや、親族や教師等による支援の実態を明らかにするには、遺児や周囲の関係者の視点から、生活の中で身近に起こる困難や脅威について理解を深める必要がある。そのためには、長期のフィールド調査や現地に根差した事例研究のアプローチが求められるが、遺児研究の中心となっている援助機関では、時間的制約や効率性の観点から、

243

これらのアプローチはとられておらず、遺児は継続的に支援が必要な受け身の存在として描かれることが多い（USAID et al. 2004; Subbarao & Coury 2004）。それゆえ、これまでの研究は、遺児やその親族、教師の視点による考察が不足し、困難な状況を乗り越えて就学を継続する遺児自身の対処能力について焦点が当てられてこなかった。

　世界最貧国の一つであり、かつ年間のエイズ死亡者数4.8万人（UNAIDS 2013）のHIV高感染国であるマラウイ共和国では、77万人のエイズ遺児を含めると、遺児数は130万人に達し、子どもの総数の約16％を占めている（UNICEF 2014）。マラウイの初等教育の純就学率は97％、中等教育の純就学率は28％となっている（World Bank 2012）。その中で、遺児の割合は、初等教育において11％、中等教育では19％に達している（MOEST 2013）。無償化政策が導入されている初等教育に対し、中等教育は有償にも関わらず、多くの遺児が初等教育修了後も中等教育への就学継続を実現しており、本研究ではこの点に着目する。

　本章では、マラウイの中等学校の遺児を対象に、①遺児自身やその親族の就学継続を可能にする取り組み、及び②中等学校における就学支援の実践に対する事例分析をもとに、遺児やその親族、教師の視点から、遺児の生活と就学の実態を明らかにすることを目的とする。そのため、はじめにアフリカにおける遺児の就学に関する先行研究の動向について、脆弱性の枠組みから分析の視点を検討する（第1節）。次に、マラウイにおける遺児の現状を把握する（第2節）。そして、現地調査の方法と結果を提示し（第3節）、遺児が困難な状況を乗り越え、就学継続を実現するうえで重要な要素を考察する（第4節）。

1. アフリカにおける遺児の就学に関する先行研究の検討

　マラウイを含むアフリカでは、遺児の英語表記は「orphan」である。「orphan」とは、両親を亡くした子どもと一般的に定義される（Hornby 2005, p.1208）。一方で、1990年代半ばから、父母のいずれかを亡くした子どもにつ

いても「orphan」とみなす広義の定義が、国連を中心とする援助機関で用いられるようになり、アフリカ諸国においてもこの定義が定着した（Grassly & Timaeus 2003; UNICEF 2008）。その背景には、アフリカにおける爆発的な HIV 感染の拡大で、エイズによる死亡者数の急増が挙げられる。さらに夫婦間における HIV 感染率の高さ、そして当時は抗 HIV 薬の開発の遅れもあり、いずれかの親をエイズで亡くすと、ひとり親の子どもであっても、生存する親も追ってエイズを発症して死亡することから、両親を亡くす状態になるという実状があった。

　日本では、「orphan」に対して「孤児」という訳語を使用することもあるが、「孤児」は「身寄りのない子ども、みなしご」（新村編 1998, 959 頁）という意味が強い。一方で、「親に死なれた子、親の死後に残った子ども」に対しては、「遺児」という表現が使用される（同書 : 135 頁）。そのため、本研究では、「orphan」の訳語に「遺児」という表現を用いる。

　遺児の教育に関しては、就学状況について活発な議論が展開されている。アフリカ諸国の政府は、遺児を「困難な状況にある子ども（vulnerable children）」として、特別な支援の対象とみなしている（Engle 2008; Kalibala et al. 2012）。困難な状況にある子どもとは、基礎的ニーズもしくは基本的人権へのアクセスが十分ではない子どもを指す（Skinner et al. 2006）。アフリカ諸国における教育面の基礎的ニーズとは、国連ミレニアム開発目標で掲げられたとおり、初等教育の普遍化である。そのため、遺児の教育に関する研究では、初等教育の普遍化を妨げる不就学の要因分析がより注目されている。

　遺児の不就学に関する研究では、アインスワース・フィルマーやキャンプベルらは、アフリカ諸国の人口保健調査（Demographic and Health Survey）等を用いた定量分析により、非遺児と比較して、遺児が不就学に陥る傾向があることを明らかにしている（Ainsworth & Filmer 2006; Campbell et al. 2010）。一方、カーヅィンガーらは、遺児と非遺児の就学率と退学率を比較して、遺児の就学率や退学率は大差がないため、遺児であるという理由は、直接的に不就学の要因に繋がらないと議論している（Kürzinger et al. 2008）。このような議論に対して、アインスワース・フィルマーは、所得階層別にみた遺児の就学状況と貧困の相関関係から、相対的に貧困層の遺児が就学困難な状況にあることを分

第 12 章　マラウイにおける遺児の生活と就学　　245

析している（Ainsworth & Filmer 2006）。また、HIV/AIDS の影響と遺児の就学状況に関して、ベンネルは、遺児が親を亡くした後に直面する経済的困窮や、エイズ遺児ゆえの周囲からの偏見やスティグマといった精神面の困難さに焦点をあて、家庭生活において生み出される遺児の不就学の要因を議論している（Bennell 2005）。

　遺児の就学については、ケースらが、アフリカにおける親族間の相互扶助に着目し、面倒見のよい世話人に恵まれれば、遺児の就学状況がよいことを述べている（Case et al. 2004）。シェンクにおいては、遺児ゆえに国際機関の援助対象者として優先的に支援を得る傾向があり、遺児が貧困層の中でも相対的に恵まれた就学状況にあることを強調している（Schenk 2009）。

　このように、遺児の就学・不就学に関するさまざまな議論がされている中で、本節では「脆弱性（vulnerability）」の研究における分析枠組みを援用し、議論の不足点を明らかにする。「困難な状況にある子ども」とされる遺児の「困難な状況」と同義である「脆弱性」とは、人びとが、困難や脅威に直面した時に守るべきすべを持たず、十分に対処することができないため、生活水準が著しく低下してしまうような状態や、同時に予防や回復の状況、また、将来における生活水準低下の可能性のことである（世界銀行 2002; 黒崎 2009）。脆弱性の研究では、外的要因と内的要因の二つの側面から分析するアプローチの必要性が指摘されている（Chambers 2006; 島田 2009）。外的要因からのアプローチとは、貧困、HIV/AIDS の蔓延、社会的不利といった外在的な脅威の影響により、子どもを不就学に導く要因を分析する。一方、内的要因からのアプローチとは、外在的な脅威に対処する能力が人びとに備わっていないという危険性について分析する。内的要因の分析対象は、人びとが脅威に対して対処ができない無防備性（defenselessness）だけではなく、人びとが脅威を乗り越えようとする対処能力についても着目している。この「脆弱性」の研究における分析枠組みから、これまでの遺児の就学に関する研究動向を概観すると、以下のような特徴がある。

　第一に、これまでの遺児の不就学に関する研究では、貧困や HIV/AIDS の蔓延といった外在的な脅威との関係性に基づく外的要因分析のみに留まっている。貧困や HIV/AIDS の蔓延といった困難に直面しても、不就学とならず

に就学継続を実現した遺児の視点による就学や生活の実態は明らかにされていない。

　第二に、遺児自身の主体的な取り組みが見落とされている。親族間の相互扶助や援助機関の支援によって、遺児が就学を継続する状況とは、外在的な困難や脅威に対する予防や回復の状況と捉えることができる。しかしながら、周囲からの支援を通じた遺児の困難や脅威に対する予防や回復の姿が見えても、遺児自身の取り組みとされる対処能力に着目した内的要因の分析が不十分である。

　それでは、遺児の取り組みを含む内的要因の分析は、なぜこれまでの研究で見落とされてきたのであろうか。その理由として、アフリカにおける遺児の就学に関する研究の多くは、援助機関が主導的に実施してきたため、援助機関の志向に強い影響を受けてきたことが指摘できる。内的要因となる遺児の取り組みは多種多様であり、それを分析するには、遺児自身や個別の世帯事情、そして遺児を取り巻く文化的かつ社会的文脈を詳細に把握する必要がある（島田 2009）。そのためには、長期にわたるフィールド調査の実施や事例研究の積み上げが求められる。しかし、時間的な制約や効率性の観点から、援助機関の志向に沿うものではなかったため、これまでの研究において積極的に導入されてこなかったという調査手法上の問題にも関係している。また、援助機関の報告書では、援助機関の視点により、遺児は継続的に支援が必要な受け身の存在として描かれることが多い（USAID et al. 2004; Subbarao & Coury 2004）。そのため、遺児の問題や不足点のみを重視する問題指摘型の研究となり、援助機関の支援の妥当性を強調する結果になる傾向が強い（澤村 2007）。その結果、遺児を含む当事者の視点は見落とされ、内的要因となる遺児の取り組みが注目されることは少なくなる。このように、援助機関の志向が、調査手法や調査者の視点を含め、遺児の就学に関する研究の動向に大きな影響を与えてきたと考えられる。

2. 遺児を取り巻く社会状況

　マラウイ政府は、遺児とは、両親あるいはそのいずれかを亡くした18歳以下の子どもと定義し（GOM 2005, p.11）、「国家成長開発政策」において、遺児を脆弱な状況にある集団として規定している（GOM 2012）。遺児を形態別で見ると、父親を亡くした遺児が58.4%、母親を亡くした遺児は21.2%、両親を亡くした遺児は20.4%である（NSO 2012a）。

　所得階層別による遺児の人口割合のうち、遺児の割合は貧困層を含む低所得層だけではなく、高所得層にも同じ割合（10%前後）を占めている（ibid.）。低所得層の遺児世帯では、遺児自身が収入創出活動に携わるか、もしくは高齢の祖父母の低収入で生計を立てていることが多い（Kadzamira et al. 2001; Funkquist et al. 2007; 国際協力機構 2014）。2011年の全国家計調査では、年間1人当たりの平均消費水準が約360ドルであり、約244ドル以下の場合は、貧困層と設定している[1]（NSO 2012a）。360ドル以下の場合は、貧困層を含め低所得層とみなしている（NSO 2012a; 国際協力機構 2014）。

　マラウイでは、1994年に初等教育の無償化政策が導入され、これを契機に中等教育への進学需要が高まっている。初等教育の最終学年において、国家試験である初等教育修了試験（Primary School Leaving Certificate Examination: PSLCE）の合格が、中等学校進学の要件とされる。政府は、PSLCE合格者の中から成績順に選抜を行い、優秀な生徒は寮付の公立校へ、上位の生徒は通学の公立校となり、中位の生徒はコミュニティ校へ[2]、合格者の中でも成績が下位の生徒は中等学校に選抜されない。選抜された生徒の中で、家計に余裕があり、質の高い教育を希望するものは、高額な学費が必要となる環境の整備された私立校や宗教団体運営校へ入学する。また、中等学校の入学を志望していたが選抜されなかった生徒は、教育環境が未整備な低学費の私立校や夜間定時制校へ進学する。

　子どもが中等教育に進学する場合、学費支払いを含む諸経費が掛かるため、近年、政府（教育省と地方自治体）やさまざまなNGOが、中等学校に進学する貧困層を含む低所得層の遺児や女子の支援プログラムを実施している[3]。

これらは、主に、公立校とコミュニティ校の生徒が対象となる。支援内容は、支援団体から学校へ学費の支払いが基本であり、支援団体によっては、追加支援として制服・文具・生活用品の供与、現金の支給がある。

1994年の初等教育無償化政策は、遺児を含む困難な状況にある子どもの就学を拡大し、その結果、それらの子どもに対する中等教育の需要も高まっている。中等学校における遺児と非遺児の純就学率は、それぞれ19.2％と16.6％であり、遺児が高くなる状況であるが、遺児の退学率は約7％、非遺児の退学率は約4％となっており、非遺児に比べて遺児の退学率は若干高くなっている（NSO 2012b）。先行研究によると、有償の中等教育において、男女ともに遺児の経済的理由による退学が多い（Kadzamira et al. 2001; Bennel 2005）。経済的理由による退学には、世帯の貧困という家庭要因が主に取り上げられているが、一方で厳格な学校制度という学校要因も挙げられる（Kadzamira et al. 2001; Jukes et al. 2014）。後者は、生徒が学費の納入や制服を揃えることができないために退学となる。

これまでの研究では、遺児の経済的理由による退学要因の分析はされてきたが、一方で、経済的困難を乗り越えるための遺児や学校関係者による取り組みに関する分析は十分にされていない。本章では、経済的困難に直面している低所得層の遺児を対象に、中等学校における就学継続を可能にした遺児自身による取り組み、ならびに学校レベルにおける遺児に対する就学支援の実践事例を分析する。

3. 現地調査——南部のゾンバ県

3-1 調査方法

フィールド調査は、2014年9月1日から26日にかけて、マラウイ南部のゾンバ県で実施した。北部や中部に比べて貧困状況が深刻である南部の中でも、同県は低所得層の遺児率が南部全体の平均より高い（NSO & ICF Macro 2011）。調査対象校は、貧困層を含む低所得層の遺児が学費の納入可能な学

校である、同県内の公立校、コミュニティ校、私立校のうち、低学費である中等学校の6校を選定した。調査対象者は、学校側が把握している貧困層を含む低所得層の遺児生徒33名（男14名／女19名）ならびに教師18名（男9名／女9名）である。遺児生徒に対しては、ライフストーリー・インタビューを実施し、教師には半構造化インタビューを行った。また、遺児の学校と住居、遺児が週末に就労するマーケット（市場）や田畑、そして遺児の親族の住居等も訪問し、遺児の生活と就学状況を参与観察した。調査対象者と対象校の詳細は、表12-1、12-2、12-3のとおりである。

表12-1　調査概要表

学校	種別	所在地	調査対象教師		調査対象遺児		年間学費
			男性	女性	男子	女子	
A	公立校（寮付）	都市部	3	2	4	3	$41[注]
B	公立校（通学）	地方部	1	1	2	1	$19
C	コミュニティ校（通学）	都市部	1	1	4	4	$36
D	コミュニティ校（通学）	地方部	2	3	1	7	$19
E	コミュニティ校（通学）	地方部	1	1	2	2	$26
F	私立校（通学）	都市部	1	1	1	2	$75
	計		9	9	14	19	

（注）全寮制のA校の場合、年間学費の41ドルに加え、年間寮費が141ドルであるため、生徒は年間計182ドルを納入する。
（出所）学校へのインタビューに基づいて筆者作成

表12-2　調査校の遺児数と奨学金受給者数

学校	全校生徒数		遺児生徒数（%）		奨学金受給数（%）		奨学金機関・団体（受給者数）
	男子	女子	男子	女子	男子	女子	
A	420	335	110（26%）	89（27%）	73（17%）	61（18%）	政府(28)、NGO等(106)
B	186	144	35（19%）	24（17%）	23（12%）	45（31%）	政府(8)、NGO等(60)
C	151	150	30（20%）	21（14%）	20（13%）	14（9%）	政府(24)、NGO等(10)
D	186	118	14（8%）	35（30%）	13（7%）	43（36%）	政府(9)、NGO等(47)
E	256	275	44（17%）	55（20%）	22（9%）	116（42%）	政府(0)、NGO等(138)
F	82	92	22（27%）	23（25%）	1（1%）	1（1%）	政府(0)、NGO等(2)

（出所）学校へのインタビューに基づいて筆者作成

表 12-3　遺児生徒の個票データ

No.	性別	年齢	学年	遺児形態別（親生存状況）	学校	収入創出活動	奨学金団体	奨学金内容	学校・教師の支援
1	女	18	4	両親なし	A校	—	教会	学費のみ	日用品
2	女	17	4	両親なし	A校	—	NGO	学費、日用品、現金	—
3	男	18	4	両親なし	A校	野菜栽培	教育省	学費のみ	現金
4	男	20	4	両親なし	A校	畑耕作	国連	学費、日用品	現金
5	男	19	4	母親のみ	A校	畑耕作	教育省	学費のみ	—
6	男	18	4	父親のみ	A校	畑耕作	NGO	学費のみ	—
7	女	16	4	母親のみ	A校	物売り	NGO	学費、日用品、現金	—
8	男	19	4	両親なし	B校	畑耕作	NGO	学費、日用品、制服	—
9	女	17	4	母親のみ	B校	洗濯	NGO	学費、日用品、制服、文具	—
10	男	15	2	父親のみ	B校	畑耕作	NGO	学費、日用品、制服	—
11	男	17	4	母親のみ	C校	—	—	—	—
12	女	17	4	母親のみ	C校	物売り	—	—	未納見逃
13	女	18	4	母親のみ	C校	洗濯	自治体	学費のみ	—
14	女	19	4	両親なし	C校	物売り	—	—	—
15	男	19	4	両親なし	C校	野菜栽培	NGO	学費のみ	—
16	男	17	4	両親なし	C校	土木	—	—	半額免除
17	男	18	2	両親なし	C校	畑耕作	NGO	学費のみ	白米
18	女	16	2	母親のみ	C校	—	自治体	学費のみ	—
19	女	19	4	父親のみ	D校	物売り	NGO	学費、日用品、現金	—
20	女	16	2	母親のみ	D校	物売り	NGO	学費、日用品、制服、文具	—
21	女	20	卒業	父親のみ	D校	畑耕作	NGO	学費、日用品、現金	—
22	女	20	卒業	母親のみ	D校	木炭作り	NGO	学費、日用品	—
23	女	17	卒業	母親のみ	D校	畑耕作	NGO	学費、日用品、制服、文具	—
24	女	19	卒業	母親のみ	D校	木炭作り	NGO	学費、日用品、制服、文具	—
25	女	19	卒業	母親のみ	D校	—	NGO	学費、日用品、制服、文具	—
26	男	18	卒業	母親のみ	D校	畑耕作	NGO	学費、日用品	—
27	男	19	4	母親のみ	E校	野菜栽培	—	—	未納見逃
28	女	17	4	母親のみ	E校	木炭作り	NGO	学費、日用品、制服、文具	—
29	男	19	4	母親のみ	E校	畑耕作	—	—	—
30	女	18	4	両親なし	E校	畑耕作	—	—	未納見逃
31	男	18	4	母親のみ	F校	土木	—	—	—
32	女	16	2	両親なし	F校	—	—	—	未納見逃
33	女	18	3	両親なし	F校	使用人	—	—	—

（出所）遺児へのインタビューに基づいて筆者作成

遺児生徒33名を形態別（親生存状況）で見ると、両親を亡くした生徒が12名、父親のみを亡くした生徒が17名、母親のみを亡くした生徒が4名である（表12-3参照）。学年別では、2年生が5名、3年生が1名、4年生が21名、卒業生が6名である。本研究の目的が、遺児の就学継続に関する取り組みの分析であるため、就学継続の成功経験を有する4年生以上が大半となった。また、遺児生徒の中には、初等教育段階での遅れ入学や留年により、既に遺児とはみなされない18歳以上の生徒が12名（19歳が9名、20歳が3名）含まれるが、遺児になった年齢が18歳以下であることから調査対象者としている。加えて、卒業生6名が存在するが、遺児となった年齢が18歳以下であり、インタビューを実施した数週間前に卒業して間もない状況であったため、調査対象者として含めている。

3-2　調査結果

(1) 遺児生徒の生活

　父母のいずれかを亡くした遺児の家庭環境は複雑である。親（主に母親）がパートナー（同居人や再婚相手等）との新しい生活を優先した結果、子どものみの世帯で生活するなどの事例があった。しかし、数年後に、その親がパートナーと離別や死別すると、親は異母兄弟姉妹を引き連れて戻り、子どもとの生活を再開する。子どものみの世帯の生活を経験した遺児からは、「兄弟姉妹が仲良くして、長兄を中心に皆で助け合うんだ」（A校男子遺児No.6）と言うように、親と別居後は残された家族が助け合って生きている。

　子どものみの世帯であっても、親から引き継いだ住居と農地（畑）があれば、生き抜くことができる。主食作物のメイズ（トウモロコシ）と副菜の野菜を畑で収穫できれば、自給自足の生活が可能となる。そのため、男女問わず、遺児にとって、放課後や週末の空いた時間の畑の耕作は、食糧確保のための日課である。

　一般的な食事に関しては、メイズ粉の粥が朝食であるが、貧困世帯の遺児生徒は朝食を欠食して通学している者が多い。通学制の学校は給食がないため、昼食は授業終了後の14時以降に自宅に戻り、メイズ粉をお湯で溶かし、

のり状にした主食のシマに、小魚の干物または野菜や豆類を副菜として食べる。夕食も同様のメニューとなる。貧困世帯は、肉類・食用油・砂糖・茶の購入さえも容易でない。

　一方で、3食が提供される寮付の公立校A校では、朝食は砂糖入りの粥、昼食と夕食はシマに煮豆を添えたものが一般的である。寮生活の遺児生徒からは、「もっと質の高い食事をしたい。煮豆といっても豆が少なく、煮汁しかない」（A校女子遺児No.2）という訴えがある。A校は、昨年11月に、食事の内容に不満を持つ生徒が暴徒化し、学校中の窓ガラスを割る事件があった。A校の年間寮費は56,000クワッチャ（約141ドル）である[4]。生徒が寮に滞在する年間日数が270日間であるため、1日当たり1人207クワッチャ（約0.5ドル）という限られた予算の中で3食を提供しなければならない。A校の校長は「逼迫した財源の中で、生徒が満足する食事を提供することは、学校運営上の最も困難な課題の一つである」と再三強調していた。

　学校における制服着用は義務付けられているため、遺児生徒の多くは、シャツとスカート・ズボンの上下1着のみで、洗い替え用の制服は購入できない。仮に、私服で通学すると授業の出席は認めてもらえず、汚れた制服の着用は、教師から注意されるだけでなく級友から笑われる。そのため、週末に自分で制服を洗濯することは重要な活動である。洗濯用石鹸は、1個60クワッチャ（約0.15ドル）であり、「洗濯用石鹸が購入できるかできないかが、『very very poor（極貧）』と『very poor（貧困）』の分かれ目。石鹸が購入できず、制服が洗濯できない時は、翌週に登校できるかどうか分からない」（B校男子遺児No.10）と言うように、就学継続において、洗濯用石鹸の確保は非常に切実な問題であることが読み取れる。

　遺児の中には、政府やNGOから奨学金支援を得ている者が多い。本調査対象の遺児33名のうち23名が奨学金を受給していた（表12-3の「奨学金団体」参照）。中等学校入学時に奨学金を受給（8名）、または入学して数年後に受給（15名）する遺児もいる。その一方で、E校の校長（男性）は、「女子遺児の中には、せっかく奨学金を受けても妊娠し、その後退学してしまう者がいる。支援を受けると安心してしまうのではないか」と言うように、奨学金を受給できても退学となるケースもある。

第12章　マラウイにおける遺児の生活と就学　　253

(2) 遺児の就学継続に関する取り組み

　遺児の多くは、学期休み（約1か月間）に収入創出活動を行い、活動で得た収入を学費や生活・学用品（洗剤、文具、靴、鞄、シャツ・制服等）の購入に充てている。例を挙げると、他世帯のメイズ畑の耕作、野菜栽培、マーケットの物売り、他世帯の掃除洗濯、木炭作り（薪集め）、土木作業（日干し煉瓦作りや建物建設）等があり（表12-3の「収入創出活動」項目参照）、1か月の収入は平均して2,000から10,000クワチャ（約5～25ドル）である。高収入の労働は、メイズ畑の耕作や土木作業などの長時間の肉体労働であることから、体力のある男子の働き手が求められるが、女子であっても、薪集めと木炭作りという過酷な肉体労働に従事する生徒もいる（No.22, 24, 28）。

　女子の場合、マーケットの物売りに従事する者が多い。D校の女子遺児（No.20）は、姉より借入した700クワチャ（約1.8ドル）を元手に農家より野菜を購入し、マーケットで販売した結果、1,700クワチャ（約4.3ドル）の収益があった（写真12-1）。姉からの借入金を除くと、1,000クワチャ（約2.5ドル）の純利益があった。「今回は姉から資金を借りられたので物売りができたけど、次はどうなるか分からないわ」と言うように、物売りは売るための物を揃える初期投資が必要であり、機会がいつもあるわけではない。収入創出活動を行う遺児の中でも、とりわけ女子の方が不利な環境である。

　また、遺児の中には、収入創出活動で得た収入を、病気の母親の治療費や、弟妹の就学にかかる経費に充てる事例があった（No.21, 22, 26, 31）。自身の就学だけではなく、親の代わりに弟妹を含めた家族を養う役割を遺児が担う場合もある。

　子どものみの世帯ではあるが、兄弟で力を合わせて、収入創出活動を成功させている遺児もいる。A校の男子遺児（No.3）は、先天的に背骨の変形があり重労働ができないため、学校図書館の書籍から得た農業技術

写真12-1　マーケットで野菜を販売している遺児

写真 12-2　試行錯誤して作った灌漑用の小さな貯め池

写真 12-3　兄弟で管理しているトマト畑
(左が弟、右が兄)

の知識を農作業担当の弟に伝達し、栽培した野菜を販売して生計を立てている。「畑の中に灌漑用の小さな池を弟に作らせた (写真 12-2)。乾季でも水があるから、年間を通してトマト栽培ができる (写真 12-3)。他の農家よりも畑の生産性が高く、売り上げも増えているので、肥料の購入もできる。将来は農業指導員になるのが夢だ」。

多くの遺児は、親を亡くす前後において生活面や精神面が不安定となり、欠席が多くなるなど、勉学に集中できない状況となる。その傾向は初等学校時代に顕著であるが、遺児によっては、やむを得ず留年することで勉強の遅れを取り戻して中等学校に進学できたと述べる遺児もいた (No.3, 4, 8, 21, 30)[5]。これは、学費無償の初等教育段階で見られるが、有償となる中等教育では見られなかった。

B校の男子遺児 (No.8) は、「初等学校8年生 (最終学年) の時、母親が病気で亡くなった。とても落ち込んで学校を休みがちになったが、近所にいる叔母と相談して留年することになった。そして、翌年にPSLCEに合格して中等学校に選抜された。あの時、親身になって面倒を見てくれた叔母には今でも感謝している」。A校の男子遺児 (No.3) は、「初等学校1年生で母親を、2年生で父親を病気で亡くした。その後、祖母に引き取られ、生活が大変だったから、学校の成績も良くなかった。教育に理解のない祖母は、学校をやめろと言った。でも算数がすごく好きだったので、初等学校3年の時に留年した。留年した時に、繰り返し同じ勉強をしたので、それ以降は成績も上がり、高得点でPSLCEに合格した。その時、必死に勉強したから、今こうして進

第12章　マラウイにおける遺児の生活と就学　　255

学校である寮付の公立校で勉強できていると思う」。このように、親を亡くした後、身近な親族に相談するなどしつつ、悩みながら、今後の進路を決断して、困難な状況を打開した遺児の取り組みがうかがえる。

(3) 中等学校における就学支援

　政府や NGO は、中等学校における貧困層の遺児や女子への就学支援を目的に、さまざまな奨学金支給プログラムを実施している。全体として、政府よりも NGO の支援を受ける者が多い。NGO は女子教育推進の観点から、女子遺児を含め女子生徒を奨学金対象者として独自に選考している[6]。特に、将来的にコミュニティレベルのロールモデルを期待しているため、優秀な女子を優先する傾向にある。「初等学校では成績はトップだったから、どうしても中等学校に進学したかった。NGO のコミュニティ活動に参加した理由は、奨学金を獲得するための自己 PR だった。でも、今ではコミュニティの女性団体の若年層のリーダーになっていることを誇らしく思っているわ」（A校女子遺児 No.7）。

　政府の奨学金対象者の選考を任されている学校は、NGO の奨学金支援対象者と重複がないように選考し、同時に男女差の調整も行っている[7]。その結果、女子は NGO の支援、男子は政府の支援という分担も見られ始めている。政府の奨学金支援では、子どものみ世帯の遺児や最貧困層が優先される（MOEST 2008）。選考委員会の構成は、校長、教師、PTA 代表、そして生徒会代表として男子と女子の生徒各 1 名となっており、ガイドラインに基づいて選考される。「教師は学費を払わない生徒の親や兄弟姉妹の状態を含めた家庭事情について、職員室での会話や職員会議を通して、教師同士で頻繁に情報交換をしている」（C 校校長）。

　マラウイの中等学校は 3 学期制のため、年 3 回に分けて学費を学校へ納入する義務があり、各学期開始 2 週間以内に納入の手続きを完了しなければならない。この期間に支払いが出来ない生徒に対し、学校は一旦登校を禁止する。しかし、その後、遺児を含む生徒やその親族からの相談や交渉を通して、校長の裁量のもと、生活困窮家庭を対象にした学費の納入猶予や分納、半額免除や未納を見逃す等、制度を柔軟に運用している。私立 F 校の校長は、

「私立校は生徒の学費で教師の給与支払いを含めた学校運営をしているため、学費支払いは厳格にしているが、貧困層に対しては、親からの相談を通して半額免除に応じることがある。しかし、学費分の収入を得れば、年度をまたぐ繰り越し支払いを要求している」。F校の女子遺児（No.32）も、昨年は学費未納を見逃してもらう措置を受けていた。

C校の女子遺児（No.12）は、「母にはマーケットの物売りとして少し収入があるけれど、昨年は収入が十分でなかったから、ある人（男性）から学費分の現金をもらった。その男性については、ここでは話したくない。でも、先学期は、学校が学費未納を見逃してくれたから助かったわ」。女子遺児が、その話をする時は俯きながら非常に悲しそうであった。女子遺児の中には、就学を継続するために望まない手段を選択せざるを得ない生徒もいた。

教師レベルでの独自の就学支援として、校長の働きかけによる共同募金や有志の教師たちの共同支援、教師の個人的な支援などがある。教師の中には、生活困窮度をもとに、遺児を含む生活困窮家庭の生徒に対する支援を行っている。教師は生徒の状況を把握する際に、生活困窮の判断基準として、家族の携帯電話保有の有無（嗜好品への支出確認）、制服の汚れ（経済的に洗濯用石鹸の購入ができない）、靴や鞄の傷み具合などを重点的に見ている。支援内容としては、一時的な学費支援以外に、国家試験の受験料支援、制服洗濯用石鹸の供与、また、親類の葬儀参加のための交通費など緊急時における現金支給のような支援が挙げられる。A校の女子遺児（No.1）は、「私の制服が古くて汚いと級友からいじめられて泣いていたときに、それを見ていた女性の先生が石鹸をくれて、先生がこう言ったの。『今あなたが置かれている貧困の現状について、恥じたり悲しんだりする必要はないのよ。将来、あなたが生活を豊かにして幸せに暮らすために、人一倍勉強して頑張れば、きっと道は拓けてくるから』。私は、あの時に先生が勇気づけてくれた言葉と石鹸をくれたことは一生忘れないわ」。このように、教師からの個人的な物品支援や精神的支援により、日々救われている遺児の姿がある。

4. 遺児の生活と就学を支える基盤

4-1 対処能力と就学継続

　親の死や経済的困窮に直面する中、有償となる中等教育を継続する遺児の生活は、絶えず困難な状況に置かれている。カザミラらの研究では、遺児自身で学費を払っていることを示す調査結果はあるが（Kadzamira et al. 2001）、遺児自身による具体的な取り組みに関する考察はされていない。今回の調査では、遺児は、親の死をきっかけに、より経済的に困窮な状況に陥る中で、学期休み中の収入創出活動を通して対処能力を獲得し、就学継続を実現していることが明らかになった。そして、その根底には、「将来の可能性を切り拓きたい」という遺児の就学への強い意志や思いがあった。

　遺児の中には、収入創出活動で得た収入で、自身の学費を支払い、病気の母親の治療費や弟妹の学費に充当するなど、親に代わって家族を養わなければならない事例もあった。遺児の家庭における生活の優先度や、就学継続の重要度を踏まえて、遺児の就学継続の要因を、より包括的に考察して分析する必要がある。

　また、女子遺児においては、本人の望まない手段で学費を工面したり、より高収入で過酷な肉体労働を伴う活動に従事し、就学を継続する事例があった。遺児の対処能力を分析するには、遺児の就学への強い意志が、その根底にあることを踏まえ、対処能力と就学継続の関係性を読み取ることが重要といえる。

4-2 就学継続を支える奨学金支援

　遺児は、HIV陽性者の支援と関連して、奨学金支給の選考において優先される傾向がある。そのため、奨学金を受給できれば遺児は貧困層の中でも相対的に恵まれた就学状況になる。

　マラウイでは、高所得層と比較した場合、貧困層を含む低所得層が中等学

校に就学できる割合は未だ2割程度である（NSO 2012a）。親を亡くし、経済的困窮の中で生きてきた遺児がゆえに、奨学金支援を得て中等学校に就学し、学歴を獲得して、人生をよりよい方向に変えたいと願う向上心が強い。そのため、学費の納入を心配せず、就学できる奨学金支援の効果は大きい。

　学校現場においては、多くの奨学金支援団体が混在しており、主に、女子はNGOの支援、男子は学校選抜による政府の支援という分担が見られ始めている。NGOの奨学金の機会は、政府と比較すると倍近くに及ぶ。今回の調査では、B校、D校、E校では、男子に比べ女子の奨学金受給者が圧倒的に多かった（表12-2の「奨学金受給数」参照）。また、NGOの中には、追加支援として、生活用品や現金の支給も行うことがある（表12-3の「奨学金内容」参照）。支援内容の格差に対し、大きな不満を感じている男子遺児もいる。

　遺児を含む困難な状況にある子どもの就学支援として、奨学金は重要な位置を占めている。一方で、支援内容の格差が、遺児の間で不平等感を生み出している。支援をするうえで、女子配慮を踏まえた公平性やアカウンタビリティーの確保、支援団体間における奨学金の支援内容の均一化と選考基準の調和化等、支援を提供する側の配慮が求められる。

4-3　就学継続に対する学校の取り組み

　奨学金による学費支援を受ける遺児がいる一方で、支援の機会に恵まれず、経済的に困窮している遺児に対して、学校レベルの取り組みとして、学費の半額免除や未納の意図的な見逃しなどがあった。加えて、教師からの個人的な支援として、学費や緊急時の交通費の支給などが挙げられた（表12-3の「学校／教師の支援」参照）。

　先行研究では、遺児の就学を支えるものとして、援助機関からの奨学金などの支援や親族間の相互扶助が分析されてきたが、このような学校側の取り組みは、十分に注目されていない。しかし、これらも、遺児の就学継続を支えるものであり、遺児を含む困難な状況にある子どもに対する、学校関係者の「思い」や「配慮」の表出と捉えることができる。

　しかし、学校には、教育本省からの通達により、学費の未納を防ぎ、納入

を徹底するように再三指示がある[8]。学校関係者は、教育行政からの指示を受けつつ、遺児を含む困難な状況にある子どもの実状を踏まえて就学継続を支援するというジレンマを抱えている。遺児の就学継続を支える学校の取り組み、教師の個人的な支援は自発的かつ流動的な場合が多いため、緊急性のある問題については一定の効果があるが、同時に継続性には限界があることを認識すべきであろう。

おわりに

　本章では、マラウイの中等学校の遺児を対象に、遺児自身やその親族の就学継続を可能にする取り組み、ならびに中等学校における就学支援の実践に対する事例分析をもとに、遺児の生活と就学の実態を明らかにすることを目的とした。

　親の死や生活の困窮などの困難な状況の中で、初等教育を修了し、有償である中等教育に就学している遺児の事例では、時には、一つの石鹸が確保できないことも、遺児の就学継続に影響を与える。そのため、多くの遺児は、学期休み中に収入創出活動をすることで、学費の工面を行い、生活維持を可能にしている。遺児の就学継続には、収入創出活動が重要な要素である。今回の調査では、収入創出活動という遺児自身の取り組みに加え、身近な親類や信頼できる教師などの関係者からの支援、そして政府やNGOの奨学金支援、校長裁量の学校側の柔軟な対応等、個人を取り巻く環境や人びとの繋がりによる遺児の就学継続の実態が明らかになった。

　しかし、遺児の生活の中から、就学継続の側面のみを取り出し、遺児の取り組みについて議論を深めることには限界がある。ミクロレベルでの個々の家庭における優先順位に基づいた価値観、学校関係者の中で醸成された困難な状況にある子どもへの対応、そしてマクロレベルである遺児支援の仕組みの在り方や政府の対遺児政策の方向性など、さらなるフィールド調査を通して、それぞれの関係性を含めて分析する必要がある。

　今後は、遺児一人ひとりの生活と就学に対する考え方を遺児の視点から読み解き、ミクロからマクロまで遺児を取り巻く全体像を明らかにすることが

求められる。それを踏まえて、アフリカの現状に沿った持続的な遺児支援、遺児を含む困難な状況にある子どもの実状に考慮した教育施策の在り方を探ることが今後の課題であろう。

[注]

(1) 全国家計調査（2011 年）では、マラウイの年間 1 人当たりの平均消費水準が約 360 ドル（54,568 クワチャ）であり、それ以下の場合は低所得層、約 244 ドル以下（37,002 クワチャ）は貧困層、約 147 ドル以下（22,956 クワチャ）は最貧困層と設定している（NSO 2012a; 国際協力機構 2014）。全国家計調査実施中の 2010 年 3 月～ 2011 年 3 月の間の為替レートの平均値（1 ドル = 151.64 クワチャ）に基づき計算した。為替レートは、「Online currency converter」を使用。http://www.freecurrencyrates.com/exchange-rate-history/USD-MWK/2011（2014 年 12 月 30 日閲覧）。

(2) コミュニティ校（CDSS）は、1998 年の中等教育拡充化施策により政府からの支援となったが、学校運営費の一部や校舎建設などは、コミュニティからの支援を受けている。

(3) インタビューノートより。政府奨学金は、Zomba City Council、South East Education Division、Shire Highlands Education Division へ聞き取り。NGO 奨学金は、SAFE、Emmanuel International、Millennium Villages Project、CAMFED へ聞き取り。

(4) 現地調査における現地通貨に関する情報は、2014 年 8 月の平均為替レート（1 ドル = 395.95 クワチャ）に基づき計算した。為替レート情報は、(1) と同様。

(5) 他の理由（低学力のため担任教師の判断、病気、家庭内暴力、引っ越し、就労等）により、初等学校での留年を経験した者は、調査対象遺児 33 名中 12 名。

(6) インタビューノートより。NGO 奨学金の聞き取りは (3) 参照。

(7) インタビューノートより。政府奨学金の選考に関しては、A、B、C、D 校へ聞き取り。

(8) マラウイ教育省資料「Ref.No.C31/1/1（2014 年 6 月 16 日付）」を参照。

[参考文献]

黒崎卓（2009）『貧困と脆弱性の経済分析』勁草書房。

国際協力機構（2014）『貧困プロファイル　マラウイ』国際協力機構。

澤村信英（2007）「教育開発研究における質的調査法――フィールドワークを通した現実への接近」『国際教育協力論集』10 巻 3 号、25-39 頁。

島田周平（2009）「アフリカ農村社会の脆弱性分析」『E-journal GEO』3 巻 2 号、1-16 頁。

世界銀行（2002）『世界開発報告書 2000/2001 ――貧困との戦い』シュプリンガー・フェアラーク東京。

新村出編（1998）『広辞苑第 5 版』岩波書店。

Ainsworth, M. & Filmer, D. (2006) Inequalities in Children's Schooling: AIDS, Orphanhood, Poverty, and Gender. *World Development,* 34(6), 1099-1128.

Bennell, P. (2005) The Impact of the AIDS Epidemic on the Schooling of Orphans and Other Directly Affected Children in Sub-Saharan Africa. *Journal of Development Studies,* 41 (3), 467-488.

Campbell, P., Handa, S., Moroni, M., Odongo, S. & Palermo, T. (2010) Assessing the Orphan Effect in Determining Development Outcomes for Children in 11 Eastern and Southern African Countries. *Vulnerable Children and Youth Studies,* 5 (1), 12-32.

Case, A., Paxson, C. & Ableidinger, J. (2004) Orphans in Africa: Parental Death, Poverty, and School Enrollment. *Demography,* 41 (3), 483-508.

Chambers, R. (2006) Vulnerability, Coping and Policy. *IDS Bulletin,* 37 (4), 33-40.

Engle, P. (2008) *National Plans of Action for Orphans and Vulnerable Children in Sub-Saharan Africa: Where are the youngest children?* The Hague: BvLF.

Funkquist, Å., Eriksson, B. & Muula, A. (2007) The Vulnerability of Orphans in Thyolo District, Southern Malawi. *Tanzania Journal of Health Research,* 9 (2), 102-109.

GOM (2005) *National Plan of Action for Orphans and Other Vulnerable Children 2005-2009.* Lilongwe: Government of Malawi.

GOM (2012) *Malawi Growth and Development Strategy II.* Lilongwe: Government of Malawi.

Grassly, N. & Timaeus, I. (2003) *Orphans and AIDS in Sub-Saharan Africa.* New York: UN.

Hornby, S. (2005) *Advanced Learner's Dictionary.* Oxford: Oxford University Press.

Jukes, M., Jere, C. & Pridmore, P. (2014) Evaluating the Provision of Flexible Learning for Children at Risk of Primary School Dropout in Malawi. *International Journal of Educational Development,* 39, 181-192.

Kadzamira, E., Maluwa-Banda, D., Kamlongera, A. & Swainson, N. (2001) *The Impact of HIV/AIDS on Primary and Secondary Schooling in Malawi: Developing a comprehensive strategic response.* Zomba: Centre for Educational Research and Training.

Kalibala, S., Schenk, D., Weiss, D. & Elson, L. (2012) Examining Dimensions of Vulnerability among Children in Uganda. *Psychology, Health & Medicine,* 17 (3), 295-310.

Kürzinger, L., Pagnier, J., Kahn, G., Hampshire, R., Wakabi, T. & Dye, V. (2008) Education Status among Orphans and Non-Orphans in Communities Affected by AIDS in Tanzania and Burkina Faso. *AIDS Care,* 20 (6), 726-732.

MOEST (2008) *Malawi Public School Bursary Scheme Guideline.* Lilongwe: Ministry of Education, Science and Technology.

MOEST (2013) *Education Statistics 2012.* Lilongwe: Ministry of Education, Science and Technology.

NSO (2012a) *Integrated Household Survey 2010-2011.* Zomba: National Statistical Office.

NSO (2012b) *Welfare Monitoring Survey 2011.* Zomba: National Statistical Office.

NSO & ICF Macro (2011) *Malawi Demographic and Health Survey 2010. Zomba and Calverton*, Maryland: National Statistical Office and ICF Macro.

Schenk, K. (2009) Community Interventions Providing Care and Support to Orphans and Vulnerable Children: A Review of Evaluation Evidence. *AIDS Care,* 21 (7), 918-942.

Skinner, D., Tsheko, N., Mtero-Munyati, S., Segwabe, M., Chibatamoto, P., Mfecane, S., Chandiwana, B., Nkomo, N., Tlou, S. & Chitiyo, G. (2006) Towards a Definition of Orphaned and Vulnerable Children. *AIDS and Behavior,* 10 (6), 619-626.

Subbarao, K. & Coury, D. (2004) *Reaching Out to Africa's Orphans: A framework for public action,* Washington, D.C.: The World Bank.

UNAIDS (2013) Malawi HIV and AIDS estimates [http://www.unaids.org/en/regionscountries/countries/malawi/] (accessed on October 20, 2014).

UNICEF (2008) Orphans [http://www.unicef.org/media/media_45279.html] (accessed March 9, 2015).

UNICEF (2014) *The State of the World's Children 2014 in Numbers: Every child counts–revealing disparities, advancing children's rights.* New York: UNICEF.

USAID, UNAIDS & UNICEF (2004) *Children on the Brink 2004: A joint report of new orphan estimates and framework for action.* New York: UNICEF.

World Bank (2012) *World Development Indicatos 2012.* Washington, D.C.: The World Bank.

第IV部

貧困家庭の
子どもの教育

第13章

ラオス山岳地帯における少数民族の
子どもの就学と自律的な学校運営の試み
── 3村の比較調査から成功要因を探る

乾 美紀

はじめに

　ラオスは国境を中国、タイなど5か国に囲まれた内陸国であり、国土の約90％が山地や高原である。49の民族から成り立つ多民族国家であり、多数派民族の多くは平地に、少数民族は山岳地帯に居住している。山岳地帯に住む子どもたちの教育へのアクセスは乏しい。

　ラオスの教育制度は、就学前教育、初等教育、前期中等教育、後期中等教育、高等教育に分けられている。初等教育は5年間（6-10歳）で義務教育に該当する。それぞれの就学率（2015）は全国平均で、就学前教育は43.2％、初等教育は98.5％、前期中等教育は78.1％である[1]（Lao EDUInfo）。教育分野は質的にも量的にも問題が山積されているが、特に都市部と地方（山岳地帯）との教育格差が広がっていることが、これまで、そして近年になっても議論されてきた（Thant & Vokes 1997; Phan & Coxhead 2015; Inui 2015; United Nations in Lao PDR 2015）。初等教育の就学率、留年率、中途退学率、残存率には県別でも大きな差異が見られる。

　教育格差が広がる要因は、次の三つに大別できる。第一に、山岳地帯の峻険な土地では道路が整備されておらず、学校などのインフラの建設が制限されることである。一般的に山岳地帯では幹線道路でさえ車両の通行が難しく、資材の運搬が困難なゆえ建設作業は容易に進まない。第二に、特に山岳地帯

に住む少数民族が教育を継続できていないことである。彼らは小学校入学まで、公用語であるラオス語に触れる機会がほとんどないので、低学年で留年を繰り返す傾向がある。親が子どもに労働を手伝わせることから中途退学を求めることもある。第三に、地方の財政・行政基盤が脆弱なことである。山岳地帯では、教育よりもハード面を優先すること、住民からの税収が見込めないこと、地方行政官のマネジメント能力が低く人的資源に恵まれていないことも大きな問題と考えられる。

このような条件の中、ラオスでは村の責任で学校を建てなければならない。教育予算は各県に分配されるが、そのほとんどが教員給与などの経常経費として支出されることから、校舎の建設は村人が資金を出し合って進めてきた。他国で潮流となっている自律的な学校運営（School Based Management: SBM）をラオスも進めるため、2011年より学校補助金を各学校に支給する制度が始まったが、遅配が通常である（Santibanez 2014）。

なおラオスの地方教育行政は、各県と各郡に設置された県教育スポーツ局と郡教育スポーツ事務所（以下、郡事務所と記す）が担当している。県教育スポーツ局は、初等教育と中等教育の教育事業に関する責任を持ち、県・郡内の教育計画、予算の作成と管理、教員の採用などを担当している。郡事務所は、初等教育の実質的な運営を行う。

1. 山岳地帯における調査の展開

1-1 本研究の目的と調査の概要

本研究では、少数民族が居住する山岳地帯において、特に村が主体となって運営している三つの学校を取り上げ、三つの学校のうち自律的に学校運営に成功できている村はどれか、その成功要因とは何かについて明らかにすることを目的とする。本研究は、運営成功の定義として、郡事務所への依存度が低い状態で学校を運営している状態を指すこととする。

調査方法は、海外インタビュー調査（ラオス）と国内インタビュー調査で

第13章　ラオス山岳地帯における少数民族の子どもの就学と自律的な学校運営の試み　267

ある。詳細は後述するが、海外調査は 2016 年 8 月に、北部ルアンパバーン県パクウー郡にあるホエイカン村、ホエイペン村、コックハン村の三つの村を訪問した時に実施した。これらの村は筆者が顧問としてかかわっている学生団体が支援している村である [2]。三つの村は、県庁所在地から車で約 1 時間 30 分北東に進んだ山岳地帯に位置しており、村ごとの距離はそれぞれ車で 10 ～ 20 分程である。

　ラオスでの海外インタビュー調査は、①教員、村長、村人、郡事務所のスタッフから村に関する情報を収集し、その後に、②郡事務所の副所長にインタビューをするという方法で、2 段階に分けて行った。2 段階に分けて行った理由は、①で得た情報を②により確認したり、客観的な視点で明らかにするためである。なお 2016 年 8 月以降も 2 回、補足インタビューを行った。

　国内インタビュー調査では、海外インタビューで得た結果についてさらに明確にするため、3 村が位置するパクウー郡をはじめ主にラオス北部で教育支援を行っている NPO 団体 DEFC（Demining and Education For the Children）[3] のラオス事務局代表と日本事務局代表にインタビューを行った。

1-2　調査地の特徴

　本研究で対象としたルアンパバーン県は、首都ビエンチャンからメコン川を約 400 km 北上した山岳地帯にあり、県の北東がベトナムに国境を接している。県の中心はルアンパバーン郡であり、かつて古都であった郡の中心地が世界遺産に登録されたことをきっかけにラオスを代表する観光地となっているが、いったん市街地を離れると山々が続き、標高 500 ～ 2,000 m の高地に囲まれ、険しい山しか見えなくなる。県内の主な産業は農業で、主な産物は米や野菜であり、自給自足の農業が基本である。貧困率は、25.5％で全国の平均（23.2％）よりも少し高い程度の数字であるので、ラオスの平均的な経済状況と言ってもよい（World Bank 2014）。2015 年の国勢調査（Lao Statistics Bureau 2016）によると、調査地のパクウー郡では、雇用率が 84.8％（県平均 80.6％）、初等教育残存率が 79.6％（県平均 81.1％）であるので、調査地は県としても郡としてもラオスの平均的な土地といえる。県内人口のうち少数民族

は約60％であり、これもラオスの国全体の比率と類似している。

2. 山岳地帯における教育格差

2-1 地域間の教育格差

次に、地図（図13-1）で、ビエンチャンやルアンパバーン以外の地域も示しながら、初等教育の就学率、残存率、完全学校率について見ていきたい（表13-1）。

図 13-1　ラオスの地図

表 13-1　ラオスの各地域における初等教育の教育指標（単位%）

	①ビエンチャン都（首都）	②ルアンパバーン（北部）	③ポンサリー（最北部）	④サワナケート（南部）	全国平均
純就学率（2015）	100.2	97.7	94.7	95.6	98.5
残存率（2015）	91.1	80.9	76.0	70.1	78.3
完全学校率（2015）	91.2	84.9	53.7	79.0	79.5
中退率（2014）	1.9	4.5	8.9	7.0	5.4
留年率（2014）	3.7	4.8	6.9	9.4	6.9

（出所）Lao EDUInfo

まず、初等教育の純就学率は全国平均が98.5%（2015）であるが、他の地域も90%を大きく上回っているため、地域間格差はあまり見られない。

　しかし、初等教育の残存率[4]に関しては明らかな格差がある。例えば、ビエンチャン都（図13-1、①）が91.1%であるのに対して、調査地の北部ルアンパバーン県（②）では80.9%、さらに最北部の山岳地帯に位置するポンサリー県（③）では76.0%に留まっている。児童が卒業できない理由には2、3学年までしかない小学校（不完全学校）の存在が影響している。高学年に進学し卒業するためには完全学校がある近くの村まで通学をしなければならないが、それができない場合は、卒業ができないことになる。完全学校率に関しては、首都であるビエンチャン都（①）では91.2%であるのに対し、調査地のルアンパバーン県では84.9%、ポンサリー県では53.7%であり、したがって残存率においても大きな差がある（Lao EDUInfo）。

　続いて中退率と留年率について記す。表13-1に示すとおり、中退率は、ビエンチャン都が1.9%であるのに対し、ポンサリー県では8.9%、サワナケート県（④）では7.0%となっており、格差があることが分かる。留年率は、ビエンチャン都では3.7%だが、サワナケート県では9.4%となっている。このように、初等教育の中退率は都市部と山岳地帯で大きな差があり、留年率も同じように地域間の教育格差が大きい。

2-2　民族間の教育格差

　次に、民族間の教育格差について現状を見ていく。近年、表13-1で示したような教育指標は、民族ごとには調査されていない。しかし、10年ごとに実施される国勢調査では、識字率及び非就学率について報告されているので、その結果を示すこととする。

　ラオスには49の民族が確認されており、居住地の高低や言語系統によってタイ・カダイ系（低地に住む多数派民族）、モン・クメール系（山腹に住む少数民族）、モン・ヤオ及びシナ・チベット（高地に住む少数民族）に大きく分かれている。この中で、タイ・カダイ系がラオスの政治や経済の中心を担っており、公用語のラオス語を母語とする。

表 13-2　各民族系統の識字率（1995-2015 年）

(単位%)

	タイ・カダイ系 （多数派：低地）		モン・クメール系 （少数民族：山腹）		モン・ヤオ系 シナ・チベット系 （少数民族：高地）	
	ラオ	ルー	カム	カタン	モン	アカ
1995 年	75.2	73.9	40.9	30.3	26.5	3.8
2005 年	85.1	76.1	59.1	37.3	45.0	11.4
2015 年	93.3	87.4	78.6	51.0	70.2	36.2

（出所）National Statistics Center (1995); State Committee for Census of Population and Housing (2005);
　　　Lao Statistics Bureau (2016)

　表 13-2 には、本章で調査地とした 3 村に居住する民族であるラオ、ルー
（多数派民族）、カム、モン（少数民族）の識字率を示している。それらのデー
タの参考とするために同系の少数民族（カタン、アカ）の結果も示した。表の
数値から分かるように、多数派民族の識字率は少数民族と比較して極めて高
い。もちろん彼らがラオス語を母語とするからであるが、教育へのアクセス
が良い低地に住んでいることも大きな要因であろう。地域性と民族には類似
性があり、首都（低地）に住んでいるのは一般的にタイ・カダイ系つまり多
数派民族である。一方で、山岳地帯に位置するルアンパバーン県にはカムや
モン、ポンサリー県にはアカなどの少数民族が多く、彼らの教育アクセスは
限定されがちである。

　しかしながら近年、識字率は改善の方向への変化が見られるので明記し
ておきたい。例えば表 13-2 に示したように、1995 年のラオ（75.2%）とアカ
（3.8%）には大差があった。しかし、2015 年には、アカの識字率が 36.2% ま
で大幅に伸びている。ラオの識字率は 93.3% であるので未だ民族間の格差が
見られるが、子どもの就学率が上がることにより経年で縮小している。

　次に、民族ごとの就学形態のデータのうち、非就学率を表 13-3 に記す。
これは、各民族の中で学校に通った経験がない人口の比率を示している。

　表 13-3 を見て分かるとおり、非就学率（2015 年）は多数派民族のラオの数
値（5.7%）と比較すると少数民族のカム（16.8%）やモン（23.2%）の数値が依
然高い。このデータは 6 歳以上を対象としており、年齢に上限を設けていな
いため、必ずしも子どもの状況を表しているわけではないが、アカにいたっ

第 13 章　ラオス山岳地帯における少数民族の子どもの就学と自律的な学校運営の試み　　271

表 13-3 非就学者の割合 (6歳以上)　　　　　　　　　　　　　　　　(単位%)

	タイ・カダイ系 (多数派：低地)		モン・クメール (少数民族：山腹)		モン・ヤオ系 シナ・チベット系 (少数民族：高地)	
	ラオ	ルー	カム	カタン	モン	アカ
1995年	23.1	36.0	71.1	81.6	83.7	98.0
2005年	11.8	17.9	32.9	58.7	42.2	76.5
2015年	5.7	11.0	16.8	40.9	23.2	49.7

(注) 非就学率とは、これまで学校に通った経験がない6歳以上の人口の比率を指し、就学
年齢を超えた成人も含む。

(出所) National Statistics Center (1995); State Committee for Census of Population and Housing
(2005); Lao Statistics Bureau (2016)

ては49.7%が非就学であることから、いまだ高地の少数民族の教育アクセス
が限定されていることが分かる。しかしながら、識字率と同様に格差は縮小
傾向にあることが特徴である。例えば1995年のラオ (23.1%) とアカ (98.0%)
には大差が見られたが、2015年にはラオ (5.7%)、アカ (49.7%) と報告され
ていることからも、20年という期間に格差は徐々に縮まっており、識字率
と同様に経年的に改善されているということができる。

3. 先行研究と本研究の独自性

3-1 開発途上国におけるSBMの成功要因

以上のような格差が見られる中で、どのように学校運営がなされているだ
ろうか。これまで、開発途上国を対象とした自律的な学校運営 (SBM) の研
究は、地域を限定せず多くなされてきた。SBMとは教員、保護者、コミュ
ニティに学校運営の責任と意思決定の権限が委譲されることである (World
Bank 2007)。

中矢 (2005) の研究にあるように、インドネシアにおける自律的学校運営
は、保護者・教員・地域の連携が必要だと述べている。従来、教育省及び州
政府から学校までがトップダウンで「権限」が行使されていたものを、ボト

ムアップと横の連携によって意思疎通を向上させたり、協力体制を強化する仕組みへの移行が目指されているのである。しかしながら、正楽（2008）は、カンボジアにおける学校教育へのコミュニティ参加について、保護者による学校での教育活動への参加は極めて限られた範囲であり、保護者を広く巻き込んだ学校運営のためのコミュニティ参加を実現することは困難であると述べている。また、齋藤（2013）は、西アフリカのセネガルにおける住民参加型学校運営について、学校側と地域住民（保護者）側の間でギャップがあると述べている。理由は、校長や教員が理想的な住民参加の姿を描いているのに対し、保護者と地域住民は「住民による学校への協力」という言葉を、より現実的に考えているためである。このように SBM の実態は国によって大きく異なるといえる。

　江田（2016）は、SBM に取り組んできた国々が持つ成功要因の共通点について、①学校長のリーダーシップ、②知識と技術の開発、③学校に関するビジョンの共有、④情報の収集と迅速な伝達、⑤関係者からの支援の五つにまとめている。これらの成功要因はラオスではどのように捉えられているだろうか。本研究では、以上に挙げられた先行研究をもとに、現地調査結果を交えながら研究課題を明らかにしていく。

3-2　ラオスにおける SBM の研究

　ラオスでは、2011 年より自律的な学校運営を目指すために School Block Grant プログラムを開始している。これは SBM のひとつの形で、就学率を増やし、保護者が出資する教育コストを減らし、広いコミュニティからの関与を促すことを目指している。具体的には、1 年間生徒一人当たり 20,000 kip（約 280 円）の補助金を国が提供することを始めた。また県・郡レベルの専門家が教育スポーツ省から同プログラムを実施するためのトレーニングを受けることを開始した（Santibanez 2014）。

　実は、SBM を目指したプログラムは、以前より始まっていた。これは、スウェーデン国際開発協力庁（Sida）が 2003 年から 2007 年まで試行的に実施した村教育開発委員会（Village Education Development Committee: VEDC）を創設

第 13 章　ラオス山岳地帯における少数民族の子どもの就学と自律的な学校運営の試み　273

するプログラムで、2008 年に国際協力機構 (JICA) のプロジェクトに引き継がれたものである。

VEDC とは、村長、保護者会会長、教員など 7 名から構成される委員会で、初等教育を普及するための方策の検討、村の教育状況の分析に基づいた村教育計画の作成と実施、村人や他の協力機関・協力者からの教育開発資金の調達、未就学児や退学した児童の支援などを行っている (国際協力機構 2014)。VEDC は、SBM のように運営責任はないが、教育局から独立して教育普及のための方策や教育計画を決めていくことができる。

VEDC については、平良 (2011) がその効果を現地調査により明らかにしている。平良は、VEDC が活動を継続している地域において聞き取り調査を行い、VEDC が活動している村は就学率の向上が最も大きかったことを見出した。大きな成果がみられた背景としては、①農繁期に VEDC が労働力を提供したことにより就学の機会費用が減り、結果的に児童が学校に行きやすくなったという経済的要因、②周りの子どもたちが学校に行くのを見て、自分も行きたいと思うようになったという心理的な要因、③ VEDC の呼びかけで地域社会が小学校のさまざまな活動に参加することで学校環境が改善し、児童が就学しやすくなったという環境に関する要因が影響していた。

ラオスにおいて SBM に関連した研究はまだ少ないが、限られた条件の中でどのように学校を運営しているだろうか。この疑問を解決するために、現地で実際に教育の当事者に対するインタビューを行い、自律的な学校運営に必要な条件について追究することを試みた。

4. ラオスの海外調査から見えてきたもの

4-1 インタビュー結果 (第 1 部) —— 3 村の相違とは

海外調査インタビューは第 1 部と第 2 部に分けて行うこととし、第 1 部は、教員、村長、村人から村の概要について情報収集することを、第 2 部は郡事務所副所長から自律的な学校運営をするための条件を明らかにすることを目

的として行った。

　筆者はこれまで学校建設プロジェクトに関わりながら、断続的に3つの村を訪れて調査をしていたが、本調査は、2016年8月に行った。そして補足的なインタビューについて2017年8月、2018年2月に実施した。第1部のインタビューにおいては、村や学校の基本情報、学校建設支援の状況、産業、VEDCなどを聞き取ることができたため、表13-4に示す。

表13-4　村と小学校に関する基本情報（2016年8月）

	ホエイカン村	ホエイペン村	コックハン村
人口（2016）	313人（64世帯）	717人（146世帯）	499人（97世帯）
民族	ほとんどが カム（少数民族）	ほとんどがルー（多数派民族） カム、モン（少数民族）	ラオ30%（多数派民族） モン40%、カム30%（少数民族）
小学校在籍者 数（教員数）	52（4）	85（7）	46（3） ＊1、2年の校舎のみ
小学校数	1	1	1
学生団体による建設支援	＊1-5年生の校舎 （2学生団体出資）	3-5年生の校舎建て替え （村と学生団体で50%出資）	3-5年生の校舎 （村と学生団体で50%出資）
計画から建設 までの月数	約1年8カ月 （2009.7〜2011.2）	約1年 （2013.8〜2014.8）	約1年6カ月 （2015.8〜2017.2）

（注）＊1-5年生までの教室を持つが、異なる学年が教室を共有する複式学級で運営している。

　表13-4に示したように3村の中で、ホエイペン村の人口、教員数、児童数が最も多いこと、人口の多くが多数派民族であることが分かる。前述したように、ラオスには49の少数民族がいるが、ホエイペン村に多いルーは多数派民族グループに属しており、ラオス語を話す。一方で、ホエイカン村とコックハン村に住むカム、モンは少数民族で、それぞれの言語や文化を保ちながら生活している。ホエイカン村は村長がカムであるが、他の2村の村長と教員は校長も含めすべて多数派民族である。

　これまでの調査で、ホエイカン村のカムの児童は親の手伝いのために学校を休むことがあること、留年が多いということが明らかになった（乾・橋本2017）。コックハン村でのインタビューで分かったことは、かつてモンの児童の中には入学時にラオス語を使いこなせない子が多くいたことである。しかし校長によると、現在は就学前教育の制度ができたこともあり、3、4年生になるとラオス語を話せるようになっている。また、ホエイペン村には現

写真 13-1 ホエイペン村小学校の旧教室
（2013 年 8 月）

写真 13-2 新築したホエイペン村の校舎
（2014 年 8 月）

写真 13-3 完成したコックハン村の小学校
（後方）（2017 年 2 月）

在 4、5 年生にカムの児童が 15 名いるが、他の児童がラオス語を話すのでその影響を受けて、勉強についていけているという。

郡事務所の教育予算が不足しているため、これまでそれぞれの村では学生団体の支援を受けて学校建設を進めてきた。まずホエイペン村の小学校（3-5 年生）は、壁に穴が開いて使用が難しかったが、1 年後という比較的早い時期に新校舎を完成させた（写真 13-1、13-2）。

次にコックハン村の小学校は、1、2 年生の校舎しか持っておらず、3 年生以上は隣のホエイペン村の学校に徒歩で 1 時間かけて通っていた。その後、2017 年に 3-5 年生の校舎が完成した。（しかしながら教員不足のため 5 年生は隣村に通っており、5 年生の教室は使われていない）（写真 13-3）。

4-2　インタビュー結果（第 2 部）——運営に成功している村とは

筆者が情報を得ようとした村の産業、留年、学校の運営については、村内だけのインタビューでは情報が不明瞭であったり、回答者により異なることがあったりしたため、郡事務所副所長に依頼し回答を得た。特に就学に関するデータや VEDC の開催状況については、補足インタビューにおいても具

表 13-5　村の産業や教育に関する情報

	ホエイカン村	ホエイペン村	コックハン村
産業	自給自足農業、バナナの皮や実の販売	農作物を市場で販売。水田・棚田での農業。トゥクトゥクの運転手、運送業者（トラックを8台所有）。	農業のみ・田がないので水田まで徒歩2時間で行く。モン族は焼畑農業を行う。
子どもの留年	2013-2015年：2、3人 2016年：留年なし	2013-14年：15人程度 2015年：5人（カムの子が留年） 2016年以降：留年なし	2015年：数人程度 2016年：1人
VEDCの頻度	数カ月に1度	年に2、3回（教員と村人の会合は週に1、2回）	数カ月に1度
就学前教育	1年間の準備学級（2013年に開始、2015年に建物を自力で建設）	3年間の幼稚園（2013年に開始、2016年に建物を自力で建設）	1年間の準備学級（2013年に開始、シンガポールの団体が寄付）
郡事務所との関係	郡事務所には報告ベース、必要時に相談	視察に来る時に会う。なるべく村から寄付を募り、椅子・机などは村長らが手作りする	必要な時に頼る

体的な様子を聞くことができたので、表 13-5 に整理しておく。

　郡事務所の副所長に自律的な学校運営が最も進んでいる村について聞いてみると、迷うことなく「ホエイペン村」と答えた。その理由として、以下の三つを挙げた。

　第一に、村の規模が大きく人口が多いことである。筆者は、村の人口が少なく規模が小さい村の方が意思疎通を図りやすく、学校を運営しやすいのではないかと推定していたが、副所長によると、経済的な規模を考えると人口が多い方が有利ということであった。ホエイペン村には、村の中心に川が流れていることもあり、水田を整えやすい。また、農作物を売るための市場を持っていること、大型トラックを複数台所有していること、トゥクトゥク（乗り合いタクシー）のドライバーとして勤務している村人がいる状況が分かった。村民は土地税を田畑の大きさによって村に納めているので、ホエイペン村のように規模が大きい村では、税収を見込むことができることも明らかになった。

　第二に、郡事務所への依存度が低いことである。ホエイペン村では、VEDC を開く頻度は、年 2、3 回であり、その回数は他の 2 村と比べて少な

第13章　ラオス山岳地帯における少数民族の子どもの就学と自律的な学校運営の試み　277

い。しかし、村人と教員が週に1、2回は会合を開いて学校や子どもの様子を報告していることが特徴である。この会合には本来のVEDCのメンバー（7人）が全員集まるわけではないのだが、このように教員と村人が頻繁に会合を開く熱心さは、一般的なラオスの学校では見られない。またホエイペン村では、経済的に郡事務所に依存することはなく、村長が中心となって村で寄付を募ったり、椅子や机を手作りするというように、経済的に自立して学校を運営する様子がみられた。

　近年のホエイペン村の大きな出来事として、村人と筆者らの学生団体が資金を折半して小学校を建て替えたことがある。しかも郡事務所に頼ることなく村人が校舎改築作業に関わり、短期間で計画から建設完成までを終えた（表13-4参照）。この時から村人の学校に対するオーナーシップが高まると同時に、村人の教育意識が高まったという変化が見られたことを特記しておきたい（乾・橋本2017）。

　第三に、就学前の段階から教育を重視していることである。インタビューの結果、ホエイカン村とコックハン村が1年間の準備学級を持つことに対して、ホエイペン村のみ3年間の幼稚園があることが分かった[5]。この理由を副所長に尋ねると、完全学校（1-5年までの校舎）を持つ学校は、3年間の幼稚園を設置することができ、完全学校を持たない村は、その代わりに1年間の準備学級を設置していると話した（ホエイカン村は5年生まであるが複式学級のため完全学校とはみなされない）。副所長は、郡事務所は幼稚園の設立に経済的支援をしていないが、ホエイペン村では村人が協力して3教室を建設したため、教員を派遣することにしたという経緯を説明した。3村の留年の状況を概観すると、ホエイペン村では2015年までは、かなりの留年者が見られたが、2016年以降はいなくなっている。規模が大きいホエイペン村は児童数も多いため、他の2村に比べて留年者数も多かったが、幼稚園を作ったことにより、少数民族の児童がラオス語を習得し、留年がなくなったといえる。

4-3　学校補助金から見る運営成功の要因

ここで、2017年8月、2018年2月に実施した補足インタビューで明らか

になったことを述べておきたい。それは、学校補助金を受け取っている村と受け取ってない村があることである。

まず、ホエイカン村とホエイペン村の校長は継続的に学校補助金を受け取っていた。二つの村に、補助金を受け取ったプロセスを聞いてみると、郡事務所からの連絡を待つのではなく、郡事務所と掛け合って自ら補助金を取りに行き、受け取ったことを村長に報告するという。校長と村長が連携して積極的に補助金を入手しようとする様子が伝わって来た。

インタビュー時に、ホエイカン村の校長は、補助金について強く意見を述べたことが印象的であった。2017 年現在、補助金は一人当たり 35,000 kip（約 460 円）であるが、村が取りに行くと 20,000 kip（約 300 円）ほどになっているという。この金額では学校の設備を整備するのに足りないため、100,000 kip（約 1,300 円）くらいにまで増額してほしいと強い要望を示していた。以上の回答から、ホエイカン村には、限られた条件の中で補助金を受け取れるように尽力し、しかも補助金を有効に活用して自律的に学校を運営しようとしている姿勢が見られた。

一方でコックハン村の小学校の校長は、2014 年前後は補助金を受け取っていなかったと話した。受け取らなかった正確な年度や受け取っていない理由は分からず、受け取れるように郡事務所に尋ねることもしていないという消極的な態度であった。村長にもこだわる様子は見られなかった。言うまでもなく村が定期的に補助金を受け取ることができるようなシステムづくりが必要であるが、確実に受け取るような積極性が自律性にも影響していることが明らかになった。

5. 自律的運営学校の成功とは——国内調査による結果

5-1 問われる経済的自立性と村長の積極性

以上の現地調査で得られた回答をより客観的に検証するため、2016 年 10 月 9 日に NPO 団体 DEFC の日本事務局代表及び、研修のために訪日してい

たDEFCラオス事務局代表[6]にインタビューを行った。

日本事務局代表に、第1部調査の結果、つまり副所長がホエイペン村を最も自律的な運営に成功している村と述べたことについて聞いてみると、特に経済的な側面では納得せざるをえないと答えた。事務局代表は、村に経済的な余裕があれば郡事務所に頼ったり交渉したりする必要はないこと、自分たちで校舎建設を主体的に進めることが自律的運営学校を進めるうえでのキーワードになると答えた。

そのうえで、ホエイカン村についても自律的な学校運営に成功しているのではないかという回答を得た。その理由は、ホエイカン村が自力で幼稚園を建設するという積極性を見せたからである（写真13-4）。日本事務局代表によると、コックハン村がシンガポールの団体からの寄付に頼っていたことを挙げながら「ホエイカン村のように、自分たちで幼稚園を建設する積極性がある所は、これまで活動地域で3校ほどしか見たことがない」とのことであった[7]。これは村長の統率力や積極性の高さが影響しているといえる。

ラオスでは村長は村で最も大きな権力を持ち、予算決定の権力を持つ。したがって、学校運営は村長の意向が反映されるが、村長に加えて、「保護者、地域、教員」の協力も不可欠である。学校や幼稚園の建設には、村人からの寄付が必要であるため、それを決定し、促す村長の積極性が問われることとなる。ラオス事務局代表は、「ラオスの場合、保護者が意見を言うことがまずないので、村長の決定力が問われる。その面では、幼稚園を作ったホエイカン村や、村長が寄付を募ったり、椅子などを作っているホエイペン村の村長のリーダーシップが強い」と述べた。

同事務局長によると、「ラオス人の性格上、（村人は）自分より立場の上の人には遠慮をし、肯定的な意見を言うのみである。社会主義の国であることや、知識不足のために、自分の意見が間違っているのではないかと思う傾向がある」という。これは、正楽（2008）が、カンボジアでは保護者は自分た

写真13-4　ホエイカン村が作った幼稚園
（2015年）

ちと委員 [8] や村長を差異化しており、ミーティングに参加したとしても発言することを躊躇しがちであることから、保護者は意思決定プロセスからは排除される傾向にある、と報告したことと共通している。そのために、村長の積極的な判断に頼らざるを得ない状況を読みとることができる。

　筆者が複数回の訪問を通じて感じたことは、ホエイペン村は村民のほとんどが多数派民族であり村の収入も多いため、村の運営が円滑にできていることである。一方で、ホエイカン村では、表13-4や表13-5に示したように、ほとんどが少数民族であり、収入源となる産業がほとんどない。バナナの葉や実を近くの大きな村に売りに行くことが唯一の収入源と述べていたことから、ホエイペン村との経済格差が明白である。しかしながら、インタビューで明らかになったように、学校補助金を受け取るために郡事務所に掛け合うことや、幼稚園を建てたことから村長に高い積極性を感じることができた。

5-2　就学前教育と自律的運営学校の繋がり

　次に、同団体の日本事務所代表からは、海外調査において指摘された就学前教育について、興味深い見解が得られた。それは、「親が働くことができると、家庭の経済力が上がる。それにより、家庭の経済に余裕ができ、子どもの教育にお金をかけることができる」ということである。同代表は、ホエイペン村は「幼稚園が3年間あることによって、親が子どもを預けて働くことができるので、それがまた経済力アップに繋がる」とも指摘した。これは、第1部の調査で郡事務所副所長が述べた見解を支持するものである [9]。

　初等教育に進学した際も、子どもを幼稚園に行かせていた親と行かせていなかった親では、教育に関する関心や積極性に違いが出てくる。同代表によると、ホエイカン村とコックハン村は就学前教育が1年間であるのに対し、ホエイペン村は3年間あるために、よりスムーズな初等教育への移行ができるので、親の初等教育への参加が積極的になる。

　パクウー郡では2006年から幼稚園に行かせることが義務化された。特に副所長は就学前教育に熱心なため、戸籍をもとに家庭を訪問して幼稚園に行かせるように説得していると話した。そのことも影響しているのか、現在の

就学前教育の総就学率は 50.6％と、全国平均（43.2％）より高い [10]。そのことが小学校への入学にもつながっていると考えられ、パクウー郡の初等教育の入学率は 96.7％に上っている（Lao EDUInfo）。

これらのことを現地調査に結び付けると、収入が限られている中でホエイカン村が幼稚園を自ら建設したことは、初等教育の就学率上昇や留年の減少にもつながる。親が幼稚園に行かせようとする意識が小学校に行かせることにも繋がり、そのことが村全体で学校を運営していこうという機運にも影響するだろう。より積極的に親が学校の運営に参加するためには、就学前教育の段階から親が関わる基盤を築いておくことが大切なのではないだろうか。

おわりに

本研究では、ラオスの山岳地帯で特に村が主体となって運営している三つの学校を調査対象とし、三つの学校のうち自律的に学校運営に成功できている村はどれか、その成功要因とは何かについて明らかにすることであった。三つの学校を調査したところ、ホエイペン村が最も成功しているとみなすことができ、その理由として村が経済的にも自立しており、郡事務所への依存度が低いことが挙げられた。

ラオスでの現地調査の結果、教育のソフト面では校長の積極性やリーダーシップこそ言及されたが、まず、他の途上国と同様、経済力（ハード面）が大きな要因であることが分かった。このことは、ラオスにおける調査研究において平良（2011）が、VEDC が労働機会を提供し収入が上がった村ほど就学率が上がったと、経済要因を指摘したことや、Santibanes（2014）が挙げたラオスにおける SBM の問題点が経済的な要因であったこととも一致している。ラオスでは、まずハード面を整えることから始めなければならず、今の状況では知識と技術の開発、学校に関するビジョンなどソフト面まで考慮することが難しいのが現状である。

経済的な条件が整っているということは、校舎の建設及びトイレや校庭を整備するための資金を捻出できることに繋がる。また、村人が小学校運営にも高い意識を持ち自律的に学校を運営することにも繋がる。ラオスでは、

学校単位に届くはずの学校補助金が届かないことが大きな問題であるので、Santibanez（2014）が指摘するように、計画通りに配分することの必要性がある。中央政府から配分された補助金を、郡事務所がいかに村に届け、村の優先課題に応じた用途に使われることが不可欠なため、行政能力を上げることも一つの改善点である。SBM についてソフト面から議論できるスタートラインに立てることが理想的である。

　今後、ラオスの山岳地帯という極めて厳しい環境で、どうすれば学校運営に成功できるだろうか。村の経済力の問題は、すぐに解決することが難しいが、SBM の成功要因のひとつとされた学校長のリーダーシップについても可能性は残っている。本研究で明らかになったように、少数民族の村で経済的に厳しい状況にあるホエイカン村が、村長のリーダーシップをもとに村人と協力をしながら学校を自律的に運営しようとしていたことは、教育分野以外の村の発展にもつながるように思う。今後も三つの村への訪問を重ねながら、変化していく状況を見つつ、SBM の展開を継続的に観察していきたい。

[注]
(1) 初等教育のみ純就学率のデータである（その他は総就学率）。
(2) 学生国際協力団体 CHISE（呼称はチーズ）は、これまでホエイカン村に 2012 年、ホエイペン村に 2015 年、コックハン村に 2017 年に校舎建設を支援した経緯がある。筆者らは年に 2 回、定期的に村を訪問し、郡事務所や村と話し合いを重ねてきたため、村人らと信頼関係ができている。
(3) NPO 法人 DEFC は 2006 年に法人化され、「爆弾ではなく学校を、地雷ではなく教科書を」を標語としてラオスに教育支援を行っている。活動内容は図書館支援、残留不発弾の除去、学校建設、奨学金事業などである。
(4) 残存率とは、ある年に入学した 1 年生のうち、最終学年に達した児童数の割合である。
(5) 準備学級は、幼稚園がない村に置かれる 1 年保育の学級で、主に少数民族の子どもがラオス語の習得を目指すことを目的としている。
(6) DEFC は学生団体と現地の郡事務所との連絡や交渉を取り持ったり、建設した学校をモニタリングするなど現地に根深い活動を続けてきた。日本事務局代表は元 JICA 長期専門家、ラオス事務局代表は元教育省の役人であり、ラオスの教育事情に精通している。
(7) 2015 年にこの建物が建てられ、準備学級に使われるはずであったが、実際使ってみ

ると埃が多く出るため5歳児に適していないと判断され、現在は5年生が使用している（2017年8月、校長へのインタビュー）。

(8) カンボジアの各小学校には学校支援委員会が設置されており、この委員会の目的は学校とコミュニティとを取り結び、学校教育への住民の意識を喚起することである。

(9) ただし産業がほとんどないホエイカン村で母親たちにインタビューしところ、たとえ子どもが準備学級に行っても、村に仕事がないので、家にいるだけと話した（2017年8月、補足インタビュー）。このため、働く場所がある村のみに該当すると考えられる。

(10) 副局長によると、保育料は村によって異なるが、月に600-800円程度であり、学校に収めることになっている。

[参考文献]

乾美紀・橋本若奈（2017）「教育支援がもたらす村人の教育意識の変化――ラオス支援学生団体と企業の比較研究」『環境人間学紀要』94号、103-118頁。

江田英里香（2016）『学校運営における住民参加の阻害・促進要因――カンボジア王国カンダール州の小学校』博士論文（神戸大学大学院国際協力研究科）。

国際協力機構（2014）『ラオス人民民主共和国 コミュニティ・イニシアティブによる 初等教育改善プロジェクトフェーズ2 中間レビュー調査報告書』国際協力機構。

齋藤健介（2013）「セネガルにおける住民参加型学校運営に関する研究――地域住民の意識と行動の違いに注目して」『比較教育学研究』46号、80-101頁。

正楽藍（2008）「カンボジアにおける学校運営へのコミュニティ参加――コンポチナン州の小学校における保護者の参加を中心として」『比較教育学研究』36号、3-24頁。

平良那愛（2011）「ラオスにおける村教育開発委員会の初等教育就学率向上に対する影響――首都周辺地域における教育関係者への調査結果を通して」『国際教育協力論集』14巻1号、45-55頁。

中矢礼美（2005）「インドネシアにおける自律的学校経営に関する考察」『国際教育協力論集』8巻2号、51-62頁。

Inui, M. (2015) Hmong Women and Education: Challenge for Empowerment in the Lao PDR. *Hmong Studies Journal,* 16, 1-25.

Lao Statistics Bureau (2016) *The 4th Population and Housing Census 2015.* Vientiane: Lao Statistics Bureau.

National Statistics Center (1995) *Results from the Population Census 1995.* Vientiane: National Statistics Center.

Phan, D. & Coxhead, I. (2015) Education in Southeast Asia: Investments, Achievements, and Returns. *Routledge Handbook of Southeast Asian Economics.* Oxford: Routledge, pp.245-269.

Santibanez, L. (2014) *School Based Management in Lao P.D.R.: Current Conditions and Recommendations for the Future.* Washington, D.C.: The World Bank.

State Committee for Census of Population and Housing (2005) *Results from the Population and Housing Census 2005.* Vientiane: State Committee for Census of Population and Housing.

Thant, M. & Vokes, R. (1997) Education in Laos: Progress and Challenges. In M. Than & J.L.H. Tan (eds.), *Laos' Dilemmas and Options: The Challenges of Economic Transition in the 1990s.* New York: St. Martin's Press, pp.154-195.

United Nations in Lao PDR (2015) *Country Analysis Report: Lao PDR.* Vientiane: UN

World Bank (2007) *What is School-Based Management?* Washington, D.C.: The World Bank.

World Bank (2014) *Poverty Profile in Lao PDR. Washington,* D.C.: The World Bank.

第14章

ウガンダにおいて無償化政策下も学費徴収に苦しむ農村部貧困層の子ども
——家計パネルデータを用いた実証分析

坂上勝基

はじめに

ウガンダ共和国（以下、ウガンダ）は、人口約 3,770 万人、陸地面積が日本の本州よりやや小さな 197,000 km[2] で、東アフリカの赤道直下に位置する（UBOS 2017）。内陸国である一方、農業に適した温暖な気候や肥沃な土地に恵まれた国で、近年は石油開発が本格化するなど鉱物資源にも一定程度恵まれている。1962 年の独立後、20 年以上にわたり著しい政治的混乱の時代が続いたものの、1986 年に成立したムセベニ政権が政治と経済の安定化に成功 [1] して以降は一転、「構造調整の優等生」としてサブサハラ・アフリカ（以下、アフリカ）地域においては記録的な経済成長・発展と貧困削減を実現してきた（高橋 1994）。しかしながら、最貧国からの脱出には成功したものの、同国は現在も国際連合が定める後発開発途上国（Least Developed Country: LDC）に属する。2013 年の時点で全人口の 3 分の 1 以上が、一人あたり一日 1.90 米ドルの国際貧困ラインを下回った状態で生活する貧困層で、その 90% は農村部で生活している（World Bank 2016）。

ムセベニ政権発足直後から教育分野においても改革が進められ、1997 年にはアフリカ地域の他の国に先駆け [2]、初等教育普遍化（Universal Primary Education: UPE）政策と呼ばれる無償化政策が導入された。政府は教育公財政支出の対 GDP 比を大幅に引き上げ初等教育段階への投資を優先的に行う

ことで、当該教育段階において学費徴収を廃止し、就学率は急激に向上した。本政策が、特に貧困層の子どもや女子の就学促進に有意な初期効果を及ぼしたことは、多くの先行研究によって実証されている（例えば、澤村 2008; Deininger 2003; Nishimura et al. 2008）。しかしさまざまな経済的・非経済的要因によって、無償化政策導入から 20 年以上がたった現在も UPE は達成されておらず、近年不就学の子どもの減少に進展はみられていない（Tamusuza 2011）。

　貧困層の子どもが就学する際の経済的障壁を取り除くため、公立学校での学費徴収を廃止することが UPE 政策の目的の中心である。しかしながら、当該政策の実施開始直後より、親・保護者からさまざまな学費の徴収が行われていた。最近では、法律で原則として禁止されているにもかかわらず、農村部の公立学校において徴収される学費が一部で高額化している。さらに、UPE 政策導入により公教育制度に生じた構造上の問題点は、政府の補助を受けず学費によって運営される私立学校の新たな台頭を引き起こした。都市部の富裕層を対象とした私立学校に加え、貧困層の子どもの就学促進に貢献する可能性のある私立学校の役割が全国的に拡大している。

　これまで、初等教育の無償化政策を導入したウガンダや他の開発途上国においてこのような学費の支払いが存在することは、多くの先行研究が確認してきた（例えば、Byamugisha & Nishimura 2008）。これに対し、学費徴収が行われる要因や初等教育へのアクセスへの影響について実証的に分析した先行研究は Lincove（2012）などが存在するものの、その数は少ない。またすでに一般的となった私立学校という選択肢の存在を加味し、より複雑な学校選択の傾向について検討を行った研究はさらに僅少である。こうした背景を踏まえて本章は、公立学校で高額な学費徴収が行われていることが初等教育学齢期の子どもの就学や学校選択にいかなる影響を与えているか、当該効果における貧困世帯と非貧困世帯の間の差異を明らかにすることを主な目的とする。

　本章は、以下のように構成されている。第 1 節ではウガンダの教育制度と初等教育の現状を俯瞰し、第 2 節では学費徴収、私立学校台頭の現状やこれまでの研究をレビューする。第 3 節では、家計パネルデータを用いた分析の手法とデータの概要を示し、第 4 節では、分析結果と考察を示す。

第 14 章　ウガンダにおいて無償化政策下も学費徴収に苦しむ農村部貧困層の子ども　｜　287

1. ウガンダの学校教育と初等教育無償化 20 年の現状

　ウガンダの教育制度は、初等教育 7 年間、中等教育 6 年間、高等教育 3 ～ 5 年間から主に成り立っている。中等教育はそれぞれ O レベル（Ordinary level）、A レベル（Advanced level）と呼ばれる、4 年間の前期中等教育と 2 年間の後期中等教育に分かれている。初等教育の 7 学年修了時に初等教育修了試験（Primary Leaving Examination: PLE）を受け、合格しなければ生徒は初等学校を卒業することができない。2008 年制定の現行教育法（Education Act of 2008、以下教育法）は、6 歳以上の子どもに対する 7 年間の初等教育は普遍的に提供されるべき義務教育であると明記している（Republic of Uganda 2008）。

　UPE 政策は、1996 年の大統領選挙で 2 期目を目指していたムセベニが公約し、1997 年から実施に移された。ウガンダ版貧困削減戦略文書の貧困撲滅行動計画（Poverty Eradication Action Plan: PEAP）に基づく大規模な行財政改革の一環として行われ、生徒数に基づいて算出された UPE 人頭補助金（Capitation Grant）の各校への給付を中心とする財政措置に加え、教育行財政の地方分権化が進められた。政策導入当初は、一世帯あたりで子どもの初等教育を無償化するのは 4 人までとしていたが、2003 年以降この上限は撤廃された。

　本政策を持続可能なものとするには、学費免除により各学校が失った財源を補塡する政府による十分な財政措置が必須である。しかしながら、2001/2002 年度 [3] をピークにドナーからの教育セクターへの援助が減少し続けていることなどを背景に、ウガンダ政府による教育セクター全体に対するコミットメントは減少傾向にある。教育公財政支出の対 GDP 比は 5.0％（2004 年）から 2.2％（2014 年）に減少し（UIS 2017）、UPE 政策導入前の水準である 1.6％（Byamugisha & Nishimura 2008）に近づきつつある。これにより、初等教育への配分割合は 60％前後でほぼ横ばいであるものの、生徒一人あたりの初等教育向け公財政支出の対一人あたり GDP 比は 10.4％（2004 年）から 4.4％（2014 年）まで落ち込んだ（UIS 2017）。生徒一人あたりの UPE 人頭補助金額は、年間 2 米ドルを下回っているのが現状である。

288

2. 無償化政策下における公立学校の学費徴収と低学費私立学校の台頭

2-1 農村部の公立学校における非公式な学費徴収

　ウガンダ政府は UPE 政策導入後も、昼食、制服、及び施設建設のための労働力は親・保護者の負担であるとしている。前述のとおり UPE 人頭補助金の額が不十分な状況が慢性化する中、各公立学校は政府からの補助金のみでは、十分な教材や施設建設資材などの購入に必要な支出すら賄うことができていない。このため、もともと想定されていない学校給食や制服のための費用を賄うことはほとんど不可能である。にもかかわらずウガンダ農村部の公立学校では、生徒の親・保護者から学費を集めることは原則として禁止され、罰則規定も存在する [4]。

　農村部の公立学校での教育の質を保証するための財政システムが抱える構造的問題が放置される中、政府によるガイドラインの存在しない非公式なかたちで、不足する財源を穴埋めする措置を講じる公立学校が多くなっている。この中には、学校運営委員会（School Management Committee: SMC）と PTA（Parents and Teachers Association）が協力しながらイニシアティブをとり、親・保護者からトウモロコシや豆などの農作物や、トウモロコシの製粉や調理人を雇うのに必要な現金を集め、学校給食を提供している取り組み（写真 14-1）などが存在する（Najjumba et al. 2013）。しかしながら、学費徴収の禁止条項が足枷となり、こうした取り組みが拡がっていく動きは乏しい。

　UPE 政策導入直後から、「PTA 費」といった名前での学費徴収が続いていることは指摘されていた。さらに近年行われた先行研究では、貧困層が支払うことのできない額の学費徴収を行う学校が農村部においても増加し、学費が支払われ

写真 14-1　公立学校での学校給食準備風景

ていない場合は生徒の親・保護者に支払いを強制する手段をとっている事例が報告されている（Kayabwe & Nbacwa 2014）。

2-2　低学費私立学校の台頭

ウガンダでは、大半の初等学校は設立母体が宗教組織で、コミュニティ校と呼ばれるコミュニティの自助努力による取り組みで設立された学校も一部存在する。UPE 政策の導入後、政府は多くのこうした初等学校に対してUPE 人頭補助金の交付を開始し、ウガンダにおいては設立母体にかかわらず、政府からの補助金を受けとっている学校が「公立学校」と呼ばれるようになった。教育スポーツ省（Ministry of Education and Sports: MoES）が毎年行っている学校対象の悉皆調査に基づき公表しているデータによると、政府からの補助金を受けとっていない学校（私立学校）に通う就学者の割合は、2005 年から 2014 年までの 10 年間に 8.3％から 19.5％と 2 倍以上拡大し、多くの私立学校は個人事業者によって設立された（MoES 2016）。

都市部には、高額な学費を徴収する富裕層の子どもを対象とした私立学校がある。その一方で、低学費私立学校（Low-Fee Private School）と呼ばれる貧困層の就学促進に資する可能性のある種類の私立学校（写真 14-2）が、スラムなど特定の低所得者居住地域に限らず、農村部を含め全体的な拡大を続けているのがウガンダの特徴である。立地や規模にかかわらず私立学校は同じ規制による政府の監督体制下にあり、手続きの煩雑さから未登録のまま経営を続ける低学費私立学校が多い。このためか、私立学校に通う就学者割合については、MoES が公表している数値と家計調査結果に基づいて計算される推計値の間に差が存在する（Kisira 2008）。

写真 14-2　農村部の低学費私立学校の校舎

3. 実証分析の方法と家計パネルデータの概要

3-1 分析枠組みと計量モデル

本章は分析枠組みとして、教育費や学校で行われている教育の質を考慮し、子どもを学校に通わせるか、さらに学校に通わせる場合にどういった学校を選択するかを決定する世帯の消費行動を分析する際、一般的に用いられてきたモデルを採用する。教育需要に関する本モデルは Gertler & Glewwe（1990）が提案して以来、家計調査データを用いたさまざまな国の事例研究で採用されてきた（例えば、Alderman et al. 2001; Glick & Sahn 2006）。計量モデルとしては、Nishimura & Yamano（2013）に倣い、多項ロジット（Multinomial Logit: MNL）モデルを用いた。子どもの就学と学校選択に関する推計式は、以下の（1）式で示すとおりである。

$$\Pr(\alpha_{ijt}=c)=\exp(\alpha_c+\beta_c X_{ijt}+\gamma_{1,c}S_{jt}+\gamma_{2,c}t_{ij}+\varepsilon_{c,ijt})/\Sigma_{h=1}^3\exp(\alpha_h+\beta_h X_{ijt}+\gamma_{1,h}S_{jt}+\gamma_{2,h}t_{jt}+\varepsilon_{h,ijt}) \quad (1)$$

ここで、t_{ij} は 2011/2012 年ならば 1、2005/2006 年ならば 0 の値をとる年次ダミー変数である。a_{ijt} はコミュニティ j に住む子ども i の t 時点における初等学校への就学・学校選択状況を表しており、不就学（$a_{ijt}=1$）か公立学校就学（$a_{ijt}=2$）か私立学校就学（$a_{ijt}=3$）のいずれかとなる。それぞれ t 時点における、X_{ijt} は子ども i の個人と世帯の特性に関する変数ベクトルで、S_{jt} はコミュニティ j とコミュニティ j に属する公立学校の特性に関する変数ベクトル、ε_{ijt} は誤差項である。本分析では、不就学（$a_{ijt}=1$）を基準カテゴリに設定した。

また詳細は後述するが、本章が定義する「高額」な学費徴収は 2005/2006 年時点ではほとんどの公立学校で行われておらず、本章が分析対象としている農村部のコミュニティは 2011/2012 年時点までに高額な学費徴収がはじまったグループとはじまらなかったグループに分けることができる。この準実験的状況を活用し、公立学校での非公式な高額学費徴収と子どもの就学・

学校選択との関係性に関する分析では、差の差（Double-Difference: DD）法による推計を行った。DD 法による推計式は (2) 式のように表せる。

$$\Pr(\alpha_{ijt}=c)=\exp(\alpha_c+\beta_c X_{ijt}+\gamma_{1,c}S_{jt}+\gamma_{2,c}t_{ij}+\gamma_{3,c}H_j+\gamma_{4,c}H_j t_{ij}+\varepsilon_{c,ijt})$$
$$/\sum_{h=1}^{3}\exp(\alpha_h+\beta_h X_{ijt}+\gamma_{1,h}S_{jt}+\gamma_{2,h}t_{ij}+\gamma_{3,h}H_j+\gamma_{4,h}H_j t_{ij}+\varepsilon_{h,ijt}) \qquad (2)$$

上式で H_j は、コミュニティ j の公立学校で 2011/2012 年時点までに高額な学費徴収がはじまった場合 1、はじまらなかった場合 0 の値をとるダミー変数である。この時、推計するパラメータ γ_4 が高額な学費徴収に起因する平均的効果として解釈できることが知られている。

DD 法を用いることによって、時間変化によらない二つのグループの特性の差による効果や、二つのグループで共通に生じた自然経過のトレンドによる効果を統制し、より説得力のある推計値が得られる。さらに本章では、観測可能な 2005/2006 年時点でのコミュニティの特性がグループ間で異なっている問題に傾向スコアマッチング（Propensity Score Matching: PSM）を用いて対処することで、推計の頑健性を確認する試みも行った。ここでは Khandker et al. (2010) にある手法に倣い、マッチング法は、Becker & Ichino（2002）の方法を用いた。ロジットモデルにより高額な学費徴収の規定要因を探索する推計式は以下の (3) 式のとおりで、傾向スコアの推定値を求めるためにも用いた。

$$\Pr(H_j=1)=\exp(\alpha+\gamma S_{j\,2005/2006}+\varepsilon_{j\,2005/2006})/\{1+\exp(\alpha+\gamma S_{j\,2005/2006}+\varepsilon_{j\,2005/2006})\} \qquad (3)$$

上式にある $S_{j\,2005/2006}$ は、コミュニティ j とコミュニティ j に属する公立学校の特性に関する 2005/2006 年時点での変数ベクトルである。

3-2　データ

本章で用いるパネルデータは、生活水準測定研究農業統合調査（Living Standards Measurement Study-Integrated Survey on Agriculture: LSMS-ISA）の一環として、ウガンダ統計局（Uganda Bureau of Statistics: UBOS）が、オランダ政府と世界銀

行からの財政・技術支援を受けて実施したウガンダ国家パネル調査（Uganda National Panel Survey: UNPS）で収集された。本データには、層化二段抽出法により選ばれた 80 県（District）の 322 調査区（Enumeration Area: EA）に居住する 3,123 世帯の情報が含まれる。本章では 2005/2006 年[5] と 2011/2012 年に集められたデータを EA レベルでパネル化するとともに、農村部でかつ両時点の公立学校に関するデータが存在する EA に住む初等教育学齢期（6 ～ 12 歳）の子どもに焦点をあてた。さらに全日制の学校に通う子どもに分析対象を限定した。

3-3 変数

今回の分析で用いた公立学校とコミュニティの特性に関する変数の記述統計を、表 14-1 にまとめた。UNPS においてコミュニティに関する情報は、調査員が各 EA にある村（Village）[6] のリーダーから収集したもので、公立学校に関する情報は、調査員が村内か村に最も近く最も評判のよい学校の職員から得たものである。公立学校における高額な学費徴収の有無に関するダミー変数は、生徒の親・保護者から徴収している学費の額に関して各学校から得られたデータを用いて筆者が作成した。この際、低学費私立学校を定義する際しばしば用いられる「家計の 4%」（Barakat et al. 2012, 13）という基準で、高額な学費と低額な学費を区別する閾値を設定した。

コミュニティの特性に関する変数のうち、2005/2006 年から 2011/2012 年の間に「私立学校が新設」されたかと、「私立学校への就学割合が増加」したかを示すダミー変数は式 (1) による回帰分析の説明変数には含めず、2005/2006 年時のコミュニティ特性の一つとして式 (3) による回帰分析の説明変数に含めた。また「コミュニティからの貢献」があるかに関するダミー変数は、初等教育へのアクセス向上のためにコミュニティが金銭・非金銭的貢献を行ったかどうかを尋ねる質問に対する回答に基づいて作成され、式 (1) を用いた回帰分析の説明変数にも含めた。しかし当該質問は、2005/2006 年の調査においてしか聞かれていない。このため、2011/2012 年時点の変数として 2005/2006 年時点の値を代入して分析を行った。

表 14-1　公立学校とコミュニティの特性に関する変数の記述統計量

	2005/2006 年 (*n* = 126)				2011/2012 年 (*n* = 126)			
	平均値	標準偏差	最小値	最大値	平均値	標準偏差	最小値	最大値
公立学校の特性								
高額の学費徴収					0.19	0.39	0	1
教員一人あたりの生徒数	53.53	17.29	5.34	107	51.43	17.18	18.65	97.00
不十分な施設状況	0.14	0.34	0	1	0.18	0.38	0	1
コミュニティの特性								
世帯数	135.75	86.28	31	730	236.50	285.19	25	3,000
一人一月あたり消費支出の対数	10.73	0.31	9.94	11.60	10.84	0.68	9.87	16.45
世帯主教育年数の平均	5.04	1.35	2.30	8.67	5.26	1.53	1.00	9.47
コミュニティからの貢献	0.81	0.39	0	1				
公立学校が近接	0.43	0.50	0	1	0.48	0.50	0	1
私立学校が近接	0.10	0.31	0	1	0.21	0.41	0	1
私立学校が新設					0.16	0.37	0	1
私立学校への就学割合が増加					0.18	0.38	0	1
地域ダミー								
中央部	0.26	0.44	0	1	0.26	0.44	0	1
東部	0.23	0.42	0	1	0.23	0.42	0	1
西部	0.24	0.43	0	1	0.24	0.43	0	1
北部	0.27	0.45	0	1	0.27	0.45	0	1

（出所）UBOS（2012, 2014）より筆者作成

　続いて、今回の分析で用いた個人と世帯の特性に関する変数の記述統計量を、表 14-2 にまとめた。UNPS において個人と世帯に関する情報は、調査員が各世帯の世帯主から収集したものである。個人の特性に関するもので、里子かどうかを示すダミー変数は、子どもが肉親と同居しているかに関する世帯主の回答をもとに作成された。また世帯の特性に関するもので、生活水準に関する変数は一人一月あたり消費支出（Monthly Per-capita Consumption Expenditure: MPCE）を用いた [7]。本章で重要となる貧困世帯か非貧困世帯かを区別する際は、UBOS が公式に設定している絶対貧困ラインを閾値とした。

　子どもを数える際は、6 か月以上居住しているか、6 か月未満の居住でも世帯主から「いつもいる」と認められている世帯構成員の中で、6 ～ 17 歳のものを「子ども」と定義した。また UBOS の定義に準拠し、30 歳未満の世帯主を「若者」と定義した。表 14-2 に挙げた変数のうち、就学・学校選択状況以外の変数は、説明変数としてすべて式 (1) に投入して回帰分析を行った。

表 14-2　個人と世帯の特性に関する変数の記述統計量

	2005/2006 年（$n = 1,539$）				2011/2012 年（$n = 1,522$）			
	平均値	標準偏差	最小値	最大値	平均値	標準偏差	最小値	最大値
個人の特性								
就学・学校選択状況								
不就学	0.89	0.31	0	1	0.86	0.35	0	1
公立学校就学	0.78	0.41	0	1	0.68	0.47	0	1
私立学校就学	0.11	0.31	0	1	0.17	0.38	0	1
年齢ダミー								
6 歳	0.13	0.34	0	1	0.14	0.35	0	1
7 歳	0.14	0.35	0	1	0.14	0.35	0	1
8 歳	0.16	0.36	0	1	0.15	0.36	0	1
9 歳	0.14	0.35	0	1	0.15	0.36	0	1
10 歳	0.15	0.36	0	1	0.14	0.34	0	1
11 歳	0.14	0.35	0	1	0.14	0.34	0	1
12 歳	0.14	0.35	0	1	0.14	0.35	0	1
女子	0.51	0.50	0	1	0.52	0.50	0	1
里子	0.21	0.41	0	1	0.25	0.43	0	1
世帯の特性								
一人一月あたり消費支出の対数	10.47	0.52	9.18	12.05	10.37	0.58	8.50	11.81
子どもの数	4.93	1.97	1	13	5.07	2.28	0	16
世帯主が若者	0.09	0.29	0	1	0.05	0.22	0	1
世帯主が女性	0.25	0.43	0	1	0.24	0.43	0	1
世帯主教育年数	5.14	3.53	0	17	5.22	3.64	0	17

（出所）UBOS（2012, 2014）より筆者作成

4.　農村部貧困層にとっての学校選択と公立学校における高額学費徴収の影響

4-1　公立学校で非公式の高額な学費徴収が行われる規定要因

　表 14-3 に示したロジットモデルによる推計結果によれば、コミュニティにおける公立学校の特性や私立学校の拡大状況と、公立学校で高額な学費徴収が行われる確率との間に統計的に有意な関係性は見られなかった。これに対し対数変換後の MPCE 平均との間には正の関係性が見られ、高額な学費徴収は生活水準が平均的に高いコミュニティを中心に拡大している傾向が伺える。また本推計結果は、2005/2006 年時点でコミュニティが初等教育の就

表 14-3　高額な学費徴収の規定要因

	係数		平均限界効果	
公立学校の特性				
教員一人あたりの生徒数	0.002	(0.016)	0.0003	(0.002)
不十分な施設状況	− 0.053	(0.731)	− 0.007	(0.090)
コミュニティの特性				
世帯数	0.003	(0.004)	0.0004	(0.0005)
一人一月あたり消費支出の平均の対数	1.780*	(1.074)	0.223*	(0.130)
世帯主教育年数の平均	0.118	(0.221)	0.015	(0.028)
公立学校が近接	0.082	(0.548)	0.010	(0.069)
私立学校が近接	1.046	(0.952)	0.131	(0.118)
私立学校が新設	0.647	(0.695)	0.081	(0.086)
私立学校への就学割合が増加	0.298	(0.668)	0.037	(0.083)
コミュニティからの貢献	− 1.519**	(0.651)	− 0.190**	(0.076)
地域（基準カテゴリ＝中央部）				
東部	0.767	(0.886)	0.096	(0.110)
西部	− 1.808	(1.169)	− 0.226	(0.144)
北部	1.937*	(0.994)	0.242**	(0.119)
定数項	− 21.520*	(11.494)		
疑似決定係数	0.1897			
疑似対数尤度	− 49.714			
観測数	126			

(注) 括弧内は標準誤差を示す。有意水準は ***1%、**5%、*10%である。
(出所) UBOS（2012, 2014）より筆者作成

学促進に対して金銭的・非金銭的貢献を行っていたことと 2011/2012 年まで
に高額な学費徴収が導入された確率との間に、統計的に有意な負の相関関係
があることを示している。

　本結果は、コミュニティからの支援を受けていない初等学校で高額な学費
徴収が拡大しており、逆に言えばコミュニティの平均的な社会・経済的水準
にかかわらず、コミュニティからの貢献が行われていれば高額な学費徴収が
行われにくい傾向があることを示唆している。先行研究では UPE 政策下に
おいて、SMC が地方の有力者に掌握され地元住民の声が反映されにくくなっ
ている問題が指摘されている（Sasaoka & Nishimura 2010）。地方行政機関による
外部からのモニタリングに加え、親・保護者による内部からのモニタリング
が不足、あるいは欠如している初等学校では、不足する運営資金の補塡方
法に関して政府が明確なガイドラインを示していないことがマイナスとなり、

貧困層の支払えない額の学費徴収が行われやすくなっている可能性がある。

4-2　私立学校選択の可能性を加味した就学の規定要因

　表 14-4 に示した MNL モデルによる推計結果によれば、まず 2011/2012 年ダミーの平均限界効果から、非貧困世帯においてのみ、公立学校へ就学する確率が減り私立学校への就学確率が増える傾向が見られることが明らかとなった。また世帯の特性の中で、対数変換した MPCE と 2011/2012 年ダミーの交差項の公立学校の就学確率への限界効果[8]が、非貧困世帯においてのみ統計的に有意に負となっている。本結果は、生活水準が高いほど公立学校へ子どもを通わせなくなる傾向が 2005/2006 年から 2011/2012 年の間に強まったのは非貧困層のみで、貧困層の間では傾向の変化が見られなかったことを示唆している。

　続いて、公立学校の特性に関連しては、非貧困世帯においてのみ、教員一人あたりの生徒数と 2011/2012 年ダミーの交差項の公立学校への就学確率に対する有意な負の限界効果が観測された。このことは、公立学校のクラスサイズが大きなコミュニティで公立離れが進む傾向は、非貧困層においてのみ顕著であることを示している。また非貧困層のみが公立学校の教育の質に反応している傾向は、施設状況に関する変数の限界効果の推定結果においてよりはっきり表れた。公立学校の施設状況が悪いことと貧困世帯の学校選択の間に統計的に有意な関係性は見られなかったものの、非貧困世帯においてはそれぞれ有意に公立学校への就学確率を低め、私立学校への就学確率を高めた。

　こうした推計結果は、ウガンダ農村部において、私立学校に子どもを通わせるという選択肢の出現が貧困層の学校選択に与えている影響が限定的であることを示唆している。Bold et al.（2011）や Nishimura & Yamano（2013）がケニアの、Akaguri（2014）がガーナの事例研究で指摘しているのと同様、ウガンダ農村部においても私立学校の台頭は所得格差による新しいタイプの教育格差拡大を助長している可能性がある。さらに推計結果は、貧困世帯の間で、コミュニティが初等教育提供に協力的かどうかが公立学校への就学率を高める重要な要因となっている可能性も示した。

表 14-4　就学と学校選択の規定要因

	貧困世帯				非貧困世帯			
	公立学校		私立学校		公立学校		私立学校	
個人の特性								
女性	− 0.002	(0.023)	0.012	(0.015)	0.002	(0.019)	0.026	(0.017)
里子	0.040	(0.031)	− 0.039*	(0.021)	0.028	(0.024)	− 0.058***	(0.021)
世帯の特性								
一人一月あたり消費支出の対数	0.033	(0.041)	0.048	(0.032)	− 0.007	(0.029)	0.020	(0.024)
一人一月あたり消費支出の対数× 2011/2012 年ダミー	− 0.062	(0.081)	0.026	(0.062)	− 0.121**	(0.054)	0.043	(0.047)
子どもの数	0.009	(0.006)	− 0.004	(0.004)	− 0.003	(0.004)	0.001	(0.004)
世帯主が若者	− 0.043	(0.043)	0.029	(0.024)	− 0.077**	(0.038)	0.043	(0.032)
世帯主が女性	− 0.001	(0.029)	0.023	(0.018)	0.056**	(0.025)	− 0.041*	(0.023)
世帯主の教育年数	0.007	(0.004)	0.000	(0.003)	0.002	(0.003)	0.002	(0.003)
公立学校の特性								
教員一人あたりの生徒数	0.001	(0.001)	− 0.002***	(0.001)	0.000	(0.001)	− 0.001**	(0.001)
教員一人あたりの生徒数× 2011/2012 年ダミー	− 0.002	(0.001)	0.002**	(0.001)	− 0.003**	(0.001)	0.002*	(0.001)
不十分な施設状況	0.042	(0.035)	0.020	(0.021)	− 0.085***	(0.027)	0.081***	(0.023)
コミュニティの特性								
コミュニティからの貢献	0.086***	(0.027)	− 0.013	(0.017)	0.017	(0.023)	− 0.029	(0.020)
公立学校が近接	0.090***	(0.024)	− 0.034**	(0.015)	0.087***	(0.020)	− 0.065***	(0.017)
私立学校が近接	− 0.027	(0.040)	0.047**	(0.018)	− 0.120***	(0.023)	0.107***	(0.019)
地域（基準カテゴリ＝中央部）								
東部	0.133***	(0.038)	− 0.067***	(0.020)	0.123***	(0.029)	0.099***	(0.026)
西部	0.041	(0.044)	− 0.036*	(0.022)	0.079***	(0.025)	− 0.037*	(0.021)
北部	0.049	(0.041)	− 0.110***	(0.025)	0.226***	(0.038)	− 0.219***	(0.036)
2011/2012 年ダミー	− 0.029	(0.024)	0.018	(0.016)	− 0.135***	(0.019)	0.101***	(0.017)
疑似決定係数	0.2007				0.198			
疑似対数尤度	− 684.54675				− 1,156.0877			
観測数	1,204				1,857			

（注）すべての係数は平均限界効果を表しており、括弧内は線形化された標準誤差を示す。有意水準は ***1％、**5％、*10％である。年齢ダミーの平均限界効果は省略しているが、推計式には投入されている。任意の選択肢間のオッズ比は他の選択肢の存在に影響されない（Independence from irrelevant alternatives: IIA）特性を持つかについては、Small & Hsiao（1985）によって提案された方法で検定され、帰無仮説は棄却された。
（出所）UBOS（2012, 2014）より筆者作成

4-3 公立学校での高額な学費徴収の就学・学校選択への影響

　図14-1が示すように、2005/2006年と2011/2012年の間に公立学校で高額な学費徴収が行われるようになったコミュニティに住む貧困世帯の子どもの中で、公立学校への就学者割合が減少した。また、私立学校就学者割合に大きな変化は見られなかったことから、結果として不就学者の割合が増加した。一方、非貧困世帯の子どもにおいては、高額な学費徴収がコミュニティの公立学校で行われるようになったかに関係なく、公立学校就学者の割合減少に呼応して私立学校就学者の割合が増加し、不就学者の割合は変化しなかった。

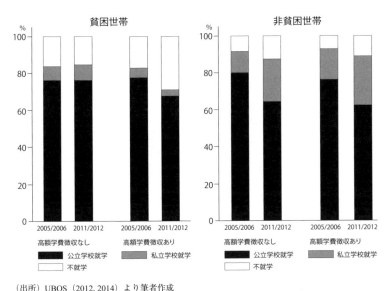

（出所）UBOS（2012, 2014）より筆者作成

図14-1　公立学校での高額な学費徴収の有無による就学・学校選択状況の比較

　表14-5に示したDD法を用いた推計結果でも、公立学校に世帯が子どもを通わせる確率に対する統計的に有意な負のDD効果は、貧困世帯の間で見られたものの、非貧困世帯に標本を限定した分析で有意な効果を示す結果は得られなかった。対照群マッチングを行った標本を用いた分析においても、同様の傾向を示す結果が得られた。徴収する額や方法の段階的変更を利用し

て学費の就学に及ぼす影響を評価した先行研究では、学費と就学確率との間に関係性が見られないと結論づけるものも少なくない（Grenzke 2007）。しかし、本章での分析は、貧困世帯の子どもが近隣の私立学校はもちろん、公立学校でも行われている学費徴収に苦しんでいる状況を浮かび上がらせる結果を得た。

表14-5　公立学校での高額な学費徴収の就学・学校選択への影響

対照群マッチング前	貧困世帯				非貧困世帯			
	公立学校		私立学校		公立学校		私立学校	
処置群 × 2011/2012年ダミー	− 0.120*	(0.061)	− 0.021	(0.034)	− 0.012	(0.051)	− 0.006	(0.047)
処置群	0.010	(0.038)	− 0.046	(0.031)	− 0.033	(0.026)	0.051**	(0.023)
2011/2012年ダミー	− 0.030	(0.024)	0.014	(0.016)	− 0.134***	(0.019)	0.100***	(0.017)
共変数	あり				あり			
擬似決定係数	0.2025				0.1963			
疑似対数尤度	− 683.00889				− 1,158.6585			
観測数	1,204				1,857			
対照群マッチング後	公立学校		私立学校		公立学校		私立学校	
処置群 × 2011/2012年ダミー	− 0.212***	(0.070)	0.040	(0.039)	− 0.019	(0.058)	0.002	(0.051)
処置群	0.001	(0.043)	0.074**	(0.037)	− 0.033	(0.029)	0.046*	(0.025)
2011/2012年ダミー	0.010	(0.032)	− 0.032	(0.020)	− 0.097***	(0.026)	0.064***	(0.023)
共変数	あり				あり			
擬似決定係数	0.256				0.2141			
疑似対数尤度	− 379.2605				− 651.47431			
観測数	688				1,048			

（注）括弧内は標準誤差を示す。有意水準は ***1％、**5％、*10％である。
（出所）UBOS（2012, 2014）より筆者作成

おわりに

　本章では、近年ウガンダにおいて、初等教育無償化政策下においても拡大しつつある非公式な学費徴収が、特に貧困層の子どもの就学と学校選択にど

のような影響を及ぼしているかについて、最新の家計パネルデータを用いた実証分析を行った。UPE政策が農村部の公立学校で学費の徴収を原則として禁止しているため、地域社会からの必要な自発的貢献が、一部の農村部の公立学校において欠如している。本章が行った分析により、公立学校における非公式な高額の学費徴収は、こうした世帯からの自発的な貢献が稀薄で、農村部でも比較的生活水準の高い世帯によって構成されたコミュニティにおいて拡大している可能性があることが明らかになった。

また本章の分析は、こうした状況の中、ウガンダ農村部において貧困層の初等教育へのアクセス拡大に果たす私立学校の役割は限られていることも示している。非貧困世帯の子どもは増加しつつある私立学校への就学という選択肢を活用しており、その就学行動は公立学校において非公式に徴収される高額な学費の影響は受けていない。その一方で公立学校が非公式な高額の学費徴収を行い「私立化」するコミュニティに住む貧困世帯の子どもは、公立学校へも私立学校へも経済的な理由で就学できないという事態が生じている。

本結果は、政府には公的支出が不十分である実情に正面から向き合い、主に非貧困層からの私的な教育支出を活用する可能性について検討する余地があることを示しているといえよう。農村部の公立学校が資金調達を行うことを正式に認めつつガイドラインを作成し、UPE達成の障害となる一律的かつ強制的な学費徴収が行われにくい環境をつくることも一案である。また、農村部に既に私立学校が広がりつつある現状に即した認可・監督体制の確立も急務である。しかしながら、全体的な傾向としては、貧困層の初等教育へのアクセス拡大に果たす私立学校の役割は限られている点は、十分に考慮すべきであることを強調しておきたい。貧困層の主な教育の受け皿は依然公立学校であり、公立学校の教育の質の底上げに、ウガンダ政府は引き続き戦略的に取り組む必要がある。

最後に本章で残された課題に触れたい。まず本章が行った実証分析では、データの制約からUNPSのデータに含まれる一部の標本を分析の対象から除外しなくてはならなかったことや、学費徴収が無作為に行われていないことに起因するセレクション・バイアスの問題に完全に対処することができたわけではない。また本章における分析では使用したモデルの限界から、学費

を含めさまざまな特徴の私立学校が存在することを考慮できていない。こうしたミクロな視点を加味した、より精度の高い定量的分析を行うことは今後の課題としたい。

[注]

(1) 政情が安定した 1986 年以降も、神の抵抗軍（Lord's Resistance Army: LRA）と呼ばれる反政府勢力の活動が 20 年あまり続いた期間があった。

(2) 1990 年にタイ・ジョムチエンの会合で、万人のための教育（Education for All: EFA）宣言が出されて以降においてである。厳密には、1960 年代に独立を果たしたアフリカのいくつかの国で無償化政策が導入されたものの、破綻した歴史がある。

(3) ウガンダの会計年度は、7 月〜翌年 6 月である。

(4) 教育法の第 9 条「UPE 及び UPPET における教育費用徴収の禁止（Prohibition of charging for education in UPE or UPPET ）」が該当する。これに対し、都市部の公立学校は特例として、学校運営委員会（School Management Committee: SMC）が 1 学期 10,400 シリングまで学費を集めることが公式に認められている。

(5) 正確には、2005/2006 年のデータは、ウガンダ国家家計調査（Uganda National Household Survey: UNHS）で集められたものである。2005/2006 年の UNHS の標本世帯の中からさらに抽出された世帯を再訪問するかたちで、UNPS は実施された。本章が分析で用いた 2005/2006 年のデータは、2009/2010 年の UNPS で収集されたデータとあわせて UBOS から公開されているものを使用した。

(6) 「村」は 5 段階に分かれているウガンダの地方行政機関の中で、農村部の最も小さい行政単位で、地方自治体（Local Council: LC）1 と呼ばれる。EA 内に村が二つ以上存在した特殊な事例では、コミュニティレベルの情報を収集する対象として無作為に一つの村が選ばれた。

(7) UBOS が行った MPCE の計算法の詳細は、Ssewanyana & Kasirye（2012）を参照されたい。また極値の問題に対処するため、Cowell & Victoria-Feser（2006）の方法に倣い、MPCE が 1%の上限の値をとる世帯の子どもは、分析から除外している。

(8) ノンパラメトリックモデルでの交差項の限界効果の推計法については、さまざまな議論がある（Karaca-Mandic, Norton & Dowd 2012）。本章では、Long & Freese（2014）が提案した方法を用いた推計を行っている。

[参考文献]

澤村信英（2008）「ウガンダの初等教育無償化 10 年の現状と課題」『国際教育協力論集』11 巻 2 号、151–162 頁。

高橋基樹（1994）「ウガンダ——構造調整成功の要因と今後の課題」『アフリカレポート』18 巻、6–9 頁。

Akaguri, L. (2014) Fee-free public or low-fee private basic education in rural Ghana: How does the cost influence the choice of the poor? *Compare*, 44 (2), 140-161.

Alderman, H., Orazem, P. F. & Paterno, E. M. (2001) School quality, school cost, and the public/ private school choices of low-income households in Pakistan. *Journal of Human Resources*, 36 (2), 304-326.

Barakat, S., Hardman, F., Rohwerder, B. & Rzeszut, K. (2012) *Low-Cost Private Schools in Afghanistan and Pakistan: What Evidence to Support Sustainable Scale-Up?* Protocol. London: Evidence for Policy and Practice Information and Co-ordinating Centre, Social Science Research Unit, Institute of Education, University of London.

Becker, S. O. & Ichino, A. (2002) Estimation of average treatment effects based on propensity scores. *Stata Journal*, 2 (4), 358-377.

Bold, T., Kimenyi, M., Mwabu, G. & Sandefur, J. (2011) *Why Did Abolishing Fees Not Increase Public School Enrollment in Kenya?* Working Paper 271. Washington, D.C.: Center for Global Development.

Byamugisha, A. & Nishimura, M. (2008) The Case of Uganda. In Nishimura, M. and Ogawa, K. (eds.) *A Comparative Analysis on Universal Primary Education Policy, Finance, and Administrative Systems in Sub-Saharan Africa: Findings from the Field Work in Ghana, Kenya, Malawi, and Uganda.* Kobe: Graduate School of International Cooperation Studies, Kobe University. Chapter 5: 99-126.

Cowell, F. A. & Victoria-Feser, M.-P. (2006) Distributional dominance with trimmed data. *Journal of Business & Economic Statistics*, 24 (3), 291-300.

Deininger, K. (2003) Does cost of schooling affect enrollment by the poor? Universal Primary Education in Uganda. *Economics of Education Review*, 22 (3), 291-305.

Gertler, P. & Glewwe, P. (1990) The willingness to pay for education in developing countries: Evidence from rural Peru. *Journal of Public Economics*, 42, 251–275.

Glick, P. & Sahn, D. E. (2006) The demand for primary schooling in Madagascar: Price, quality, and the choice between public and private providers. *Journal of Development Economics*, 79 (1), 118-145.

Grenzke, E. (2007) Is the price right? A study of the impact of school fees in rural Bangladesh. *Journal of Public and International Affairs*, 18, 29-54.

Karaca-Mandic, P., Norton, P. & Dowd, B. (2012) Interaction terms in nonlinear models. *Health Services Research*, 47, 255-274.

Kayabwe, S. & Nbacwa, R. (2014) *The Use and Usefulness of School Grants: Lessons from Uganda.* Paris: UNESCO International Institute for Educational Planning.

Khandker, S. R., Koolwal, G. B. & Samad, H. A. (2010) *Handbook on Impact Evaluation.* Washington, D.C.: The World Bank.

Kisira, S. (2008) Uganda. In Pillipson, B. (Ed.) *Low-Cost Private Education: Impacts on Achieving Universal Primary Education.* London: Commonwealth Secretariat. Chapter 6, pp.131-172.

第14章　ウガンダにおいて無償化政策下も学費徴収に苦しむ農村部貧困層の子ども

Lincove, J. A. (2012) The influence of price on school enrollment under Uganda's policy of free primary education. *Economics of Education Review,* 31(5), 799-811.

Long, J. S. & Freese, J. (2014) *Regression Models for Categorical Dependent Variables Using Stata* (3rd ed.). College Station, Texas: Stata Press.

MoES (Ministry of Education and Sports) (2016) *The Education and Sports Sector Annual Performance Report: Fiscal Year 2015/2016.* Kampala: MoES.

Najjumba, I. M., Bunjo, C. L., Kyaddondo, D. & Misinde, C. (2013) *Improving Learning in Uganda Vol. 1: Community-Led School Feeding Practices.* Washington, D.C.: The World Bank.

Nishimura, M. & Yamano, T. (2013) Emerging private education in Africa: Determinants of school choice in rural Kenya. *World Development,* 43, 266-275.

Nishimura, M., Yamano, T. & Sasaoka, Y. (2008) Impacts of the Universal Primary Education policy on educational attainment and private costs in rural Uganda. *International Journal of Educational Development,* 28 (2), 161-175.

Republic of Uganda (2008) *Act 13 Education (Pre-Primary, Primary and Post-Primary) Act, 2008.* Entebbe: Uganda Printing and Publishing Cooperation.

Sasaoka, Y. & Nishimura, M. (2010) Does Universal Primary Education policy weaken decentralisation? Participation and accountability frameworks in East Africa. *Compare,* 40 (1), 79-95.

Small, K. & Hsiao, C. (1985) Multinomial logit specification tests. *International Economic Review,* 26 (3), 619-627.

Ssewanyana, S. & Kasirye, I. (2012) *Poverty and Inequality Dynamics in Uganda: Insights from the Uganda National Panel Surveys 2005/6 and 2009/10.* Research Series 94. Kampala: Economic Policy Research Centre.

Tamusuza, A. (2011) Leaving school early: The quest for Universal Primary Education in Uganda. *African Statistical Journal,* 13, 110-151.

UBOS (Uganda Bureau of Statistics) (2012) *2009/10 Uganda National Panel Survey.* Kampala: UBOS.

UBOS (Uganda Bureau of Statistics) (2014) *2011/12 Uganda National Panel Survey.* Kampala: UBOS.

UBOS (Uganda Bureau of Statistics) (2017) *2017 Statistical Abstract.* Kampala: UBOS.

UIS (UNESCO Institute for Statistics) (2017) UIS Stat. http://data.uis.unesco.org/ (Accessed June 23, 2017).

World Bank (2016) *The Uganda Poverty Assessment Report 2016: Farms, Cities and Good Fortune-Assessing Poverty Reduction in Uganda from 2006 to 2013.* Washington, D.C.: The World Bank.

第 15 章

ケニアの非正規市街地における無認可私立学校の運営実態とその特質
―― ナイロビ・キベラスラムの初等学校を事例として

澤村信英

はじめに

　ケニアの首都ナイロビの住民（336 万人）は、その 6 割が非正規市街地（Informal Settlement）、いわゆるスラムで暮らしているといわれている。ナイロビの土地面積のわずか 6％に相当するスラム地域にこれだけの人びとが集住しているのである。市内には 10 か所のスラムがあり、本調査の対象であるキベラは、最大の人口を有し、アフリカ最大規模の都市スラムである。その居住者数は 100 万人[1]ともいわれてきた（写真 15-1、15-2）。このキベラにおける学校の状況は、ナイロビ郡（County）教育局に確認してもデータがなく、具体的な状況はほとんど把握されていない。しかし、無認可の私立校が多数存在し[2]、公立校に比しても教育の質が高いことは、行政側でもある程度

写真 15-1　キベラスラムの高台からの全景

写真 15-2　スラム内の路地裏

305

認識されている。

　このような具体的数値がない状況であったが、NGO であるマップ・キベラ・トラストによる 2014 年 8 月から 2015 年 4 月までの調査結果（Map Kibera Trust 2015）が公開され、その全貌が明らかになった [3]。これによれば、キベラ（エステートと呼ばれる区画整理された私有地を含む）には、公立校を含め、328 の学校（就学前、初等、中等、職業教育を含む、81% が無認可）があり、53,000 人以上が就学している。無認可校であるがゆえに、公立校と同様のカリキュラムに沿い、同じ教科書を使用して学習しているにもかかわらず、政府により就学者としてカウントされていない。

　こうした低学費の私立校は、インド、ガーナ、ナイジェリアなど多くの発展途上国にあり、数多くの先行研究が存在する（例えば、Tooley & Dixon 2005; Srivastava ed. 2013）。一連の研究で明らかになったことは、これらの学校は初等教育の普遍化を達成するために重要な役割を果たしたことに加え、学業成績が公立校に比べても良好で、質の悪い教育を貧困層に対して提供しているわけではないことである。例えば、ナイロビのスラムにある低学費私立校と公立校生徒の英語、スワヒリ語、数学の成績を比較したところ、スワヒリ語と数学については、低学費私立校が上回っていることが報告されている（Dixon et al. 2013）。また、初等教育が無償化（2003 年）された後も、保護者は無認可私立校を積極的に選択する動きがある（Oketch et al. 2012）。そして、学校選択の要素としては、各学校の学業成績 [4] 及び必要経費（学費など）であり、政府による認可、無認可は重要ではないことがわかっている（大場 2011）。

　この大場の質的な研究及びその後の研究（大場 2014, 2015）、ならびに山本（2015）による教員や保護者に着目した研究により、スラムの学校の状況や人びとの就学に対する意識はかなり明らかになりつつある。しかし、多くの先行研究は低所得地域やスラム地域の学校を対象とした量的な分析であり、個別の学校の事例研究がほとんど行われておらず、各学校の設立経緯や財務状況などの詳細は明らかにされていない。

　本章の目的は、スラムにおける初等教育段階の無認可私立校の運営実態とその特質を明らかにし、自立的な運営を可能にしている背景とその理由について、当事者の視点から分析することである。

1. 無認可私立学校の存在

1-1 就学率統計の大きな不一致

　ケニアの初等教育就学率統計には、学校調査（全数）に基づく教育省統計
（Educational Management Information System: EMIS）と家計調査結果（標本）による人
口保健調査（Demographic and Health Survey: DHS）がある。ナイロビにおける両者
の純就学率（NER）を調べるとおもしろいことに気づく。DHS データ（2014
年）を EMIS データ（同年）と比較すると、ケニア全国の平均には大差ない
ものの、ナイロビの数値は EMIS データの方が 15 ポイントも低い（表 15-1）。
さらに、両者の NER をナイロビと全国平均で比較すると、EMIS データで
はナイロビの値は 10 ポイントも低いが、逆に DHS データでは 7 ポイント高
い。

表 15-1　初等教育就学率（%）の EMIS 及び DHS データの比較（2014 年）

地域		EMIS			DHS		
		男	女	計	男	女	計
ナイロビ NER		77.7	77.9	77.8	92.3	93.2	92.8
	GER	84.3	83.7	84.0	105.7	101.2	103.3
全国平均 NER		90.0	86.4	88.2	84.8	86.7	85.7
	GER	105.6	101.4	103.5	109.2	105.5	107.3

（注）EMIS は教育省による統計、DHS は統計局の家計調査。
　　　NER：純就学率、GER：総就学率。
（出所）Ministry of Education, Science and Technology (2015); KNBS et al. (2015)

　このような大きな不一致が生じる理由は、冒頭に触れたとおり、ナイロビ
においては教育省に正式に登録されていない無認可の私立校に就学する子ど
もが非常に多いためである。EMIS データが示すナイロビの NER の低さを
文字どおり理解すると、ナイロビの学齢期の子ども 5 人のうち、1 人以上が
通学しておらず、全国平均より悪いことを示唆している。しかし、実際にそ
のような割合で不就学の子どもがいるわけではない。

第 15 章　ケニアの非正規市街地における無認可私立学校の運営実態とその特質　｜　307

ケニア全国 47 郡別の総就学率（GER）を比較すると、低位にある 10 郡を
みると、さらに興味深いことがわかる（表 15-2）。自然環境が厳しく貧困率の
高い郡と都市部を有する郡が混在しているのである。最低位の 3 郡（Mandera,
Wajir, Garissa）は、いずれも北東部地域（ソマリア国境に隣接し人口密度が低く、自
然環境の厳しい乾燥地）を構成する郡であり、就学率が低いことは想定される。
その他の 4 郡（Samburu, Tana River, Turkana, Marsabit）についても、生活環境が厳
しいことでよく知られた場所であり、したがって貧困度も高い。これらの 7
郡は、男女間の就学格差が大きいことも特徴である。

表 15-2　就学率と貧困率の比較（総就学率下位 10 郡を抽出）

郡	総就学率（%）			純就学率（%）			貧困率 (%)
	男	女	計	男	女	計	
マンデラ	40.9	19.6	29.2	35.3	17.1	25.3	85.8
ワジル	46.9	25.6	35.2	35.6	20.4	27.2	84.2
ガリッサ	94.0	52.0	71.4	74.5	42.9	57.5	58.9
サンブル	80.7	66.7	73.7	64.8	55.5	60.1	71.4
タナリバー	80.5	73.9	77.2	64.0	61.2	62.6	75.6
トゥルカナ	91.2	64.7	77.4	67.5	50.8	58.8	87.5
モンバサ	80.5	74.9	77.6	70.8	66.7	68.7	34.8
マルサビット	86.8	72.7	79.5	71.3	60.6	65.8	75.8
ナイロビ	84.3	83.7	84.0	77.7	77.9	77.8	21.8
カジアド	92.7	89.1	90.9	75.2	74.8	75.0	38.0
ケニア平均	105.6	101.4	103.5	90.0	86.4	88.2	45.2

（出所）Ministry of Education, Science and Technology（2015）及び KNBS（2015）より筆者作成

　それに対して、ナイロビと同様に貧困率が低位にあるにもかかわらず、
EMIS データ上の就学率が低いのが、モンバサ（Mombasa）郡及びカジアド
（Kajiado）郡の二つである。モンバサ郡はケニア第 2 の都市でインド洋に面す
るモンバサ市を包含し、もう一方のカジアドはアンボセリ国立公園を含む広
大な面積を有するもののナイロビに隣接する地区の人口密度は高い。すなわ
ち、無認可私立校に就学する生徒数が EMIS データには算入されていないた
めにこのような現象が起こるのである。

1-2 キベラの学校地図と関連データ

NGOにより作成され公開されているキベラの学校地図と関連データは、このうえなく貴重なものである。キベラ全体では、プレスクール144校、初等学校147校、中等学校31校、職業学校13校があり、生徒数は54,840人、このうち公立校（政府校）に通っている子どもは27%であることが報告されている（Map Kibera Trust 2015）。しかし、データを精査していくと、研究に活用するには制約があることもわかる。まず、プレスクール（就学前の保育園、幼稚園）と初等学校が同じ組織で運営されていることは普通であるが、生徒数及び教員数がどちらに所属しているかの区別がない。

例えば、上記のプレスクールと初等学校のうち、49校は両方に地図上で現れているものの、データベースの中では区別されていない。実際のところは、初等学校の多くはプレスクールを併設している。特に公立初等学校11校のすべてにプレスクールは併設されているが、それが地図上のプレスクールの数に含まれていないことに加え、これら公立校の生徒数及び教員数にはプレスクールの人数が内数として入っている。また、今回調査した3校（後述）のうち1校は、その存在を認識されておらず、もう1校は生徒数と教員数が実態の半数以下になっているなど、学校数などにおいて実態よりも過小評価されている可能性がある。

データベース上でプレスクールあるいは初等学校として登録されているか否かは統一されていないが、これら11校の初等学校にはすべてプレスクールのクラスがあるためか、プレスクールとして分類されている。逆に言えば、初等学校として分類されているほとんどすべては、私立の無認可校である。また、公立校と同様に、初等学校として登録されている私立校の多くにも、プレスクールは存在する。つまり、データ上の制約はあるものの、公立校と私立校（無認可が大半）の全体的な特徴は、教育段階別の厳密な比較は難しいが、各学校のデータを積算すれば、ある程度推測できる。それを比較したものが、表15-3である。この数値からは、プレスクールのみを運営する私立校は除外している。

この表から明らかなように、初等段階の公立校と私立校[5]の異同に注目

すると、次のような特徴がある。①私立校の数は公立校の 12 倍以上あるが、その生徒数は 10 分の 1 以下、教員数は 4 分の 1 以下である。②教員一人あたりの生徒数は、公立校が私立校の 2 倍以上である。③教員の男女比は女性が優位であるが、その格差は公立校でより顕著である。④学校数では圧倒的に私立校が多いが、就学生徒数では公立校が 45％を占め、大差はない。⑤就学生徒数のジェンダー格差はいずれもほとんどない。

公立校と私立校では、その学校規模の差は歴然としているが、半数以上の子どもは私立校を選択している。何よりも教員一人当たりの生徒数で見ると、私立校の方が質の高い学習指導が実践されていることが推測される。

表 15-3　キベラ地区の公立・私立初等学校の比較

項目 ＼ 学校種別	公立校	私立校
学校数	11	141
生徒数（男女計）	13,056	15,991
男	6,418	7,831
女	6,638	8,160
1 校あたりの平均生徒数	1,187	113
教員数（男女計）	274	791
男	52	314
女	222	477
1 校あたりの平均教員数	24.9	5.6
教員 1 人あたり生徒数	47.7	20.2

（出所）Map Kibera Trust（2015）のデータベースを使って算出

2. 調査の対象と方法

本研究の対象であるキベラのスラム地区に開設されている初等学校の数は、筆者の選別によれば、キベラ全体 147 校のうち 92 校である。そのような学校のうち、スラムの生活者が自ら設立し、自主的に運営している 3 校を対象として事例研究を行った。各校の生徒、教員数等は、表 15-4 のとおりであ

る。調査の方法は、学校経営者を中心とする教員及び保護者に対する半構造化インタビューである。未だ運営実態に不明な点が多く、文書による資料もほとんど存在しないため、まず関係者のインタビューデータを集積することに注力した。さらに、先行して調査を行ってきたA校については、4～7年生を対象に、B校については6年生を対象に（いずれも各校の最高学年）、質問紙調査を併せて実施した。現地調査は2015年2月と9月に、それぞれ約2週間ずつ行った。ただし、調査の中心はA校及びB校であり、C校については2月には訪問していない。したがって、調査結果の量及び質については、3校間でかなりばらつきがある。

表 15-4　調査対象校の生徒、教員数等（2015年9月現在）

学校名 （設立年）	就学前 （男／女）	初等 （男／女）	教員 （男／女）	授業料（月）	教員給与（月）
A校 （2009年）	125人 （67/58）	216人 （106/110）	14人 （5/9）	500シリング	6,000シリング
B校 （2007年）	85人 （38/47）	100人 （46/54）	9人 （2/7）	400シリング	3,000シリング
C校 （2006年）	134人 （73/61）	353人 （167/186）	13人 （6/7）	500シリング	6,000シリング

（注）1米ドル＝約100ケニア・シリング。「就学前」はプレスクールのこと。

3.　調査結果──無認可私立学校の設立経緯と運営実態

3-1　A校

　設立の経緯：現経営者（Manager）が個人として、2009年にストリート・チルドレン（主に金属やプラスチック類のごみを収集し、現金を得ている）など、厳しい状況にある子ども30人（男5人、女25人）を受け入れたのが、本校の始まりである。2011年には生徒数は182人（就学前クラスの3歳から2年生まで）に増えている。教室としては、子どもの数により、作業小屋や少し広めのホールを間借りしていた。現在の土地に2012年に引っ越せたのは、2011年に子

どもと運動をしていたグランドで米国のNGO関係者と出会い、その支援を得て校舎1棟（6教室とキッチン、総工費280万シリング、約28,000米ドル）を建設できたからである。トイレは、人糞を有機肥料として活用促進するNGOが建設している。

この時点では、4年生までを受け入れ、生徒数は248人である。その後も、学年進行により高学年の生徒を受け入れるようになり、2014年には最初の校舎から50mほど離れた場所に2棟目（4教室と職員室・校長室・倉庫、総工費170万シリング）が建設された。土地代は50万シリングでNGOが「購入」したというが（本来、国有地である）定かではない。

2015年には7年生まで352人（プレスクール含む）が学んでいる（写真15-3）。初等クラスに216人（男106人、女110人）、就学前クラスには125人（男65人、女60人）が在籍している。さらに、2015年には本経営者がツアーガイドをして知り合ったドイツ人学生をキベラに案内したことが縁となり、1棟目の前庭に排水溝（総工費18万シリング）を作り、水はけを良くして利便性を高めた。

財政収支：生徒から月500シリングの授業料を徴収し、主に教員等の給与と給食代に充当している。しかし、この納付率は低く、約350人の生徒のうち、全額を払う者は100人程度で、80人は全く支払わないという。仮にその他の生徒の支払額を250シリングとすると、全収入は約9万シリングになる。それに加え、先述のNGOが毎月約6万シリングを教員給与の一部として負担しているとのことで、総収入は約15万シリングになる。支出は、教員13人（男4人、女9人）に加え、ソーシャルワーカー、看護師、調理人などを5人雇用しており、18人に月額6,000シリング、全員で54,000シリングである。これに加え、給食代が毎月約90,000シリング必要となり、ほぼ収支のバランスが取れている。

写真15-3　A校の4年生と担当教員

この給食代は、理想的な最高額

を想定しており、経営者の感覚としては、人件費に6割、給食費に4割を支出しているとのことであった。したがって、収入はもっと少ないと考えるのが適当であろう。授業料収入が少なくなれば、給食代を節約するなど、教員給与を優先して支払いながら、食料等については、残った現金の中から優先順位を付けて購入しているという。朝食はポリッジ（水にメイズ粉と砂糖を入れて加熱し、粥状にしたもの）、昼食はウガリ（熱湯にメイズ粉を加えて練り上げたもの）、または白飯に野菜炒め（スクマと呼ばれる苦みのある緑黄色野菜かキャベツ）と煮豆である。給食を提供するために必要な物は、炭、メイズ粉、米、砂糖、豆、食用油、塩、タマネギなどである。

経営者：本校の設立には、経営者兼教員である人物が重要な役割を果たしている。彼は33歳（当時、1982生まれ）であり、初等学校4年までキベラの学校にいたが、祖母の住む西部地域に引っ越し、中等学校を2002年に卒業している。授業料を工面するため、授業の始まる前、早朝5時から畑仕事を手伝っていたという。2004年からナイロビの警備会社で夜間働きながら、コミュニティ開発の専門学校に2年間通い、2006年に卒業している。印刷会社でも働いたが、2008年からコミュニティ組織に参加し、そこでの活動に専念することになる。このようなキャリアを積みながら、2009年に自ら学校を設立し、運営することになるが、外部からの支援が当初あったわけではない。就学機会のない子どもを目前にして、コミュニティのために働きたいという思いからこの学校を始めている。

教員：13人（男4人、女9人）の教員のうち（経営者ともう1人を除けば、20歳代がほとんど）、初等教員養成校を卒業していないのは3人だけであり、その3人についても40歳代の女性教員1人を除けば、教員養成校などへの進学を目指している。この女性教員は本校設立時から勤めており、経営者が最も信頼する人物であり、会計を担当している。それ以外の教員は2013年以降に雇用されている。教員資格を有していても卒業後すぐに政府雇用になれないため、それまでの間、教職経験を積むために勤務しているという側面もある。2015年2月の調査時に勤務していた教員のうち、9月に離職していたのは2人（男性と女性）だけである。この男性は事務職の仕事を見つけたとのことであったが、後任の教員もすぐに見つかっている。一方の女性は、もとも

とボランティア教師として勤務しており、予定どおりカレッジに進学したとのことであった。

　生徒：集団としての特性を知るため、4〜7年生（計101人）に対して、通学距離や住環境、キベラや学校で好きなこと、嫌いなことなどについて、質問紙を使って自記式で尋ねた。年齢は、学齢期どおりか、あるいは1〜2年過ぎている程度である。キベラに住みはじめた時期はさまざまで、キベラで生まれた者もいるが、1年から数年前に引っ越してきたという者もいる。多くの生徒は、両親ときょうだいなどと生活し（約半数の55人が両親と生活しているが、ひとり親、きょうだい、親戚と生活している家庭が残りの半数）、1軒の家（1間をカーテン等で仕切っている）に7〜8人で暮らしている場合も少なくない。キベラの嫌いな点は、排水などの住環境の問題を挙げる生徒がほとんどで、それに加え、けんかや窃盗、生活様式（家のつくり）というものもあった。一方、好きな点は、さまざまである。学校や病院、教会が近くにある、人びとが助け合っている、店が多く経済活動が活発、電気がある、水道がある、学校があり勉強やスポーツができる、といったもので、スラムに住むことの利便性が挙げられている。

　7年生全員には、インタビュー調査も行った。対象は19人（男8人、女11人）であるが、4〜6人の男女別々の4グループを作り、話を聞いた。通学時間に20〜30分かかっている生徒が多いが（したがって、通学途中にはたくさんの学校の前を通過している）、本校に通っている理由は、教育の質（成績、教員、建物など）が良いことに加え、ここで働く教職員のきょうだいや親戚であるなど、具体的な血縁があるケースも多い。特筆すべきことは、ほぼ全員が本校の教員の質の高さ（毎日来て、しっかり教えてくれる）を誇りに思い、勉強することを楽しんでいることである。例えば、50分かけて通学してくる女子は、自宅の目の前にも学校はあるが、成績が良いことを耳にして、母親が本校を選んだという。男子4人のグループでは、4人全員が留年経験者で、そのうち1人は、6年と7年の2回、6年生で留年しているのが3人であった。

　キベラの悪い点としては、排水など環境が悪く、不衛生なことで意見が一致しているが、その他に男の服装（女は良い）や人びとの行動（アルコールで酔っ払っている）が良くない、ということであった。良い点として、経済活

動が活発、学校や病院が近くにあるので便利、さらに困っていれば他人が助けてくれる、という意見もあった。これは質問紙の結果と整合している。おもしろい点としては、平和で紛争がない、と考える生徒もいるが、その逆に、土地をめぐって争い事があること、泥棒が多い、リンチなどのけんかが嫌だ、という生徒もいた。

　7年生19人のうち、1年生から本校に通っていたのはわずか2人だけであった。質問紙調査の結果によれば、5年での転入が3人、6年が6人、7年が5人である。近隣の公立校から転校してきた女子生徒によれば、公立校は学費が高く（授業料は無償であるが、さまざまな名目で費用負担がある）、教員はストライキを行い学習時間が十分なく、よく遅刻してくるという。1クラスに生徒が120人もいて、授業中に寝られるし遊べるから嫌だ、と言う者もいた。それに対して、本校は補習があり（公立校では近年禁止された）、実験もできることに満足そうであった。生徒同士で学校にいる間に復習をしたり、欠席した子とも一緒に教え合い協力して勉強しているという。授業料の督促はあるが、支払いが遅れても理解してくれる。公立校であれば、交渉の余地はなく、学校に来られなくなるとその違いを話してくれた。すべての無認可私立校が本校のような学習機会を提供できるものではないにしても、限られた資金を有効活用し、最貧困層に配慮しながらも効率的な経営を行っていることは驚くべきである。

3-2　B校

　設立の経緯：HIV感染者が中心となり、自ら2007年に開設した学校である。当初、現校長だけが教員となり、15人の子どもを教えていたという。2009年にケニアの私立大学から支援を受け、校舎が建設された。教室家具はケニアのNGO、机と椅子は自前で調達している。建物は2階建てで、柱や床は木材で、壁はトタン板で作られている（写真15-4）。現在の生徒数は、100人（男46人、女54人）である。

　財政収支：プレスクールを含めると180人程度の子どもが就学し、毎月400シリング（約4米ドル）を授業料として徴収している。そのうち約半数は

支払うが、40人は払えるだけの額を支払い、50人程度は全く払わないという。これを概算すると（40人は200シリングを支払う）、月々の授業料収入は44,000シリング程度となる。本校の場合、教員の人件費は、毎月3,000シリングであり、教員は9人いるため、27,000シリングが必要となる。これに

写真15-4　B校の外観（トタン板と材木で作られた2階建）

加え、調理人と清掃員にそれぞれ2,000シリングが支払われる。この中から朝と昼の給食を準備することになるが、月々、米8,000シリング、炭2,000シリング、水600シリングが必要になるという。残りの資金で副食等を購入することになるが、ほとんど余剰金はなく、自転車操業の状態である。

　教員：校長（36歳女性）は設立の中心となった人物の配偶者である。もう一人、校長より年配のプレスクール担当の女性教員は、初等学校卒で中等教育を受けていないが、校長と共に学校運営に関わる中心的人物である。2011年から働いており、最も長く勤めている。本校の給与は他の2校の半額であり、その少なさから校長は「手当」と呼んでいた。教員すべてが中等学校卒業だけで教員資格は有していない。2015年2月の時点では、9人の全教員が女性であったが、3人が辞職したため、9月の時点で新たに3人（うち2人が男性）を採用していた。ただ、9人のうち2人が出産休暇のため、教員7人でプレスクール3クラスを含めた9クラスを担当している。30歳未満の教員は4人いるが、いずれも教員養成校への進学を具体的に計画している。在職中の7名の教員の中でキベラ生まれは2人で、その他はルオやルヒヤの人びとが住むニャンザや西部地域の出身である。

　生徒：6年生8人（男3人、女5人）に対して質問紙により調査するとともに、同時に簡単なインタビューも行った。7人はルオで、1人だけがカンバである。6人はキベラで生まれている。通学時間は10〜40分で、かなり遠方より通っている。家庭に電気がないのは3人なので、A校に比べるとその

割合は高い。また、生徒の服装や学校の施設、授業料の金額などから判断して、A校に比較するとより貧困度の高い子どもが本校に通っていると考えられる。世帯は、両親と暮らしている者が4人、母親が3人、親戚が1人となっている。キベラの好きな点は、学校や勉強、スポーツ、両親やきょうだいと住めることと記述がある一方、嫌いな点は、薬物乱用、窃盗などを指摘する男子が多い。自分が住んでいる場所で有名なミュージシャンなども来るので好きだ、と肯定的な反応が少なくない。一方で、女子はスラムであること自体やトタン板の家、暴力、汚水など、キベラでの生活自体に否定的な見方をする傾向にある。

　自由記述では授業料の支払いに関するものが多い（8人中6人）。その内容はほぼ一定しており、相互に影響を与えていることも考えられるが、滞納が続き、校長から金を持ってくるよう言われるが、学校から追い出されることがないから、この学校が好きだというものである。先のA校で生徒に不評だったのはトイレであるが、本校では昼食に出されるプレイン・ライス（副食がない白飯だけ）である。滞納する生徒が多いので十分な内容の給食が提供できないわけであるが、それとこれとは話が違うということなのだろう。

3-3　C校

　設立の経緯：本校の経営者は、中等学校を1996年にマクエニ（ナイロビの南東200km程度）で卒業し、1997年に叔母を頼ってキベラに移り住んでいる。キベラ内のプレスクールと初等学校で教員の経験をしたのち、2006年に教会2か所の広間を借りて3人の子どもを教え始めたことが本校の起源である。2008年に現在の場所に引っ越し、本格的に学校経営を始めた。学校名は、初等学校の教員だった父親の名前に由来している。土地は保護者から安価で譲り受けたという[6]。このような異常ともいえる安価で土地を「購入」できることが、学校の設立を促進している面もあるだろう。校舎は中古のトタン板や木材を購入して作ったという。近隣に学校もあり、生徒を集めるのが困難ではないかと質問したところ、卒業生の試験（KCPE）の成績が良ければ、宣伝しなくても入学希望者は次々に来るという。KCPE得点（2013

年）は、16 人の受験者中の平均点は 273 点（500 点満点）、最高得点は 345 点、最低点は 201 点である（ケニア全体の平均点は 250 点程度）。得点にかなりのばらつきがあるが、この受験者数で 300 点を超える者が 6 人もいるのは、成績上位の学校であることは間違いな

写真 15-5　木造 2 階建ての C 校（3 年生の教室）

い。現在の生徒数は 353 人（男 167 人、女 186 人）、教員は各学年を 1 人が担当し、プレスクール（3 クラス／学年）含め、11 人（男 3 人、女 8 人）である（写真 15-5）。

　財政収支：プレスクールを含めて 448 人の生徒が在籍している。授業料は月額 500 シリング（約 5 米ドル）である。ただし、先の 2 校と同様に、全く支払えない生徒も受け入れている。本校の場合、全額支払うのは 250 人程度で、遺児も多いため 100 人ほどは全く支払わないという。教員給与は月額 6,000 シリングが基本で、経験年数が少ないと 5,000 シリングの場合もある。授業料から毎月 150,000 シリング程度が収入となり、教員給与が 70,000 シリング程度であることから、これぐらいの生徒規模であれば、仮に生徒の 2 〜 3 割が支払わないとしても、十分にビジネスとして経営できる計算になる。給食代は朝と昼に、それぞれ 20 シリングをその都度徴収するという。

　教員：経営者（38 歳、女性）は、キベラの多くの住民であるケニア西部出身ではなく、東部出身のカンバ人である。他の 2 校に比べると、ビジネスとして学校を経営していることがわかる。しかし、子どもの安全を心配するのは同じであり、夕方まで学校で勉強させ、保護者が帰宅する頃まで下校させないなどの配慮をしている。初等部には 8 人（男 3 人、女 5 人）の教員が雇用され、各学年を担当している。そのうち 2 人は教員養成校を卒業した有資格教員であるが、その他は中等学校卒業である。全員が 20 歳代であり、勤務を始めた年は 2013 年が 3 人、2014 年が 2 人、2015 年が 2 人であり、1 人だけが 2010 年から勤務しており、校長職を任されている。この校長はナイロビ大学にパートタイム学生として 2014 年から通っている。

生徒：8年生28人に教室で確認したところ、24人がルオであった。キベラの嫌いな点は、ゴミや悪臭といった環境で全生徒が一致していた。一方、良い点としては、教師や学習システムがしっかりしていることで、朝5時半に登校して受験勉強をしているという。

4. 考察——無認可私立学校の特質

（1）個人の意志からはじまる学校の設立

　研究対象の3校に共通することは、教育の重要性と必要性を認識し、個人（現経営者）の意志で学習の場を提供し、自らが教員となり指導を始めたことである。例えば、A校はストリート・チルドレンや不就学の子どもを30人集めて教えたことが始まりである。スラムに暮らす中等学校やカレッジの卒業生が主体的に行動し、既存施設の一部を間借りして、ごく小規模な子ども（数名から数十人程度）を集めて始まった学習の場が、その後のNGOによる支援を得て、現在の学校へと発展している。A校及びB校には、外部からの支援が一時的にあり、それを契機としてA校は、教員給与の一部などの支援を毎月受け続けている。しかし、それは学校の発展を加速させてはいるが、開設を主導したのはあくまで当事者である。それに対して、C校は一度も外部からの支援を得ていない。逆にC校の場合、スラムであるために、土地の準備やトタン板、材木など中古の建材が安価で入手可能となり、行政側との手続きも不要であったことが幸いしている。いずれの学校も初等教育無償化導入（2003年）の数年後、ごく小規模な学習スペースとして開設され、それからさらに数年後に学校として経営できる人数の生徒と施設を確保（2校については、外部からの支援により）している。また、無認可校であるがゆえに、個人の自由な考え方に基づいた効率的な学校運営が可能となっている。

（2）最貧困家庭に配慮した学校運営

　各学校は授業料収入に依存した財政運営を行っているが、全生徒から一律に徴収できるわけではない。興味深いことに、いずれの学校も授業料全額を

納入する保護者は、全体の4〜5割で、2〜3割が全く払わず、残りの2〜4割はその時々で可能な額を支払うという。この割合は3校にほぼ共通している。遺児や経済的に困窮する家庭も多く、支払うよう保護者にたびたび督促は行われるが、未払いにより子どもを追い返すことはいずれの学校もしないと言明しており、このことは生徒からの聞き取りでも裏付けられている。すなわち、比較的恵まれている貧困層の人びとが最貧困層の子どもの就学機会を保障しているとも理解できる。さらに、C校の場合、生徒間での差別を抑止するため、未払いの生徒が特定できないよう、教師にも意図的に秘密にしているという（経営者と会計担当者だけが知っている）。収入は保護者からの授業料収入が基本であり、この支払い状況が一定しないため、計画を立てたうえでの予算執行は現実的にできない。そういう中で、教員給与は最優先で支払うが、給食はその時々の財政状況により、購入する食料の量や内容を変えるようである。そのような問題はあっても、3校共に朝と昼に給食が提供され、最貧困層にある子ども、家族にとっては、食事の心配が少しでも緩和される。

(3) 学校が持つ結節点としての機能

学校や個々の教員は、子どもを通して家庭にまで関わりを持とうとしている。A校の経営者は、「質の高い教育を10人の子どもに提供できれば、10の家庭を変えることができる」と言う。困窮度の高い家庭には、個人的に食料を提供する教員もいる。特にA校では、全教員が経営者（教員も兼務）を尊敬、信頼しており、保護者がこの学校を選んで子どもを送る理由は、教育の質が高いという認識に加え、子どもと保護者を尊重してくれることだという。同じコミュニティに住む者として、教員には生徒（及びその保護者）の苦境に対する理解と共感がある。それとは別に、教員は子どもをサポートすることが当然の義務であるという意識もあるかもしれない。スラムで好きな点として、困っていれば誰かが助けてくれる、ということを挙げた生徒が多かった。学校などの場を通して、つながり合うことにより、他者を支えるという、相互の助け合いが日常的に行われている。また、試験で生徒に好成績を取らせる（すなわち、中等学校等への進学の機会を与える）という明確な共通の

目標があることも、このような関係性構築が比較的容易になる一因だと思われる。

（4） 教員の勤労意欲を高める要因

同じコミュニティに暮らす教員が持つ子どもに対する使命感は大きい。特に住居がお互いに近い学校構成員の間には、密接な関係性と信頼感が醸成されている。A校においては、教員と経営者、及び教員間に連帯感があり、それが薄給でも教員の勤労意欲が高い要因である。教員は、学校組織として一体感があると表現し、それを誇りにも思い、そのことは自身が働くことの動機づけでもある。給与水準は公立校の3分の1以下であるが、職住接近で交通費もかからず、給食が教員にも提供されるので、給与が安くても生活が楽だと話すC校の男性教員も複数いた。教員としてのやりがいを話す者も公立校に比べて多いと感じられた。このように子どもに教えるという行為は、教員側にも便益があり、そのことが質の高い教育を提供できる理由でもあろう。教員資格を有する教員も少なくないが、大学卒業の学士号を取得しようとする者も多く、このような動きは公立校の教員と変わらない。中等教育の卒業資格しか持たない、教職に関心のある20歳代の若者の一時的な受け皿にもなっており、キャリアアップの場としても機能している。カレッジ卒業直後に政府雇用の教員になれる可能性は低く、教職経験を得るために勤務する教員も多い。また、無認可であるがゆえに、教員ストライキなどの影響もなく、勤務に専念できることが誇りにもなっている。

（5） 就学継続する理由としての社会貢献

キベラの住環境は、子どもの将来に対する考え方に影響を与えている。学校や病院が近くにあり、困ったことがあれば他人が助けてくれるという意見がある一方、窃盗やアルコール、薬物依存など、大人の行動を嫌う生徒も多い。特徴的なことは、特に男子生徒に中等学校及び大学へ進学を希望する理由を尋ねると、スラムから抜け出し、自身の生活を良くしたいというより、スラムを変えたい、そこに住む人びとを支援するために働きたい、という考え方の子どもが比較的多いことである。通常の公立校では、社会的地位や

高収入の職に就きたいと答える子どもが多い傾向にあることと対照的である。ただ、それとは逆に、女子生徒の意識としては、スラムから抜け出すために勉強をしていると主張する者も少なくない。このような考え方には、伝統的な男女間の差があるように感じられる。これからの大きな問題は、試験制度は能力主義による公平性を担保しているが、近い将来、経済的な理由で進学できない現実に子どもが直面し、期待が落胆に変わる可能性が大きいことである。

おわりに

　低学費の無認可私立校の設立の経緯は、宗教系組織や NGO の働きかけも一部にはあるが、本研究の対象校に限定すれば、①スラムの生活者が自らつくる就学機会であることに特徴がある。政府による教育の提供が行き届かない地域では、人びとは自ら行動を起こし、学校をつくり、自立的な運営を行っている。そのような活動をサポートしたいという支援者が現れれば、財政的には恵まれることになるが、これは必要条件ではない。また、スラムであるからこそ、教職員や生徒が同じ地域に住み、校舎の建設等も安価にできる。ただし、重要な前提として、無認可学校の修了者にも初等教育修了試験（KCPE）の受験資格が与えられていることがある。

　次に、その運営面において興味深いことは、②最貧困層を支える自立的な学校運営制度が機能していることである。学校を結節点として、貧困層にある人びとがつながり合い、最貧困層の人びとを支援するセーフティネットが設定されているといってもいいかもしれない。同じキベラの住民として、他者を支えることが社会的な規範として存在しているように思える。そして、相対的に恵まれている人びとが困窮度のより高い人びとを助ける、相互扶助の考え方が共有されている。

　最後に、称賛されるべきことではあるが、同時に注意しなければいけないことは、③学習意欲の背景にある得点主義と学歴社会の存在である。子どもが持つ学習意欲の背景には、公平性を担保する試験制度と競争主義がある。この学習「意欲」は、学歴病に冒されたことによる学習「熱」であり、健

康的な状態ではないかもしれない。初等教育修了だけでは定職に就くことは難しく、より高いレベルの教育を求めることになる。そのためには高額の費用が必要になり、それが負担できないために進学を断念せざるを得ない状況が普通に起こる。学校に対する期待は、簡単に挫折にも変わる危険性がある。さらに、就職するためには縁故（コネ）が重要になり、学歴だけでは十分でない。

　ここで提示した調査結果により、スラムの無認可私立校がどのように自立的／自律的な学校運営を行っているか、一定程度明らかにできたと思う。しかし一方で、その分析や考察には限界がある。現段階では探索的になり、研究の焦点が絞り切れていない。貧困地域の低学費私立校に関する文献レビューが圧倒的に不足している。また、既存のキベラ地区の学校データベースにしても、未だ十分な解析ができたわけではない。今後、インタビューや質問紙データのより丁寧な分析を行い、調査結果の精緻化、考察の再検討を行いたい。

　これまでみてきたように、公立校と同様の教育を提供する無認可私立校がキベラ・スラムには数多く存在する。この他にも、これらの学校の原型にも近い、数名の子どもを集めたごく小規模な学習塾があることもわかってきた。キベラの子どもは、想像以上に学習機会に恵まれている。今回の調査対象校のように、キベラの人びとにより自主的に運営されている学校組織もあるが、外部からの支援が集まるのは、アフリカ最大規模のスラムとしての知名度と「ブランド力」があるからこそである。スラムの縁辺部にある教会系の私立学校では、成人を対象とした識字から中等学校のクラスまでを運営している。午後 5 時から 8 時まで行われる夜間中等学校は、月額授業料が 1800 シリング（約 18 米ドル）にもかかわらず、26 人が在籍している。このプログラムは長期休暇もなく、通常 4 年間の課程を 2 年で修了する、いわゆるクラッシュ・プログラム（crush programme）である。中等教育を修了すれば（成績は別にして）、カレッジなどに進学することが可能になり、職業選択の幅が広がり、より高給が期待できるというのが、このような学習熱の背景にある。

　キベラでは教育をめぐって市場原理が機能しているように感じられる。政府の統制がほとんどないのがその第一の要因でもある。そのことからすれ

第 15 章　ケニアの非正規市街地における無認可私立学校の運営実態とその特質

ば、将来の最悪のシナリオは、政府が無認可学校に介入し、認可するために
さまざまな規制をはめてくることである。保護者は子どもが受ける教育の質
に敏感であり、C校の経営者が言うように、初等学校8年修了時に受験する
KCPEの学校の平均点が良ければ、何の広報をしなくても、生徒は次々に集
まってくる。別の見方をすれば、KCPEで好成績を得られなければ、あるい
は教員のモチベーションが低く、欠席や遅刻が多く、教育の質が低いと「顧
客」から判断されれば、転校する子どもが増え、学校の経営は成り立たなく
なる。換言すれば、貧困者間でも教育格差がますます拡大しているといえる
かもしれない。

[注]
(1) 2009年の国勢調査結果では17万人までしかヘッドカウントできなかったが、この人
  数の数倍は住んでいると推測されている。
(2) 教育省とは別に、学校以外の学習センターとして、ジェンダー・子ども・社会開発省
  に登録されているケースはある。
(3) この調査は、ビルゲーツ財団より資金を得て実施され、ウェブ上でデータが公表され
  ており（2015年8月頃より）、誰でも自由に使用することができる。各学校の位置が
  わかる地図と学校の生徒数、教員数などのデータベースがセットになっている。
(4) 教育の質を判断する指標として、主には8年修了時に受験する修了試験（KCPE:
  Kenya Certificate of Primary Education）がよく使われる。
(5) スラム内にある学校は、基本的には教育省に認可されていないが、大場（2011）によ
  れば正式に認可されている学校もある。
(6) 300m²ほどの土地を80,000シリング（当時で約1,100ドル）で「購入」したというこ
  とで、明らかに正規の売買ではない。

[参考文献]
大場麻代（2011）「低学費私立小学校間の比較からみる学校選択要因——ケニア共和国首
  都ナイロビ市内のスラム地域を事例に」『国際教育協力論集』14巻1号、15-28頁。
大場麻代（2014）「ケニア　スラムに暮らす小学校修了者の教育継続——世帯背景の視点
  を中心として」澤村信英編『アフリカの生活世界と学校教育』明石書店、147-165頁。
大場麻代（2015）「発展途上国の低所得層における学校選択をめぐる議論——ケニアのナ
  イロビを事例に」『アフリカ教育研究』6号、85-97頁。
山本香（2015）「ケニア共和国キベラ・スラムにおける低学費私立校の役割——教員と保
  護者の生活者としての視点から」『アフリカ教育研究』6号、57-69頁。

324

Dixon, P., Tooley, J. & Schagen, I. (2013) The Relative Quality of Private and Public Schools for Low-income Families Living in Slums of Nairobi, Kenya. In P. Srivastava (ed.), *Low-fee Private Schooling: aggravating equity or mitigating disadvantage?* Oxford: Symposium Books, pp.83-103.

KNBS (2015) *Spatial Dimensions of Well-Being in Kenya: Where are the Poor?* Nairobi: Kenya National Bureau of Statistics (KNBS).

KNBS, Ministry of Health, National AIDS Control Council, Kenya Medical Research Institute, National Council for Population and Development & ICF International (2015) *Kenya Demographic and Health Survey 2014.* Nairobi: Kenya National Bureau of Statistics (KNBS).

Map Kibera Trust (2015) Kibera Schools Map. [http://openschoolskenya.org] (Accessed on 1 July 2015).

Ministry of Education (2009) *Education Facts and Figures 2002-2008.* Nairobi: Ministry of Education.

Ministry of Education, Science and Technology (2015) *2014 Basic Education Statistical Booklet.* Nairobi: Ministry of Education, Science and Technology.

Oketch, M., Mustiya, M. & Sagwe, J. (2012) Do poverty dynamics explain the shift to an informal private schooling system in the wake of free public primary education in Nairobi slums? *London Review of Education,* 10 (1), pp.3-17.

Srivastava, P. (ed.) (2013) *Low-fee Private Schooling: aggravating equity or mitigating disadvantage?* Oxford: Symposium Books.

Tooley, J. & Dixon, P. (2005) *Private Education is Good for the Poor: A Study of Private Schools Serving the Poor in Low-Income Countries.* Washington, D.C.: Cato Institute.

第15章　ケニアの非正規市街地における無認可私立学校の運営実態とその特質　　325

第16章

マダガスカル農村部における子どもの
就学から就業への軌跡
——生徒の志望と就職の機会に着目して

ファナンテナナ リアナスア アンドリアリニアイナ
澤村信英

はじめに

　サブサハラ・アフリカ（以下、アフリカ）諸国の多くは、2015年までに「ミレニアム開発目標（MDGs）」ゴール2（初等教育の普遍化）を達成することができなかった。しかし、2030年を目標達成年とした、あらたな「持続可能な開発目標（SDGs）」ゴール4では、「すべての人に包摂的かつ公正で質の高い教育を提供し、生涯学習の機会を促進する」ことになった。この教育には、中等教育が含まれることにも特徴がある。援助に依存せざるを得ないアフリカの国々にとって、SDGsが自国の教育政策に与える影響は小さくない。すなわち、初等教育のみならず、中等教育も含めた普遍化が各国の目標になることが想定される。しかし、教育歴に応じた就業機会があるわけではない。

　マダガスカルの初等教育の純就学率は69.4%（2012年）であり、中途退学者も多い（INSTAT/ENSOMD 2013）。中等教育へのアクセスはさらに低く、前期中等教育純就学率27.8%、後期中等教育純就学率10.0%である（ibid.）。都市部と農村部で比較（2012年）すると、初等教育の純就学率は都市部で85.6%、農村部で66.1%と差が大きい。しかも、中等教育では27.8%（都市：55.6%、農村：22.3%）とさらに拡大する（ibid.）。つまり、特に農村部では5年に満たない就学期間を経て、労働市場に出て行く若者が実に多いのである。

326

また、中等教育の就学率が低いにも関わらず、失業率は都市部で 7.6％に対して、農村部ではわずか 3％である（INSTAT 2011）。経済活動に参加する学齢期の子ども（5 歳から 17 歳）は 24.7％（2010 年）にのぼる（ibid.）。その子どもたちは基本的に家庭の手伝いをしているが、通常の労働者の 4 分の 1 程度の低賃金で個人に雇われることもある。児童労働の 9 割は農業で行われ、10 歳未満の子どもも多い（ibid.）[1]。

　農業はマダガスカルの基幹産業の一つであり、必ずしも否定的には捉えられていない。例えば、2013 年の国内総生産が 2.3％から 2014 年に 3.3％に増加したのは、米作がその要因の一つである（Ministère de l'économie et de la planification 2015）。つまり、厳しい経済状況にあるマダガスカルにとって、農業は非常に重要な役割を果たしている。農村部に暮らし農業に従事する人びとの割合は、ほとんど変化していない。正確には、2001 年に 78.1％であったものが、2010 年には 80％に若干増加しているほどである（INSTAT 2002, 2011）。

　本章の目的は、農村部の子どもの学校から職業への軌跡を明確にすることである。マダガスカル人の大半が住んでいる農村部に焦点を当て、就学と就業の関係について検討し、その文脈において、教育はどの程度「働きがいのある人間らしい仕事（decent work）」を保障しているのかを検討する。そこで、子どもの目標や夢、それに沿った就業の機会、そして子どもが生活している社会・自然環境にも着目する。本研究の対象地であるイタシ県は、首都アンタナナリボ近郊にあるにも関わらず、農村部の代表的な地域であるため選定した。

1.　不安定な教育制度と教員雇用

　マダガスカルは初等教育の普遍化を達成していない国の一つである。その原因の一つは、2009 年に政治危機が起き、援助が中止されたことだとも考えられている。国家予算は縮減され、2009 年に GDP の 3.2％であった教育予算は、2012 年には 2.7％へと減少した（World Development Indicators, World Bank）。

貧困はいまだ改善されず、初等教育の純就学率も低いままである（INSTAT/ENSOMD 2013）。このような財政状況の結果、当時の教育改革の中心であった新カリキュラムの導入や教科書の作成は、計画どおりに行われなかった。さらに、学校設備や有資格教員の不足、生徒の学業成績の悪化などが指摘され（ibid.）、この状況を改善するために、政府は暫定的な教育計画を作成した。しかし、それは当時の就学率や教育の質の維持、学校管理の改善などに向けた短期的な解決策に過ぎなかった（MEN 2012）。

　Rabenoro（2016）は、頻繁に起こる政治的不安定や不景気に加え、教育システム全体に一貫性がないマダガスカルの現状を「脆弱な教育システムを持つ脆弱な国だ」と表現した。MDGs を実現するための国家計画は 2006 年になりようやく完成したが、この「マダガスカル行動計画（Madagascar Action Plan）」は、2009 年の政治危機により中断され、その時点で特に初等教育の普遍化を達成することはすでに困難であると考えられていた（ibid.）。

　マダガスカルの教育制度は、変わり続けている。例えば、1995 年の法律 94-033 号で初等教育（5 年間）、前期中等教育（4 年間）、後期中等教育（3 年間）の制度が 2004 年の法律 2004-004 号によって前期基礎教育（5 年間）、後期基礎教育（4 年間）、中等教育（3 年間）へと変わった。さらに、2008 年の法律 2008-011 号では子どもにより長い教育を受けさせるために、前期基礎教育を 7 年間に延長し、逆に後期基礎教育を 4 年間から 3 年間に、中等教育を 3 年間から 2 年間にそれぞれ試行的に短縮させた。しかし、これは 2009 年の政治危機によって失敗に終わっている。したがって、現在まで、7 年間の初等教育にしているのは、20 の学区（全国に 113 ある）[2] だけであり、その他は以前の教育制度（初等教育 5 年）に従っている。

　このような度重なる変更による混乱はあるが、唯一、教員一人当たりの生徒数だけは改善された。それは保護者会が学校単位で雇用する教員（以下、FRAM 教員[3]）の増加が理由の一つである。例えば、2002/2003 年に FRAM 教員は 8,300 人であったが 2010-2011 年には 6 万人に増加している（INSTAT/ENSOMD 2013）。そのような教員は給料が安く、社会保障なども与えられていない。例えば、9 年間の教育を受けた政府雇用の新任教員なら、月給が 25 万アリアリ（80 ドル程度）であるのに対して、FRAM 教員のほとんどは一部、

国から年間 10 万アリアリ（32 ドル程度）が支給される（MEN 2012）とはいえ、公務員の半分程度である。それでも補助金の支給は、FRAM 教員になる動機付けとなり、大量雇用により教員一人当たりの生徒数は改善した。しかし、教員のインセンティブ不足による教育の質の低下に関する議論が起こり始めている（Randriamasitiana 2015）。フランス語は、小学校 3 年からの教授言語であるが、それを習得できていない教員も多い（Razafimbelo & Razafimbelo 2004）。FRAM 教員の待遇は決して良くないものの、将来公務員になれる道が開かれている。

2. 先行研究のレビュー——教育と仕事との関係

2-1　子どものキャリア形成

　まず、Bandura et al.（2001）は、学校、社会、職業における自己効力感は、子どものキャリアパスを形成する方途として重要であるとしている。これによると、その三つの自己効力感は親の子どもの能力に対する展望や信頼と高い相関関係にある。加えて、学校では実際の成績より、学業的自己効力感の方がキャリアの選択に影響を与えているという（ibid.）。したがって、子どものキャリアを検討する際、子どものみにとどまらず、親の考え方も重要であり、本研究ではその両者を検討対象としている。

　子どものキャリアに対する学習環境の役割については、他の研究で検討されている。Watson & McMahon（2005）は、子どもの成長に関係する文献レビューにおいて、子どものキャリア形成は住環境の影響を受けながら、時間の経過と学年の進行とともに、より明確になっていくと指摘している。彼らが注目するのは、子どもの特定の発達段階における行動ではなく、子どもが発達する過程である。そこで、行動に注目するより、その行動が起きるまでのさまざまな段階を明らかにすることが大切だと結論づけている（ibid.）。

　早い段階で労働市場に入るマダガスカルの子どものキャリアが形成されていく過程をみるには、小学校の時点での行動を把握する必要がある。

第 16 章　マダガスカル農村部における子どもの就学から就業への軌跡　　329

Hartung et al.（2005）が子どもの職能開発に関する実証研究のレビューを行い、子どものキャリア意識は幼児期から始まり、その認識は時間とともに変容していくことを明らかにしている。幼児期には夢から始まるかもしれないが、その後は実際の認識や能力に基づくものとなる。

　また、Ferreira et al.（2007）がポルトガルの子どもを対象に行った10年間の縦断的研究は、中途退学と早期の就職に注目している。その決定要因は、初等教育の段階から現れ、個人、家庭、社会の文脈に関連付けられ、子どもの人生を通じて累積していくという。

2-2　マダガスカルの子どもの教育とキャリア

　マダガスカルにおける教育に関する先行研究では、子どもの進路に関する研究として学校制度内の進級を検討するものが多い。例えば、マダガスカルの初等教育における学習の質を評価しようとした Clignet & Ernst（1995）は、学習環境と子どもの数学や言語の能力に注目した。彼らが子どもの進級について明らかにしたことは、初等教育における成績の変化のみであった（ibid.）。しかし、そこでは小学校の教育の質と、将来の就業の関係は全く議論されていない。

　Neudert et al.（2015）は、マダガスカルの農村部における収入、富、教育、幸福感に関する研究を行った。これはキャリアパスに対する教育の影響を検討するというより、収入源の多様化に着目している。しかし、公教育を終えてからの成功や失敗は、十分に検討されていない。この研究では、教育を受けた人は非農業の職業を選ぶ傾向にあるとした。しかし、より高い教育達成は富や収入源の多様化には直接関係していないと考察している（ibid.）。つまり、子どもの将来のパスは必ずしも学校の成績に依存するわけではない。子ども自身のモチベーションや親の意見など、その他の要因も検討する必要がある。

　マダガスカルにおいては、留年（原級留置）は普通に行われる。小学校においては各学年で進級できる子どもは、毎年大体75％程度である（表16-1）。例えば、2008年に入学した1年生のコホート（1,324,536人）の中で、5年

330

後に就学しているのはわずか 487,139 人（36.7%）、小学校修了試験（Primary School Certificate: CEPE）に合格するのはわずか 337,304 人（25.5%）である（同表）。その 25%が前期中等学校に入学できる保障もない。それでは、上位の学校に進学できなかった子どもたちは、いったいどこへ行くのであろうか。

Ravololomanga & Schlemmer（1994）は、それを一部明らかにしている。退学した子どもが行う仕事は、家事や自営の農業の手伝いのほかに他人の手伝いもある。それは決して悪意のある児童労働ではなく、困難な状況にある人びとがお互いに助け合う形で行われていたという。例えば、相対的に裕福な人が極貧の親戚や知人の（負担になっている）子どもに衣食住を与え、親に給料を払っているケースもある（ibid.）。このような子どもは大人になったらどうなるのか、そして希望した職にたどり着くことができるのかは、興味深いことである。Boone & Van Houtte（2014）によれば、先進国においては、農村部の子どもが設定する目標が低いのは、現地の労働市場の機会を基準にしているからであると指摘している。マダガスカルにおける低失業率は、農村部での就業機会が豊富にあることを示唆している。

表 16-1　マダガスカルの小学校における学年別就学者数（2008 ～ 2014 年度）

年度 学年	2008/09	2009/10	2010/11	2011/12	2012/13	2013/14	2014/15
1 年	1,324,536	1,359,116	1,362,165	1,405,744	1,474,484	1,548,730	1,580,869
2 年	1,034,500	1,025,392	1,002,572	1,015,855	1,012,548	1,047,337	1,094,885
3 年	845,917	857,664	858,016	875,027	871,168	883,885	925,066
4 年	608,549	617,544	617,352	633,980	640,550	651,103	669,683
5 年	510,479	469,861	464,964	472,116	487,139	480,383	493,021
CEPE 合格					↑ 36.7 %	337,304	← 25.5%

（注）CEPE: Certificat d'Etudes Primaires Elémentaires（初等教育修了試験）
（出所）MEN（2009~2015）から著者作成

2-3　マダガスカルにおける教育と世帯

教育の諸課題は、これまでの研究で関心を持たれ、広く議論されてきた。Deleigne & Kail（2010）は、マダガスカルにおける無償義務教育のあいまいさ

を指摘している。2001年になり、「万人のための教育世界会議」の影響を受け、私立や公立学校に対する政府の補助、教育の無償化と文房具の配布などのインセンティブにより、多くの子どもが新たに就学するようになった。しかし、成功したように見えた政策であったが、進級率や修了率が減少したのである。教員不足に対する解決策として、保護者会がFRAM教員を雇い、給与の支払いをすることになった。その結果、無償だったはずの教育が実際には教員給与の負担が必要となり無償ではなくなった。

Glick et al.（2016）は、マダガスカルの家庭にかかる経済的な負担と教育投資の関係を調べた。彼らは世帯調査に基づいて教育に関する量的な分析を行っている。そこで、家庭が子どもを就学させることができない要因は、労働市場の硬直性ではなく、財政的な制約であるとしている。つまり、農村部においては仕事はあるが、十分な現金収入が得られないという問題が最も大きい。

Randriamasitiana（2015）は、困難な状況にある世帯を対象に公教育や家庭内の教育に関する価値意識を検討している。その一つの結果によると、マダガスカルの家庭は、公立学校を避ける傾向にあるとしている。富裕層は教育の質が良く、授業料が高い私立学校を選ぶ傾向にあり、貧困層や中間層では教会系の学校に行くという。そのような学校は教会から援助を受けているため、授業料が安く質も悪くないのである。他方で、最貧困層の人びとは公立学校以外に選択肢がないのである。結局、教育に必要な費用は高くなる一方で、教育の価値は判然としない。要するに、マダガスカルの教育政策が頻繁に不規則に変わるため、教育は変化をもたらすのではなく、社会的流動性を高める障害になっている（ibid.）。

マダガスカルにおいては、子どもの教育の成功や失敗を検討する研究は少なくない。例えば、Rabenoro（2004）は、外国語を習得し、知識を得るには、母語のマダガスカル語を十分に使いこなすことが必要であると述べている。Razafimbelo & Razafimbelo（2004）も教室で使うマダガスカル語とフランス語のレベルの低下を指摘している。このような教育環境の特徴は、教育の質につながることが多い。技能や知識（Clignet & Ernst 1995）、あるいは行動（Randriamasitiana 2015）という教育成果に着目している研究はあるが、その

成果を踏まえて職業に対してどのようなアウトカムがあるかを探求した研究はほとんどない。本研究では学校だけではなく、学校を超えた子どもの進路（就学から就業への移行）について検討する。

3. 研究の対象と方法——首都近郊の農村部における調査

3-1 調査対象地の概要

イタシ県はマダガスカルの典型的な農村部の特徴を有している（写真 16-1）。人口の 79 %は土でできた伝統的な家屋に住み（全国平均 34.5%）、電気は人口の 41.2%にしか行き渡っておらず、料理に使う主なエネルギーは木炭や薪である（INSTAT 2011）。米作は同県の面積の 7%で行われ、比較的大きな収穫量を誇っている（ibid.）。

Andrianampiarivo（2017）はイタシ県内の社会階層に関する調査を行い、二つの階層があることを指摘している。まず、一番低位にある二つの五分位を最貧困と定義し、その他を農村部の中間層とした。その中間層はそ

写真 16-1 水田が広がるイタシ県

れぞれの特徴に基づいて 4 種の小康社会（moderate prosperity）[4]に分けることができる。各集団は同じ貧困の中でも農村部の不安定な経済に対応できる生活戦略を有しており、厳しい環境の中でも成功している。つまり、イタシ県においては中間層といえるものは、実はまだ貧困層の中にある。

イタシ県における世帯の平均人数は 5.6 人であり、マダガスカル 22 県の中では大きい方である（INSTAT 2011）。最も大きいのは、アツィムアツィナナナ県の 5.8 人であり、最も小さいのは DIANA 県の 3.6 人である（ibid.）。人口保健調査（2008-2009 年）によれば、イタシ県の住民のほとんどは農業従事者であり（男：87.5%、女：89.2%）、その他は非熟練労働者（男：5.8%、女：：2.4%）

と熟練労働者（男：3.6%、女：1.5%）である。管理職者は女性（1.8%）の方が男性（1.2%）より多く、商売やサービス業で働く者は女性（5.1%）の方が男性（1.6%）より多い（INSTAT & ICF Macro 2010）。

　イタシ県の初等教育純就学率（81.9%）は、普通の農村部より高く、中等教育になると急に低くなる（前期25.7%、後期6.5%）（INSTAT/ENSOMD 2013）。就学する生徒数は、各教育段階ともに学年が上がるに従い、留年や中途退学により漸減する。特に、小学校の4年生から最終学年の5年生の段階での選別が厳しくなり、5年間の初等教育を修了できる生徒は、全国的な傾向と同様に、入学者に比べわずかである。男女間の格差は、小学校4年生までは若干みられるものの、それ以降は女子の数が多いぐらいである（ibid.）。その背景には、農村部では男性であれば力を使う賃仕事の機会が多いことが関係していると考えられる。

　マダガスカル全体の教員雇用の問題であるが、正規に政府に雇用される教員（公務員）の割合が少なく、特に小学校と中学校においては、契約教員[5]とFRAM教員が多く、かなりいびつな教員の雇用が常態化している。例えば、イタシ県の小学校教員2,819人のうち、公務員416人（15%）に対して、契約教員225人（8%）、FRAM教員（補助金あり）1,859人（66%）、同（補助金なし）315人（11%）である（MEN 2015）。政府は2014年から毎年1万人の教員を雇用している。しかし、FRAM教員は全国に80,223人もいるため（ibid.）、全員を雇うには少なくとも8年間が必要になる。したがって、授業料は無償であっても、各学校で教員を雇用し、保護者はその給与を負担する必要がある。

　イタシ県における住居と学校の位置関係（通学距離）を見ると、自然なことではあるが、学校段階が上がるほど自宅の近くに学校がないことがわかる。小学校に通う生徒は、平均して1km歩けば最寄りの学校に着くことができ、中学校についても68.6%の生徒の通学距離は1km以下であるが、高校に関しては86.2%の生徒は11km以上離れている（CREAM 2013）。特に高校になると、私立学校に通学する生徒の割合が増えるため、そのような経済的な負担も考えると、高校への進学はより困難なものになる。より具体的には、ミアリナリヴ郡（イタシ県の県庁所在地）の高校生のうち、公立学校に通う生徒

は全体の 40.0％であり、全国平均の 49.5％より低い（CISCO Miarinarivo 資料）。

本研究の調査地は、イタシ県の三つの郡のうちの一つ、ミアリナリヴ郡（県庁所在地）であり、首都アンタナナリヴに最も近い。イタシ県全体の学校数、生徒数、教員数は、表 16-2 のとおりである。そのうちミアリナリヴ郡の小学校は公立 194 校、私立 190 校、中学校は公立 23 校、私立 48 校、高校は公立 5 校、私立 17 校である（CISCO Miarinarivo 資料）。今回の調査対象は、小学校 6 校（私立 1 校、公立 5 校）、中学校 2 校（私立 1 校、公立 1 校）、高校 4 校（私立 2 校、公立 2 校）の計 12 校である（写真 16-2 ～ 5）。

表 16-2 イタシ県の学校数、生徒数、教員数（2014-2015 年）

	初等教育			前期中等教育			後期中等教育		
	公立	私立	合計	公立	私立	合計	公立	私立	合計
学校数	632	491	1,123	80	123	203	14	45	59
生徒数	109,675	52,490	162,165	23,940	15,065	39,005	5,851	6,235	12,086
教員数	2,819	1,510	4,329	955	742	1,697	217	330	547

（出所）MEN（2015）

写真 16-2 小学校の校舎と校庭

写真 16-3 石板（黒色のプラスチック板）を使う小学校低学年クラス

写真 16-4 小学校での授業風景（児童が前に出て解答を板書する）

写真 16-5 自習をする高校（リセ）の生徒

3-2　研究の方法と対象者

　現地調査は 2017 年 2 月下旬から 3 月上旬の約 2 週間行った。データの収集方法としては、半構造化インタビューを用いた。対象者は 12 校の生徒、保護者、教員、校長である。6 ～ 12 名のグループを形成し、あわせて生徒 9 グループ、保護者 3 グループ、教員 10 グループを対象とし、校長は 6 名に個別にインタビューを行った。対象者の経験や考え方に基づいた農村部の子どもの進路について聞き取りをした。そこで、特に教育達成段階別の就職の機会と子どもの目標（志望）の関係に着目した。

　教員と保護者は、自身が生徒だった頃の経験を思い出し話してもらった。学校をやめた時の事情や当時の志望や現状を踏まえた実体験を語ってもらった。そして、自分の子どもは何を目指し、その目標を達成するために何をすべきかを尋ねた。最後に、社会で起きていることを考えてもらい、学校を修了あるいは退学した周囲の人のことについて、その人びとが現在何をしているかについて確認した。グループ内での議論を活性化させるため、詳細な事項を確認、質問しながら、他の参加者がそれに賛成するか、その背景と理由について確認した。そのようなデータ収集を行う一方で、校長に対しては、学校の基本情報、指導方針、学習環境に関するデータも収集した。生徒に対しては、学年や年齢に応じて、質問内容を変えた。将来、何になりたいか。それはなぜなのか。また、どのような方法でそれを実現するつもりなのかを尋ねた。住環境、職業観、特に農業に関する考え方を確認した。そして、これまで中途退学した級友やその理由についても確認した。最後に、学校教育に対する一般的な認識、例えば彼らが遭遇する困難、恐怖、希望などについて、その理由とあわせて尋ねた。

4. 結果と考察——就学から就業への軌跡

4-1　現実に直面する不安定な子どもの職業志向

　子どもの職業観は、時間とともに変化する。小学校の段階では夢があり、どうすればよいかはさほど具体的に考えていない。よく挙げられる職業は、教員、医師、パイロット、看護師などであるが、これらの職種は学校で教えられるもので、新しい単語を覚えた子どもはそれを繰り返しているだけの場合もある。あるいは、子どもの生活で身近な職業で名前が挙がるのは、例えば、シスター、神父、牧師、警官、軍警察などであり、権威があり、普通の人と比べて問題なくいい生活をしている。小学校の教員によれば、牧師、シスター、神父は子どもにとって安定した生活をしている人びとであり、さらに困難な状況にある人びとを助けるということで人気があるという。そして、子どもは普通に賄賂を受け取る交通警官を見て、お金を扱うことが多いため、その職業を肯定的に捉えることもある。

　中等教育の段階で子どもは現実的になり、自分にとって実現できる職業を選ぶようになる。その中では、通訳や観光ガイドになりたい子どもが多い。それは外国語を習得すれば就ける職業だからという理由である。中等学校の生徒の大半は、自分の夢を実現するために勉強すべき特定の科目に言及する。そこでは、農家になりたいという答えはない。このことは、農業に従事することを忌避しているのではなく、農業は最低限の職業として保障されているものであり、ほとんどの生徒は農業に関心を持っている。将来なりたい職業に関わりなく、農業は専業としてではなく余暇時間にやりたいと答えている。

　保護者に将来自分の子どもにやらせたい仕事を尋ねると、子ども自身がやりたいことでいいと答えることが多い。農村部で成功するというのは、農家の家族の中で自分だけが異なる（農業以外の仕事をする）ということでもある。ある中学校の男子生徒は、警官になれれば家族が喜ぶだろうと話した。ある小学校の母親にとっては、成功というのは、もしお金でなければ、教育を受けることであり、その教育の成果に合致する「生きていける仕事」[6] に就

くことであると言った。

　しかし、このような職業に対する志望は、現実の教育環境によって邪魔される。教育の質の低下は、貧困と密接に関わっており、家庭、学校、政府の各レベルでの財政不足に起因している（Randriamasitiana 2015; Clignet & Ernst 1995; Rabenoro 2016）。中途退学した保護者の中でも、資金があれば、自分自身の教育を継続したかったという者が多かった。加えて、収穫期前の雨期である12月から4月の間は、食糧が不足するため、多くの子どもは学校に来られなくなる。さらに、小学校の教員によると、子どもを一人ずつ就学させる親がいるという。その親にとっては、学校とは読み書きを習うためだけの場所であり、仮に成績優秀な子どもであっても、次の子に教育機会を順番に与える戦略を組むという。子どもがある程度の読み書き能力を習得した段階、つまり3、4年生で意図的に退学させる場合がある。

　もう一つの問題は、教育段階や学習内容によって、可能になる職業選択に関する情報が不足していることである。親自身が中途退学し、十分な教育を受けていないことが多く、子どもに適切な助言ができないこともある。ある中学校の教員は、「子どもが中等学校に進学すれば、保護者より知識を持つことになる。やりたいことを決めるのは保護者ではなく、子どもだ。保護者は子どもに教えてもらっている」と主張した。さらに、学校ではキャリアに関する特別なカウンセリングもなく、教員は通常のカリキュラムを終わらせるだけでも時間がなく、かまっていられない。ある小学校の教員は、「子どもの目を覚まさせたい」と話し、子どもに将来、親と同じような苦しい不安定な生活を送りたくなければ、今「頑張る（miezaka）」ようにと指導しているという。

　このような教員と子どもとのやり取りは、子どもに外発的な動機づけをするかもしれないが、子ども自身がどのような行動をとるかはわからない。将来どうなるかもわからず、それに対する準備もしようがない。当然、子どもは将来何をしたいと言っても、現在すべきことは「頑張る」だけだと言う。例外として、教育水準が高い保護者だけが、パイロットや弁護士など、子どもになってほしい職業をはっきり理解していた。高校の校長によると、子どもも保護者も将来やりたいことを全くわかっていない、と述べていた。

4-2　世帯にとっての教育の費用と便益

(1) 教育費用と世帯収入

　授業料は無償であっても、FRAM 教員を雇用するための費用が必要である。ある小学校では保護者が 10 か月の間、子ども一人当たり毎月約 2,000 アリアリ（0.64 USD）を支払い、一世帯当たり（子どもの数に関係なく）一年に米 24 kg を提供しなければならない。この金額や米の量は学校によって異なるが、現金と米という組み合わせは、農村部のどこでもほぼ同様である。それに対して、ほとんどの親の給与は低い。例えば、農業従事者は大きく三つに分けることができる。それは地主、小作人、そしてそのいずれかに雇われる労働者である。この労働者は、朝食付きで一日に 2,000 ～ 3,000 アリアリ（0.64 ～ 0.95 USD）を受け取る。このような仕事は期間が限られており、3、4 月の収穫期の数か月前から困窮度が増す。

　もう一つ保護者から指摘があったことは、子どもがある程度の教育を受けるためには、町に引っ越しをしなければならず、二つの世帯を維持することの経済的負担である。先述のとおり、中学校の数は小学校の数ほど多くないため、住居の近くに中学校がない場合がある。子どもは村から町に引っ越し、一人暮らしをし、週末に村に戻り、食料を補充する。同じ村の仲のいい子どもは、家賃を分担できるように一緒に暮らすこともある。しかし、同じ収入でありながら、家賃も光熱費も 2 倍になる。

　さらに、小学校と中学校の生徒数は多いにもかかわらず、ミアリナリヴ郡には高校は 22 校、そのうち公立学校は 5 校しかない。一つの公立高校では、応募者数は 740 名だったが、2016/17 年の定員は 250 名だけであった。校長によると、そこでは選択肢は 3 つしかないという。多少の資金があれば、17 校ある私立高校に進学することである。中等職業学校で学びを続けてもいい。しかし、続けられない子どもは、学校をやめて村に戻るしかない。

　保護者に子どもの教育のためにできる犠牲を尋ねたところ、子どもの成功のためには何でもやるとの返事であった。しかし、「苗代を売ってでも教育を受けさせる」というマダガスカルのことわざについて聞くと「大切な財産を売るわけにはいかない。家畜ならまだいい」と答えた。何人かは「売る苗

代もない」と言った。先行研究においても家庭の最も大きな問題は教育費用の負担である（Deleigne & Kail 2010; Glick et al. 2016）。インタビューした保護者も一様に家計に占める直接、間接の教育費用の負担を繰り返し述べていた。

（2）教育投資に対する低い収益性

そのような困難に加え、保護者の間では教育投資の収益（リターン）に対するネガティブなイメージがある。「金持ちの子どもは賢い子だったら親の商売を継げば済む。教育を受けていない人で教育を受けた人より金持ちの人はいくらでもいる。製粉所やバスの所有者を教員と比べればわかると思う」。教員も同様の認識であり、教員になるために投資した資金と現在の給料を比べると、もう少し高く払ってほしいと話していた。

しかし、子どもは教育のポジティブな成果も認識している。「教育を受けた人は普通の人と違う。（中略）マナーもあり、考え方も働き方も違う。（中略）彼らは頭を使う。教育を受けていない人びとは体力を使うだけである。例えば、彼らは収量が低いのに肥料を使おうとも考えない」と小学校4年の少年が答えた。逆に、保護者にとっては早く学校をやめることは、経済的な機会をつかむためにもなると信じている。農村部の人びとにとっては、5年間の教育を受けた子どもと12年間教育を受けた子どもの経済的活動を比べると、前者はいち早く仕事をはじめ、労働する期間が長いので、経済的に優れていると考える面がある。教育を受けても大きな違いがないと感じており、家庭は教育に投資するか農業に投資するか決めなければならない。現在の環境ではもっと経済的な活動に投資するために、教育をやめざるを得ないことが多い。

心理的な負担も子どもの大学へ進学する意欲を減退させている。首都でのトラブルの噂を聞き、親は子どものことを心配し、比較的裕福な家庭の子どもでも大学に進学させず、子どもを家から出そうとしない。しかし、もう一つの問題は、若者が後期中等教育など、ある程度高い教育を受けると農業のやり方を忘れ、村に戻って農業に従事することが難しくなることであるという。

さらに、就職や進学のできる人は、高校を卒業したすべての若者ではない。

そして、保護者や子どもの中には、公務員になるために、または大学に進学するために、資金を貯めて、賄賂を払う必要があると心配する人が多かった。「私の息子は大学に進学できたときに、大学に入るためにいくら払ったか、近所の人に聞かれたわ。私は何も払ってないと答えたけど」と息子が大学に進学した母親が言った。もう一つ、息子が首都にある有名な大学に通っている父親によれば、子どもを入学させるだけの賄賂が払えないので大学に入れたくなかったが、受験してみるように言われたので結局入学させたと話した。高校の教員に聞くと、生徒の中ではこのような恐怖は一般にあると指摘している。この学校では「優秀な人は賄賂はいらないから頑張ればどこにでも入れる。賄賂の問題があったとしても優秀な人は通るからクラスで5位以内になれば入れるだろう」というふうに生徒を励ましている。

4-3 キャリア・カウンセリングと子どもの進路

　小学校の子どもは、未来で待ち受けていることを教えられていない。中学校の生徒は修了試験においてオプションAとBの二つの選択肢しか与えられていない。オプションBはすべての基礎科目のみで受験し、オプションAは基礎科目に加えて外国語の選択科目を英語、ドイツ語、スペイン語から一つ選ぶのである。しかし、中学校修了後に就職する際どちらの選択が有利かは言えるわけではない。高校では1年生の終わりに、子どもの進路を家族で考えるため、学校は保護者に通知票を送る。そこで、高校修了試験にあたってA、C、Dの三つ選択がある。Aは文系のバカロレアを目指す学生のためで、Cは数学と物理学を重視した理科系のバカロレアであり、Dは数学、物理学、生物学を重視したバカロレアを目指す子どものためである。そこで、子どもに対して将来のキャリアに関する意識を高めさせることは重要であるが（Hartung et al. 2005）、高校で行われているキャリア・カウンセリングは、このように受験科目選択に向けて理系か文系かを選ぶ程度の指導である。

　しかし、子どもを励ますために学校側は元生徒に経験談（サクセスストーリー）を話させることはある。公立高校の校長は「生徒には医者、弁護士など職種は言っていない。我々はただふさわしい職業の特徴だけを言っている。

例えば、職種はなんでもいいけど、リーダーであることが望ましい」と説明した。この学校では現在の生徒のモチベーションを高めるために社会的に高い地位にある卒業生に来てもらって話してもらうことがある。

中等・高等教育を受ける人びとの割合が少ない国では、より良い「生きていける仕事」につながると考えられる道筋は、初等・中等教育を修了し、大学を卒業することである。しかし、農村部では、子どもはあまり将来のことを考えることなく生きている。高校を卒業した後、大学進学を希望するすべての若者が進学できるわけでもない。ICT や外国語の専門学校に進む若者が多い。そのような技能を習得することは、将来の就職に直結するからである。

中等教育を修了した人は、その資格に見合った就職先を目指す。その多くは、携帯電話ショップで働く。勇気をもって村に戻れる人は農業をする。しかし、ある程度以上の教育を受けるとそれも難しくなる。彼らの言葉では「仕事を待つ」という。つまり、仕事の機会を探すのではなく、待っているということである。 小学校を卒業し中学校へ進学できない多くの子どもは、都会に行って家事手伝いになる。最終的に農村部に戻り、結婚し、親と同じ生活をする人は多い。農業をする人もいれば、物を仕入れて商売をする人もいる。あるいは、帰郷した男子は、若ければ大工や鍛冶屋の見習いになる。

大半の子どもにとって、最も理想的な仕事は、安定して毎月定期的な現金収入が得られるものである。これだけでは十分でない場合、地元で農業もできるとさらに申し分ない。要すれば、あこがれの仕事は「兼業農家」になることである。それは農村部において最も理想的な「生きていける仕事」だと考えられている。

4-4　教員としてのキャリア

労働市場において教員は最もなりやすい職業である。9 年間だけ教育を受けて前期中等教育を修了すれば、小学校で教える免許を申請する権利が与えられる。例えば、ミアリナリヴ郡には 190 校もの私立小学校があり、教員を定期的に募集している。また、通例、教員の仕事をキャリアとしたい人は、まず経験のためにボランティアとして学校で働く。そして、予算があれば保

護者会に雇われ、さまざまな研修を受け、最終的に公務員として、政府に雇用されることを期待する。

　後期中等教育を修了した人にとって、教員になることは、より大きな目的を達成するために必要な資金を稼ぐ一時的な仕事であることもある。マダガスカルでは、教員の社会的地位が比較的高い。しかし「教員をしているだけでは、まともに飯を食べられない」と何人もの高校教員が一様に話す。彼らのほとんどは首都にある師範学校を卒業している。「我々は学生時代、教育を受ける金を稼ぐために都会の私立学校で働くことが多かった。今の農村部もそうだ。私立学校が多くなり、教員需要が高くなっている。学校はどうしても教員が欲しいから、誰でも資格の低い人でも雇われる」。

　FRAM教員の低資格は、よく批判の対象になる。例えば、中学校を修了するだけでは教員の資格を与えるべきではなく、高校卒業を最低条件にすべきだと言われている（Razafimbelo & Razafimbelo 2004）。小学校高学年の教授言語であるフランス語の運用能力が不十分なため、子どもの学習に重大な影響を及ぼしていると言われている（Rabenoro 2004; Razafimbelo & Razafimbelo 2004）。また、わずか9年間の教育しか受けず、教授法も教育学にも一切触れることなく、小中学生時代の教員の真似をするだけの可能性も高い。FRAM教員のほとんどは地元出身者であり、教授経験も乏しく、教育の質の改善は難しく、従来どおりの教育が繰り返されるだけだとする批判もあるが（Randriamasitiana 2015）、一方でPASEC（仏語圏諸国が参加する学力調査）のデータでは、教育の質とFRAM教員の低資格には有意な関係がなく、それよりも教員のモチベーションの低下が原因だと指摘されている（PASEC 2008）。フランス語能力は確かに十分ではないであろうが、低学年の教授言語はマダガスカル語であり、またこれらの教員は地元出身者であるので、教えることのモチベーションや子どもとの親和性が高く、必ずしもネガティブな面ばかりではない。

　本来、潤沢な教育財政があれば、政府雇用の教員を計画的に増やすことが重要であるが、それは非現実的である。しかし、初等教育をFRAM教員が支えてきたのは、確固たる事実である。政府予算が不足するなか、このFRAM教員制度は、従前から、教員の不足する地方において、重要な役割を果たしてきた（ibid.）。この制度を運用し続けたからこそ、初等教育の普及

第16章　マダガスカル農村部における子どもの就学から就業への軌跡　343

がこれほど進んだとみることもできる。

多くの中学校や高校を卒業した子どもにとって、地元で教職に就くことは、数少ない「生きていける仕事」の機会である。少ないながらも定期的に給与が支払われ、余暇時間には農業をすることも可能である。将来、政府雇用の教員になる道も開かれている。教育の質を上げるために教員の学歴を高める方法は、広く採用される手段であるが、現在のマダガスカルにとって、このような方向性は正しいのだろうか。教員の学歴を高めようとする政策を転換することは難しいだろうが、農村部で中学校や高校を卒業した青年にとって、FRAM教員になることは、誰にでも門戸が開かれた数少ない「生きていける仕事」であり、当人と学校の双方にとって、決して悪い制度ではない。

おわりに

子どもの職業に対する志望は、年齢とともに夢から具体的な仕事に形を変えていく。しかし、保護者からも学校からもキャリアの指導がほとんどなされていない。加えて、教育と農業における投資は、トレードオフになるため、子どものビジョンを実現することは簡単ではない。一方で、家庭の経済状況も高等教育へのアクセスに影響を与える。他方では、ロールモデルが村にいないことで、子どもや保護者は教育のネガティブなイメージしか目にする機会がなく、子どもの教育を継続させるモチベーションがなくなる。さらに、高校に進学するためや「生きていける仕事」に就くためには、賄賂が必要だという心配があるため、心理的にも負担が大きい。子どもは進学するために、村から町へ、小さな町を超えて、保護者も知らない場所に移動せざるを得ない。つまり、教育の次の段階に進むためには、単に勉強ができるだけではなく、より大きな勇気が必要になる。

その軌跡にいる子どもたちは、そのような困難を乗り越えて、実家を離れなければならない。家から離れることにより生じる金銭的な負担は、子どもの成功の大きな障壁になっている。しかし、子どもたちが成功したとしても、村では個人の成功は必ずしも村の成功とは理解されない。個人の成功が、村の発展、成功にどれほどの影響を与えるのか。要すれば、「個人の成功」と

344

「村の成功」という視点を区別しながら、就学から就業への軌跡を検討する必要がある。

　本研究では、子どもが学校にいる間に起こる事象を中心に検討した。しかし、子どもの就学から就業への軌跡を追うためには、当然ながら学校を出てからの仕事に就くまでのプロセスに対する理解が重要である。そのためにはコミュニティを対象とした調査も必要である。今後は農村コミュニティにおいて、どのような子ども・若者がどのように教育と仕事の間を往還しているのか精査し、普通教育だけではなく職業教育やノンフォーマル教育などとの関わりについても検討したい。

[注]

(1) 児童労働はさておき、上述の低失業率の解釈には注意が必要である。都市・農村部にかかわらず、不完全雇用の労働者も労働者数に含まれるため、このような低い数値になる。

(2) 各学区には、CISCO（Circonscription Scolaire）と呼ばれる郡レベルの教育省の事務所がある。

(3) FRAM は、マダガスカル語で Fikambanan'ny Raiamandrenin'ny Mpianatra（直訳すると「生徒の父母会」）の略語であり、FRAM 教員とは保護者会が学校単位で雇用する教員のこと。

(4) 「小康社会（Moderate prosperity）」とは、中国の概念で適度に豊かな社会を指す。非常に低い収入の世帯で不安定な経済環境でも普通に生きていくことができ、少しでも教育や物の購入に投資できるゆとりも持っている。小康社会は不安定な経済状況から抜け出そうとしているものの、まだ不安定な経済状況に該当する世帯である（Darbon 2012）。

(5) 契約教員（Contract teachers）とは、全国 18 か所の教員訓練校（Regional Branches of the National Institute of Pedagogical Training : CRINFP）で 6 か月の訓練を受けた FRAM 教員である。

(6) 「生きていける仕事」とは、マダガスカル語で asa mahavelona と表現され、マダガスカルの文脈において「働きがいのある人間らしい仕事」に相当すると考えられる。安定した収入が得られ、安心して食べていける仕事を指す。それに対して、今日食べるために今日働かなければならない仕事（例えば、他人の田を耕し、日銭として 3,000 アリアリ（0.95USD 相当）を受け取る）は、「生きていける仕事」ではない。

［参考文献］

Andrianampiarivo, T. (2017) Moderate prosperity, an adaptation of the middle-class concept to a Malagasy rural area: the case of Itasy. *Review of Social Economy,* 75 (1), 26-48.

Bandura, A., Barbaranelli, C., Caprara, G. V. & Pastorelli, C. (2001) Self-efficacy beliefs as shapers of children's aspirations and career trajectories. *Child Development,* 72 (1), 187-206.

Boone, S. & Van Houtte, M. (2014) More ambitious educational choices in urban areas: a matter of local labor market characteristics? *Urban Education,* 51 (8), 940-963.

Clignet, R. & Ernst, B. (1995) *L'école à Madagascar: Evaluation de La Qualité de l'enseignement Primaire Public* [The School in Madagascar: An Evaluation of the Quality of Teaching at the Public Primary School]. Paris: Karthala Editions.

CREAM (2013) *Monographie de la région d'Itasy* [A monography of Itasy Region]. Antananarivo: Centre de Recherches, d'Etudes et d'Appui à l'Analyse Economique à Madagascar (CREAM).

Darbon, D. (2012) Classe (s) moyenne (s): une revue de la littérature [Middle classe(s): a literature review]. *Afrique Contemporaine,* 4, 33–51.

Deleigne, M.-C. & Kail, B. (2010) Obligation scolaire et gratuité de l'école: Le droit à l'éducation et ses ambiguïtes dans les écoles rurales à Madagascar [School obligation and free school: the right to education and its ambiguities in rural schools in Madagascar]. *Le Droit à l'éducation, Quelle Universalité,* pp.203-215.

Ferreira, J. A., Santos, E. J. R., Fonseca, A. C. & Haase, R. F. (2007) Early predictors of career development: a 10-year follow-up study. *Journal of Vocational Behavior,* 70 (1), 61-77.

Glick, P. J., Sahn, D. E. & Walker, T. F. (2016) Household shocks and education investments in Madagascar. *Oxford Bulletin of Economics and Statistics,* 78 (6), 792-813.

Hartung, P. J., Porfeli, E. J. & Vondracek, F. W. (2005) Child vocational development: A review and reconsideration. *Journal of Vocational Behavior,* 66 (3), 385-419.

INSTAT (2002) *Periodic survey on households 2001.* Antananarivo: Institut National de la Statistique（INSTAT）.

INSTAT (2011) *Periodic survey on households 2010.* Antananarivo: Institut National de la Statistique (INSTAT).

INSTAT & ICF Macro (2010) *Enquête Démographique et de Santé de Madagascar 2008-2009* [Madagascar Demographic and Health Survey 2008-2009]. Antananarivo: Institut National de la Statistique (INSTAT) and ICF Macro.

INSTAT/ENSOMD (2013) *Enquête nationale sur le suivi des objectifs du millénaire pour le développement à Madagascar* [Madagascar National Survey on Monitoring the Millennium Development Goals]. Antananarivo: Institut National de la Statistique (INSTAT)

MEN（2012）Plan intérimaire pour l'éducation 2013-2015 [Education Interim Plan 2013-2015]. Antananarivo: Ministère de l'Education Nationale (MEN).

MEN（2009-2015）Annuaire statistique de l'éducation 2008/09-2014/15 [Education Statistics Yearbook, each year]. Antananarivo: Ministère de l'Education Nationale (MEN).

Ministère de l'économie et de la planification (2015) *Rapport économique et financier 2014-2015* [Economic and Financial Report 2014-2015].

Neudert, R., Goetter, J. F., Andriamparany, J. N. & Rakotoarisoa, M. (2015) Income diversification, wealth, education and well-being in rural south-western Madagascar: Results from the Mahafaly Region. *Development Southern Africa,* 32 (6), 758-784.

PASEC (2008) *Quelques pistes de réflexion pour une éducation primaire de qualité pour tous* [Some reflections for quality primary education for all]. Dakar: Programme d'Analyse des Systèmes Educatifs de la CONFEMEN (PASEC).

Rabenoro, I. (2004) Bien apprendre le malgache pour bien apprendre les langues étrangères [Learn Malagasy well in order to learn foreign languages]. *Annales de l'Université de Madagascar – Lettres,* 13, 147-156.

Rabenoro, M. (2016) The Challenges of the Implementation of MDGs in a Fragile State: Universal Primary Education and Gender Equality in Madagascar. In N. Awortwi & H. Musahara (eds.), *Implementation of the Millennium Development Goals: Progress and Challenges in Some African Countries.* Addis Ababa: Organisation for Social Science Research in Eastern and Southern Africa (OSSREA), pp.75-110.

Randriamasitiana, G. D. (2015) Cultures familiales et scolaires: réalités locales de familles défavorisées à Madagascar [Family culture and schooling: Local realities of disadvantaged families in Madagascar]. *La Revue Internationale de l'éducation Familiale,* 2, 49-71.

Ravololomanga, B. & Schlemmer, B. (1994) De l'enfant richesse à l'enfant fardeau: l'enfant au travail à Madagascar et sa place dans l'imaginaire social [A child, from wealth to burden: working children in Madagascar and their place in the social imaginary]. *Labour, Capital and Society/Travail, Capital et Société,* 27 (2), 216-232.

Razafimbelo, C. & Razafimbelo, R. J. (2004) Impact de la langue d'enseignement sur l'enseignement - Apprentissage [The impact of the language of instruction on teaching]. *Didaktika: Revue de Didactique,* 2, 46-50.

Watson, M. & McMahon, M. (2005) Children's career development: A research review from a learning perspective. *Journal of Vocational Behavior,* 67 (2), 119-132.

結語　研究の意義と価値

澤村信英

研究全体の背景と目的

　本書の研究対象である「困難な状況にある子ども」とは、障害児や労働を
している子ども、ストリート・チルドレン、遊牧民の子ども、難民の子ども、
遺児、言語的・民族的あるいは文化的マイノリティの子ども、ならびにその
他の不利な状況にある子どもである。この背景には、2015年を達成目標年
としていた「ミレニアム開発目標（MDGs）」における初等教育、さらに2030
年までの達成をめざす「持続可能な開発目標（SDGs）」における初等及び中
等教育12年間の普遍化（完全普及）において、これらの子どもの就学支援が
大きな課題になっていることがある。

　これまでの多くの研究においては、そのような子どもが不就学に陥る要因
や理由をかなり単純化して考えてきたところがある。しかも、このような子
どもも、現在では就学していることが多く、量的な拡大だけを見ていては、
学習者にとって最も切実な教育の質の問題を見逃してしまうことになる。不
就学は大きな問題であるが、子どもが就学（学校に登録）していれば良いとい
うものではない。例えば、サブサハラ・アフリカなどでは、平均的な生徒の
学業成績が極めて低いことに加え、受けることのできる教育の質を考慮すれ
ば、子どもたちは平等ではなく、はっきりした格差がある[1]。それは、国
家間の格差も大きいが、同一国内での地域や社会経済状態に起因する格差も
大きい。

　このような問題の存在は、広く認識されているが、発展途上国、なかでも

低所得国の教育調査の多くは、援助機関の指向性に影響を受け、政策研究や定量的な分析が中心となり、フィールドワークを基礎にした事例研究、質的研究は積極的には行われてこなかった。したがって、表面的な実情の紹介や問題点の指摘はあっても、そのような状況が表出する理由や背景の詳細な分析には至っていない。

このようななかで、個々の社会的文脈や生活者の視点から学校教育のあり方を長期的にフィールドと関わりながら考察してきた一例として、『アフリカの生活世界と学校教育』（澤村編、2014）があげられる。しかし一方で、残された課題として、教育を受けることができない、あるいは受けることができてもその質（学習を取り巻くさまざまな意味において）が十分ではない「困難な状況にある子ども」の存在がある。

現在、初等学校は、コミュニティに最も近い行政組織として、（円滑に運営され学校として機能しているかは別にして）低所得国のかなり遠隔の地にも設置されている。学校は単に新しい知識を子どもが学習するだけの場ではなく、厳しい社会環境や有害な文化的慣習から保護する機能も持ち合わせており、教師は学校での親代わりとしての役割を果たすこともある。このような学校及び教師の役割は、これまで正当に評価されておらず、学校の果たす多面的な役割を積極的に理解しようとしてこなかった。また、学校の受益者は一義的には子どもであるが、教師は人間的なやりがいのある仕事であり、教師もまた学校という存在の受益者であるという見方もできる。

本書に収録した研究の共通点は、困難な状況にある子どもを支援する学校（特に教師）の事例を個別に調べ、そのような子どもが生まれ、就学が阻害されている要因だけではなく、その社会的背景や構造を明らかにしようとしていることである。不就学の原因だけを探索するのではなく、学校が果たしている子どもを保護し育成する機能に着目することに特徴がある。学校教育が社会の不公正にどのように対応できる可能性があるのか、困難な課題ではあるが、その一端をとらえている研究成果もある。

結語　研究の意義と価値　349

研究成果の要約

本書は、4部16章から構成されている。巻末には、「解説」として、本書の解題も収録した。第Ⅰ部（難民の子どもの教育）と第Ⅱ部（障害のある子どもの教育）の2つの部については、比較的対象とする子どもがはっきりしているが、第Ⅲ部（危険にさらされる子どもの教育）と第Ⅳ部（貧困家庭の子どもの教育）については、なかなか峻別できない。便宜的に分類しているところもある。「貧困家庭」としているが、その多くは相対的なものであり、国によっては国民の大半は貧困という場合もある。また、子どもにとっては、貧困そのものが危険な場合が多く、子どもの貧困は、経済的なことだけを意味するものではない。

第Ⅰ部は、難民の子どもの教育を扱っているが、第1章と第2章はそれぞれチベット人とアフガニスタン人という長期化難民についてである。第1章では、インド北部ラダック地方にあるチベット難民学校において、生徒の中に現地インド人が3割ほど含まれることに着目し、その特徴と役割、さらにこれらの学校の設立の歴史的経緯、将来展望を論じている。第2章では、イランの首都テヘランのアフガニスタン難民が自主運営する学校において、長期化した都市難民である彼らにとって、そのような営為は難民による主体的な「居場所」の創出であり、難民社会が自らを包摂する一形態であると捉えている。第3章と第4章は、現在も流出が続いているシリア難民及び南スーダン難民の教育を対象としているが、前者が都市に住む難民自身が運営する学校であるのに対して、後者はキャンプ内で管理されている学校である。第3章は、シリア難民自らが提供する学校教育が、難民生活の中で果たす役割について、庇護国トルコの「支援」と「介入」があるなか、過去と現在、そして未来への展望へと、どのようにつながっていくのか、明らかにされている。第4章では、ケニア北西部にあるカクマ難民キャンプにおいて、生徒と難民教師の視点から、彼らの教育への渇望を明らかにし、いかに援助を能動的かつ計画的に利活用し、その目的を達成しようとしているかを描き出している。

第Ⅱ部は、障害のある子どもの教育についてである。世界的な潮流でもあるインクルーシブ教育をめぐって、学校現場でどのような状況が起こっているのかが論じられている。いずれの章も、理念としてインクルーシブ教育が

350

現場で導入される過程での問題点をあぶり出している。第5章では、スーダンの視覚障害者の教育経験から、どのような側面が視覚障害者の教育への包摂と排除を規定するのか、二項対立的なことではなく、包摂と排除が複雑に絡み合い、相互作用を起こしていることが明らかにされている。第6章は、エチオピアの首都アディスアベバの小学校において、政策上推進されているインクルーシブ教育であるが、障害児を受け入れる体制整備は未だ不十分であり、「インクルーシブ学校化」されることにより、逆に障害児が排除されている現実があることを示している。第7章では、ケニアでは政府がインクルーシブ教育を推進しており、障害のある子どもも通常学級で学んでいるが、施設や人的環境が整っていないため受け入れは難しく、逆に排除という、理念とは反対の状況が学校現場では起こっているという。第8章は、マラウイの障害児教育を政策と実践の両面から考察し、国際的な潮流になっているインクルーシブ教育政策の導入のために、反対に特殊教育が衰退し、学校現場が一部混乱しているという一面を指摘している。

　第Ⅲ部は、危険にさらされる子どもの教育である。第9章は、インドにおいて深刻化している人身売買、特に西ベンガル州での茶園労働者子弟の問題の現状を明らかにした上で、その撲滅のために活動するNGOの実践から、ノンフォーマル教育の役割を考察している。第10章では、ブルキナファソのストリート・チルドレンと教育について、イスラームの宗教文化的な文脈とも関連付けながら、その複雑性と多様性を明らかにし、家計を補完し、子どもが自らの学費を稼ぐために路上で物売りをしているケースもあることが示されている。第11章は、ケニアの学校がHIV/AIDSの予防や感染リスクとの関連において、どのような役割、あるいは限界があるのか、農村部の若年女性のケースから検討し、学校に一時的に保護されるがゆえに、卒業後に逆にリスクが高まるという両面性があることを指摘している。第12章では、マラウイの中等学校に在籍する遺児を対象に、遺児自身とその親族による就学を継続させるための取り組み、及び遺児やその親族、教師の視点から、遺児の生活と就学の実態を明らかにしている。ただ、いずれのケースにおいても、子どもは危険にさらされる受け身的で脆弱なだけの存在ではないことが底流にある。

第IV部は、貧困家庭の子どもの教育という、やや見えにくい困難な状況である。第13章では、ラオスの少数民族が暮らす山岳地帯において、村が運営主体となっている三つの学校を取り上げ、成功要因を比較分析し、経済的な自立度合が最大の要因であり、これまでのような自律的な学校運営の成功要因とは異なることを述べている。第14章は、ウガンダにおいて無償化後も公立学校で高額な学費徴収が行われている実態において、農村部貧困世帯の子どもの就学が制限されている現状について、家計パネルデータを用いて実証分析している。第15章では、ケニアの首都ナイロビの非正規市街地における無認可私立学校の自立的な運営実態を明らかにし、その特徴として、住民が自らつくる就学機会、最貧困層に対する配慮、学習意欲の背景にある得点主義をあげている。最後の第16章は、マダガスカルの米作を基盤とする農村部において、子どもの就学から就業への軌跡を明らかにしつつ、不安定な子どもの職業志向、教育投資に対する収益性の低さ、キャリア・カウンセリングの問題、地域における働きがいのある仕事としての教職という諸点から検討している。

研究の意義と価値

　本書に採録した16編の論文を1冊の書籍として集大成することにはどのような意味があるのだろうか。個々の研究の意義や価値は、それぞれの章で述べられている。「困難な状況にある子どもの教育」の今日的な重要性については、前述のとおりである。このような議論を結語の中で行うのは本末転倒ではあるが、自問自答したい事柄でもある。

　もちろん、関係する論文が並置されていれば、共通点や差異が分かるが、各論文はそれぞれの国を代表するものではない事例である。もし国別の比較をするのであれば、あらかじめ設定した枠組みの中で研究をする必要がある。政策や定量的数値の比較であれば、それにいかなる意義と正当性があるかは別にして、比較することはできる。しかし、就学率等の一定の定義がある数値でさえ、国別比較を行い、意味のある結論を導き出すことは容易でない。

　本書に収録されている論文は、フィールド調査に依拠した、いずれも独立

性の高い研究である。フィールド研究を枠で縛ってしまうのは、そのような研究の利点を殺してしまい、独自性を消し去るようなもので、共働的な（シナジーを生み出す）研究を考えるのであれば、最も避けなければいけない。果たして、このような独立性の非常に高いフィールド研究を組織的に行うことには、どのような意義があるのだろうか。研究組織全体の成果、及び個々の研究者にとって、他の研究者と同じチームの中において、共働しながら研究を進めることには、どのような意味や価値があるのだろうか。

　このあたりの議論のベースになる文献は、日本比較教育学会編 (2001)「特集 地域教育研究のフロンティア」及び山田・森下編 (2013)『比較教育学の地平を拓く──多様な学問観と知の共働』であろう。

　前者は、1990 年代に入り、厳密な意味での複数国間の比較研究を目的とはせず、途上国の教育状況を深く分析する研究が行われるようになり、あえてあいまいさを含ませた「地域教育研究」という言葉を使い、将来の比較教育学の進展にとって、どのような課題や可能性があるのかを検討したものである [2]。その中で、竹熊 (2001) は、類似した研究テーマをもっている研究者同士でさえ、比較を試みるにも議論がかみ合わず、「外国教育の特定課題はその国の独自性と強く結びついているものも多く、視点や課題の多様な有り様を顕在化させるにとどまりがちである」(8 頁) と述べている。また、「開かれた地域教育研究」をめざして、研究者の中での「地域研究と比較研究の棲み分け／共生（すなわち内的葛藤の再認識）」(13 頁) すること、及び研究者間で「それぞれが対照的な方法論の存在を踏まえた上で、相互のやりとりを行っていく」(同頁) ことが重要であるとしている。いずれもフィールド研究者として共感する点が多い。

　後者については、「比較教育学」とはどのような学問であるのか、その学問観、研究視角、研究対象、地域との関係性について、『日本比較教育学会紀要』等に掲載された論文の分析、及び学会員へのアンケート調査の結果などを踏まえ、さまざまな角度からの論考が収録されている。特に黒田・北村 (2013) には、本章の議論に関わる示唆が含まれている。日本における比較教育研究と対置しながら 1990 年代から急拡大した教育開発研究について、「途上国教育研究のアプローチとして、地域研究的な立場と開発研究的な立場で

は、その研究者・専門家養成のカリキュラムや、学問研究のあり方に関する基本的な考え方に大きく異なる点があった」(296頁)と指摘している。大きく言えば、教育開発研究は複数国で研究活動を行い、英語で調査を実施し、社会科学的な分析手法が好まれ、記述的なものは避けられるという (296-297頁)。逆に言えば、「厚い記述」を可能にするだけのフィールドとの関係性を持ってこなかったということでもある。

　翻って、本書の各章は、地域研究、比較研究、開発研究という領域からすると、どのように位置づけられるのだろうか。研究テーマとしては、国際的開発課題に対応している「開発研究」であり、研究手法としてはフィールドワークを基礎とする「地域研究」に近いかもしれない。「比較研究」の要素は、各研究の中に国内格差の問題が含まれており、明示的ではないにしても必然的に組み込まれているようにも思える。言い過ぎかもしれないが、各章の論文から研究方法の長所を抽出し、将来の研究に応用していけば、さらに発展した統合的な研究が生み出される可能性もあると思う。

　本書の各章に共通する特徴的な点としては、援助や政策、当該分野で主流化している既存のマクロな枠組みや理念に対して、困難な状況にある子どもとその就学を支える現地の人びとに寄り添いながら、地域的文脈や個人の多様性といったミクロな視点からチャレンジしているところである[3]。マクロな枠組みの欠点は、対象を総体として捉えざるをえないことであり、一方、本書の各章では困難な状況にある人びとの視点を通すことにより、見えにくいものを可視化することができている[4]。厳密な意味で「比較」をするより、テーマごとに分類し「並置」にとどめておくことが、個々のフィールドワークを相対化させ、それぞれの特徴を浮き彫りにする手段として、より適切なのかもしれない。あるいはこれまでフィールドワーカーとしての研究者の「職人芸」として考えられていた「技」を共有することは、相互作用や相乗作用を起こし、共創的にあらたな高度な技を生み出すこともある。フィールドワークは、どちらかというと孤独な作業でもあり、それが一つの楽しみでもあるが、そのような技を共有できることは、お互いに知的刺激を受け、将来の研究に反映され、より質の高い研究成果へと繋がっていくのだと思う。

［注］

(1) サブサハラ・アフリカ諸国が世界的な学力調査に参加することは稀であるが、TIMSS（国際数学・理科教育動向調査）2015 に参加した南アフリカの順位（4 年生算数）は、参加 49 か国中、最下位から 2 番目であった。南アフリカは、アフリカで最も所得が高い国であり、したがってその他の国々の教育はさらに厳しい状況にあることが推測される。途上国における学習に関する議論を総括した最近の文献として、World Bank（2018）がある。

(2) 地域研究と比較研究の過去の議論については、日下部達哉氏から貴重な示唆を得た。日下部（2003）では、バングラデシュ国内の地域間比較研究を試みている。比較教育学における方法論については、特集「方法論を編みなおす」『比較教育学研究』57 号（2018）で興味深い議論がなされている。

(3) ガラーウィンジ山本香及び小川未空の両氏からのコメントを踏まえたものである。さらに小川は、各章では学校や教育の多面性、援助や援助理念の二面性、そして被援助者の能動性・多様性が抽出されており、既存のポジティブな枠組みに含まれるネガティブな側面、あるいは、ネガティブなラベルのなかに見えるポジティブな側面が検討されているとその共通点を指摘している。

(4) 小川未空及びガラーウィンジ山本香の両氏は、「困難な状況にある子ども」の視点を通すことにより、物事の両面性をつぶさに明らかにし、個性豊かな具体事例を知ることで、援助や開発のもつポジティブとネガティブの二面性が常に存在することがわかると評している。逆に言えば、マクロな枠組みの悪い部分のしわ寄せは、困難な状況にある人びとに向けられているということでもある。

［参考文献］

日下部達哉（2003）「バングラデシュにおける初等教育受容の研究」『比較教育学研究』29号、169-185。

黒田一雄・北村友人（2013）「課題型教育研究と比較教育学②――開発研究」山田肖子・森下稔編『比較教育学の地平を拓く――多様な学問観と知の共働』東信堂、295-313頁。

澤村信英編（2014）『アフリカの生活世界と学校教育』明石書店。

竹熊尚夫（2001）「比較教育学と地域教育研究の課題」『比較教育学研究』27 号、5-15 頁。

日本比較教育学会編（2001）「特集 地域教育研究のフロンティア」『比較教育学研究』27号、3-79 頁。

山田肖子・森下稔編（2013）『比較教育学の地平を拓く――多様な学問観と知の共働』東信堂。

World Bank (2018) *World Development Report 2018: Learning to Realize Education's Promise.* Washington, D.C.: The World Bank.

解　説

解説 1

教育開発課題の変遷にみる困難な状況におかれた子どもの教育

吉田和浩

はじめに

　教育が、人を育て、より良い生活を可能とし、また豊かな社会を作り上げる上で必要不可欠であることは、改めて言うことを待たない。教育を受ける権利は人権のひとつとして、世界人権宣言（1948 年）をはじめとする国際的な取り決めや、各国の憲法、法律で規定されている。にもかかわらず、世界中には余りにも多くの学齢期の児童が学校に通えていない。ユネスコが中心となって呼びかけ、加盟国の教育大臣をはじめとする代表がタイのジョムティエンに参集し、「万人のための教育（EFA）」世界宣言を採択し、すべての人びとが基礎的な学びのニーズを満たすように行動することを誓ったのは1990 年。以来、四半世紀以上が経過し、EFA に掲げた目標を達成するために、各国の努力と、国際機関、援助機関や市民社会組織が率先して取り組んできた。その結果、1 億人以上と言われた初等教育の機会を得られていない学齢児の数は、この間に 6,100 万人にまで減少した（UIS 2017a）。増え続ける学齢児の数を考慮すれば、大きな進展ではある。しかし、この結果は全く不十分で、むしろ、依然として当初の目的達成の目途が立たない現状を、深刻に受けとめるべきである。

　さらに教育開発の世界的な思潮は、「すべての子どもたちに学びの機会を」から、「すべての人びとに良質な学びとその成果を」へと変化している。それに呼応して、主要な関心事項は「就学を阻害するもの」から「学びを阻害するもの」へと移りつつある。本書が対象としている、困難な状況におかれ

358

た子どもたちが質の高い学びを享受するためには、彼らを取り囲むより先鋭化された、あるいは複層的な問題の様子を明らかにし、教育分野の中にとどまらず、子どもたちを取り囲む社会を巻き込んだ、本気の取り組みが求められている。

従来からの問題の現状

　何が問題の解決をこれほどまでに難しくしているのか。学校を建て、先生の数を増やし、教科書を配布する。教育を受けるのに必要な条件を整えることは義務教育を担う政府の当然の責務である。実態はそれさえ追いついていない。いくつもの山を越え、あるいは小舟に乗って、2時間、3時間かけて毎日通学するのは容易ではないし、天候が悪ければ通うこともままならない（第13章）。教員の不足は、都市部から隔絶した農村部に教員が寄り付かないことも理由のひとつにあるし、急速な就学率の改善に施設の拡充や教員の確保といった供給が追いついていないことともつながっている。そのため、息が詰まるような大規模学級や二部制の導入を余儀なくされている場合もある。無資格の教員に頼らざるをえず、結果として、提供される教育の質、教授環境の低下をもたらすことになる。

　途上国の多くは教育に投入される公的予算を増やし、不足分は国際協力を通じた海外からの資金によって補っている。しかし、投入される教育予算を増やすことが問題の解決につながるとは限らない。調達制度が悪く、教科書や教材が新学期までに学校に配布されなかったり、児童ひとりひとりに十分なだけないために、共有しなければならなかったりということも少なくない。教員の給与が低すぎてそれだけでは生活ができない、あるいは給与が定期的に支払われないために副職にいそしむ教員を黙認することもある。教員の出勤率は低下する。また、無償であるはずの義務教育でも、教材費、試験費、PTA費などさまざまな形の徴収が行われる（第14章）。インクルーシブ教育の必要性が叫ばれながら、それに必要な訓練を受けた教員の確保、施設整備は遅れ、障害を抱える子どもたちの教育機会は他の子どもたちと比べて顕著に限られている（第5、6、7、8章）。不公平な資源配分は、特定の地域や

グループが受ける教育の質や条件を低下させ、結果的な差別を助長する。制度面、政策面の不備が、供給側からの施策の有効性を低め、問題を助長してしまいかねないのである。

しかし、「必要な条件」とは、教育という公共サービスの供給側の努力だけで満たされるわけではない。もうひとつ、サービスの受け手、需要側の要因として説明される。家庭が貧しく、子どもを学校に通わせる余裕がないこと、家事を手伝い、下の子たちの面倒をみること、男の子を優先する考え方、などが含まれる。さらに詳しくみれば、HIV/AIDS などの病気や事故で親を失った孤児、学校関係者に起因する妊娠、組織化された児童労働や人身売買、紛争による非自発的移住、など、社会的な背景要因も関わっている場合が少なくない（第 1、2、3、4、9、10、11、12 章）。

子どもたちが学校に通えない理由はそれだけではない。家庭で話す母語と学校での教授言語とされる共通語との違い、さらには教授言語としての英語の導入は、学ぶ側にも教える側にも負担を増加させる。所属する社会が求める価値観や生活様式にそぐわない教育、収入の向上や雇用につながらない教育など、さまざまな理由による学校教育への不信感も教育に対する需要の低下をもたらす（第 16 章）。教育サービスの提供のしかたにも多くの落とし穴が横たわっているのである。公的な学校制度の不備を補うため、NGO や民間、私立による（時には無認可の）学校運営も広まっていて、教育を受ける機会や形態の選択肢が広がる一方で、無償を原則とする義務教育において有償化が進み、弱者の排除が構造化しかねないことへの懸念の声もある（第 15 章）。

このように見ると、子どもたちが学校に通えない理由には、供給者側の量的、制度的要因、資源配分の非効率さ、不公平さのほか、需要者側の要因として、社会的な弱者であることによるもの（vulnerable）、社会的な要因によるもの（marginalized、excluded）、紛争や災害など非常時の理由によるもの、さらには非常時が恒常化した状態など、実にさまざまな要因が絡み合っていることがわかる。これらの要因は、多くの場合、複合的に折り重なって、とりわけ社会的な弱者に対して厳しく働き、就学の可能性を低くし、仮に学校に通い始めても、修了に至らずに中途退学してしまうことにつながる。

しかも一旦学校制度から除外された子どもたちは、多くの場合、復学の道を断たれ、また、学校以外の場で十分な教育を受けられる機会は極めて限られている。

　こうした EFA 時代から続く就学、修了を阻害する要因について理解することは、これまでの取り組みの有効性と限界について、改めて考え直すことの必要性を突きつけている。教員、予算、カリキュラム、教師教育など、供給側に関わる研究は比較的進んでいて施策が講じられてきた。また、投入資金を増やすことによって改善されるものについては、一定程度の改善をみた（吉田 2016）。その一方で、本書が主に取り上げている社会的文化的に構造化された課題は、実態の把握が緒に就いたばかりであったり、あるいは対処策がかけ声で終わったりと、効果的な解決策が見出されていないのである。子どもたちが置かれた実態を知れば知るほど、その背景要因は社会の実態を反映しているものであることが分かる。

　誤解を恐れず単純化して言えば、EFA 時代とは初等教育の普及を優先課題と設定し、就学を阻害する要因をまず供給側から、そして次第に需要側から克服することを試みたことで、一定の成果をみた時代である。もちろんジョムティエン宣言では教育の質にもしっかりと触れられている。同宣言の主眼は「すべての人びとの基礎的な学びのニーズを満たす」ことであったが、実際には学校制度が未だ十分整備されていない途上国の教育開発の遅れがクローズアップされ、すべての子どもたちが学校に通えていないという問題の解決に専念することが精いっぱいであった時代である。これが量的拡大策を優先させ、結果として残った問題が、上記のような社会の壁を打ち破らない限り解決できない、より困難な就学阻害の実態なのである。

SDGs 時代の「困難な状況におかれた子どもたちの教育」

　翻って、教育開発を国際的に捉える枠組みは、EFA 時代のものから持続可能な開発目標（SDGs）時代のものへと大きく変わった。それは、従来以上に成果を重視し、社会のありかた、個々人の行動様式を根本的に見直し、変革することをすべての人びとに求める時代である。貧困と飢餓の撲滅、教育、

解説 1 　361

保健、ジェンダーといった、従来から続く開発問題にとどまらず、何をめざしてどのように発展を続けるのかを真剣に問うている。エネルギー、インフラ整備、経済成長から、生産・消費、都市、気候変動、海洋、さらには平和まで、あらゆる方面で私たちの考え方と行動に変革を促している。もちろん、これは、地球規模の課題がこれ以上放置できない切迫した状況にまで至ってしまったことの裏写しで、どれも一刻の猶予も許されないことは間違いない。当然、教育の課題もこれに呼応して、新たな力点が加えられている。

　そして構築された国際的な開発の枠組みは、それまでのミレニアム開発目標に代わって、持続可能な開発のための 17 の目標群として 2015 年に国連で採択された。教育はその第 4 目標で、「包摂的で公正な質の高い教育と生涯にわたる教育」をすべての人びとが享受することの実現を目指す。その下に設置された七つのターゲットの一つ目には、「2030 年までに、すべての女子と男子が無償かつ公正で質の高い初等及び中等教育を修了し、適切で効果的な学習の成果を獲得する」と記されている。つまり、ここで教育目標が謳う成果とは、学びの成果である。学齢児が学校に通い、卒業することはもちろん、何を学び、その結果どのようにその後の生き方が良くなるか、が問われる。よりよい生活を営む上で不可欠な知識、技能、価値観や行動様式を獲得し、働きがいのある人間らしい雇用に就けることが、学習の成果として求められる。「包摂的」で「公正な」教育とは、従来の議論の中心であった「就学」についてのものから、学びの成果までを含めたものとして考え直すことが求められている。もちろん、すべての人びとの生涯にわたる教育であるから、幼児から成人まですべての人びとの学びが対象である。

　このように、教育開発の国際的な主要関心事が、「何が就学を阻害するのか」から、「何が学びを阻害するのか」、さらには「どうすれば学びの成果が得られるか」に移っている。このことは何を意味するのか。大多数の途上国では、EFA 時代の残された課題に対処しきれていない。無償の義務教育を中等教育にまで広げることは、ようやく 6,100 万人にまで減少した小学校に通っていない子どもの数が、また一気に 2 億 6,400 万人（初等教育から後期中等教育まで）に膨れ上がることを意味する（UIS 2017a）。ところが、最近のデータによれば、初等教育と前期中等教育対象の学齢児のうち半数以上の 6 億

362

1,700万人が最低限の学力水準に達していない（UIS 2017b）。しかも学びの成果を確保するために、どれだけの費用と労力と時間がかかるのかさえ定かでない。これまでEFA達成のための課題克服のために国際協力に依存せざるを得ないでいた途上国は、さらなる資金の不足分と、新たな目標達成のためのノウハウを国際社会からの支援に引き続き依存することになるだろう。国際社会の関心が学びの成果に移れば、これら途上国の教育政策もいやおうなく影響を受けざるを得ない。しかし、そもそももう一方の、「こちら」にいる私たちは、そのノウハウを本当に持ち合わせているのだろうか。

おわりに

SDGs時代の真っ只中にある今日、困難な課題を抱えた子どもたちの教育を改善することは、このような文脈の中において単純に、量から質への関心の転換を図るものとしては説明しきれない。答えの糸口が見えない、複雑に絡み合った多様な問題を、ひとつひとつ解きほぐすように丁寧に理解を深め、注意深く解決策を模索する取り組みとなる。拙速に、表面的な進展を繕っても達成できるものではない。「だれ一人取り残さない」というSDGsのスローガンのもとで、困難な就学阻害要因を抱え、さらには困難な学びの阻害要因を抱えた人びとに対する取り組みが、結果的には後回しにされてはならない。しかしそれは想定以上に時間と労力を要する、厳しい道のりである。

[参考文献]

吉田和浩（2016）「SDGs時代における教育グローバル・ガバナンスの特徴と課題」『国際開発研究』25巻1・2号、5-15頁。

UNESCO Institute of Statistics (UIS) (2017a) Reducing global poverty through universal primary and secondary education. Policy Paper 32 / Fact Sheet 44.

UNESCO Institute of Statistics (UIS) (2017b) More than one-half of children and adolescents are not learning worldwide. Fact Sheet 46.

解説2

困難な状況にある子どものためのインクルーシブ 教育の可能性と課題

黒田一雄

2006 年に国連総会で採択された「障害者の権利に関する条約（Convention on the Rights of Persons with Disabilities）」を日本政府は 2014 年に批准した。この条約の第 24 条にはインクルーシブ教育システム（inclusive education system、ただし外務省の署名時仮訳では「包容する教育制度」と訳されている）の重要性が謳われており、この条文の存在は、批准国にとって、それぞれの教育政策をインクルーシブ教育の観点から見直す契機となっている。

本解説では、こうして障害児をはじめとした困難な状況にある子どもたちをめぐる教育の潮流として世界的なスタンダードとなりつつある「インクルーシブ教育」概念の歴史的展開を、特に困難な状況にある児童を対象とした教育のグローバルガバナンスの観点から考察し、こうした展開が孕む可能性と課題について考察したい。

インクルーシブ教育というグローバルガバナンスの可能性と 課題

第一に、インクルーシブ教育の有するグローバルガバナンスとしての性格は、時にローカルやナショナルな教育に対する考え方に対して摩擦を起こすことがある。インクルーシブ教育の理念は、従来の主に障害児を対象とした特殊教育という対立軸を超えて、この考え方を国際社会に知らしめた 1994 年の「サラマンカ声明」が「障害児や英才児、ストリート・チルドレンや労働している子どもたち、人里離れた地域の子どもたちや遊牧民の子どもたち、

言語的・民族的・文化的マイノリティの子どもたち、他の恵まれていないもしくは辺境で生活している子どもたち」といった例示をしたように、民族・言語、貧困、親の就労形態等の特別ニーズについても包容し、多様性を学校・学級に持ち込むことを是とする政策的思潮として発展した。しかし、これは時に、ローカルやナショナルの（少なくとも支配的な側の）教育・学校に対する考え方とは整合しないことも多かった。民族・言語別の教育が文化的・宗教的に肯定され、制度化されているような社会では、インクルーシブ教育・インクルージョンの考え方は、社会的安定の基盤に対する脅威ととらえられることもあった。サラマンカ声明にあるような「インクルーシブ志向をもつ通常の学校こそ、差別的態度と戦い、すべての人を喜んで受け入れる地域社会をつくり上げ、インクルーシブ社会を築き上げ」るという考え方に対する疑義は、マジョリティや支配的な側だけではなく、マイノリティや弱者と言われる側からも、団結やアイデンティティ形成の場である学校を守るというような意味から、あげられることもあった。こうしたインクルーシブ教育のグローバルな展開に対するローカルの状況や考え方に対する個別の対処は、未だ理論的整理がなされているとはいえない。

このようなローカルからの疑義は、民族・言語やジェンダーに関するインクルージョンだけではなく、障害種別の文化的伝統からも寄せられている。特に聾者については、手話コミュニケーションによるアイデンティティを守るため、聾学校の特殊学校としての存続に対する聾者側からの運動は力強いものであった。「障害者の権利に関する条約」第24条の2項にも以下のような条文が加えられている。

(a) 点字、代替的な文字、意思疎通の補助的及び代替的な形態、手段及び様式並びに定位及び移動のための技能の習得並びに障害者相互による支援及び助言を容易にすること。
(b) 手話の習得及び聾社会の言語的な同一性の促進を容易にすること。

(外務省署名仮訳)

つまり、視覚障害者についてはその留意事項は技術的な内容になっている

のに対し、聴覚障害者の教育では、「聾社会の言語的な同一性」という文化的な側面への配慮が付け加えられている。こうした障害種別の文化的アイデンティティや社会的団結の必要という考え方に、グローバルな政策理念としてのインクルーシブ教育は十分な答えを見いだせていない。

　第二に、グローバルガバナンスの政策理念として、インクルーシブ教育をとらえた場合、ローカルにこの政策理念が正確に伝わっているのか、という課題も生じる。極端な場合は、インクルージョンのかけ声の下、特殊教育が強化され、通常学校の中に特別学級が設置されたため、これまで通常学級に通っていた障害児が、特別学級に通わなければならなくなったような例もある。また、特殊教育・統合教育・インクルーシブ教育の理念的差異が現場には伝わりにくく、統合教育とは、特殊学校のアプローチと障害児が通常学級で学ぶアプローチの中間で、通常の学校の中に特殊学級・ユニットが存在するアプローチであると整理している現場もあった。また、人権・政治的なアプローチとしてのインクルーシブ教育は理解していても、教育・機能的なアプローチとしてのインクルーシブ教育の可能性を理解している現場は多くはない。このようなグローバルでの議論や理念形成が、ローカルに正確に伝わっているのか、反対にローカルで提示される疑問や挑戦が、グローバルでの議論に反映されているのか、という点で、グローバルガバナンスとしてのインクルーシブ教育の促進には課題が残る。

　第三に、グローバルガバナンスとしてのインクルーシブ教育の、各国における受容過程には、当然のことながら、各国の状況ごとの困難があり、これは文化的・宗教的背景のように個別のものだけでなく、ある程度一般化できる傾向がある。例えば、発展途上国と先進国では、インクルーシブ教育を実現するための財政的措置の可能性が大きく異なるため、その受容の困難度は当然に異なる。ただ、反対に障害児の就学の普遍化が未だ達成されていない途上国においては、インクルーシブ教育は特殊教育の拡大に比して付加的な財政投入の少ない財政オプションととらえられ、この導入の政策的インセンティブは、先進国と比して大きい。また、特殊教育の既に発展している国とそうでない国では、インクルーシブ教育導入へのハードルは大きく異なる。つまり、特殊教育の関係者がインクルーシブ教育導入に反対するような状況

が想定されるのであるが、反対に、特殊教育で積み上げられた知見や養成された人材が、インクルーシブ教育導入の基盤となるような正反対の可能性も有する。さらに、個々の学生の進学・受験競争が激しく、それが学校間競争にも及んでいるような場合には、インクルーシブ教育という学級内の多様性を生み出す方向性を、学習環境への脅威と捉え、個人や学校が抵抗を示す可能性があり、受容の障壁となる。このようなある程度一般化できるインクルーシブ教育導入の困難には、一定の解答を見いだしながら、グローバルガバナンスの枠組みを整えていくことが望まれる。

第四に、教育に関する他のグローバルなフレームワークとの競合もインクルーシブ教育のグローバルガバナンスには重要な課題となっている。2000年以降の EFA や MDGs をめぐるグローバルなフレームワークは、障害児の教育やインクルーシブ教育の考え方を必ずしも留意して形成されなかった。少なくとも 2000 年代前半においては、この欠如がグローバルガバナンスとしてのインクルーシブ教育を推進するための大きな課題となった。しかし、2015 年以降の SDGs では、インクルーシブ教育の考え方や障害児の教育ニーズがきちんと位置づけられた。一方、「持続可能な開発のための教育（ESD）」やユネスコにおけるポスト「ドロール報告書」の検討、21 世紀型スキルに関する国際的議論の展開等、教育に関する他のグローバルなイニシアチブにインクルーシブ教育の考え方を反映させる潜在的可能性は大きい。また、グローバルなイニシアチブだけではなく、リージョナルなインクルーシブ教育の協力フレームワークの形成は、ヨーロッパを除いて未だ進んでいない。東南アジア文部大臣機構（SEAMEO）には、この分野の新しいリージョナルセンターが設置されたが、アフリカ教育開発協会（ADEA）等、他地域においても、いかにリージョナルな取り組みを進めるかが課題となる。

最後に、SDGs 等のグローバルなフレームワークにインクルーシブ教育を導入したり、各国レベルでの教育政策の実施においてモニタリングを進める上で、重要になるのは、指標の設定であろう。この点について、インクルーシブ教育のグローバルなイニシアチブは目立った議論をしてこなかった。しかし、MDGs の一定の成功は単純な指標設定にあったとの見方は、国際社会における一般的理解となっており、インクルーシブ教育においても、今後

の展開の成否を握る一つの鍵だとも考えられる。現状では、障害者の定義も国際的に合意されておらず、その人数や就学者数・非就学者数を障害種別に把握することも、就学者の教育機会が特殊教育によるものか、インクルーシブな教育環境によるものかについても、国際的には統計的に把握することが困難な状況である。障害者以外の特別なニーズを有する人たちとその教育状況の統計的把握についても、同じように困難な状況にある。こうしたことに明確なグローバルな基準を設定し、その上で、国際的に比較可能な統計的把握の必要がある。また、OECD の PISA 等の国際的学力調査がグローバルガバナンスの手段として政策的影響力を増大させる中で、こうした学力調査の学生・学級・学校レベルの調査項目に、障害の有無やインクルージョンの状況などは採用されていないことも、この分野の実証研究を進める上で障害となっている。こうした調査項目が導入されると、認知的・非認知的両面の学力に、学級の多様性やインクルージョンの状況がいかなる影響を与えているかが、検証できるようになり、その政策的方向性についても重要な示唆を与えてくれよう。

さらに EFA にも、MDGs にも毎年モニタリングレポートを刊行して、状況の進展を監視することのできるシステムが存在し、それは 2015 年以降も継続している。しかし、インクルーシブ教育には残念ながら類似の営みは存在しなかった。こうしたグローバルなモニタリングシステムの構築も、インクルーシブ教育のグローバルガバナンス推進のためには、重要である。現在、世界銀行では、System Approaches for Better Education Results（SABER）という教育政策の評価基準・手法を開発中である。政策評価にも、インクルーシブ教育の政策理念を導入することができれば、数字では示されないインクルーシブ教育の理念に沿った政策プロセスの展開も、客観的にカテゴリカルなデータとして示すことができるのではないだろうか。

インクルーシブ教育というグローバルガバナンスの方向性

以上考察してきたように、インクルーシブ教育が金科玉条のようなイデオロギーとしてではなく、ローカルにおける社会的文化的伝統や教育観、障害

種別の事情、個々の親の意思等に対して、十分な柔軟性をもつ政策理念として、各国政策に受け入れられることが重要である。従来、人権・政治的アプローチを主体とする国際的な宣言や条約採択による規範の提示をもって形成されたグローバルガバナンスに対し、教育・機能的アプローチのグローバルガバナンスを進展させる必要がある。それは、例えば、インクルーシブ教育の学習成果への教育的効果や費用対効果の高さを実証し、政策決定者に提示することや、成果をあげるための政策過程を仔細に検討し、ケースバイケースのグッドプラクティスを積み上げることであろう。規範を提示するだけではなく、ローカルに適合したインクルーシブ教育の導入をする努力を進めることで、現場への定着はより確実なものになっていく。

インクルーシブ教育と特殊教育との関係性の作り方にも同じことが言える。この2通りの教育の在り方を二律背反的な対立するものとして捉えるのではなく、特殊教育で培われた人材や知見を、インクルージョンを達成するために活用するようなアプローチをとることが、インクルーシブ教育の政策的実現性を高めることにつながる。

さらに、インクルーシブ教育を単独の目的としたグローバルガバナンスとして展開するのではなく、他のグローバルなフレームワークの形成と融合させ、その考え方を反映させることができるかが問われている。その意味では、SDGs の政策目標の実施メカニズムに、インクルーシブ教育の理念をいかに活用することができるか、そのために単純でありながら要点を得た指標を専門家が国際社会に提示できるか、各国においてインクルーシブ教育に関する正確な情報把握のための教育運営情報システム（EMIS）が整備されているかが重要になる。また、SDGs だけではなく、先進国の教育政策に強い影響力を持ちつつある、PISA 等の国際的学力調査や 21 世紀型スキルに関する国際的議論に、グローバル化する社会における多様性に向き合い、多様性を前向きに捉える教育の在り方として、インクルーシブ教育の可能性をうったえていく必要がある。教育の目的を問い直し、教育の質の向上に資する教育理念としてのインクルーシブ教育のグローバルガバナンスをいかに形成していくかが、問われている。

［参考文献］

外務省「障害者の権利に関する条約」（署名仮訳）[http://www.mofa.go.jp/mofaj/gaiko/treaty/
shomei_32b.html]（2014 年 2 月 2 日閲覧）

国立特殊教育総合研究所「サラマンカ声明」[http://www.nise.go.jp/blog/2000/05/b1_
h060600_01.html]（2014 年 2 月 2 日閲覧）

解説3

難民の子どもの教育と国際的な支援

内海成治

はじめに

　本書の第Ⅰ部は、「難民の子どもたちの教育」と題して四つの論文が掲載されている。インドのチベット難民、イランのアフガニスタン難民、トルコのシリア難民、ケニアの南スーダン難民における子どもの教育を扱っている。難民の状況はそれぞれ異なり、子どものおかれている状況は多様である。しかも、いずれの事例も、大きな政治的・社会的な状況の中で生起し、歴史的に引き起こされたものである。また、難民に対しては流入した国や国際社会からのさまざまな支援が行われる。住居、食料、水、燃料等の物資と共に保健医療や教育等のサービスも重要な支援項目である。

　そうした状況の中で難民の子どもたちは必死に生きている。子どもたちの行動は、その状況の中で合理性を持っている。子どもも人間である限り、生存のため未来を開くために合理的な選択を行っている。

　こうした困難な状況の中で生きている子ども、特に難民の子どもの教育を考える上で考慮すべき視点をいくつか挙げることで解説としたい。

子どもの尊厳について

　どのような状況であっても子どもはその人権が守られねばならない。しかし、難民等の困難な状況におかれた子どもの人権は、十分に守られているとは言いがたい。こうした状況での子どもの尊厳を阻害するものを、二つの側

371

面から考えてみたい。ひとつは、国家による社会保障の欠落であり、いまひとつは不十分な教育政策である。

　子どもが困難な状況に陥った際に、まず手をさし伸べねばならないのは、国や地域社会によるサポートである。難民の状況では国や地域社会が喪失していることから、それは国際社会が行わねばならない。

　私が伝統的な社会（ケニアのマサイやスワヒリ）の子どもと教育を調査した際に、強く感じたことは、伝統的社会の脆弱さと導入された近代教育の不寛容さである。伝統的社会と近代教育の狭間にあって子どもが引き裂かれていると感じたのである。伝統的社会は強い信念体系や独自の価値観を有する強固な精神性を機軸とする社会である。同時に遊牧や漁労という一次産業を生業としている。こうした生計基盤は社会の近代化によりさまざまな制約を受けるとともに、生業そのものに内在する脆弱性を持っている。すなわち、伝統的な生業は国家の近代化の中で大きな曲がり角に立っている。伝統的な社会そのものが近代化過程の中で大きな変革を迫られているのである。あるいは人びとの生活や価値観は大きな変化を受け入れねばならないのである。つまり、伝統的社会は止めようもない崩壊過程（あるいは再編過程）の中にあるということができる。その中で、これまでの伝統的社会が担っていた共同体による子どもの保護を含めた社会保障のシステムが弱体化しているのである。

　一方、独立によって導入された近代教育は国家事業であり、国家の行政システムの一環である。そのため、個々の民族や共同体の多様性を顧慮することなく統一したシステムとして実施される。そこには全国統一カリキュラムと進級や卒業に伴う厳格な試験制度が導入される。それゆえ近代教育は民族や一人ひとりの子どもから見ると不寛容でリジットなシステムとなる。

　にもかかわらず、伝統的社会の抱える将来的な不安から家族や子どもは近代教育に大きな可能性を見出し、教育への志向性は高い。そのため、通学をはじめた多くの子どもが留年し中途退学するという内部効率の悪い教育システムになっている。

　難民の子どもはさまざまな背景を持っているが、生育した環境から、新しい環境へと放り出されたことは変わりがない。難民キャンプや居留地での生活は最低限の支援は受けられるにしても社会的・文化的に尊厳を守ることの

できる状況ではない。そして難民の子どもへの教育は流入国の教育システムであり、子どもにとっては異国の学校である。後に述べる「難民化効果」により難民の子どもたちは教育への高い意欲を持っている。こうしたなかで国際社会は学校を作るのみならず、子どもの尊厳を保障するシステムの構築とその実施にもっと目を向ける必要がある。

教育支援の問題

　難民の子どもの教育は国際教育協力にとって喫緊の課題である。教育は子どもにとっての権利であるから、どのような状況にあっても教育が保障されねばならない。さまざまな形で難民の子どもの教育への努力がなされており、多額の資金が使われている。しかし、難民の教育現場を訪れるとそこには子どもの尊厳に配慮した教育とはいいがたい現状を目にする。難民の教育には国際的なさまざまな機関が関わっているにもかかわらず、難民への教育支援が子どもの尊厳の回復にまで及ばないのはいくつかの理由がある。

　難民の子どもをめぐる教育状況を考えると、そこには教育協力をめぐる国際的な動向が左右しているように思う。すなわち、教育支援には国際政治や世界的な開発思潮が大きく作用しているということである。つまり、ひとつの国の政治過程や行政システムには現代の政治状況が大きく関わっており、また、教育政策・教育行政には国際的な教育開発思想が大きな影響を与えているのである。

　難民キャンプは国連難民高等弁務官事務所（UNHCR）と国際NGOによって運営されている。こうした機関は国際的に資金を調達しているため、国際的な開発目標に基づき国際的に賛同を得ることのできる方向に施策を動かしていく必要がある。ところが国際的な政策は困難な状況にある現場とは関係ないところで語られている。もちろん、そうした対話や政策は、困難さを除去するための善意の行為である。しかし、こうした政策は現場と齟齬が生じてしまう。なぜならば、そうした政策はさまざまな条件設定の上で、そしてあるべき理念のもとに立案されるからである。

　しかし、現場は多くの条件（物的、人的、文化的等々）を欠落している。そし

解説3　373

て、現場はその離齬を何とか乗り越えようとするのであるが、それはかえって傷口を広げてしまうのである。

　例えば、2017年8月に訪れたウガンダ北部の南スーダン難民居留地の一つでは、急増する難民のための学校建設が緊急に行われた。学校の壁は安価で短期間に建設できるビニールシート（タイポール）で作られていた。デンマーク製で耐久性もあるとのことであったが、設置数か月でいくつかの学校ではぼろぼろに破けて、雨風やほこりが入り放題であった。ウガンダ北部の気候との適合性や子どもがビニールを破いてしまうことが想定外であったためという。しかし、一度設置されるとそれを修繕するのに時間がかかってしまう。（ただし、2018年にはウガンダ政府の要請もありブロックによるパーマネントな校舎が建設されているとのことである。）

難民化効果

　アフガニスタンやアフリカでの難民、国内避難民の調査をする中で強く感じたことの一つは、ポストコンフリクト地域での教育熱の高まりである。紛争直後の厳しい状況の中で、建物すらない学校に大勢の子どもが集まっている。机椅子のない教室でシートの上に座って先生の声に耳を傾けている。さまざまな国や地域で調査するたびにこうした教育への強い意志を感じた。この現象を私は「難民化効果」と名づけた。ポストコンフリクトの教育熱の高まりの理由はいくつか考えられる。ひとつは紛争や難民になることによって土地や家屋などの財産は失うが、教育によって得ることのできる資格や技能・技術は失われないからではないか。また、教育によって得られる資格や技術はその後の生活を支えるのである。いまひとつは、難民キャンプや難民として受けた教育体験も大きいと思う。さらに、コンフリクト後の独立国家や新政府による教育振興策も大きな影響を与えていると思う。また、新たな国造りにむけての新しい知識や技能のニーズが高まっていることもあるだろう。いずれにしろ難民や被災の経験は教育熱を激しく高めるのである。

教育難民化

　しかし本書の第4章で詳しく述べられているケニア北西部のカクマ難民キャンプで、南スーダン難民の女子児童にインタビューした際に、新たな事態に気がついた。それは彼女らの「教育を受けるためにカクマに来た」という言葉であった。つまり、南スーダンにいては受けることのできない学校教育をうけるために、家族と離れて難民としてカクマにきたと言うのである。インタビューした数人の女子生徒が異口同音に言うのである。同じことは多くの男子生徒からも聞いた。ここでは教育のための難民化が起きているのである。こうしたことはこれまでにも言われてきたことであるが、多くの子どもが教育のために難民になっていることに驚いた。これを「教育難民化」と名づけてみた。

　この理由はいろいろあるであろうが、南スーダンにおける戦闘の状況、子どもらの生活と教育の状況、教育政策等を調べなくてはならない。ともかく、南スーダンの教育の状況とカクマ難民キャンプの教育状況に大きな差があるのである。特に南スーダン農村部の教育の状況は、私が調査したジョングレイ州の学校を見ても決して良いといえない。

　カクマ難民キャンプでは、南スーダンの国境を越えてケニアに入ると難民として認定され、不十分とはいえ住居、食料，まき、水などが供与され、学校への通学が保障される。そのため、難民化効果によって高まった教育熱は教育難民化という形で現れているのではないかと思う。

　これまで国際社会は EFA（Education for All）を最も重要な開発目標として進めてきた。教育は平和をもたらすもの、そして子どもの人権であると考えられている。しかし、その教育熱はコンフリクトによって高まり、さらに教育のために子どもが難民となっているのである。「EFA のパラドックス」ともいえる現象が起きている。

難民の子どもへの対応

　難民の子どもたちの脆弱性は明らかである。しかし、それは、子ども自身

が脆弱だからではない。政治的、社会的、文化的に、さらに歴史的に作られた構造の中で引き裂かれたゆえの脆弱性である。こうした状況の中で、子どもたちは生存をかけて合理的な選択をしようとしている。ところがそうであるがゆえに、その選択が脆弱性の悪循環を生んでしまうのではないだろうか。

では、どうしたらよいのだろうか。やるべきことはいくつもあるだろうが、ともかく丁寧なフィールドワークを行い、子どもの状況をしっかりと見ることが必要である。そして、子どもの声に耳を傾けることである。そこではさまざまな発見が与えられるであろう。その発見ともう少し大きな状況とを複眼的に考察することが必要である。

また、教育政策や教育援助に関わる場合には、短期的・中期的・長期的な視野を持って、歴史的な課題を見据えて、考察することが必要である。そして多くの人と考えを共有することが重要である。なぜなら、世界は急には変わらず、少しずつしか変わらないからである。しかし、人間の歴史が、いや生物の歴史というべき進化論が教えるように、人間そして社会は変化するように出来ているのである。問題はどう進むかである。そこに私たちの英知がためされているのだと思う。

[参考文献]
内海成治（2017）『学びの発見——国際教育協力論考』ナカニシヤ出版。
内海成治（2018）「カクマ難民キャンプにおける教育の状況と課題——教育難民化を考える」湖中真哉・太田至・孫暁剛編『地域研究から見た人道支援』昭和堂、121-147 頁。
景平義文・岡野恭子・宮坂靖子・内海成治（2007）「紛争後のアフガニスタンにおける教育の課題に関する研究——バーミヤン州デゥカニ地域の事例より」『国際教育協力論集』10 巻 2 号、1-13 頁。

解説4

難民をめぐる教育を読み解く

小野 由美子
志賀 圭

小野由美子：志賀さんは国連の難民支援ボランティアをしていたと聞きましたが、具体的に教えてください。

志賀　圭：2010年12月から2012年12月までの2年間、国連ボランティア（UNV）としてバングラデシュの国連難民高等弁務官事務所（UNHCR）で働いていました。勤務地はダッカではなく、コックスバザール（Cox's Bazar）にあるサブオフィスで、当時2か所あった難民キャンプにおける教育サービスやさまざまな職業訓練などのプログラムの運営指導を行っていました。また、それと同時に重要な任務としてホストコミュニティへ難民に対する理解を深めてもらう活動をしていました。具体的には難民キャンプの存在している地域の地方政府の役人や村のリーダーなどと話をして難民に対する理解を深めてもらうように活動していました。

小野：ボランティアに応募するきっかけは何でしたか。

志賀：私とバングラデシュとの関わりは深く、2008年6月から2010年6月まで青年海外協力隊（JOCV）として、バングラデシュに赴任していました。当時は難民とは全く関係のないガバナンス関連の活動をしていました。協力隊は現地のコミュニティの中に入って活動します。2年間でバングラデシュの農村の人びとに良くも悪くも助けられながら生活したことを今でも思い出します。任期を終えて帰国する数か月前の出来事でした。現地の新聞か何かのメディアでバングラデシュに難民が居ることを知りました。しかも出身国はミャンマーからである

377

ことを知り、彼らはミャンマーで迫害されたマイノリティであるイスラーム教徒であること、20年以上も続く問題であることを知りました。私が住んでいた村の人びとや国民の多数は、そのことを全く知りませんでした。バングラデシュの抱える別の一面のために働いてみたい、そう思いました。そのときに、UNHCRでの国連ボランティアのポストが出来ることを知り応募したのがきっかけです。

小野：ここ（ルワンダ）に来る前、ミャンマーに出張していましたが、ロヒンギャ難民の問題がニュースをにぎわせていました。バングラデシュの難民キャンプでは、今、志賀さんがかつて行っていたようなUNボランティアによる活動がなされているわけですね。

志賀：そうですね。ただ、私が居たときには難民キャンプ（2箇所）に保護されているロヒンギャ難民がおよそ3万人、その他に難民として登録はされていないが、ホストコミュニティに暮らしている未登録難民が20万人程いました。現在は、それに加えて70万人以上とも言われる人たちが短期間にバングラデシュへ入ってきている状態ですから、非常事態です。多くの物資やシェルターも必要となります。また、バングラデシュ政府との調整も必要となります。このような場合、世界各地のUNHCRのオフィスからエマージェンシー・ミッションという形でスタッフが派遣され活動を行います。私の知り合いも、ミッションで派遣されています。

小野：難民について扱った論文4編（第1部）を読んで、難民のイメージが変わりました。私が持っていた難民のイメージは、着の身着のままで子どもの手を引いて紛争の続く母国から隣国へ逃げて、国連機関の援助を受けながらキャンプ生活を送る、というもの。難民は難民キャンプ内で生活するように制限されているんですか。

志賀：まず、難民がどこで、どのように生活するのかは、難民の流入数、受入国の政策によって異なります。まさに、先生がおっしゃっているように着の身着のまま紛争から大量に逃れてきたような場合は、受入国政府の許容量にも限界があるので、キャンプを設置して国連機関がサポートするという形態が取られます。この場合でも、キャンプ外での

就労や学校へ通えるかなど、キャンプ外（ホストコミュニティ）との接触がどの程度許されるかは受入国政府の政策に左右されます。法律的には国連機関は政府の要請の元、政府をサポートする立場にあるので、政策的に人道に配慮するようにアドバイスはするものの、受入国政府が難民のキャンプ外での活動を制限すれば、それに従うよりほかありません。ただし、難民を難民キャンプのみに閉じ込めるような政策をとると、論文にあるような、長期化している難民の場合、キャンプ内の難民と、キャンプ外のホストコミュニティの間で互いの交流がないために軋轢が起こることもあり、難民に対する反感などさまざまな問題を引き起こすこともあります。

　難民発生の初期、特に短期間に大量に難民が発生する場合は、難民となる人びとは酷く迫害を受けている状況と考えられるため、着の身着のままといった状況で、衣食住を満たすことが最優先となります。ただ、論文に記載されているような長期化する難民の場合には、状況はある程度落ち着き、保健、教育といった活動が非常に重要になってきます。また、自立していくためにも就労ができるかということも非常に重要となります。そういう意味では、難民キャンプに閉じ込められるよりは、ある程度、自由な活動が許可されることが人道的にも正しい政策だと私は思います。

小野：本書所収の論文に限っても、インドのチベット難民、イランのアフガニスタン難民、トルコのシリア難民、ケニアの南スーダン難民と実に多様ですね。

志賀：そうですね。世界の難民数は過去最大となっており、増え続ける一方です。また、多くの難民問題が論文の例にあるように長期化しており、またホスト国が途上国ということも多く、難民問題の解決を難しくしています。このような環境では、教育や福祉の問題、また母国を知らない難民二世や三世など、今までの難民の保護政策だけでは解決が困難な状況を生み出しています。

小野：難民の子どもたちの教育について扱った論文がまとまって所収された図書というのは珍しいし、貴重だと思いました。論文著者に共通して

解説4　　379

いるのは、難民の子どもたち、教師など、当事者の視点ですね。

志賀：たしかに、難民の子どもたちの教育について書かれた論文がこのような形でまとまって世の中に出るのはとても貴重であると思います。著者に共通するのは、子どもの教育は未来を作っていくうえで非常に大切だという教育学者としての視点であると同時に、そのために、難民たちが自分たちで大切な子どもの未来を守っていこうとする優しさや強い意志、そして、それらを取り巻くホスト国との関係を難民の立場から描いていることです。当事者の立場を学問的に客観的に記しつつも著者の中にどういう教育が正しいのかという葛藤のようなものが垣間見えるのも共通していると思います。

小野：まず、「インド北部ラダック地方のチベット難民学校の特徴――歴史的分析と将来展望（第1章）」ですが、他の三事例と比べると規制が非常に緩やかに見えます。

志賀：そうですね。これには、難民受け入れ国であるインドの寛容な政策が影響しているものと思われます。インド政府が正式ではないものの、チベット亡命政権の存在を容認していることと、亡命政権が中道のアプローチ（UMAYLAM）を政策として世界中にネットワークを拡げ、実に組織的に支持を集めていることが功を奏しているといえます。

小野：国も土地も持たないチベット難民は、長期滞留で亡命三世の世代も生まれています。そのため、亡命政府や年長者には若者の言語、文化の喪失の危機感が強く、学校は言語・文化の継承を通してアイデンティティの自覚を促す役割を期待されていることがわかります。

志賀：チベット難民に関しては、現状としてチベット亡命政権の政策にもあるように、平和的な解決を求めているため、おそらくチベットへの難民帰還ということは難しいでしょう。それよりも、亡命政権を柱として、チベット人としてのアイデンティティ（言語や思想を含む）を守ろうとしており、その方が現実的だと感じます。しかし、インドで高等教育を受けるためには英語が堪能であることが必要であることや、高等教育を求めるためには、ダラムサラを離れ遠くで暮らす必要もあり、そこで生まれた子どもたちは、チベット人という認識はあるかもしれ

ませんが、言語・文化の継承を通したアイデンティティの形成ということは難しくなっていくと思います。ただし、難民という不利益な立場に立たされている人びとが、祖国の言語や文化を継承したいと自分の意思を表明した場合に、それを学べる、得られる場所を確保することは国際社会の責任だと思います。

小野：次に、「イランにおけるアフガニスタン難民による学校運営——長期化した難民状態にある人びとの「居場所」としての役割（第2章）」ですね。私も 2005 年から教師教育プロジェクトの短期専門家としてアフガニスタンにはたびたび渡航しましたが、治安の悪化で、2010 年には大学から渡航を禁止されました。

志賀：イランにおけるアフガニスタン難民の問題はアフガニスタンの治安が解決する見通しがつかないことから、非常に深刻な問題です。アフガニスタン難民は論文でも述べられているように、その多くが将来的には祖国への帰還を望んでいるようです。ということは、自分の「居場所」は祖国にあると多くの人が認識しているということだと感じます。それが、イラン国内に自主的な学校運営を行うという動機につながったのではないかと感じます。

小野：イランのアフガニスタン難民も、チベット難民同様、長期化していて難民二世、三世が多数存在するとありますね。ただ、この研究では、「居場所」をキーワードに、子どもではなく成人である教員に焦点をあてています。インタビューの対象になった教員が全員女性で、そのほとんどが民族的少数派のハザーラということは、イラン、イランのアフガンコミュニティの両方で自分の「居場所」を探しているともいえます。

志賀：おっしゃる通りだと思います。このことは、決して批判するつもりはありませんが、UNHCR などの国際機関が行っている難民支援の方法の限界であり、難民の精神的な安定にとって非常に重要なことを示唆していると感じます。イランのアフガニスタン難民はイラン政府の寛容さもあり、滞在許可を申請すれば滞在が許され、原則としてイランの教育を受けることが可能になる。しかし、このようにイランの寛容

解説 4　381

さにも関わらず、「居場所」がないと感じていることは、論文でも述べられているように民族的少数派であるハザーラがイランにおいて差別の対象となっていることが挙げられます。また、アフガニスタン難民の学校の教員にハザーラの女性が多いのは、彼女たちが教師という仕事に希望を抱いている証拠であると思います。また、膠着した国際情勢で帰還が近い将来に望めない中で、イラン国内でマイノリティとして差別を受けることを承知しながらも、イランで生きていこうという強い覚悟のようなものを感じる。論文で表現されている学校を例としている「居場所」は、彼女たちにとってイランに存在する唯一の故郷のようなものかもしれませんね。

小野：「シリア難民が運営する学校教育の価値——トルコ政府による「支援」と「介入」をめぐって（第3章）」ですが、著者は2013年から15年にかけて4度、計3か月に及ぶ現地調査を行っています。シリア難民が運営する学校にかかわる立場の異なる人びとそれぞれにとっての学校教育の価値が浮き彫りにされています。

志賀：著者が言うように地域的、時間的に広がりを持ったデータを用いて論述しているのは、この研究の強みだと思います。

小野：よりよい生活を保障するために、難民による自主的な学校運営が保護国の公的支援の対象になるということで、上に述べたような学校の独自性が奪われる危険性がある、というのも興味深い指摘です。

志賀：たしかに興味深いですね。難民による自主的な学校運営は一般的には資金的に厳しく、公的支援を必要としていることは明らかです。しかし、多くの場合、保護国政府にしても、国際機関にしても公的支援を行う場合、単なる資金や設備の整備だけで終わることはありません。「教育の質の向上」という名目のもとに教育内容や方針にまで介入することがほとんどです。その場合、国際機関は基本的には政府の方針に従うことが求められるために、保護国の政策に合致した形での教育内容を支持し、それを支援の条件とすることが多いです。そのために、論文にも書かれているように、その枠にはまらない自主的な学校は「質の悪い」学校だというレッテルを貼られてしまいます。

難民の支援をしていていつも思うのですが、難民は多くの場合、政
　　府の政策の失敗（紛争や民族差別）により生まれます。しかし、保護国
　　でも保護という名のもとに再び政治に左右されてしまいます。これは、
　　非常に難しく悲しい問題です。

小野：「ケニア・カクマ難民キャンプにおける教育と援助の活用──当事者
　　である生徒に着目して（第4章）」では、南スーダンの難民が扱われて
　　います。難民生活の記述はステレオタイプな難民像と重なるところが
　　多かったです。それだけ環境が厳しいということでしょうか。

志賀：南スーダンは20年以上にわたる南北間の内戦の末に独立した新しい
　　国ですが、まず長年にわたる南北間の内戦により疲弊していることが
　　挙げられます。また南スーダンは新しい国であるため、政治的不安定
　　さがあります。国の統治機能が脆弱であり、治安の維持が非常に困難
　　なため、この状態が、独立後にさらに難民を生み出す要因となってし
　　まったと考えられます。そういう意味で難民には絶望感のようなもの
　　があるのではないかと想像します。

小野：配給食糧を転売して学校教育にアクセスする手段を講じるという指摘
　　に、同世代の子どもと一緒の時間空間を過ごすという「居場所」の希
　　求かもしれない、と思いました。

志賀：たしかに、「居場所」を求めているというのも一理あると思います。
　　しかし、キャンプの外での活動を制限されている難民にとって、それ
　　以上に教育を受けたいという要望が強いのではないでしょうか。オー
　　バーエイジの生徒が多いことからも、難民は教育の重要性を理解して
　　いる。そして、教育を受けるために必要な物資を購入するために配給
　　食糧を転売しているのではないかと思いました。

小野：難民という困難な状況にある子どもの教育について書かれた論文4編
　　を読んでの感想ですが、今まで難民は脆弱で援助されるだけ、と思っ
　　ていましたが、困難な環境の中でも自立的、能動的に行動を起こす人
　　たちがいることがわかります。また、学校、教育に見出す意味もおか
　　れた環境と無縁ではない。

志賀：私は難民が脆弱であるというのは、生命の危機に瀕している状況から

解説4　　383

脱出してきたという意味であると理解しています。困難な状況にあっても人間は強く、尊厳を持った生き方をしたい、そのために努力していこうという強さを持ち合わせています。また、難民というと日本人は貧しく弱く、教育を受けていない者といったイメージを持つ人が多いようなのですが、決してそのようなことはありません。難民の中には、しっかりとした教育を受け大学教授や各界のリーダーであったような人も多数います。そのような人たちは、難民となってもさまざまな形でコミュニティのリーダーと成り得る存在です。また、難民キャンプや難民コミュニティでは、若者などがさまざまな形でボランティアとして活動をしています。まず、難民は個性と能力を持った個々の人間の集団であり、我々と何も変わらないということを理解する必要があります。

小野：日本に在住する朝鮮半島にルーツを持つ人びとや、日系人の子どもといった少数派の人びとの教育経験と重なる部分も多いと感じました。

志賀：同感です。特に多民族国家と違って、違いを許容する感度が非常に小さい日本人は日本に住んでいる少数派の人たちのことに関して無関心です。日本の学校に通っている朝鮮半島にルーツをもつ人たちを差別やいじめの対象とすることは間違っていると思います。個々の日本人の政治観は批判しませんが、彼らも我々と変わらない一般の人間であることを理解するべきです。また、私の友人の中には、ボランティアで日本語の不自由な日系人の子どものサポートをしている者がいます。日本人の中にも、自主的に活動を起こし、困っている人が少しでも生活をしやすいように努力をしている人がいることを申し添えておきます。

小野：どうもありがとうございました。

索　引

【あ】

アイデンティティ……… 19, 24, 29, 33, 35, 55,
365, 366, 380, 381

意思………………… 61, 63, 168, 176, 198,
232, 272, 273, 277, 281, 365, 369, 381

衣食住……………………………… 331, 379

栄養………………………………… 18, 105

オーバーエイジ……………… 86, 87, 90, 383

【か】

格差………… 22, 56, 186, 210, 259, 266, 269,
270, 271, 272, 281, 297, 308, 310, 324, 334,
348, 354, 391, 392, 397

学歴社会………………………………… 322

家計調査……… 64, 248, 261, 290, 291, 302, 307

学校運営委員会……………… 171, 289, 302

学校選択………… 27, 29, 53, 287, 291,
292, 294, 295, 297, 298, 299, 300, 306, 324

カリキュラム… 23, 24, 52, 53, 54, 61, 63, 85, 87,
125, 135, 137, 139, 140, 149, 158, 160,
180, 186, 221, 230, 306, 328, 338, 354, 361, 372

喜捨（サダカ）………………… 171, 218, 219

基本的権利…………………………… 122, 146

義務教育……… 23, 104, 219, 266, 288, 331,
359, 360, 362

虐待………………………………… 197, 199

キャリア…………… 89, 313, 321, 329, 330, 338,
341, 342, 344, 352

給食………… 92, 93, 95, 252, 289, 312, 313, 316,
317, 318, 320, 321, 383

教育アクセス… 34, 58, 63, 64, 81, 86, 87, 88, 94,
95, 271, 272

教育機会…………… 41, 54, 64, 78, 84, 86, 87,
95, 148, 238, 338, 359, 368

教育投資……………………… 94, 332, 340, 352

教育難民化……………………………… 375, 376

教員給与……… 52, 70, 267, 311, 312, 313, 318,
319, 320, 332

教員資格……………… 66, 313, 316, 321

教員養成校…………… 151, 179, 313, 316, 318

教科書…… 23, 28, 29, 52, 53, 67, 86, 91, 93, 95,
110, 111, 117, 118, 119, 125, 157, 158, 283,
306, 328, 359

教授言語… 28, 29, 33, 66, 87, 89, 329, 343, 360

教授法……………………… 87, 172, 343

近代教育……… 33, 208, 212, 213, 219, 220,
221, 240, 372

グローバリゼーション……………………… 197

経済活動（経済的活動）…… 83, 93, 94, 149,
314, 327, 340

経常経費………………………… 166, 267

携帯電話………… 49, 193, 214, 257, 342

結婚…………… 51, 56, 225, 226, 232, 342

現金収入……… 18, 31, 66, 93, 94, 187,
201, 202, 332, 342

健康……………… 18, 167, 224, 322

公教育への統合………………… 59, 61, 64

公正…………… 78, 102, 122, 128, 142, 149, 243,
326, 349, 362, 397

構造調整………………………… 286, 302

高等教育……… 23, 28, 31, 32, 33, 34, 67, 86, 87,
88, 104, 108, 110, 113, 115, 165, 226, 266, 288,
342, 344, 380, 394, 395

公用語………… 44, 62, 64, 267, 270

孤児………… 24, 34, 245, 360, 390, 392, 394

子どもの保護………………… 60, 87, 372

【さ】

災害………………… 18, 35, 58, 63, 78, 188, 360

最貧困……… 256, 261, 315, 319, 320, 322, 332,
333, 352

債務奴隷………………………… 185, 186

差別……… 39, 48, 49, 50, 52, 103, 104, 144, 147,
148, 149, 154, 171, 173, 320, 360, 365, 382,
383, 384

サラマンカ声明（宣言）103, 122, 124, 133, 139,
144, 146, 148, 154, 162, 165, 364, 365, 370

識字…… 107, 118, 198, 214, 270, 271, 272, 323

385

自己効力感･･････････････････････････ 329
市場原理･･･････････････････････････ 323
持続可能な開発目標･･･ 122, 145, 326, 348, 361
失業･･･････････････ 22, 197, 327, 331, 345
児童労働　146, 197, 198, 199, 327, 331, 345, 360
市民権･･････････････････････････ 22, 40
社会的排除････････････････････ 39, 40, 42
社会的排除／包摂････････････････ 39, 40, 42
社会的ワクチン････････････ 224, 226, 239, 390
社会保障･･･････････････････････ 328, 372
就業機会･･････････････ 50, 52, 326, 331
収入源･･････････････････ 22, 69, 281, 330
収入創出･･･････････ 248, 251, 254, 258, 260
修了試験･･････････ 23, 26, 28, 86, 158, 160,
248, 288, 322, 324, 331, 341
授業料･･･････ 27, 30, 48, 85, 93, 311, 312, 313,
315, 316, 317, 318, 319, 320, 323, 332, 334, 339
主体性(的)　･･･････ 4, 41, 42, 44, 54, 55, 74, 75,
106, 107, 118, 247, 280, 319, 350, 389
障害観･･････ 164, 165, 171, 172, 173, 179, 180
奨学金･･･････ 31, 250, 251, 253, 256, 258, 259,
260, 261, 283
少数民族･･･････ 5, 11, 35, 266, 267, 268, 270,
271, 272, 275, 278, 281, 283, 352
職業観････････････････････････ 336, 337
職業選択････････････････ 50, 323, 338
所得････････ 62, 152, 245, 248, 249, 250, 258,
261, 290, 297, 306, 324, 349, 355
ジレンマ･････････････････ 236, 260, 389
人権･･････ 35, 38, 97, 103, 147, 148, 160, 173, 174,
186, 209, 219, 245, 358, 366, 369, 371, 375
人口保健調査･････････････ 226, 245, 307, 333
人身売買被害者保護法･････････････ 185
人身売買報告書･････････････ 185, 188
ストリート・チルドレン･･･ 146, 204, 205, 209,
210, 211, 212, 213, 214, 215, 216, 217,
218, 219, 220, 221, 222, 311, 319, 348, 351,
364, 396
スラム･････････････ 152, 153, 160, 290,
305, 306, 310, 314, 317, 319, 320, 321, 322,
323, 324, 390, 392
生活戦略････････････････････････ 333

脆弱････････ 32, 38, 55, 74, 125, 149, 157, 228,
237, 239, 244, 246, 248, 261, 267, 328, 351,
372, 375, 376, 383
性的人身売買･･････････････････････ 186
世界銀行･･････ 62, 167, 246, 261, 292, 368, 397
世界食糧計画･･････････････････････ 92
潜在能力アプローチ･･･ 105, 106, 107, 109, 110
卒業資格･･････････････ 67, 68, 75, 321

【た】
中途退学（ドロップアウト）･････ 23, 96, 109,
230, 231, 266, 267, 326, 330, 334, 336, 338,
360, 372
長期化する難民･･････････････ 37, 379, 395
長期化難民･･･････････････ 18, 31, 350
低学費私立学校･･････････････ 290, 293
伝統的社会･･････････････････ 240, 372
統合教育･････ 125, 148, 149, 151, 153, 168, 170,
366
投資･･････ 20, 60, 94, 95, 96, 169, 176, 188, 254,
286, 332, 340, 344, 345, 352
都市難民･･････ 38, 40, 41, 42, 58, 63, 65, 72,
77, 78, 350

【な】
ナショナリティ･････････････････ 19, 97
難民化効果･････････････ 373, 374, 375
難民条約･･･････････････ 34, 35, 38, 96
二項対立･･････ 96, 102, 104, 176, 351
妊娠･･･････ 225, 227, 229, 231, 232, 233, 235,
236, 238, 253, 360

【は】
バカロレア･････････････････････ 341
働きがい････････ 327, 345, 352, 362
半構造化インタビュー･･･ 89, 126, 191, 227, 228,
250, 311, 336
万人のための教育･･･････ 103, 144, 147, 302,
332, 358
庇護国･････ 19, 23, 24, 32, 34, 37, 38, 39, 55, 350
非認知スキル･･････ 134, 136, 138, 139, 140
貧困削減････････････････ 286, 288

貧困ライン……………………………… 286, 294
外部者……………… 50, 61, 62, 68, 71, 74, 391
不就学……87, 105, 158, 159, 167, 180, 214, 243,
　245, 246, 287, 291, 295, 299, 307, 319, 348, 349
普遍化………63, 245, 286, 306, 326, 327, 328,
　　　　　　　　　　　　　　　　　　 348, 366
文化継承………………………………… 29, 53
偏見…… 144, 149, 154, 155, 158, 159, 188, 246
母語………………………… 25, 270, 271, 332, 360
保護施設（シェルター）…… 77, 184, 190, 191,
　　　　　　 192, 196, 198, 199, 201, 378
保護者会……………… 274, 328, 332, 342, 345
補助金…………… 267, 273, 278, 279, 281, 283,
　　　　　　　　 288, 289, 290, 329, 334
ボランティア……… 83, 228, 314, 342, 377, 378,
　　　　　　　　 384, 390, 393, 394, 395

【ま】

マイノリティ…… 120, 146, 149, 223, 348, 365,
　　　　　　　　　　　　　　　　 378, 382
ミレニアム開発目標……… 245, 326, 348, 362
無資格教員………………………… 166, 172, 181
無償化… 151, 157, 160, 165, 166, 179, 181, 244,
　　 248, 249, 286, 287, 288, 289, 300, 302, 306,
　　　　　　　　　　　　　　 319, 332, 352
モチベーション…… 86, 166, 181, 324, 330, 342,
　　　　　　　　　　　　　　 343, 344, 393

物乞い……… 185, 199, 209, 211, 212, 215, 216,
　　　　　　　　　　 217, 218, 219, 220

【や】

薬物………………… 194, 199, 223, 317, 321
有資格教員……………………………… 318, 328
遊牧民…………… 32, 146, 152, 156, 348, 364
ユニセフ…………… 63, 65, 68, 70, 71, 77, 161
ユネスコ…… 122, 142, 147, 160, 358, 367, 395

【ら】

ライフストーリー・インタビュー……… 250
リソースセンター……… 28, 128, 129, 130, 131,
　　　　　　　　　　　　 137, 139, 151
留年……… 28, 135, 252, 255, 261, 266, 267, 269,
　　 270, 275, 276, 277, 278, 282, 314, 330,
　　　　　　　　　　　　　　 334, 372
両面性……………… 59, 73, 238, 239, 351, 355
レイルウェイ・チルドレン………… 184, 190,
　　　　　　　　 196, 197, 199, 201, 202
労働市場………… 39, 326, 329, 331, 332, 342
ロールモデル……………… 124, 256, 344
ロジットモデル…………………… 292, 295

【わ】

賄賂……………………… 201, 337, 341, 344

索　引　387

初出一覧

1章
森五郎・澤村信英（2017）「インド北部ラダック地方のチベット難民学校——その特徴と役割」『国際教育協力論集』20巻1号、17-29頁。

2章
朝隈芽生（2015）「長期化した難民状態にある人びとの「居場所」の役割——イランにおけるアフガニスタン難民による学校運営」『国際開発研究』24巻2号、97-111頁。

3章
ガラーウィンジ山本香（2018）「シリア難民が営む学校教育の役割——トルコ都市部において難民の主体性が創出する価値」『国際開発研究』27巻1号、77-92頁。

4章
清水彩花（2017）「ケニア北西部カクマ難民キャンプにおける初等・中等教育の受容——当事者である生徒の視点に着目して」『アフリカ教育研究』8号、117-128頁。

5章
Fukuchi, K. (2016) Unpacking the complexities of inclusion and exclusion in education: A study on the experience of persons with visual impairment in Sudan. *Africa Educational Research Journal,* 7, 173-191.

6章
利根川佳子（2017）「エチオピア・アディスアベバ市における「インクルーシブ教育」政策と実態——関係当事者の認識から探るインクルーシブ教育の予備的考察」『アフリカ教育研究』8号、103-116頁。

7章
大場麻代（2018）「ケニア小学校教師のインクルーシブ教育に対するジレンマ——理念と実践の狭間で」『国際教育協力論集』21巻1号、47-59頁。

8章
川口純・黒田一雄（2013）「国際的教育政策アジェンダの現地適合性について——マラウイのインクルーシブ教育政策を事例に」『比較教育学研究』46号、61-79頁。

9 章

日下部達哉（2016）「インドにおける茶園労働者子弟の人身売買問題とノンフォーマル教育の役割」国際開発学会第 27 回全国大会（広島大学）。

10 章

清水貴夫（2016）「ストリートに生きる子どもたち――ブルキナファソの最大民族モシ」特別セッション（困難な状況にある子どもの教育に関する国際フィールド研究）、第 18 回アフリカ教育研究フォーラム（筑波大学）。

11 章

小川未空（2018）「学校は HIV/AIDS の「社会的ワクチン」になりうるか――ケニア農村部における若年女性の事例」『ボランティア学研究』18 号、85-97 頁。

12 章

日下部光（2015）「マラウイにおける孤児の生活と就学――中等教育の就学継続にかかる事例」『比較教育学研究』51 号、106-128 頁。

13 章

乾美紀（2017）「ラオス山岳地帯における小学校運営の成功要因を探る―― 3 村の比較調査から」日本比較教育学会第 53 回大会（東京大学）。

14 章

Sakaue, K. (2018) Informal fee charge and school choice under a free primary education policy: Panel data evidence from rural Uganda. *International Journal of Educational Development,* 62, 112-127.

15 章

澤村信英（2015）「ケニア・ナイロビのスラムにおける無認可私立校の運営実態――自律的な学校運営を支える関係者の連帯」『アフリカ教育研究』6 号、70-84 頁。

16 章

Andriariniaina, F. R. (2017) The trajectory of children in the rural areas of Madagascar: aspirations and opportunities from school to work. *Africa Educational Research Journal,* 8, 129-145.

〈執筆者紹介〉（50音順、［　］は担当章など）

朝隈芽生（あさくま めい）［第2章］
NHK名古屋放送局　ディレクター。
1991年奈良県出身。大阪大学外国語学部ペルシャ語専攻卒業後、大阪大学大学院人間科学研究科博士前期課程修了。
　「学部時代に学び始めたペルシャ語、そしてアフガニスタン難民の人びととの出会いは、私の人生に大きな影響をもたらしました。混沌とした国で、したたかに生きる人びととの関わりをこれからも続けていきたいと強く思っています」

Fanantenana Rianasoa Andriariniaina（ファナンテナナ・リアナスア・アンドリアリニアイナ）［第16章］
大阪大学大学院人間科学研究科博士前期課程在籍。
1985年マダガスカル共和国アンタナナリボ生まれ。アンタナナリボ大学人文学部及び経営学部卒業後、マダガスカルの日本企業で通訳、民間学校で日本語教師。
　「フィールドワークを通して、初めてマダガスカルを新たな目で見ることができました。マダガスカル人は親切で人を歓迎することで有名ですが、それはもう失われたとも言われています。今回、外部者として村に入ってみると、最初は厳しい目で見られましたが、再び調査で戻って行くと、非常にフレンドリーにしてもらい驚きました」

乾 美紀（いぬい みき）［第13章］
兵庫県立大学環境人間学部准教授、博士（学術）。
1969年生まれ神戸市出身。関西学院大学卒業後、米国ウィスコンシン州・日本語インターン教師を経て University of Wisconsin-La Crosse, Graduate School of Education に進学、その後、日本人学校勤務を経て、神戸大学大学院国際協力研究科後期博士課程に進学。日本学術振興会（DC・PD）、大阪大学人間科学研究科助教、神戸大学国際交流推進本部特任准教授などを経て現職。
主な著作に *Minority Education and Development in Contemporary Laos* (Union Press, 2009)、"Hmong Women and Education: Challenge for Empowerment in the Lao PDR." *Hmong Studies Journal,* 16, 2015、「ラオスにおける学力調査の現状と格差是正の試み──地域間格差を中心に」『比較教育学研究』54号（2017）など。
　「アメリカで日本語教師をしていた時、ラオスから来たモン難民に出会ったことがラオス研究の始まりです。彼らの故郷に行ってみたいという好奇心から旅が始まり、人びとや文化に魅了されて20年が経ちました。今ではアメリカのモンからも応援を受けてラオスの山に学校を建設しています。時空を超え、国境を越えた温かい繋がりに感謝するばかりです」

内海成治（うつみ せいじ）［解説 3］

京都女子大学発達教育学部教授・京都教育大学連合教職大学院教授、大阪大学名誉教授、博士（人間科学）。

1946 年東京生まれ。京都大学農学部及び教育学部卒業後、国際協力事業団、大阪大学、お茶の水女子大学を経て現職。

主な著作に『学びの発見——国際教育協力論考』（ナカニシヤ出版、2017）、『新版　国際協力論を学ぶ人のために』（編著、世界思想社、2016）、『国際緊急人道支援』（共編著、ナカニシヤ出版、2008）など。

　「ケニア・ウガンダの難民キャンプ・居住地で難民の子どもの話を聞いて、彼（女）らの逞しさを感じている。独立前の南スーダンで出会った孤児たちは自信がなく悲しそうな目をしていて、話を聞いているだけで胸が痛くなる思いがした。難民の子どもたちの強さは、教育によるものではないだろうか。教育の持つ力をもっと信じなければならないと思っている」

大場麻代（おおば あさよ）［第 7 章］

帝京大学外国語学部講師、博士（教育学）。

静岡県出身。青年海外協力隊員、小学校講師、英国サセックス大学国際教育センター博士課程修了後、広島大学教育開発国際協力研究センター研究員、大阪大学未来戦略機構第五部門特任助教などを経て現職。

主な著作に “Abolition of Secondary School Fees in Kenya: Responses by the Poor.” *International Journal of Educational Development,* 31 (4), 2011、「ケニア　スラムに暮らす小学校修了者の教育継続——世帯背景の視点を中心として」『アフリカの生活世界と学校教育』（澤村信英編、明石書店、2014）、「スラムで学び、遊び、働く——ケニアの首都ナイロビで」『子どもたちの生きるアフリカ——伝統と開発がせめぎあう大地で』（清水貴夫・亀井伸孝編、昭和堂、2017）など。

　「調査地を下校時刻に歩いていたら、訪問した学校で出会った聾唖の女児がポンポンと私を叩いて挨拶をしてくれました。とても嬉しかったこと、そしてその子の笑顔が今でも忘れられません。学校の在り方について考え続けた調査でした」

小川未空（おがわ みく）［第 11 章］

大阪大学大学院人間科学研究科博士後期課程在籍、日本学術振興会特別研究員（DC）。

1992 年広島県生まれ。広島大学教育学部卒業後、大阪大学大学院人間科学研究科博士前期課程に進学。

主な著作に「ケニア農村部における中等学校への就学・退学をめぐる家族の戦略——就学継続の意味づけに着目して」『国際教育協力論集』19 巻 1 号（2016）、「ケニア農村部の中等教育拡充期における学校間格差の生成——学校経営をめぐるコミュニティの影響に着目して」『国際開発研究』26 巻 2 号（2017）など。

　「初めてケニアへ行ってから、いつのまにか 7 年も経ちました。ケニアでも日本でも、

勉強不足を痛感する毎日です。あの時よりは少しでも前進できていればと思いますが、いつまでも初心を忘れないようにしたいです」

小野由美子（おの ゆみこ）［解説4］
早稲田大学教師教育研究所招聘研究員、広島大学教育学研究科博士課程後期単位取得退学。主な著作に「開発支援としての教師教育」『教師教育研究ハンドブック』（日本教師教育学会編、学文社、2017）、「ケニアの理科授業における問題解決活動の課題——学習者の関与度の分析から」『鳴門教育大学国際教育協力研究』10号（共著、2016）、"What constitutes effective mathematics teaching? Perceptions of teachers." *African Journal of Research in Mathematics, Science and Technology Education,* 19 (3), 2015 など。

「なるほど、と思ったバーナード・ショーの言葉。『人間を賢くし人間を偉大にするものは、過去の経験ではなく、未来に対する期待である。なぜならば、期待をもつ人間は、何歳になっても勉強するからである』『愛国心とは、自分が生まれたという理由で、その国が他よりも優れているという思い込みのことである』」

ガラーウィンジ山本 香（がらーうぃんじやまもと かおる）［第3、4章］
上智大学総合人間科学部教育学科／日本学術振興会特別研究員（PD）、博士（人間科学）。1989年鳥取県生まれ。大阪大学大学院人間科学研究科博士後期課程修了後、現職。
主な著作に「難民がつくる新たなコミュニティの可能性——シリア難民が経営する学校をめぐって」『ボランティア学研究』15号（2015）、「教育からみるシリア難民の生活とコミュニティ——トルコ及びヨーロッパにおける社会関係資本の比較」『難民研究ジャーナル』5号（2015）、"Ensuring Educational Opportunities for Children in Conflict-affected Contexts: A case study of Syrian refugee-managed schools in Turkey." *Osaka Human Sciences,* 4, 2018 など。

「2009年に旅行でシリアを訪れて以来かの国に魅了され、紛争勃発後はシリアの人びとを追いかけてトルコ、ドイツ、レバノン等で彼らの語りをたずねてきました。難民となっても変わらないシリアの人びとの心の温かさと誇り高さには、いつも背筋が伸びる思いです」

川口 純（かわぐち じゅん）［第8章］
筑波大学大学院教育研究科助教、博士（学術）。
1979年生まれ香川県出身。高等学校講師、青年海外協力隊員、早稲田大学大学院アジア太平洋研究科博士課程修了後、大阪大学大学院人間科学研究科助教などを経て現職。
主な著作に「グローバルガバナンスと「教育の質」——インクルーシブ教育政策を事例に」『国際開発研究』25巻1・2号（2016）、「マラウイにおける教員養成課程の変遷に関する研究——教員の社会的地位とモチベーションに注目して」『比較教育学研究』41号（2010）など。

「マラウイでは障害の有無に関係なく、経済的に困難な状況下にある子どもが多いのですが、言語や宗教、病気のせいで輻輳的に"より困難な状況"に陥りやすくなります。た

だ、子どもがいつも楽しそうなので、日本の子どもの方がある意味、困難な状況なのかと思うこともあります」

日下部達哉（くさかべ たつや）［第9章］
広島大学教育開発国際協力研究センター副センター長・准教授、博士（教育学）。
1973年福岡県生まれ。九州産業大学商学部卒業後、会社員、福岡教育大学大学院教育学研究科社会科教育専攻修士課程修了、九州大学大学院人間環境学府博士後期課程単位取得退学後、日本学術振興会特別研究員（PD九州大学・京都大学）、早稲田大学イスラーム地域研究機構研究助手、講師を経て、2010年より現職。
主な著作に『バングラデシュ農村の初等教育制度受容』（東信堂、2007）、「中等教育と高等教育——教育の質低下と私立大学の勃興」『バングラデシュを知るための66章【第3版】』（大橋正明ほか編、明石書店、2017）など。
　「毎年、調査や学会の出張で世界を旅しています。帰国するたび、日本の整然とした便利さに改めて感動する一方、アジアやアフリカのどこにでもあるような混沌や喧噪たちが、鳴りを潜めてきていることに気づかされます。思うに私は、にぎやかなアジアやアフリカから『お仕事』をするため、むしろ日本へ出張しているのかもしれません」

日下部 光（くさかべ ひかる）［第12章］
（特活）ワールド・ビジョン・ジャパン（World Vision）支援事業部（南アジア、中南米地域、国内子ども支援担当）プログラム・コーディネーター、博士（人間科学）。
1970年栃木県生まれ。玉川大学文学部教育学科（保健体育専攻）及び早稲田大学政治経済学部政治学科卒業後、青年海外協力隊員（パプアニューギニア、体育隊員）、英国マンチェスター大学院IDPM修士課程、国際協力事業団（JICA）アフリカ部ジュニア専門員（ジェンダー）、JICAナイジェリア事務所企画調査員（基礎教育）、ナイジェリア国教育省個別専門家（教育政策支援）、マラウイ国教育省中等理数科教育強化プロジェクト（SMASSE）主任専門家、大阪大学大学院人間科学研究科博士後期課程を経て現職。
主な著作に「マラウイの中等学校における孤児の就学を支える仕組み—— NGOによる支援と学校の取組みに着目して」『ボランティア学研究』16号（2016）、「マラウイの中等学校における孤児の就学の意味——困難な状況下での人々の支え合いに着目して」『未来共生学』3号（2016）、「マラウイの困難な状況にある遺児の就学とオープン中等学校の実態——生徒、教師へのインタビューを中心として」『アフリカ教育研究』8号（2017）など。
　「困難な状況にある子どもが直面する本当の困難とは何か、フィールドワークそして国際協力の実務においても、まだまだ分からないことばかりであり、問い続ける日々です」

黒田一雄（くろだ かずお）［解説2］
早稲田大学大学院アジア太平洋研究科教授、Ph.D.（教育・開発社会学）。
1966年福岡県生まれ。早稲田大学政治経済学部卒業後、アジア経済研究所開発スクール、スタンフォード大学大学院修士課程、コーネル大学大学院博士課程修了後、米国海外開発

執筆者紹介 393

評議会研究員、広島大学教育開発国際協力研究センター講師・助教授を経て現職。
主な著作に『国際教育開発論——理論と実践』（共編著、有斐閣、2005）、Mobility and Migration in Asian Pacific Higher Education（共編著、Palgrave Macmillan, 2012）、『アジアの高等教育ガバナンス』（編著、勁草書房、2013）など。

　「途上国における障害児の教育研究を始めたのは、スリランカでした。その後、マラウイやインド、モルディブ、カンボジア、モンゴルなどのさまざまな学校でフィールドワークのまねごとをしました。その過程で、当初は否定的に見ていたインクルーシブ教育の考え方に説得されていきました」

坂上勝基 （さかうえ かつき）［第14章］

大阪大学大学院人間科学研究科／日本学術振興会特別研究員（PD）、博士（学術）。
1982年茨城県生まれ。京都大学農学部及び関西学院大学総合政策学部卒業。神戸大学大学院国際協力研究科博士課程修了後、ユネスコバンコク事務所・アジア太平洋地域教育局プログラムオフィサーを経て現職。
主な著作に「An analysis of urban-rural differences in school effectiveness: The case of Ugandan primary education」『比較教育学研究』49号（2014）、「ウガンダ北部南スーダン難民居住地の生活と学校——開発志向の難民政策下における教育提供」『アフリカレポート』56号（共著、2018）など。

　「定量的研究を行うことが多いのですが、縁があってフィールドとなったウガンダには通う機会をいただき、現地調査での気づきを大切にしています。大好きなウガンダを訪れるたびに出会いがあり、日本で学べなかった多くのことを教わってきたように思います」

澤村信英 （さわむら のぶひで）［はじめに、第1、15、16、結語］＊編著者

志賀 圭 （しが けい）［解説4］

株式会社コーエイリサーチ＆コンサルティング（開発コンサルタント）。
1981年兵庫県生まれ。横浜国立大学経済学部を卒業後、民間のメーカーに海外営業として3年間勤務の後、青年海外協力隊員（バングラデシュ、村落開発普及員）を経て国連ボランティアとしてバングラデシュのロヒンギャ難民キャンプにて勤務。任期終了後、国連平和大学にて修士取得の後、現職。
主な著作に「ロヒンギャという人々——バングラデシュの抱える難民問題」『バングラデシュを知るための66章【第3版】』（大橋正明ほか編、明石書店、2017）。

　「学生時代に旅したバングラデシュが忘れられず、延べ5年滞在しました。開発と人道支援の両方を経験し、特に長期化する難民問題へのアプローチの難しさを実感し今に至っています。難民と一括りに考えるのではなく、そこに暮らす一人ひとりがさまざまな想いを背負い、生き抜いていく逞しさを忘れることなく、今の仕事に励む毎日です」

清水彩花（しみず あやか）［第 4 章］

1993 年大阪府生まれ。大阪大学大学院人間科学研究科博士前期課程修了。

主な著作に「ウガンダ北部南スーダン難民居住地の生活と学校——開発志向の難民政策下における教育提供」『アフリカレポート』56 号（共著、2018）など。

　「ケニア、ウガンダで南スーダン難民の方と出会いました。キャンプや居住地の学校では、決して十分といえない環境のなかで、難民の子どもたちが懸命に学んでおり、彼らの教育に対する想いに感銘を受けました」

清水貴夫（しみず たかお）［第 10 章］

京都精華大学アフリカ・アジア現代文化研究センター　設立準備室　研究コーディネーター、総合地球環境学研究所外来研究員、（一財）地球・人間環境フォーラム　フェロー、修士（文学）。

1974 年生まれ。明治学院大学国際学部卒業後、民間企業、NGO 職員を経て名古屋大学大学院文学研究科比較人文学講座に進学。総合地球環境学研究所、広島大学教育開発国際協力研究センターを経て現職。

主な著作に『子どもたちの生きるアフリカ——伝統と開発がせめぎあう大地で』（共編著、昭和堂、2017）、「「ストリート・チルドレン」を再生産する NGO ——ブルキナファソ、ワガドゥグ市の事例から」『文化人類学』81 巻 2 号、2016）など。

　「5 年来通うブルキナファソのクルアーン学校。街の知識人でもある校長先生のまわりにいると、子どもたちのみならず、大人たちにとっても学校の内外が連続していることが分かります。人間社会における子どもたちの成育環境のありようをいつも考えさせられます」

利根川佳子（とねがわ よしこ）［第 6 章］

早稲田大学大学院アジア太平洋研究科講師、博士（学術）。

山口県出身。慶應義塾大学法学部卒業後、ジョージワシントン大学教育・人間開発研究科修士課程、神戸大学大学院国際協力研究科博士後期課程修了。在エチオピア日本大使館草の根・人間の安全保障無償資金協力外部委嘱員、NGO 職員、早稲田大学大学院アジア太平洋研究科助教等を経て現職。

主な著作に *Analysis of the Relationships between Local Development NGOs and the Communities in Ethiopia: The Case of the Basic Education Sub-Sector* (Union Press, 2014)、「エチオピアにおける NGO の活動領域の検討——市民社会に関する法律の影響と NGO の対応と認識」『国家支配と民衆の力——エチオピアにおける国家・NGO・草の根社会』（宮脇幸生編、大阪公立大学共同出版会、2018）など。

　「おこがましくも、貧しい人びとを助けたいという正義感（？）から、学生の時にエチオピアへ初めて行きました。実際には、エチオピアの人たちに助けてもらうばかりで無力さを感じ、貧しい中でも強く生きる人びとについてもっと知りたいという気持ちに変わりました。エチオピアへ行くといつも力をもらっています」

福地健太郎（ふくち けんたろう）［第 5 章］

独立行政法人国際協力機構（JICA）職員。

1984 年大阪府生まれ。筑波大学人間学類を卒業後、日本赤十字社、NPO 法人スーダン障害者教育支援の会プロジェクトマネージャーとしてのスーダン滞在、英国サセックス大学国際教育開発修士課程を経て、2013 年より現職。

主な著作に「2030 年に向けた国際的教育アジェンダにみるインクルーシブ教育」『公教育計画学会年報』7 号（2016）、「ゴール 4：包摂的かつ公正な質の高い教育及び生涯学習の促進」『ノーマライゼーション　障害者の福祉』（2017 年 6 月号）など。

「視覚障害のある仲間として、スーダンの友人たちとスーダンの視覚障害者教育支援を始めて 10 年。力強く現実社会に働きかけ社会参加拡大を志向する彼らと、障害者を包摂されるべき対象としてのみ語る言説にギャップを感じてきました。彼らの経験についての語りを通して複雑な教育への排除と包摂の一端を共に感じていただければ幸いです」

森　五郎（もり ごろう）［第 1 章］

大阪大学大学院人間科学研究科博士前期課程在籍。

1984 年福岡県生まれ。大阪外国語大学外国語学部（ヒンディー語）入学後、福岡市立小学校教諭等を経て大学院に進学。

「はじめてインドの貧困地区にある学校を訪問した際、教育リソースの圧倒的な不足を実感しましたが、一方で子どもや教師の多様な生活風景が強烈に印象に残りました。教育開発の視点が一方的なものにならないよう、マクロな視点だけでなく、学校や家庭、子どもたちの実情を明らかにする大切さを感じました」

吉田和浩（よしだ　かずひろ）［解説 1］

広島大学教育開発国際協力研究センター長・教授、MPhil（開発学）。

1961 年長野県生まれ。獨協大学外国語学部卒業、商社勤務後、英国サセックス大学開発学研究所に留学。世界銀行、国際協力銀行（現 JICA）に勤務後、2006 年から広島大学教育開発国際協力研究センター助教授・准教授を経て 2009 年から教授。

主な著作に "The Policy-Implementation-Results Linkages for Education Development and Aid Effectiveness in the Education 2030 Era." *Compare,* 48 (1), 2017 (co-author)、「タンザニア　住民の視点から見た教育普及——親と子どもの語りから」『アフリカの生活世界と学校教育』（澤村信英編、明石書店、2014）など。

「この数年間、SDG4 ステアリングコミティーの活動にかかわってきました。疎外、紛争、格差……、課題は山積みですが、政策に強い関心を持つ人たちほど、その場に立って寄り添うこと、実態を肌で感じることの大切さを、いつも心において欲しいと感じています」

〈編著者紹介〉

澤村信英（さわむら のぶひで）

大阪大学大学院人間科学研究科教授、博士（人間科学）。

1960年神戸市生まれ。愛媛大学理学部地球科学科卒業後、青年海外協力隊（マラウイ、理数科教師）を経て、大学院理学研究科修士課程に進学。国際協力事業団（JICA）職員、英国エディンバラ大学アフリカ研究センター（M.Phil.）、広島大学教育開発国際協力研究センター／大学院国際協力研究科准教授・教授を経て現職。

主な著作に「教育開発の課題と展望」『新版 国際協力論を学ぶ人のために』（内海成治編、世界思想社、2016）、『アフリカの生活世界と学校教育』（編著、明石書店、2014）、『ケニアの教育と開発――アフリカ教育研究のダイナミズム』（共編著、明石書店、2012）など。

　「これまでアフリカを対象とする著作がほとんどでしたが、今回は中近東やアジア諸国を含めることができました。これは学生を含め執筆していただいた研究仲間のおかげです。一部のフィールド調査には同行させてもらい刺激的な毎日でした。もうすぐ還暦に近い年齢になってしまいますが、今しばらく若い人に負けないように頑張りたいと思っています」

発展途上国の困難な状況にある子どもの教育
──難民・障害・貧困をめぐるフィールド研究

2019年1月23日　初版第1刷発行

編著者	澤　村　信　英
発行者	大　江　道　雅
発行所	株式会社　明　石　書　店

〒101-0021 東京都千代田区外神田 6-9-5
電話　03（5818）1171
FAX　03（5818）1174
振替　00100-7-24505
http://www.akashi.co.jp

組　版	有限会社秋耕社
装　丁	明石書店デザイン室
印刷・製本	モリモト印刷株式会社

（定価はカバーに表示してあります）　　　　ISBN 978-4-7503-4781-3

JCOPY　〈（社）出版者著作権管理機構 委託出版物〉
本書の無断複写は著作権法上での例外を除き禁じられています。複写される場合は、そのつど事前に、（社）出版者著作権管理機構（電話 03-3513-6969、FAX 03-3513-6979、e-mail : info@jcopy.or.jp）の承諾を得てください。

アフリカの 生活世界と学校教育

澤村信英［編著］

◎A5判／上製／280頁　◎4,000円

アフリカでは、初等教育の普及においても、いまだその途上にある国々が多い。教育制度や政策、統計の分析にとどまらず、子どもや教師、保護者、地域の人々の生活に寄り添った長期のフィールドワークにもとづき、教育の課題や教育開発研究のあり方を問い直す。

《内容構成》————

序　章　アフリカの生活世界と学校教育

第1部　変わる社会と学校教育

第1章 南スーダン 大きな社会変動の中の学校教育——南スーダン人は何を求めてきたのか？
第2章 ナミビア オバンボランドのクンと教育——国家の枠組みを超えた教育の可能性
第3章 ボツワナ 優等生国家における少数民族と学校教育——狩猟採集民の小学生
第4章 モザンビーク 基礎教育改革と学校現場の対応——半自動進級制度の導入をめぐって

第2部　住民、家族からみた学校教育

第5章 エチオピア 住民による学校支援の背景を探る——オロミア州における参加型調査
第6章 ケニア スラムに暮らす小学校修了者の教育継続——世帯背景の視点を中心として
第7章 タンザニア 住民の視点から見た教育普及——親と子どもの語りから
第8章 マラウイ 家族の生活と学校の関係——児童の就学記録分析を中心に

第3部　生徒、卒業生からみた学校教育

第9章 ウガンダ 中等学校における理科授業の展開——生徒の視点を中心として
第10章 ザンビア 学校と社会のつながり——試験とコンピテンシーを視点として
第11章 南アフリカ 農村地域での生活と学校教育——子どもの期待と現実

〈価格は本体価格です〉

ケニアの教育と開発

アフリカ教育研究のダイナミズム

澤村信英、内海成治［編著］

◎A5判／上製／288頁　◎4,800円

「伝統的社会での近代的な学校教育との関係」「子どもの目線からの学校の意味や価値」「学校を包含する地域の視点から学校や教師の役割」について、直接フィールドでの調査をベースに論じたケニアの教育分析。人びとの学校教育への期待が感じられる。

《内容構成》

第1部　伝統的社会と学校

第1章　伝統的社会における近代教育の意味──マサイの学校調査から［内海成治］

第2章　遊牧民の生活と学校教育──ケニア中北部・サンブルの事例［湖中真哉］

第3章　伝統的慣習に向き合う少女と学校の関わり──彼女たちの就学を支えるもの［澤村信英］

第4章　近代教育形成における伝統文化の位置づけ
　　　　──ポストコロニアル時代の批判的検討　　　　　　　　　［前田美子］

第2部　子どもの生活世界と学校

第5章　小学校の文化的特性──生徒・教師間のダイナミクスに注目して［伊藤瑞規］

第6章　社会変容と就学前教育の課題──ラム島における調査から［中川真帆］

第7章　中等教育授業料撤廃と小学校修了者の反応
　　　　──マクエニ県での追跡調査から　　　　　　　　　　　［大塲麻代］

第8章　算数指導における発問の特徴──教師用指導書の分析から［松永彩］

第9章　子どもの就学・労働と自尊心──ナイロビの小学校8年生の事例から［櫻井里穂］

第3部　地域コミュニティと学校

第10章　小学校女性教師によるコミュニティ開発──その役割と可能性［高柳妙子］

第11章　初等教育の量的拡大と地域の視点
　　　　──ムインギ東県での教室建設の事例から　　　　　　　［景平義文］

第12章　初等教育における学業成績を規定する要因──SACMEQの分析から［島田健太郎］

第13章　EFA達成をめぐる国際援助の動向と課題
　　　　──マクロの視点とミクロの実態の乖離　　　　　　　　［西村幹子］

〈価格は本体価格です〉

教育開発国際協力研究の展開
EFA（万人のための教育）達成に向けた実践と課題
澤村信英編著　◎5000円

アフリカの教育開発と国際協力
政策研究とフィールドワークの統合
澤村信英著　◎3900円

アフリカの開発と教育
[オンデマンド版]　澤村信英編著
人間の安全保障をめざす国際教育協力
◎6000円

教員政策と国際協力
未来を拓く教育をすべての子どもに
興津妙子、川口純編著　◎3200円

多文化教育の国際比較
世界10カ国の教育政策と移民政策
松尾知明著　◎2300円

諸外国の教育動向　2017年度版
文部科学省編著　◎3600円

諸外国の初等中等教育
文部科学省編著　◎3600円

学習の本質　研究の活用から実践へ
OECD教育研究革新センター編著
立田慶裕、平沢安政監訳　◎4600円

社会情動的スキル　学びに向かう力
経済協力開発機構（OECD）編著
ベネッセ教育総合研究所企画・制作
無藤隆、秋田喜代美監訳　◎3600円

ネパール女性の社会参加と識字教育
生活世界に基づいた学びの実践　長岡智寿子著　◎3600円

人身売買と貧困の女性化
カンボジアにおける構造的暴力
島﨑裕子著　◎2500円

ベトナムとバリアフリー
当事者の声でつくるアジア的インクルーシブ社会
上野俊行著　◎4600円

難民を知るための基礎知識
政治と人権の葛藤を越えて
滝澤三郎、山田満編著　◎2500円

難民問題と人権理念の危機
国民国家体制の矛盾
移民・ディアスポラ研究6
駒井洋監修　人見泰弘編著　◎2800円

教師と人権教育
公正、多様性、グローバルな連帯のために
オードリー・オスラー、ヒュー・スターキー著
藤原孝章、北山夕華監訳　◎2800円

開発なき成長の限界
現代インドの貧困・格差・社会的分断
アマルティア・セン、ジャン・ドレーズ著　湊一樹訳　◎4600円

〈価格は本体価格です〉